Gu

Ch

VIL

DE CHARME
EN FRANCE

ISBN : 2-7436-0321-6
ISSN : 0991-4781

106, boulevard Saint-Germain - 75006 Paris

Guide *de* Charme

VILLAGES DE CHARME EN FRANCE

Guide dirigé par
Nathalie Mouriès

Rivages

Cette neuvième édition du guide des *Villages de Charme en France*, entièrement remise à jour, présente une sélection des plus beaux villages et petites cités de France. Nous en avons choisi 350 – dont 10 nouveaux cette année – pour leur beauté préservée, leur architecture traditionnelle, leur charme et leur remarquable intégration dans le paysage. Chacun d'eux est illustré d'une photo en couleurs, un texte décrit leur aspect, raconte leur histoire, et une « fiche pratique » donne les renseignements indispensables : itinéraire d'accès, hôtels et maisons d'hôtes de charme où séjourner, restaurants, musées à voir, jours de marchés et de foires, festivals et festivités, lieux intéressants à visiter aux alentours.
« Suivez le guide », délaissez les grands axes encombrés et redécouvrez avec nous le bonheur de parcourir les petites routes de France égayées de villages de charme qui ont conservé leur clocher, leurs vieilles pierres, leurs ruelles tranquilles et la douceur de vivre d'autrefois.

REMERCIEMENTS

Nous remercions Jean et Tatiana de Beaumont, Bénédicte Darblay, Anne Deren, Sabine Laporte, les mairies, les offices du tourisme et les maisons régionales qui nous ont gentiment aidés, ainsi que nos lecteurs pour les nouveaux villages qu'ils nous ont indiqués.

TEXTES

Jean et Tatiana de Beaumont, Paul Dalmas-Alfonsi, Anne Deren, Paul Guichonnet, Catherine Hans, Nathalie Mouriès, Odile de Roquette-Buisson, Jean-Loup Verdier.

PHOTOS

ADED Doubs, M. Arlaud, J.-C. Baille, P. Bar/coll. CDT Vaucluse, J.-J. Béraud, H. Berthoule/Explorer, M. Blache/Diaf, A. Bordes, G. Bouchet, Bousquet/Campagne, Campagne, G. Boutin/Explorer, J.-M. Cagnon, P. Cartier, M. Chambon, H. Champollion/Top, J.-M. Chauvet d'Arcizas, L. Collinet, CDT Aisne, CDT Ardèche, CDT Aveyron, CDT Lozère, CRT Limousin, CRT Poitou-Charentes, J. Damase/Explorer, D. Delobel, J.-L. Dosso-Greggia, J.-P. Dubouil, Éditions Cellard, M. Errecalde, Espace Soleil Bleu, J. Fauroux, E. Follet/Agence Béarn, T. Gamaleeff, J.-P. Garcin/Diaf, E. Goffart, D. Goudouneix/Explorer, G. Gsell/Diaf, C. Guillonneau, G. Guittot/Diaf, J.-P. Guyonneau, B. Henry, F. Jalain/Explorer, F. Jourdan/Explorer, A. Kumurdjian/Explorer, R. Lanaud/Explorer, J.-P. Langeland/Diaf, F. Lechenet/CDT Cher, D. Lerault/Diaf, J.-P. Lescourret/Explorer, P. Lorne/Explorer, Magnoux/CDT Corrèze, M. Mastrojanni/Diaf, M. Mayer, J.-F. Michel, C. Moirenc, Nimetz/Pays Armagnac et Lomagne, N. Niquel, Pambour/Campagne, Campagne, F. Perrodin, J.-M. Peyral, Pratt-Pries/Diaf, D. Repérant/Explorer, P. Roy/Explorer, C. Sarramon, A. Scheitler, P. Senné, J. Sierpinski/Diaf, Somelet/Diaf, Studio Violle/Moissac, J.-H. Thibaut/Explorer, G. Tordjeman, M. Traube, Y. Travert/Diaf, P. Wysocki/Explorer.

MODE D'EMPLOI DU GUIDE

Les villages sont classés par région et, à l'intérieur de chaque région, par département et par ordre alphabétique. Sur les cartes les chiffres encadrés indiquent le numéro de la page du village.

Lorsque nous mentionnons pour les hôtels, « hôtel de charme » et pour les maisons d'hôtes, « maison d'hôtes de charme », ce sont des hôtels et maisons d'hôtes que nous vous recommandons car ils ont été visités et sélectionnés par nos soins et font partie du guide *Hôtels et Auberges de Charme en France* et du guide *Maisons d'Hôtes de Charme en France* publiés par les Éditions Rivages dans la collection *Guides de Charme*.

Nous vous signalons également que les prix donnés pour les hôtels et maisons d'hôtes indiquent le prix minimum d'une chambre pour une personne et le prix maximum d'une chambre pour deux personnes. Ces prix nous ont été communiqués fin 1997 pour l'année 1998, mais les hôteliers et propriétaires de maisons d'hôtes peuvent parfois les modifier en cours d'année.

Les restaurants que nous mentionnons proposent en général des menus à prix modérés (150 F environ) excepté, bien sûr, les restaurants gastronomiques.

Nous avons utilisés des abréviations : S. I. pour syndicat d'initiative, O. T. pour office du tourisme et tél. pour téléphone.

Nous avons apporté toute notre attention pour sélectionner nos villages. Malgré tout, il peut arriver que vous constatiez au cours de vos visites des constructions ou des rénovations qui ne respectent pas le site ou l'architecture du village ; ayez alors la gentillesse de nous le signaler.

Nous attendons également vos suggestions pour enrichir notre sélection de villages de charme, faites nous part de vos découvertes. Adressez votre courrier à :

Nathalie Mouriès
Éditions Rivages
GUIDE DES VILLAGES DE CHARME EN FRANCE
106, boulevard Saint-Germain - 75006 Paris.

SOMMAIRE

ALSACE-LORRAINE

AQUITAINE

BOURGOGNE-FRANCHE-COMTÉ

BRETAGNE - PAYS DE LA LOIRE

CENTRE-VAL-DE-LOIRE-ÎLE-DE-FRANCE

CORSE

LANGUEDOC-ROUSSILLON

M I D I - P Y R É N É E S

N O R D - P I C A R D I E

N O R M A N D I E

POITOU-CHARENTES

PROVENCE-ALPES-CÔTE-D'AZUR

RHÔNE-ALPES

HAUTE-SAVOIE (74)

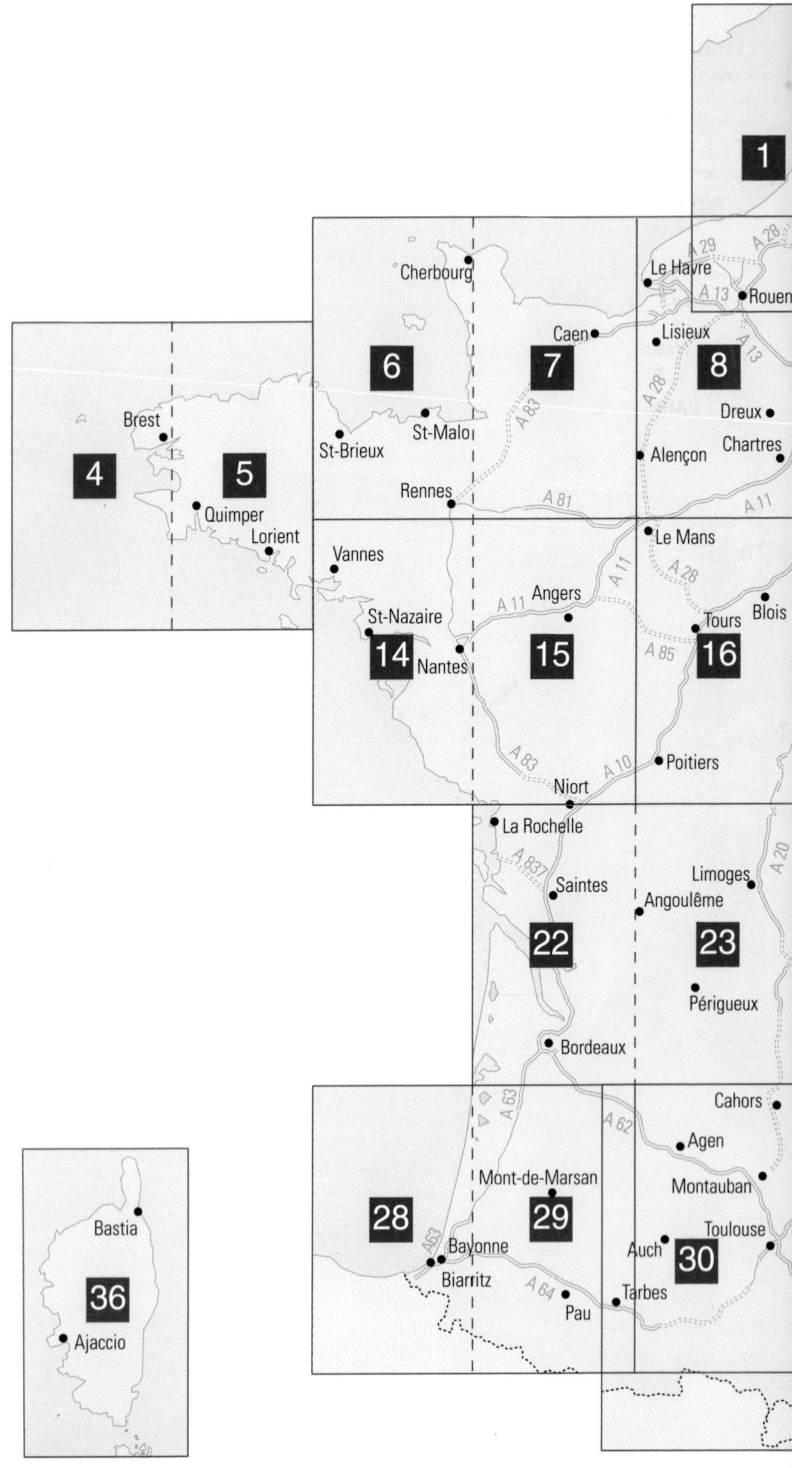
1
Le Havre
Rouen
A 29
A 28
A 13
Cherbourg
Caen
Lisieux
6
7
8
Dreux
Brest
St-Malo
A 83
A 28
4
5
St-Brieux
Alençon
Chartres
Quimper
Rennes
A 81
A 11
Lorient
Le Mans
Vannes
A 11
A 28
Angers
A 11
St-Nazaire
Blois
Tours
14
15
16
Nantes
A 85
A 83
A 10
Poitiers
Niort
La Rochelle
A 837
A 20
Saintes
Limoges
Angoulême
22
23
Périgueux
Bordeaux
Cahors
A 63
A 62
Agen
Mont-de-Marsan
Montauban
Bastia
28
29
Toulouse
A 63
Bayonne
Auch
30
Biarritz
A 64
Tarbes
36
Pau
Ajaccio

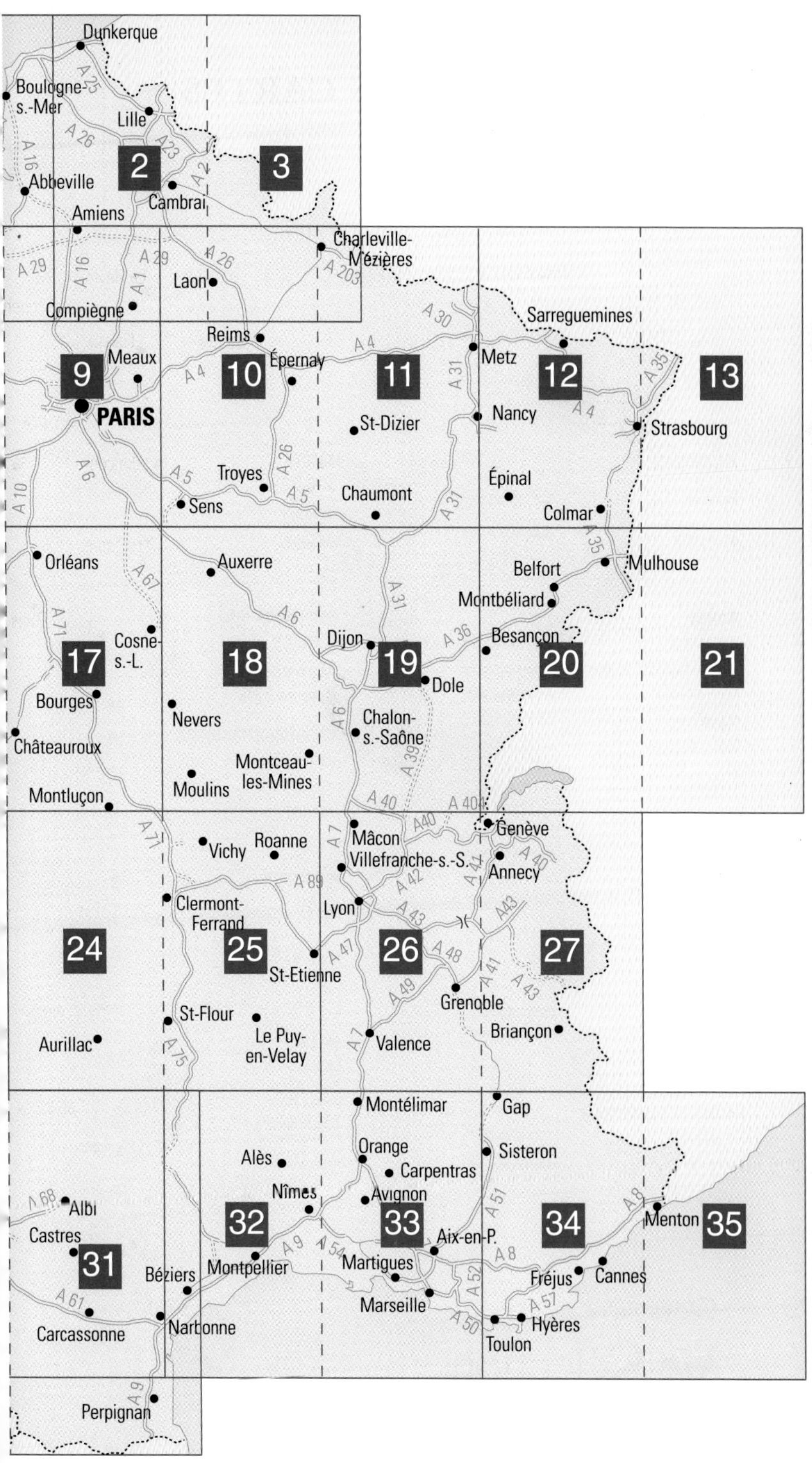

Dunkerque
Boulogne-s.-Mer
Lille
Abbeville
Amiens
Cambrai
2
3
Charleville-Mézières
Laon
Compiègne
Reims
Sarreguemines
Meaux
Épernay
Metz
9
10
11
12
13
PARIS
St-Dizier
Nancy
Strasbourg
Troyes
Épinal
Sens
Chaumont
Colmar
Orléans
Auxerre
Mulhouse
Belfort
Montbéliard
Cosne-s.-L.
Dijon
Besançon
17
18
19
20
21
Bourges
Dole
Nevers
Chalon-s.-Saône
Châteauroux
Montceau-les-Mines
Moulins
Montluçon
Genève
Vichy
Roanne
Mâcon
Villefranche-s.-S.
Annecy
Clermont-Ferrand
Lyon
24
25
26
27
St-Etienne
Grenoble
St-Flour
Le Puy-en-Velay
Briançon
Aurillac
Valence
Montélimar
Gap
Sisteron
Orange
Alès
Carpentras
Nîmes
Avignon
Albi
Menton
32
33
34
35
Castres
Aix-en-P.
31
Béziers
Montpellier
Martigues
Fréjus
Cannes
Marseille
Carcassonne
Narbonne
Hyères
Toulon
Perpignan
A 25
A 26
A 16
A 23
A 2
A 29
A 1
A 203
A 30
A 4
A 31
A 35
A 6
A 5
A 10
A 37
A 67
A 71
A 36
A 39
A 40
A 404
A 89
A 42
A 41
A 43
A 47
A 48
A 49
A 7
A 75
A 68
A 9
A 54
A 51
A 8
A 52
A 57
A 61
A 50

LÉGENDE DES CARTES

échelle : 1/1 000 000

cartes 30 et 31 : échelle 1/1 200 000

AUTOROUTES

En service — A9 - L'Océane

En construction ou en projet

ROUTES

Voie express

Route à chaussées séparées

Route à 4 voies

Grande route

Route secondaire

TRAFIC

National

Régional

Local

ÉCHANGEURS

Complet

Partiel

BALISES DE KILOMÉTRAGE

Sur autoroute — 10

Sur route — 10

LIMITES

D'État

De région

De département

AGGLOMÉRATIONS

Masse bâtie

Métropole

Grande ville

Ville importante

Ville moyenne

Petite ville

VILLAGE

AÉROPORTS

FORÊTS

PARCS

Limite

Zone centrale de parc national

Zone périphérique de parc national et zone de parc régional

Cartographie

Sélection du Reader's Digest

Réalisée par

Editerra

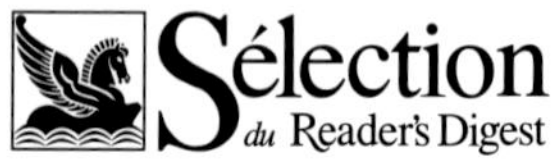

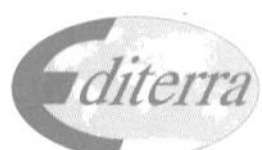

1
PAS DE CALAIS
Dover
Folkestone
Hythe
Ashford
Biddenden
Tenterden
Hawkhurst
New Romney
Rye
Lydd
Dungeness
Hastings
Bexhill
Calais
Marck
Sangatte
Cap Blanc-Nez
Wissant
Cap Gris-Nez
Audinghen
Ambleteuse
Marquise
Guînes
Ardres
Audruicq
Licques
Nabringhen
Wimereux
Boulogne-s.-Mer
Le Portel
Desvres
Nielles
Hardelot-plage
Neufchâtel-Hardelot
Samer
Senlecques
Dannes
Camiers
Frencq
Hucqueliers
Maninghem
Le Touquet-Paris-Plage
Étaples
226
Cucq
Merlimont
MONTREUIL
2
Berck
Campagne-lès-H.
Hesdin
Fort-Mahon-Plage
Douriez
Quend
Rue
Baie de la Somme
Le Crotoy
Nouvion
Crécy-en-P.
Labroye
Cayeux-s.-Mer
St-Valéry-s.-Somme
Canchy
Lanchères
Abbeville
St-Riquier
Ault
Friville
Mers-les-Bains
Le Tréport
Moyenneville
Ailly
Criel-s.-Mer
Eu
Flixecourt
Gamaches
St-Maxent
Hallencourt
Sept-Meules
Airaines
249
VARENGEVILLE-SUR-MER
250
VEULES-LES-ROSES
Dieppe
Blangy-s.-Br.
Oisemont
Sénarpont
St-Valery-en-Caux
Offranville
Grandcourt
Envermeu
Molliens-Dreuil
Bourg-Dun
Londinières
Foucarmont
Liomer
Hornoy
Cany-Barville
Ste-Colombe
Fontaine-le-D.
Bacqueville-en-C.
Torcy-le-Pt
Clais
Osmoy
Longueville
Aumale
Poix
Valmont
Doudeville
St-Laurent-en-C.
Ardouval
Neufchâtel-en-B.
Mortemer
Thieuloy
Héricourt
Seine-Maritime
Auffay
St-Saëns
St-Saire
Abancourt
Sarcus
Fauville
Bermonville
Yerville
Tôtes
Feuquières
Grandvilliers
Limésy
245
Formerie
Yvetot
Pavilly
CLÈRES
Cailly
Buchy
Forges-les-Eaux
Crèvecœur-le-Grd
Trouville
Montville
Argueil
228
Marseille-en-B.
Caudebec-en-Caux
Lillebonne
Barentin
Quincampoix
248
Songeons
GERBEROY
VILLEQUIER
Duclair
Mt-St-Aignan
RY
La Feuillie
Gournay-en-Bray
Troissereux
Quillebeuf
Le Trait
JUMIÈGES
Rouen
Croisy
236
Beauvais
251
247
244
Sotteville-lès-Rouen
LYONS-LA-FORÊT
Neuf-Marché
Bourneville
Grand-Couronne
Boos
Sérifontaine
Bourg-Achard
LA BOUILLE
Oissel
8
Fleury-s.-And.
Charleval
Morgny
9
Montfort
Elbeuf
Pont-de-l'Arche
Écouis
Gisors

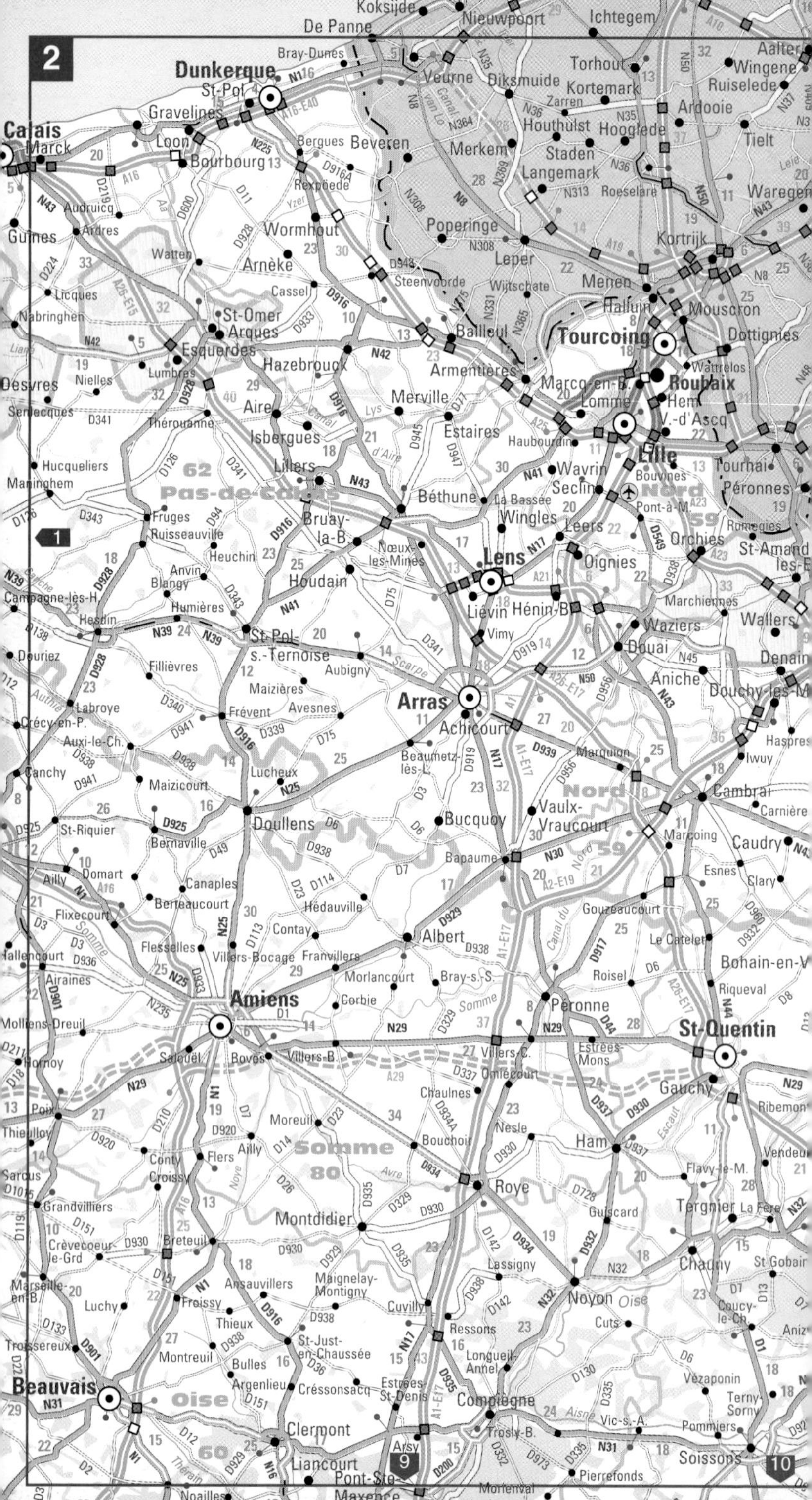
2
Koksijde
De Panne
Nieuwpoort
Ichtegem
Bray-Dunes
Dunkerque
St-Pol
Veurne
Diksmuide
Torhout
Kortemark
Aalter
Wingene
Ruiselede
Zarren
Ardooie
Calais
Marck
Gravelines
Loon
Bourbourg
Bergues
Beveren
Houthulst
Hooglede
Staden
Tielt
Merkem
Langemark
Roeselare
Waregem
Audruicq
Guînes
Ardres
Rexpoëde
Wormhout
Poperinge
Kortrijk
Watten
Arnèke
Ieper
Steenvoorde
Wijtschate
Menen
Licques
Cassel
Halluin
Mouscron
Nabringhen
St-Omer
Arques
Bailleul
Tourcoing
Dottignies
Esquerdes
Lumbres
Hazebrouck
Armentières
Wattrelos
Roubaix
Desvres
Nielles
Marcq-en-B.
Lomme
Hem
V.-d'Ascq
Merville
Samer
Thérouanne
Aire
Isbergues
Estaires
Haubourdin
Lille
Hucqueliers
Lillers
Wavrin
Tournai
Maninghem
62
Pas-de-Calais
Béthune
La Bassée
Seclin
Bouvines
Péronnes
Nord
Fruges
Ruisseauville
Wingles
Pont-à-M.
Bruay-la-B.
Leers
Orchies
Rumegies
1
Heuchin
Nœux-les-Mines
Lens
Oignies
St-Amand-les-E.
Anvin
Blangy
Houdain
Campagne-lès-H.
Humières
Liévin
Hénin-B.
Marchiennes
Wallers
Hesdin
Vimy
Waziers
St-Pol-s.-Ternoise
Douai
Douriez
Fillièvres
Aubigny
Denain
Maizières
Aniche
Labroye
Frévent
Avesnes
Arras
Douchy-les-M.
Crécy-en-P.
Achicourt
Auxi-le-Ch.
Marquion
Haspres
Beaumetz-lès-L.
Iwuy
Canchy
Lucheux
Maizicourt
Cambrai
Nord
Carnière
Vaulx-Vraucourt
St-Riquier
Doullens
Bucquoy
Bernaville
Marcoing
Caudry
Domart
Bapaume
Ailly
Canaples
Esnes
Clary
Berteaucourt
Hédauville
Flixecourt
Gouzeaucourt
Contay
Albert
Le Catelet
Hallencourt
Flesselles
Villers-Bocage
Franvillers
Bohain-en-V.
Airaines
Morlancourt
Bray-s.-S.
Roisel
Riqueval
Amiens
Corbie
Péronne
Molliens-Dreuil
St-Quentin
Saleux
Boves
Villers-B.
Villers-C.
Estrées-Mons
Hornoy
Omiécourt
Gauchy
Poix
Chaulnes
Ribemont
Thieulloy
Moreuil
Nesle
Bouchoir
Ham
Vendeuil
Conty
Flers
Ailly
Somme
80
Flavy-le-M.
Sarcus
Croissy
Roye
Grandvilliers
Montdidier
Guiscard
Tergnier
La Fère
Crèvecoeur-le-Grd
Breteuil
Lassigny
Chauny
St Gobain
Marseille-en-B.
Maignelay-Montigny
Noyon
Luchy
Froissy
Ansauvilliers
Cuvilly
Coucy-le-Ch.
Thieux
Ressons
Cuts
Troissereux
Montreuil
St-Just-en-Chaussée
Longueil-Annel
Bulles
Vézaponin
Beauvais
Argenlieu
Cressonsacq
Estrées-St-Denis
Compiègne
Terny-Sorny
Oise
Clermont
Trosly-B.
Vic-s.-A.
Pommiers
60
Arsy
Liancourt
Soissons
9
10
Pont-Ste-Maxence
Noailles
Pierrefonds
Morienval
Verberie

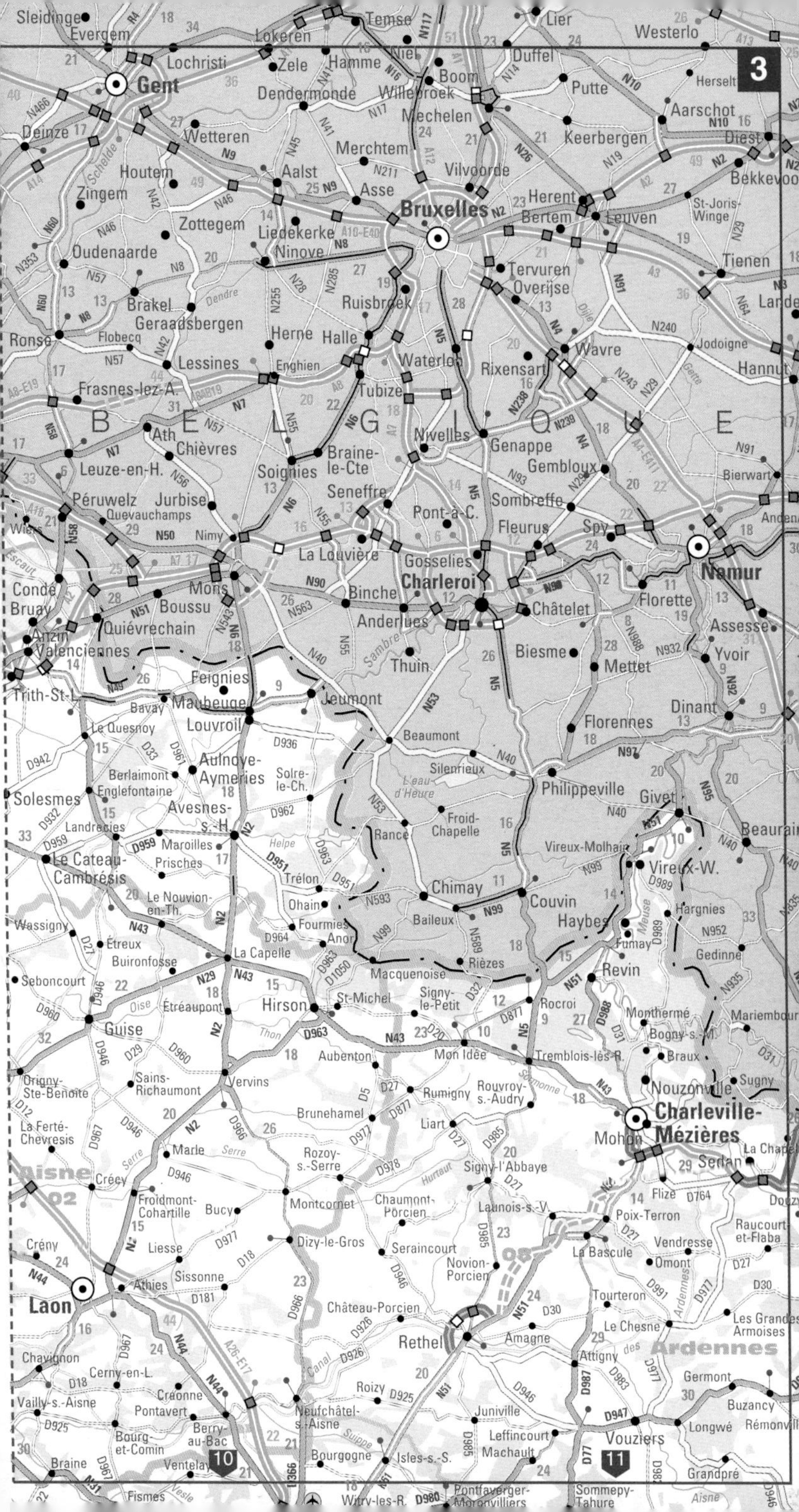
3
Sleidinge
Evergem
Lokeren
Temse
Lier
Westerlo
Lochristi
Zele
Hamme
Niel
Duffel
Gent
Boom
Putte
Herselt
Dendermonde
Willebroek
Aarschot
Deinze
Mechelen
Wetteren
Keerbergen
Diest
Merchtem
Houtem
Aalst
Vilvoorde
Bekkevoort
Zingem
Asse
Herent
Bruxelles
Bertem
Leuven
St-Joris-Winge
Zottegem
Liedekerke
Ninove
Oudenaarde
Tervuren
Tienen
Overijse
Landen
Brakel
Geraadsbergen
Ruisbroek
Ronse
Flobecq
Herne
Halle
Jodoigne
Wavre
Lessines
Enghien
Waterloo
Rixensart
Hannut
Frasnes-lez-A.
Tubize
B E L G I Q U E
Nivelles
Genappe
Ath
Chièvres
Braine-le-Cte
Gembloux
Leuze-en-H.
Soignies
Bierwart
Seneffe
Sombreffe
Péruwelz
Jurbise
Pont-à-C.
Quevauchamps
Fleurus
Spy
Andenne
Nimy
La Louvière
Gosselies
Namur
Wiers
Condé
Mons
Binche
Charleroi
Florette
Bruay
Boussu
Châtelet
Quiévrechain
Anderlues
Assesse
Anzin
Valenciennes
Sambre
Biesme
Ynoir
Thuin
Mettet
Trith-St-L.
Feignies
Maubeuge
Bavay
Jeumont
Dinant
Louvroil
Florennes
Le Quesnoy
Beaumont
Aulnoye-Aymeries
Silenrieux
Berlaimont
Solre-le-Ch.
Philippeville
Englefontaine
L'eau d'Heure
Givet
Solesmes
Avesnes-s.-H.
Froid-Chapelle
Landrecies
Rance
Beauraing
Maroilles
Vireux-Molhain
Le Cateau-Cambrésis
Prisches
Helpe
Vireux-W.
Trélon
Chimay
Le Nouvion-en-Th.
Ohain
Couvin
Hargnies
Wassigny
Baileux
Haybes
Fourmies
Anor
Meuse
Fumay
Étreux
Gedinne
Buironfosse
La Capelle
Rièzes
Revin
Macquenoise
Seboncourt
St-Michel
Signy-le-Petit
Rocroi
Oise
Étréaupont
Hirson
Monthermé
Mariembourg
Bogny-s.-M.
Guise
Thon
Aubenton
Mon Idée
Tremblois-lès-R.
Braux
Origny-Ste-Benoite
Sains-Richaumont
Vervins
Rouvroy-s.-Audry
Sormonne
Nouzonville
Sugny
Rumigny
Brunehamel
Charleville-Mézières
Liart
La Ferté-Chevresis
Mohon
La Chapelle
Marle
Serre
Rozoy-s.-Serre
Signy-l'Abbaye
Sedan
Aisne 02
Crécy
Hurtaut
Flize
Douzy
Froidmont-Cohartille
Bucy
Montcornet
Chaumont-Porcien
Launois-s.-V.
Poix-Terron
Raucourt-et-Flaba
Crépy
Liesse
Dizy-le-Gros
Seraincourt
Vendresse
La Bascule
Novion-Porcien
Omont
Sissonne
08
Athies
Laon
Château-Porcien
Tourteron
Les Grandes Armoises
Le Chesne
Rethel
Amagne
Ardennes
Chavignon
Canal des Ardennes
Attigny
Cerny-en-L.
Germont
Craonne
Roizy
Vailly-s.-Aisne
Juniville
Buzancy
Pontavert
Neufchâtel-s.-Aisne
Berry-au-Bac
Suippe
Vouziers
Longwé
Rémonville
Bourg-et-Comin
Leffincourt
Machault
10
11
Braine
Ventelay
Bourgogne
Isles-s.-S.
Grandpré
Fismes
Vesle
Witry-lès-R.
Pontfaverger-Moronvilliers
Sommepy-Tahure

4

117
ILE D'OUESSANT
Lampaul
116
ILE MOLÈNE
Plouguerneau
D10
Lannilis
D28
D28
Ploudalmézeau
Plouguin
D26
Porspoder
D68
Plourin
D27
Brélès
Bourg-B.
D13
D28
D5
Gouesnou
D67
St-Renan
13
Brest
24
D789
Le Conquet
Pointe St-Mathieu
112
CAMARET-S.-MER
D8
Lanvéoc
Crozon
9
Morgat
MER
D'IROISE
Cap de la Chèvre
Baie de
Douarnenez
120
Pointe du Raz
ILE-DE-SEIN
Douarnenez
119
D784
D765
Plogoff
Audierne
PONT-CROIX
Plouhinec
Plozevet
Pouldreuzic
Baie
d'Audierne
Penmarc'h
Pointe de Penmarc'h

108 ILE DE BRÉHAT
111 ILE-DE-BATZ
110 TRÉGUIER

Plougrescant, Pleubian, Trégastel-Pl., Trégastel, Perros-Guirec, Pleumeur-Bodou, Trébeurden, Lannion, Ploubazlanec, Paimpol, Roscoff, Brignogan-Plage, Plouescat, Guissény, Cléder, St-Pol-de-Léon, Plougasnou, Carantec, Locquirec, Ploumilliau, La Roche-Derrien, Pontrieux, Plouézec, Lanloup, Lesneven, Lanmeur, Plestin-les-G., Brélidy, Plouha, Lanhouarneau, Taulé, Croix-Neuve, Trémel, Bégard, Morlaix, Plouigneau, Plouaret, Pédernec, Lanvollon, Ploudaniel, Landivisiau, Guingamp, Goudelin, Landerneau, Belle-Isle-en-Terre, Trégomeur, Plougonven, Queff, Lannéanou, Coat-ar-Herno, Plougonver, Guipavas, St-Sauveur, Scrignac, Bourbriac, St-Péver, Commana, Calanhel, Plougastel-Daoulas, Sizun, Berrien, Cohiniac, Réservoir de St-Michel, Aulne, Côtes-d'Armor, Huelgoat, Callac, Kérien, Logonna-Daoulas, Roudouhir, 22, Poullaouen, LE FAOU, Brasparts, Lanrivain, Landévennec, Quimerch, Loqueffret, Carhaix-Plouguer, Locarn, Corlay, Finistère 29, Pont-de-Buis, Maël-Carhaix, Plonévez-du-F., St-Nicolas-du-Pélem, Uzel, Pleyben, Canal de Nantes à Brest, Rostrenen, St-Mayeux, Port-Carhaix, Plomodiern, Châteaulin, Gouarec, Cast, Châteauneuf-du-F., Étang du Coroncq, Lac de Guerlédan, Plonévez-Porzay, Gourin, LOCRONAN, Plouray, Tregourez, Silfiac, Cléguérec, Plogonnec, Roudouallec, Briec, Neulliac, Pouldergat, Croix-Menez-Bris, Coray, Morbihan, Isole, Scorff, Sarre, Landudec, Guémené-s.-S., Quimper, Scaër, Craojou, Le Faouët, Pontivy, Kernascléden, St-Adrien, Guern, Meslan, Naizin, Rosporden, Melrand, Pont-l'Abbé, Fouesnant, Bannalec, Locunel, Bubry, Pluméliau, Concarneau, Bénodet, Arzano, Plouay, LANVAUDAN, Beg-Meil, ILE-TUDY, PONT-AVEN, Quimperlé, Trégunc, Inzinzac-Lochrist, Baud, Plobannalec, Névez, Riec-s.-B., Pont-Scorff, Languidic, Guilvinec, Moëlan-s.-Mer, Guidel, Queven, Hennebont, Clohars-Carnoët, Lorient, Lanester, Landévant, Colpo, Iles de Glénan, Ploemeur, Pluvigner, Grand-Ch, Merlevenez, Larmor-Plage, Port-Louis, ST-CADO, Ste-Anne-d'A., Plouhinec, Belz, Auray, Étel, Ile de Groix, Vannes, Plouharnel, La Trinité-s.-Mer, ILE-AUX-MOINES, Carnac, Locmariaquer, St-Pierre-Quiberon, Sarzeau, St-Gildas-de-Rhuys, Quiberon, SAUZON, ILE DE HOUAT, Le Palais, Belle-Ile, Locmaria, Ile de Hoëdic

113, 114, 115, 118, 123, 125, 126, 128, 129

N12, N164, N165, N24, D788, D786, D767, D6, D20, D787, D15, D7, D10, D125, D110, D30, D58, D788, D69, D32, D64, D42, D11, D8, D9, D785, D770, D764, D769, D28, D18, D36, D14, D791, D887, D790, D44, D35, D3, D5, D23, D72, D15, D765, D39, D784, D2, D34, D783, D27, D782, D764, D1, D24, D45, D224, D62, D33, D19, D22, D28, D768, D779, D25, D781

6
14

6
Cap de la Hague
Alderney (Aurigny)
AUDERVILLE
Jobourg
D901
Urville-Nacqueville
Cherbourg
237
Équeurdreville-H.
Octeville
Vasteville
Diélette
Les Pieux
St-Martin-le-Gréard
Grosville
Quettetot
Bricquebec
St-Sampson
Guernsey (Guernesey)
Sark
St-Peter-Port
Carteret
Barneville
St-Sauveur-le-V.
Portbail
La Haye-du-Puits
St-Germain-s.-Ay
Lessay
Jersey
St-Hélier
Montsurvent
Agon-Coutainville
Montmartin-s.-Mer
Lingreville
Bréhal
Iles Chausey (Grande Ile)
Donville-les-Bains
Granville
St-Pair-s.-Mer
Jullouville
Carolles
Pointe du Grouin
Baie du Mont St-Michel
Paimpol
Plouézec
Lanloup
Plouha
St-Quay-Portrieux
Baie de St-Brieuc
Lanvollon
Les Sables-d'Or
Erquy
Fréhel
Paramé
St-Coulomb
St-Malo
Dinard
Cancale
240
LE MONT-SAINT-MICHEL
La Gouesnière
Le Vivier-s.-Mer
St-Broladre
Plérin
St-Brieuc
Langueux
Hénanbihen
Planguenoual
Pleslin-Trigavou
Dol-de-B.
N176
Ploufragan
Lamballe
Plancoët
Miniac-Morvan
Pontorson
Corseul
La Boussac
Dinan
121
Quessoy
109
Lanvallay
Lanhélin
Cuguen
Antrain
Ploeuc-s.-Lié
La Malhoure
Jugon-les-Lacs
N12
MONCONTOUR-DE-BRETAGNE
Langouèdre
Évran
COMBOURG
Bazouges-la-Pérouse
5
L'Hermitage
Lorge
Collinée
Yvignac
Dingé
Étang de Boulet
Uzel
Plouguenast
Broons
Tinténiac
Sens-de-B.
22
Éréac
Caulnes
Bécherel
Médréac
Hédé
St-Vran
Côtes-d'Armor
Ille-et-Vilaine
35
St-Aubin-d'Aubigné
Loudéac
Plémet
Merdrignac
Irodouer
Montreuil
Trémorel
Gévezé
Melesse
Liffré
La Chèze
Ménéac
Illifaut
St-Méen-le-G.
Bédée
St-Gilles
Gaël
Muel
St-Samson
Rohan
La Trinité-Porhoët
Montfort
Rennes
Pontivy
Mauron
Noyal-s.-V.
Crédin
Mohon
Guilliers
Étang du Pas du Houx
Mordelles
Naizin
Les Forges
St-Péran
St-Jacques-de-la-L.
Châteaugiron
Réguiny
124
Néant-s.-Y.
PAIMPONT
122
Bruz
Vern-s.-S.
JOSSELIN
Plélan-le-G.
14
St-Allouestre
Ploërmel
Campénéac
La Chapelle-Bouëxic
Guichen
Janzé
Guéhenno

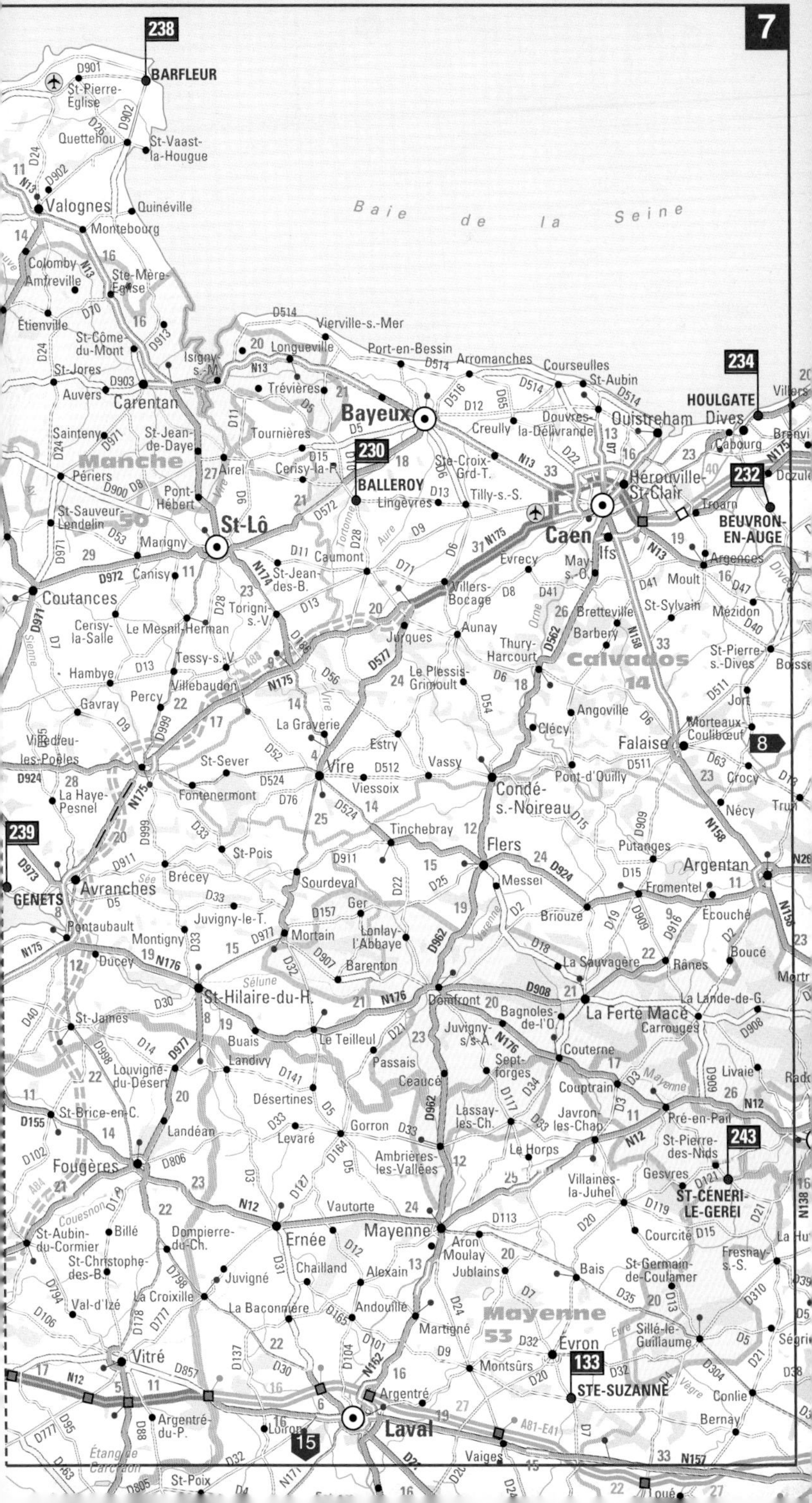

238
BARFLEUR
St-Pierre-Eglise
Quettehou
St-Vaast-la-Hougue
Valognes
Quinéville
Montebourg
Baie de la Seine
Colomby
Amfreville
Ste-Mère-Eglise
Étienville
St-Côme-du-Mont
Vierville-s.-Mer
Longueville
Port-en-Bessin
Isigny-s.-M.
Arromanches
Courseulles
St-Aubin
St-Jores
Auvers
Carentan
Trévières
234
HOULGATE
Villers
Bayeux
Creully
Douvres-la-Délivrande
Ouistreham
Dives
Cabourg
Sainteny
St-Jean-de-Daye
Manche
Tournières
Airel
Cerisy-la-F.
230
BALLEROY
Lingèvres
Ste-Croix-Grd-T.
Tilly-s.-S.
Hérouville-St-Clair
232
Troarn
BEUVRON-EN-AUGE
Périers
Pont-Hébert
St-Sauveur-Lendelin
50
St-Lô
Caen
Ifs
Marigny
Canisy
Caumont
St-Jean-des-B.
Evrecy
May-s.-O.
Argences
Coutances
Torigni-s.-V.
Villers-Bocage
Moult
Mézidon
Bretteville
St-Sylvain
Cerisy-la-Salle
Le Mesnil-Herman
Jurques
Aunay
Thury-Harcourt
Barbery
St-Pierre-s.-Dives
Calvados
14
Hambye
Tessy-s.-V.
Villebaudon
Percy
Le Plessis-Grimoult
Gavray
La Graverie
Angoville
Jort
Clécy
Morteaux-Coulibœuf
Villedieu-les-Poêles
Estry
Falaise
8
St-Sever
Vire
Vassy
Pont-d'Ouilly
La Haye-Pesnel
Fontenermont
Viessoix
Condé-s.-Noireau
Crocy
Nécy
239
Tinchebray
Flers
Putanges
Argentan
St-Pois
Brécey
Sourdeval
Messei
Fromentel
Écouché
GENETS
Avranches
Juvigny-le-T.
Ger
Briouze
Pontaubault
Montigny
Mortain
Lonlay-l'Abbaye
Ducey
Barenton
La Sauvagère
Rânes
Boucé
St-Hilaire-du-H.
Domfront
Bagnoles-de-l'O.
La Ferté Macé
La Lande-de-G.
Carrouges
St-James
Le Teilleul
Juvigny-s/s-A.
Buais
Landivy
Passais
Couterne
Sept-forges
Louvigné-du-Désert
Ceaucé
Couptrain
Livaie
St-Brice-en-C.
Désertines
Lassay-les-Ch.
Javron-les-Chap.
Pré-en-Pail
Gorron
Levaré
St-Pierre-des-Nids
243
Landéan
Fougères
Ambrières-les-Vallées
Le Horps
Villaines-la-Juhel
Gesvres
ST-CÉNERI-LE-GEREI
Vautorte
St-Aubin-du-Cormier
Billé
Dompierre-du-Ch.
Ernée
Mayenne
Aron
Moulay
Courcité
St-Christophe-des-B.
Chailland
Alexain
Jublains
Bais
St-Germain-de-Coulamer
Fresnay-s.-S.
Juvigné
Val-d'Izé
La Croixille
La Baconnière
Andouillé
Mayenne
53
Martigné
Evron
Sillé-le-Guillaume
Vitré
Montsûrs
133
STE-SUZANNE
Argentré
Conlie
Argentré-du-P.
Loiron
Laval
15
Bernay
Étang de Carcraon
Vaiges
St-Poix
Loué

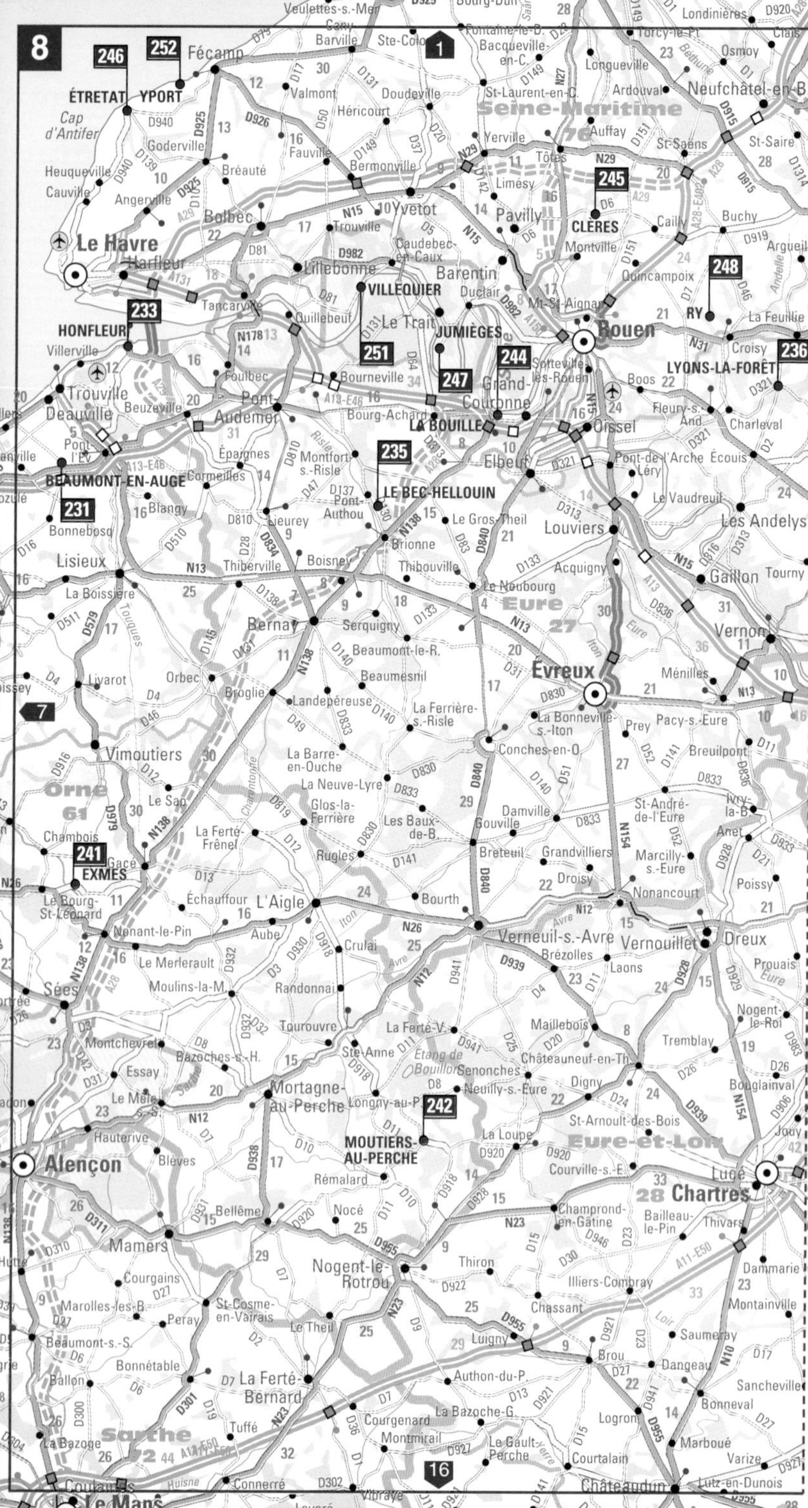

8
246
252
1
Fécamp
ÉTRETAT
YPORT
Cap d'Antifer
Veulettes-s.-Mer
Cany Barville
Ste-Colombe
Bourg-Dun
Fontaine-le-D.
Bacqueville-en-C.
Torcy-le-Pt
Londinières
Osmoy
Clais
Longueville
Valmont
Doudeville
St-Laurent-en-C.
Ardouval
Neufchâtel-en-B.
Héricourt
Seine-Maritime
76
Goderville
Fauville
Yerville
Auffay
St-Saëns
St-Saire
Bréauté
Bermonville
Tôtes
245
Heuqueville
Cauville
Angerville
Limésy
Yvetot
Pavilly
CLÈRES
Cailly
Buchy
Le Havre
Bolbec
Trouville
Caudebec-en-Caux
Montville
Argueil
Harfleur
Lillebonne
Barentin
Quincampoix
248
VILLEQUIER
Duclair
Mt-St-Aignan
RY
La Feuillie
233
Tancarville
Quillebeuf
Le Trait
JUMIÈGES
HONFLEUR
Rouen
Croisy
236
Villerville
251
244
Sotteville-lès-Rouen
LYONS-LA-FORÊT
Trouville
Foulbec
Bourneville
247
Grand-Couronne
Boos
Deauville
Beuzeville
Pont-Audemer
Bourg-Achard
LA BOUILLE
Oissel
Fleury-s.-Andelle
Charleval
Pont-l'Év.
Épaignes
Montfort-s.-Risle
235
Elbeuf
Pont-de-l'Arche
Écouis
BEAUMONT-EN-AUGE
Cormeilles
LE BEC-HELLOUIN
Léry
Le Vaudreuil
Pont-Authou
231
Blangy
Lieurey
Le Gros-Theil
Louviers
Les Andelys
Bonnebosq
Brionne
Lisieux
Thiberville
Boisney
Thibouville
Acquigny
Gaillon
Tourny
La Boissière
Le Neubourg
Eure
27
Bernay
Serquigny
Vernon
Beaumont-le-R.
Livarot
Orbec
Beaumesnil
Évreux
Ménilles
Broglie
Landepéreuse
La Ferrière-s.-Risle
7
La Bonneville-s.-Iton
Prey
Pacy-s.-Eure
Vimoutiers
La Barre-en-Ouche
Conches-en-O.
Breuilpont
Orne
61
La Neuve-Lyre
Le Sap
Glos-la-Ferrière
Les Baux-de-B.
Damville
St-André-de-l'Eure
Ivry-la-B.
Chambois
La Ferté-Frênel
Gouville
Anet
241
EXMES
Gacé
Rugles
Breteuil
Grandvilliers
Marcilly-s.-Eure
Droisy
Poissy
Le Bourg-St-Léonard
Échauffour
L'Aigle
Bourth
Nonancourt
Nonant-le-Pin
Aube
Crulai
Verneuil-s.-Avre
Vernouillet
Dreux
Le Merlerault
Brézolles
Laons
Prouais
Sées
Moulins-la-M.
Randonnai
Nogent-le-Roi
Tourouvre
La Ferté-V.
Maillebois
Tremblay
Montchevrel
Ste-Anne
Étang de Bouillon
Essay
Bazoches-s.-H.
Senonches
Châteauneuf-en-Th.
Mortagne-au-Perche
Neuilly-s.-Eure
Digny
Bouglainval
Le Mêle-s.-S.
Longny-au-P.
242
St-Arnoult-des-Bois
Hauterive
MOUTIERS-AU-PERCHE
La Loupe
Eure-et-Loir
Jouy
Alençon
Bleves
Rémalard
Courville-s.-E.
Lucé
28 Chartres
Bellême
Nocé
Champrond-en-Gâtine
Bailleau-le-Pin
Thivars
Mamers
Nogent-le-Rotrou
Thiron
Dammarie
Courgains
Illiers-Combray
Marolles-les-B.
St-Cosme-en-Vairais
Chassant
Montainville
Peray
Le Theil
Beaumont-s.-S.
Luigny
Saumeray
Bonnétable
Brou
Dangeau
Ballon
La Ferté-Bernard
Authon-du-P.
Sancheville
Bonneval
Courgenard
La Bazoche-G.
Logron
Tuffé
Montmirail
Le Gault-Perche
Marboué
Sarthe
72
La Bazoge
Courtalain
Varize
16
Coulaines
Connerré
Vibraye
Châteaudun
Lutz-en-Dunois
Le Mans
Lavaré

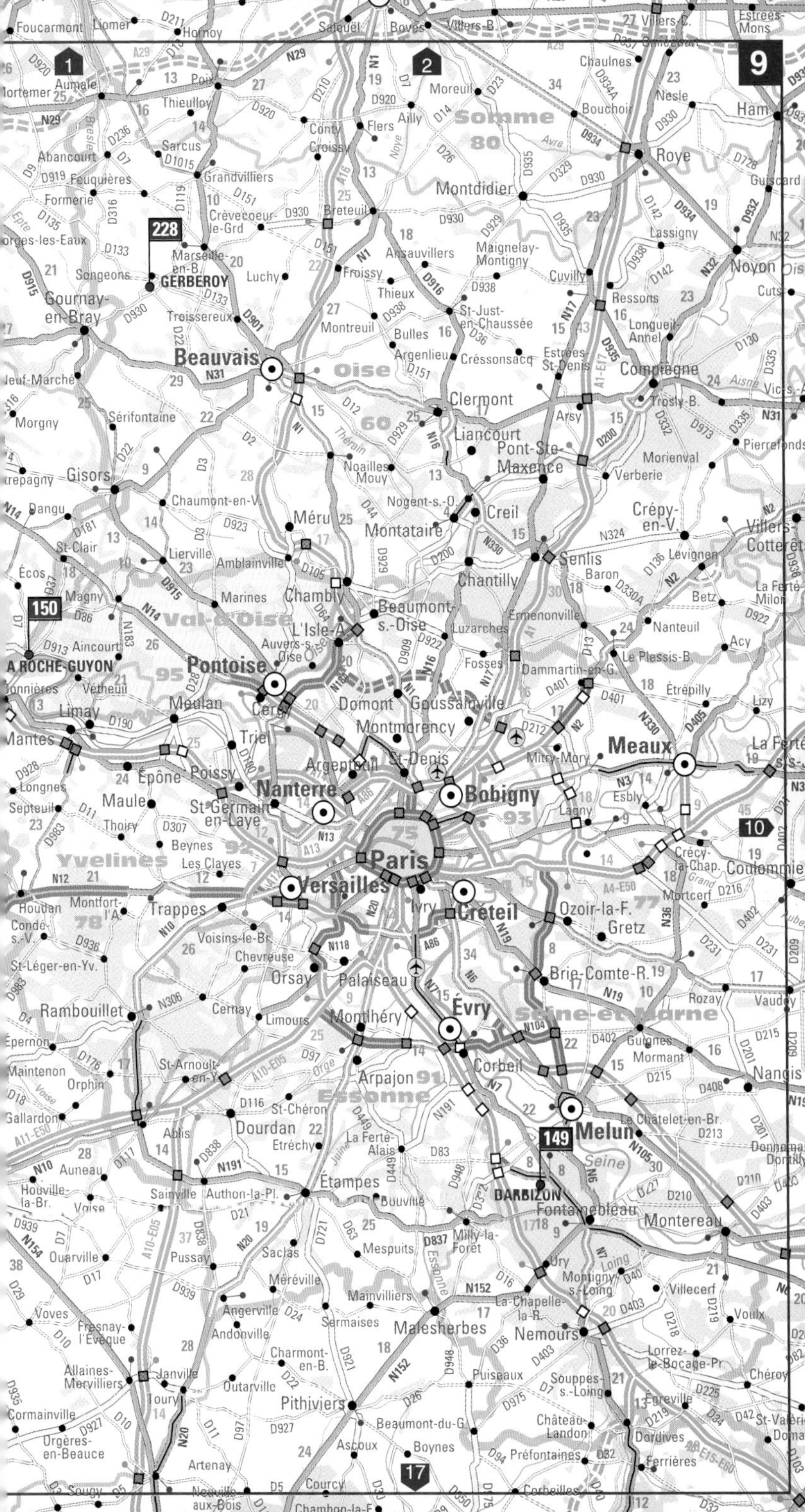

9
1
2
10
17
228
150
149
Foucarmont
Hornoy
Saleuel
Boves
Villers-B.
Villers-C.
Estrées-Mons
Aumale
Poix
Moreuil
Chaulnes
Nesle
Ham
Thieulloy
Ailly
Flers
Conty
Croissy
Somme
80
Bouchoir
Roye
Abancourt
Sarcus
Grandvilliers
Feuquières
Formerie
Crèvecoeur-le-Grd
Breteuil
Montdidier
Guiscard
Lassigny
Noyon
Marseille-en-B.
GERBEROY
Songeons
Luchy
Froissy
Ansauvillers
Maignelay-Montigny
Cuvilly
Ressons
Longueil-Annel
Gournay-en-Bray
Troissereux
Thieux
Montreuil
Bulles
St-Just-en-Chaussée
Argenlieu
Cressonsacq
Estrées-St-Denis
Compiègne
Beauvais
Oise
Clermont
Trosly-B.
Vic-s.-A.
Morgny
Sérifontaine
60
Liancourt
Arsy
Pont-Ste-Maxence
Pierrefonds
Morienval
Verberie
Gisors
Noailles
Mouy
Chaumont-en-V.
Nogent-s.-O.
Creil
Crépy-en-V.
Villers-Cotterêts
Dangu
Méru
Montataire
St-Clair
Lierville
Amblainville
Chantilly
Senlis
Levignen
Écos
Baron
Magny
Marines
Chambly
Beaumont-s.-Oise
Ermenonville
Betz
La Ferté-Milon
Val-d'Oise
L'Isle-A.
Luzarches
Nanteuil
Acy
Aincourt
LA ROCHE-GUYON
Auvers-s.-Oise
Pontoise
95
Fosses
Dammartin-en-G.
Le Plessis-B.
Vétheuil
Meulan
Cergy
Domont
Goussainville
Étrépilly
Lizy
Limay
Mantes
Triel
Montmorency
Mitry-Mory
Meaux
La Ferté-s.-J.
Argenteuil
St-Denis
Épône
Poissy
Nanterre
Bobigny
Longnes
Septeuil
Maule
St-Germain-en-Laye
Esbly
Lagny
93
Thoiry
Beynes
Les Clayes
Paris
75
Crécy-la-Chap.
Coulommiers
Yvelines
92
Houdan
Montfort-l'A.
Trappes
Versailles
Ivry
Créteil
Mortcerf
Condé-s.-V.
78
Voisins-le-Br.
Ozoir-la-F.
Gretz
77
St-Léger-en-Yv.
Chevreuse
Orsay
Palaiseau
Brie-Comte-R.
Rozay
Vaudoy
Rambouillet
Cernay
Limours
Montlhéry
Évry
Seine-et-Marne
Épernon
Guignes
Mormant
Nangis
Maintenon
St-Arnoult-en-Y.
Orphin
Arpajon
91
Corbeil
Essonne
Melun
Gallardon
St-Chéron
Le Châtelet-en-Br.
Ablis
Dourdan
Étréchy
La Ferté-Alais
Donnemarie-Dontilly
Auneau
Seine
Houville-la-Br.
Sainville
Authon-la-Pl.
Étampes
Bouville
BARBIZON
Fontainebleau
Montereau
Voise
Milly-la-Forêt
Ouarville
Pussay
Saclas
Mespuits
Ury
Montigny-s.-Loing
Loing
Villecerf
Méréville
Mainvilliers
La Chapelle-la-R.
Voulx
Voves
Fresnay-l'Évêque
Angerville
Andonville
Sermaises
Malesherbes
Nemours
Charmont-en-B.
Lorrez-le-Bocage-Pr.
Allaines-Mervilliers
Janville
Outarville
Puiseaux
Souppes-s.-Loing
Chéroy
Toury
Pithiviers
Égreville
Cormainville
St-Valérien
Orgères-en-Beauce
Beaumont-du-G.
Château-Landon
Dordives
Ascoux
Boynes
Préfontaines
Ferrières
Artenay
Sougy
Neuville-aux-Bois
Courcy
Chambon-la-F.
Corbeilles

10
2
3
Gauchy
Origny-Ste-Benoite
Sains-Richaumont
Vervins
Rumigny
Rouvroy-s.-Audry
Ribemont
Brunehamel
Liart
La Ferté-Chevresis
Vendeuil
Marle
Rozoy-s.-Serre
Signy-l'Abbaye
Flavy-le-M.
Aisne
02
Crécy
Serre
Guiscard
Tergnier
La Fère
Froidmont-Cohartille
Bucy
Montcornet
Chaumont-Porcien
Launois-s.-V.
Crépy
Liesse
Dizy-le-Gros
Seraincourt
Chauny
St-Gobain
Novion-Porcien
08
Noyon
Oise
Laon
Athies
Sissonne
Coucy-le-Ch.
Château-Porcien
Cuts
Anizy
Rethel
Amagne
Chavignon
Vézaponin
Cerny-en-L.
Terny-Sorny
Craonne
Roizy
Juniville
Vic-s.-A.
Vailly-s.-Aisne
Pommiers
Pontavert
Neufchâtel-s.-Aisne
Leffincourt
Bourg-et-Comin
Berry-au-Bac
Machault
Soissons
Bourgogne
Isles-s.-S.
Pierrefonds
Braine
Ventelay
Fismes
Witry-les-R.
Pontfaverger-Moronvilliers
227
LONGPONT
Villers-Cotterêts
Reims
Tramery
Beine-Nauroy
Oulchy-le-Ch.
Fère
Cormontreuil
Prosnes
L'Espérance
Ourcq
Ville-en-Tardenois
La Ferté-Milon
Coincy
Bazoches
Mourmelon-le-Grd
Neuilly-St-Front
Suippes
Vesle
Châtillon-s.-Marne
Château-Thierry
Marne
St-Hilaire
La Cheppe
9
Dormans
Dizy
Aÿ
Condé-s.-M.
Crézancy
Igny-C.
Épernay
Chouilly
Juvigny
Avize
Charly
Condé-en-B.
La Ferté-s/s-J.
Mareuil-en-B.
Châlons-en-Champagne
Courtisols
Compertrix
Vieils-Maisons
Montmort-Lucy
Vertus
Marson
Chaintrix-Bierges
Écury
Montmirail
Champaubert
Étoges
Pogny
Nuisement
Rebais
Maclaunay
Villeseneux
Coulommiers
Marne
51
Petit Morin
Vitry-la-V.
Vatry
Fontaine-s.-Coole
Morsains
Bannes
Songy
Morin
Chapton
Fère-Champenoise
Normée
La Ferté-Gaucher
Coole
Esternay
Sommesous
Courtacon
Sézanne
Sompuis
Mailly-le-Camp
Humbauville
Vaudoy
Jouy-le-Châtel
Montceaux
Pleurs
St-Ouen-Domprot
Barbonne-Fayel
La Chapelle-Lasson
Villiers-St-Georges
Anglure
Aube
Dampierre
Margerie-Hancourt
Nangis
Provins
Conflans-s.-S.
Pouan
Arcis-s.-A.
Romilly
Méry-s.-Seine
Donnemarie-Dontilly
Nogent-s.-S.
La Belle-Étoile
Coclois
St-Martin-de-Bossenay
Voué
Seine
Trainel
Marigny-le-Châtel
Aube
10
Lesmont
Bray-s.-Seine
Brienne
Piney
Luyères
Sognes
Marcilly-le-Hayer
Le Pavillon-Ste-Julie
Troyes
Pont-Ste-M.
Géraudot
Dierrey
Thorigny-s.-Oreuse
Ste-Savine
Pont-s.-Y.
Villemaur
Lusigny
Vendeuvre
Estissac
Bucey
Aix-en-Othe
Chéroy
Villeneuve-l'Arch.
Bouilly
Sens
Maillot
St-Valérien
Fournaudin
Domats
100
Cerisiers
Jeugny
Arces
Auxon
Bar-s.-S.
VILLENEUVE-S.-YONNE
Lantages
Polisy
Neuvy-Sautour
Ervy
Chaource
Pargues
18
St-Florentin
Les Riceys

11
3
12
19
Nouzonville
Sugny
Straimont
Anlier
Redange
Charleville-Mézières
Mohon
Sedan
La Chapelle
Florenville
Pouru-St-Rémy
Habay
Attert
Arlon
Saeul
Steinfort
Luxembourg
Mamer
Tintigny
Flize
Douzy
Poix-Terron
Carignan
Raucourt-et-Flaba
Vendresse
Omont
La Bascule
Mouzon
Margut
Virton
Éthe
Aubange
Pétange
Longwy
Esch
Tourteron
Montmédy
Les Grandes-Armoises
Le Chesne
Tellancourt
Réhon
Villerupt
Attigny
Ardennes
Stenay
Beauclair
Louppy-s.-Loisin
Marville
Longuyon
Pierrepont
Meurthe-et-Moselle
Germont
Buzancy
Rémonville
Audun-le-R.
Fontoy
Vouziers
Longwé
Dun-s.-Meuse
Bantheville
Sivry-s.-Meuse
Damvillers
Spincourt
Piennes
54
Grandpré
Sommepy-Tahure
Montfaucon
Consenvoye
Maucourt-s.-Orne
Bouligny
Moyeuvre
Briey
Aisne
Abaucourt-Hautecourt
Étain
Homécourt
Varennes-en-A.
Meuse
55
Jarny
Ville-s.-Tourbe
Dombasle-en-A.
Verdun
Conflans-en-Jarnisy
Clermont-en-A.
Rampont
Mars-la-Tour
Ste-Menehould
Dugny
Fresnes-en-Woëvre
Ars-s.-M.
Valmy
Chambley-B.
Auve
Souilly
Thillot
Woël
Étang de Lachaussée
La Grande-Romanie
Dommartin
Fleury-s.-Aire
Villers-s.-M.
Troyon
Pagny-s.-M.
Seuil-d'A.
Vigneulles
Thiaucourt
Givry-en-A.
Érize-la-Petite
Dompcevrin
Pont-à-Mousson
Moivre
Sommeilles
Pierrefitte
St-Mihiel
Possesse
Beaumont
Rumont
Villote-s.-Aire
Dieulouard
Vanault-les-D.
Revigny-s.-Ornain
Sampigny
Domèvre-en-Haye
Lérouville
Pompey
Pargny
Sermaize
Bar-le-Duc
Commercy
Robert-Espagne
Tronville-en-B.
St-Aubin-s.-A.
Vitry-le-François
Écrouves
Thiéblemont-F.
Ligny-en-Barrois
Void
Toul
Villiers
Larzicourt
Stainville
St-Dizier
Ancerville
Lac du Der-Chantecoq
Rosières-en-Blois
Vaucouleurs
Éclaron-B.
Eurville-B.
Morley
Houdelaincourt
Chevillon
Colombey-les-Belles
Giffaumont
Gondrecourt
Montiers-s.-Saulx
Chavanges
Wassy
Vézelise
Montmorency-Beaufort
Montier-en-Der
Favières
Domrémy-la-Pucelle
Dommartin
Poissons
Louze
Joinville
Germay
Coussey
Soulaines-Dhuys
Mussey-s.-M.
Neufchâteau
Blaiserives
Leurville
Liffol-le-Grand
Beurville
Daillancourt
Houécourt
Jessains
St-Blin
Vignory
Andelot
Aulnois
Colombey-les-Deux-Églises
Chalvraines
Vittel
Bar-s.-A.
Briaucourt
Bulgnéville
Bourmont
Bologne
Consigny
Contrexéville
Juzennecourt
Longchamp-s.-A.
Huilliécourt
Martigny-les-Bains
Dombrot-le-Sec
Éguilly
Chaumont
Biesles
Clefmont
Damblain
Lamarche
Bricon
Essoyes
Silvarouvres
Nogent
Cunfin
Fresnoy-en-B.
Monthureux
Châteauvillain
Val-de-Meuse
Mussy-s.-S.
Bourbonne-les-B.

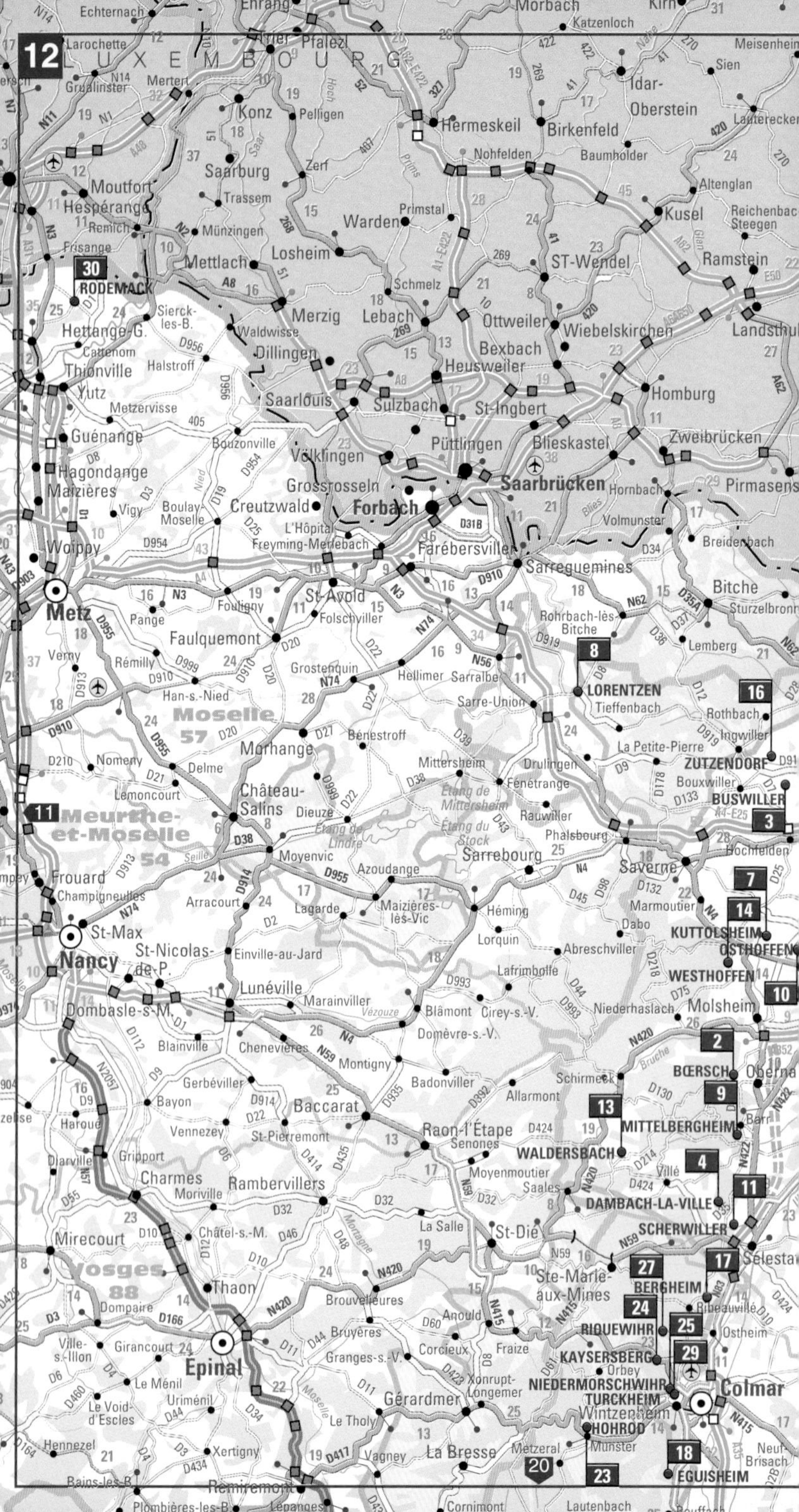

12
LUXEMBOURG
Echternach
Ehrang
Morbach
Kirn
Katzenloch
Larochette
Trier
Pfalzel
Meisenheim
Mersch
Grundlinster
Mertert
Idar-Oberstein
Sien
Konz
Pellingen
Hermeskeil
Birkenfeld
Oberstein
Lauterecken
Saarburg
Zerf
Nohfelden
Baumholder
Moutfort
Trassem
Altenglan
Hespérange
Primstal
Kusel
Reichenbach-Steegen
Remich
Münzingen
Warden
Frisange
Losheim
ST-Wendel
Ramstein
Mettlach
30
RODEMACK
Schmelz
Sierck-les-B.
Merzig
Lebach
Ottweiler
Wiebelskirchen
Landstuhl
Hettange-G.
Waldwisse
Cattenom
Dillingen
Bexbach
Thionville
Halstroff
Heusweiler
Yutz
Saarlouis
Sulzbach
St-Ingbert
Homburg
Metzervisse
Guénange
Bouzonville
Völklingen
Püttlingen
Blieskastel
Zweibrücken
Hagondange
Maizières
Grossrosseln
Saarbrücken
Hornbach
Pirmasens
Vigy
Boulay-Moselle
Creutzwald
Forbach
Volmunster
Woippy
L'Hôpital
Freyming-Merlebach
Farébersviller
Breidenbach
Sarreguemines
Metz
Pange
Fouligny
St-Avold
Folschviller
Bitche
Sturzelbronn
Faulquemont
Rohrbach-lès-Bitche
Verny
Rémilly
8
LORENTZEN
Lemberg
Han-s.-Nied
Grostenquin
Hellimer
Sarralbe
Moselle 57
Sarre-Union
Tieffenbach
16
Rothbach
Ingwiller
Bénestroff
La Petite-Pierre
ZUTZENDORF
Morhange
Mittersheim
Drulingen
Nomeny
Delme
Fénétrange
Bouxwiller
BUSWILLER
Lemoncourt
Château-Salins
Étang de Mittersheim
11
Meurthe-et-Moselle 54
Dieuze
Étang de Lindre
Rauwiller
Étang du Stock
Phalsbourg
3
Hochfelden
Moyenvic
Sarrebourg
Saverne
Frouard
Azoudange
7
Champigneulles
Arracourt
Lagarde
Maizières-lès-Vic
Héming
Marmoutier
14
St-Max
Nancy
Lorquin
Dabo
KUTTOLSHEIM
OSTHOFFEN
St-Nicolas-de-P.
Einville-au-Jard
Abreschviller
WESTHOFFEN
Lafrimbolle
Lunéville
Marainviller
Vézouze
10
Dombasle-s.-M.
Blâmont
Cirey-s.-V.
Niederhaslach
Molsheim
Domèvre-s.-V.
Blainville
Chenevières
Montigny
2
BOERSCH
Obernai
Gerbéviller
Badonviller
Schirmeck
Bayon
Allarmont
9
13
Haroué
Baccarat
MITTELBERGHEIM
Barr
Vennezey
St-Pierremont
Raon-l'Étape
Senones
Gripport
WALDERSBACH
Diarville
Moyenmoutier
4
Charmes
Moriville
Rambervilliers
Saales
DAMBACH-LA-VILLE
11
La Salle
Mirecourt
Châtel-s.-M.
St-Dié
SCHERWILLER
Sélestat
Vosges 88
27
17
Thaon
Ste-Marie-aux-Mines
BERGHEIM
Dompaire
Brouvelieures
Ribeauvillé
24
Anould
RIQUEWIHR
25
Epinal
Ville-s.-Illon
Girancourt
Bruyères
Fraize
Ostheim
Granges-s.-V.
Corcieux
KAYSERSBERG
29
Orbey
Le Ménil
Xonrupt-Longemer
NIEDERMORSCHWIHR
Colmar
Le Void-d'Escles
Uriménil
Gérardmer
TURCKHEIM
Le Tholy
Wintzenheim
HOHROD
Hennezel
Xertigny
Münster
La Bresse
Metzeral
Vagney
20
18
Neuf-Brisach
EGUISHEIM
23
Bains-les-B.
Remiremont
Plombières-les-B.
Lépanges
Cornimont
Lautenbach
Rouffach

13
Alzey
Osthofen
Biblis
Gadernheim
Miltenberg
Alsenz
Kirchheimbolanden
Westhofen
Monsheim
Bürstadt
Lorsch
Bensheim
Michelstadt
Erbach
Heppenheim
Rockenhausen
Marnheim
Worms
Lampertheim
Wald-Michelbach
Beerfelden
Grünstadt
Weinheim
Winnweiler
Frankenthal
Viernheim
Kailbach
Enkenbach-Alsenborn
Ludwigshafen-a.-R.
Mannheim
Schriesheim
Eberbach
Bad-Dürkheim
Heidelberg
Ziegelhs
Frankenstein
Mutterstadt
Neckarsteinach
Kaiserslautern
Schwetzingen
Leimen
Lambrecht
Hassloch
Neckarelz
Speyer
Hockenheim
Elmstein
Neustadt
Wiesloch
Gundelsheim
Lachen-Speyerdorf
Walldorf
Bad Rappenau
Edenkoben
Oberhausen
Sinsheim
Waldfischbach-Burgalben
Bad Wimpfen
Landau
Belheim
Bad-Mingolsheim
Graben-Neudorf
Annweiler-am-Trifels
Herxheim-bei-L.
Menzingan
Heilbronn
Klingenmünster
Schwaigern
Dahn
Eppingen
Bruchsal
Lauffen
Rheinzabern
Brackenheim
Bad-Bergzabern
Kandel
Neureut
Weingarten
Güglingen
Kirchheim
Wörth-am-R.
Grotzingen
Bretten
Wissembourg
Karlsruhe
Bietigheim-Bissingen
Lembach
Illingen
Niederbronn-les-B.
Lauterbourg
SEEBACH
Mühlacker
Vaihingen
HUNSPACH
Ettlingen
Asperg
Woerth
Burmersheim
Ludwigsburg
Reichshoffen
Soultz-s/s-F.
Pforzheim
Seltz
Bas-Rhin
Rastatt
Malsh
Neuenbürg
Birkenfeld
Ditzingen
Stuttgart
Soufflenheim
Bad-Herrenalb
Tiefenbronn
Pfaffenhoffen
Haguenau
Bad-Liebenzell
Leonberg
Wildbad
Bischwiller
Gernsbach
Calw
Drusenheim
Baden-Baden
WEYERSHEIM
Böblingen
Brumath
Enzklösterle
Waldenbuch
Bühl
Rheinau
Ottersweier
Altensteig
Herrenberg
La Wantzenau
Achern
Besenfeld
Schiltigheim
Nagold
Tübingen
Strasbourg
Kehl
Oberkirch
Baiersbronn
Dornstetten
Rottenburg
HINDISHEIM
Offenburg
Hörb
Freudenstadt
Neckar
Mössingen
Erstein
Gengenbach
Bad-Peterstal-Griesbach
Sulz
Haigerloch
Hechingen
ALLEMAGNE
Benfeld
Frieseheim
Biberach
Alpirsbach
Dornhan
Boofzheim
Lahr
Wolfach
Oberndorf
Balingen
Tailfingen Albstadt
Schiltach
Ettenheim
Haslach-im-Kinzigtal
Schramberg
Ebingen
Herbolzheim
Hornberg
Rottweil
Meßstetten
Elzach
Kenzingen
Marckolsheim
Triberg
Emmendingen
St-Georgen
Villingen
Trossingen
Spaichingen
Endigen
Beuron
Waldkirch
Schwenningen
Breisach-am-Rhein
Furtwangen
Bad Dürrheim
Fridingen
Tuttlingen
Freiburg-im-Breisgau
Neustadt-Schwarzwald
Hüfingen
Geisingen
Fessenheim
Stockach
Rhin
12
6
15
5
21

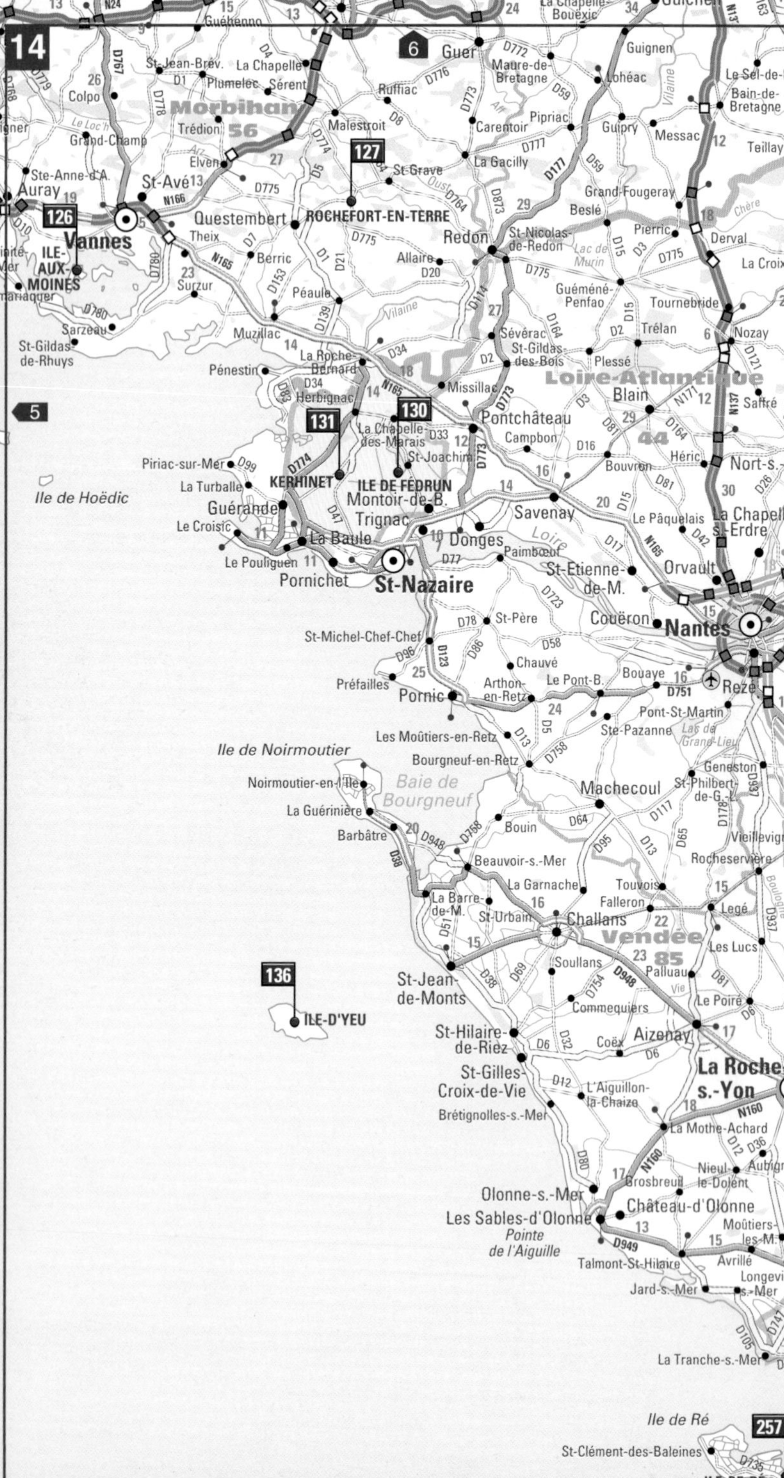
14
6
5
St-Allouestre
Ploërmel
Campénéac
La Chapelle-Bouëxic
Guichen
Guéhenno
St-Jean-Brév.
La Chapelle
Guer
Guignen
Plumelec
Sérent
Ruffiac
Maure-de-Bretagne
Lohéac
Le Sel-de-B.
Colpo
Bain-de-Bretagne
Morbihan
56
Malestroit
Carentoir
Pipriac
Guipry
Messac
Trédion
Grand-Champ
Teillay
Elven
127
St-Grave
La Gacilly
Ste-Anne-d'A.
Auray
St-Avé
Grand-Fougeray
126
Vannes
Questembert
ROCHEFORT-EN-TERRE
Beslé
Pierric
Theix
Redon
St-Nicolas-de-Redon
Derval
ILE-AUX-MOINES
Berric
Allaire
Lac de Murin
La Croix-L.
Surzur
Guémené-Penfao
Péaule
Tournebride
Sarzeau
St-Gildas-de-Rhuys
Muzillac
Sévérac
Trélan
Nozay
St-Gildas-des-Bois
La Roche-Bernard
Plessé
Pénestin
Loire-Atlantique
Herbignac
Missillac
Blain
Saffré
131
130
Pontchâteau
La Chapelle-des-Marais
44
St-Joachim
Campbon
Héric
Piriac-sur-Mer
Bouvron
Nort-s.-E.
La Turballe
KERHINET
ILE DE FÉDRUN
Ile de Hoëdic
Montoir-de-B.
Savenay
Guérande
Trignac
La Chapelle-s.-Erdre
Le Pâquelais
Le Croisic
La Baule
Donges
Paimbœuf
Le Pouliguen
Pornichet
St-Nazaire
St-Etienne-de-M.
Orvault
Couëron
Nantes
St-Père
St-Michel-Chef-Chef
Chauvé
Bouaye
Rezé
Préfailles
Pornic
Arthon-en-Retz
Le Pont-B.
Pont-St-Martin
Ste-Pazanne
Lac de Grand-Lieu
Les Moûtiers-en-Retz
Ile de Noirmoutier
Bourgneuf-en-Retz
Geneston
Noirmoutier-en-l'Ile
Baie de Bourgneuf
Machecoul
St-Philbert-de-G.-L.
La Guérinière
Bouin
Barbâtre
Vieillevigne
Beauvoir-s.-Mer
Rocheservière
La Garnache
Touvois
La Barre-de-M.
Falleron
St-Urbain
Challans
Legé
Vendée
85
Les Lucs
Soullans
136
Palluau
St-Jean-de-Monts
Le Poiré
ILE-D'YEU
Commequiers
St-Hilaire-de-Riez
Aizenay
Coëx
St-Gilles-Croix-de-Vie
La Roche-s.-Yon
L'Aiguillon-la-Chaize
Brétignolles-s.-Mer
La Mothe-Achard
Nieul-le-Dolent
Aubigny
Grosbreuil
Olonne-s.-Mer
Château-d'Olonne
Les Sables-d'Olonne
Pointe de l'Aiguille
Moûtiers-les-M.
Talmont-St-Hilaire
Avrillé
Longeville-s.-Mer
Jard-s.-Mer
La Tranche-s.-Mer
Ile de Ré
257
St-Clément-des-Baleines
ILE-DE-RÉ

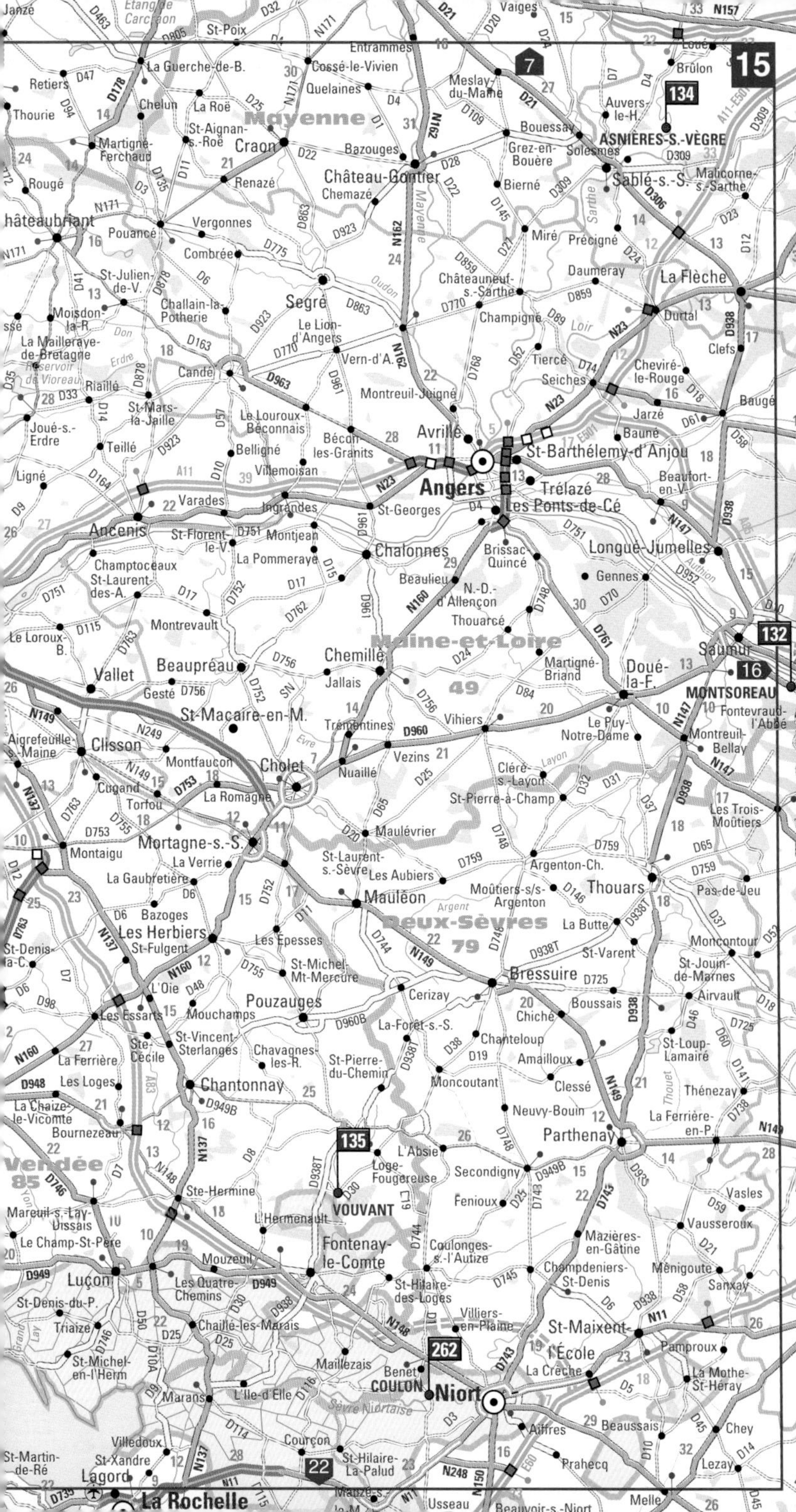
15
7
134
ASNIÈRES-S.-VÈGRE
132
16
MONTSOREAU
135
VOUVANT
262
COULON
22
Mayenne
Maine-et-Loire
49
Deux-Sèvres
79
Vendée
85
Janzé
Étang de Carcraon
St-Poix
La Guerche-de-B.
Retiers
Thourie
Chelun
La Roë
St-Aignan-s.-Roë
Craon
Martigné-Ferchaud
Rougé
Renazé
Entrammes
Cossé-le-Vivien
Quelaines
Bazouges
Château-Gontier
Chemazé
Vaiges
Meslay-du-Maine
Bouessay
Grez-en-Bouère
Bierné
Loué
Brûlon
Auvers-le-H.
Solesmes
Sablé-s.-S.
Malicorne-s.-Sarthe
Châteaubriant
Pouancé
Vergonnes
Combrée
St-Julien-de-V.
Challain-la-Potherie
Segré
Le Lion-d'Angers
Vern-d'A.
Miré
Précigné
Daumeray
Châteauneuf-s.-Sarthe
Champigné
La Flèche
Durtal
Clefs
Moisdon-la-R.
La Meilleraye-de-Bretagne
Réservoir de Vioreau
Candé
Riaillé
Joué-s.-Erdre
St-Mars-la-Jaille
Teillé
Le Louroux-Béconnais
Belligné
Villemoisan
Bécon-les-Granits
Montreuil-Juigné
Tiercé
Seiches
Cheviré-le-Rouge
Jarzé
Baugé
Bauné
Avrillé
Angers
St-Barthélemy-d'Anjou
Trélazé
Les Ponts-de-Cé
Beaufort-en-V.
Ligné
Varades
Ancenis
Ingrandes
St-Georges
St-Florent-le-V.
Montjean
La Pommeraye
Chalonnes
Brissac-Quincé
Longué-Jumelles
Gennes
Champtoceaux
St-Laurent-des-A.
Beaulieu
N.-D.-d'Allençon
Thouarcé
Montrevault
Le Loroux-B.
Vallet
Beaupréau
Chemillé
Jallais
Martigné-Briand
Doué-la-F.
Saumur
Fontevraud-l'Abbaye
Gesté
St-Macaire-en-M.
Trémentines
Vihiers
Le Puy-Notre-Dame
Montreuil-Bellay
Aigrefeuille-s.-Maine
Clisson
Montfaucon
Cholet
Nuaillé
Vezins
Cléré-s.-Layon
St-Pierre-à-Champ
Cugand
Torfou
La Romagne
Les Trois-Moûtiers
Montaigu
Mortagne-s.-S.
Maulévrier
La Verrie
St-Laurent-s.-Sèvre
Les Aubiers
Argenton-Ch.
Thouars
Pas-de-Jeu
La Gaubretière
Mauléon
Moûtiers-s/s-Argenton
Bazoges
Les Herbiers
St-Fulgent
Les Épesses
La Butte
St-Varent
Moncontour
St-Denis-la-C.
St-Michel-Mt-Mercure
Bressuire
St-Jouin-de-Marnes
L'Oie
Pouzauges
Cerizay
Boussais
Airvault
Les Essarts
Mouchamps
Chiche
La Forêt-s.-S.
Chanteloup
St-Vincent-Sterlanges
Ste-Cécile
St-Loup-Lamairé
La Ferrière
Chavagnes-les-R.
St-Pierre-du-Chemin
Amailloux
Les Loges
Chantonnay
Moncoutant
Clessé
Thénezay
La Chaize-le-Vicomte
Neuvy-Bouin
La Ferrière-en-P.
Bournezeau
Parthenay
L'Absie
Loge-Fougereuse
Secondigny
Vasles
Ste-Hermine
Fenioux
Vausseroux
Mareuil-s.-Lay-Dissais
L'Hermenault
Mazières-en-Gâtine
Le Champ-St-Père
Fontenay-le-Comte
Coulonges-s.-l'Autize
Champdeniers-St-Denis
Ménigoute
Mouzeuil
Luçon
Les Quatre-Chemins
St-Hilaire-des-Loges
Sanxay
St-Denis-du-P.
Villiers-en-Plaine
Triaize
Chaillé-les-Marais
St-Maixent-l'École
Pamproux
St-Michel-en-l'Herm
Maillezais
Benet
La Crèche
La Mothe-St-Héray
Marans
L'Île-d'Elle
Niort
Sèvre Niortaise
Aiffres
Beaussais
Chey
Villedoux
Courçon
St-Xandre
St-Hilaire-la-Palud
Prahecq
Lezay
St-Martin-de-Ré
Lagord
La Rochelle
Usseau
Beauvoir-s.-Niort
Melle

16
Le Mans
Coulaines
Allonnes
Arnage
Parigné-l'Évêque
Mulsanne
La Suze-s.-S.
St-Mars-d'O.
Cérans-F.
Écommoy
La Fontaine-St-M.
Pontvallain
Mayet
Jupilles
Château-du-Loir
Le Lude
La Vallerie
Château-la-Vallière
Noyant
Breil
Retenue de Rillé
Rillé
Cléré-les-Pins
Vernantes
Gizeux
15
Langeais
Bourgueil
Restigné
Avoine
CANDES-ST-MARTIN
143
Chinon
L'Île-Bouchard
Champigny-s.-V.
146
RICHELIEU
Loudun
Jaulnay
Orches
Sossais
Lencloître
Mirebeau
Vendeuvre
Vouzailles
Neuville-de-P.
Villiers
Vouillé
Poitiers
Buxerolles
St-Benoît
Lusignan
Vivonne
Gençay
Anché
Couhé
Usson-du-P.
Conneré
Lavaré
Vibraye
Bouloire
Mondoubleau
St-Calais
Tresson
Le Grand-Lucé
St-Pierre-du-Lorouër
Bessé-s.-Br.
Pont-s.-B.
Troo
Montoire-s.-le-Loir
La Chartre-s.-le-Loir
Chemillé-s.-Dême
Beaumont-la-Ronce
Château-Renault
La Ferrière
Fondettes
Tours
Joué-lès-T.
Montlouis
Chambray
Villandry
Azay-le-R.
144
CRISSAY-S.-MANSE
St-Épain
Montbazon
Indre-et-Loire
37
St-Branchs
Rochette
Étang du Louroux
Manthelan
Ste-Maure-de-Touraine
La Celle-St-Avant
Les Ormes
Vellèches
Dangé-St-Romain
Descartes
Le Grand-Pressigny
Barrou
Châtellerault
Coussay
La Roche-Posay
Vouneuil-s.-V.
Jaunay-Clan
Bonneuil-Matours
Pleumartin
La Puye
Lavoux
Vienne
86
Chauvigny
St-Julien-l'Ars
Valdivienne
Fleuré
La Villedieu-du-Clain
St-Laurent-de-Jourdes
Bouresse
Lussac-les-Ch.
Leignes-s.-F.
Jouhet
Montmorillon
Moulismes
23
Adriers
Courtalain
Châteaudun
Varize
Lutz-en-Dunois
St-Agil
8
Droué
Cloyes-s.-le-Loir
La Ferté-Villeneuil
Épuisay
Les Fontaines
Morée
Binas
Ouzouer-le-Marché
St-Léonard-en-B.
Oucques
Marchenoir
La Bonaventure
148
Vendôme
LAVARDIN
Selommes
Champigny-en-B.
Pontijou
St-Amand-Longpré
Villechauve
Loir-et-Cher
41
Herbault
Blois
Vineuil
Chambord
Cour-Cheverny
Chaumont-s.-L.
Contres
Amboise
Pontlevoy
Chémery
Chenonceaux
Montrichard
St-Romain-s.-Cher
Bléré
Cormery
St-Aignan
Céré
Le Liège
Genillé
145
MONTRÉSOR
Loches
Luçay-le-Mâle
Écueillé
Loché-s.-Indrois
Verneuil-s.-Indre
Ligueil
Ferrière-Larçon
Châtillon-s.-I.
Pellevoisin
St-Flovier
Indre
36
Villiers
Buzançais
Preuilly-s.-Claise
Azay-le-F.
Mézières-en-B.
St-Michel-en-Brenne
Étang de Belle-Bouche
Villedieu-s.-Indre
Vendœuvres
263
Lureuil
Méobecq
ANGLES-S.-L'ANGLIN
Douadic
Migné
Nuret-le-Ferron
Fontgombault
Ruffec
Le Blanc
St-Gaultier
Argenton-s.-C.
Bélâbre
Prissac
GARGILESSE-DAMPIERRE
142
141
ST-BENOIT-DU-SAULT
La Trimouille
Tilly
Chaillac
Bourg-Archambault
Lussac-les-Églises
St-Sulpice-les-Feuilles

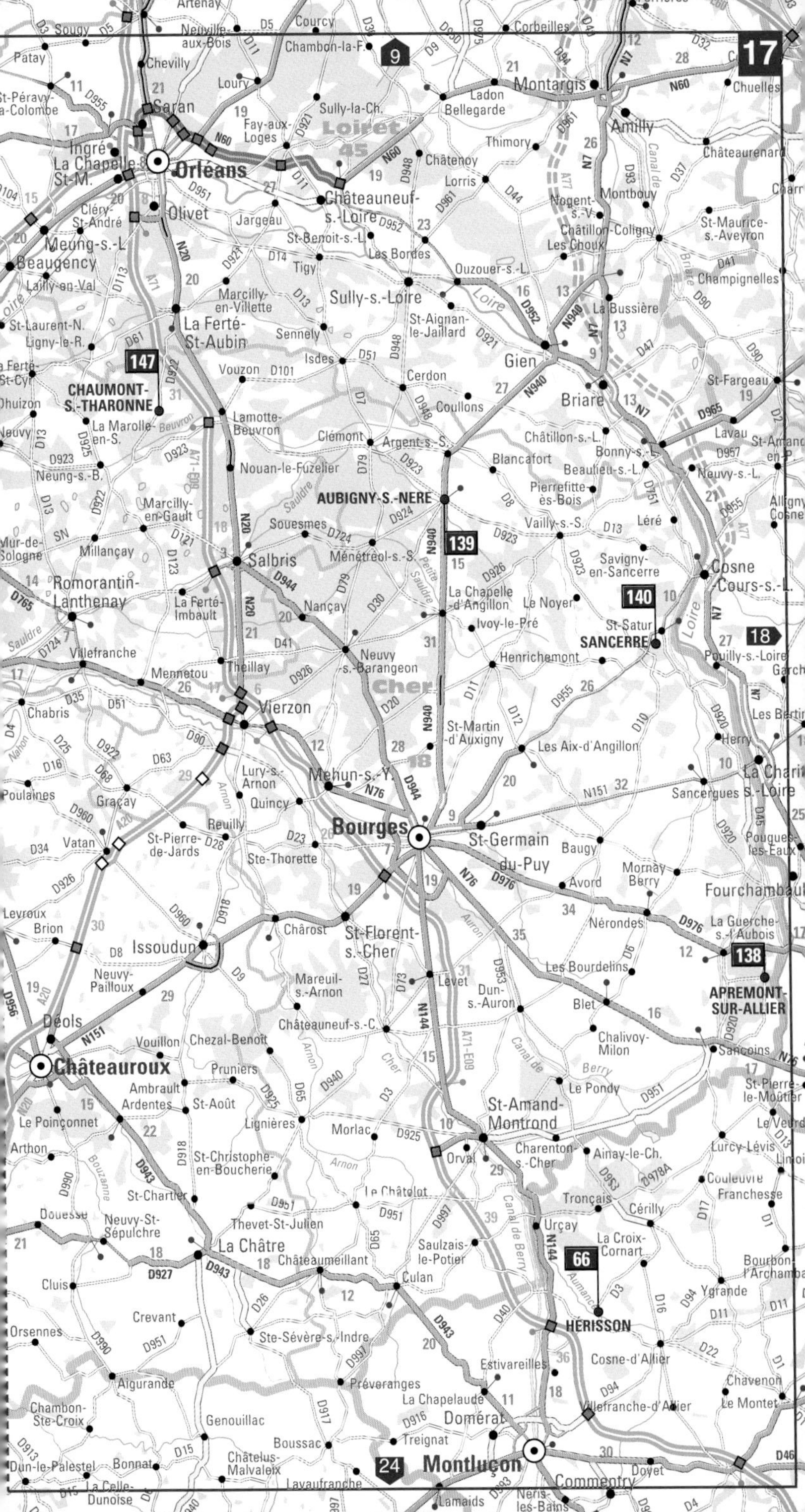
17
Artenay
Sougy
Neuville-aux-Bois
Courcy
Chambon-la-F.
9
Corbeilles
Patay
Chevilly
Loury
Montargis
Chuelles
St-Péravy-la-Colombe
Saran
Fay-aux-Loges
Sully-la-Ch.
Ladon
Bellegarde
Amilly
Ingré
La Chapelle-St-M.
Orléans
Loiret
45
Châtenoy
Thimory
Châteaurenard
Lorris
Cléry-St-André
Olivet
Châteauneuf-s.-Loire
Nogent-s.-V.
Montbouy
Meung-s.-L.
Jargeau
St-Benoît-s.-L.
Les Bordes
Châtillon-Coligny
Les Choux
St-Maurice-s.-Aveyron
Beaugency
Tigy
Ouzouer-s.-L.
Champignelles
Lailly-en-Val
Marcilly-en-Villette
Sully-s.-Loire
St-Aignan-le-Jaillard
La Bussière
St-Laurent-N.
Ligny-le-R.
La Ferté-St-Aubin
Sennely
Loire
Gien
Isdes
La Ferté-St-Cyr
Vouzon
Cerdon
Coullons
Briare
St-Fargeau
147
CHAUMONT-S.-THARONNE
La Marolle-en-S.
Lamotte-Beuvron
Clémont
Argent-s.-S.
Châtillon-s.-L.
Lavau
Bonny-s.-L.
St-Amand-en-P.
Neung-s.-B.
Nouan-le-Fuzelier
Blancafort
Beaulieu-s.-L.
Neuvy-s.-L.
Marcilly-en-Gault
AUBIGNY-S.-NERE
Pierrefitte-ès-Bois
Alligny-Cosne
Souesmes
Vailly-s.-S.
Léré
Mur-de-Sologne
Millançay
Ménétreol-s.-S.
139
Savigny-en-Sancerre
Cosne-Cours-s.-L.
Romorantin-Lanthenay
La Ferté-Imbault
Salbris
La Chapelle-d'Angillon
Le Noyer
140
Nançay
Ivoy-le-Pré
St-Satur
SANCERRE
18
Villefranche
Neuvy-s.-Barangeon
Henrichemont
Pouilly-s.-Loire
Mennetou
Theillay
Cher
Chabris
Vierzon
St-Martin-d'Auxigny
Les Bertins
Herry
Les Aix-d'Angillon
Lury-s.-Arnon
Mehun-s.-Y.
La Charité-s.-Loire
Poulaines
Graçay
Quincy
Sancergues
Reuilly
Bourges
St-Germain-du-Puy
Vatan
St-Pierre-de-Jards
Ste-Thorette
Baugy
Pougues-les-Eaux
Mornay-Berry
Avord
Fourchambault
Levroux
Brion
Chârost
St-Florent-s.-Cher
Nérondes
La Guerche-s.-l'Aubois
Issoudun
138
Les Bourdelins
APREMONT-SUR-ALLIER
Neuvy-Pailloux
Mareuil-s.-Arnon
Levet
Dun-s.-Auron
Blet
Déols
Châteauneuf-s.-C.
Chalivoy-Milon
Sancoins
Vouillon
Chezal-Benoît
Châteauroux
Pruniers
Ambrault
Ardentes
St-Août
Le Pondy
St-Pierre-le-Moûtier
Le Poinçonnet
Lignières
St-Amand-Montrond
Le Veurdre
Morlac
Arthon
St-Christophe-en-Boucherie
Orval
Charenton-s.-Cher
Ainay-le-Ch.
Lurcy-Lévis
St-Chartier
Le Châtelet
Tronçais
Cérilly
Couleuvre
Franchesse
Douesse
Neuvy-St-Sépulchre
Thevet-St-Julien
Urçay
La Châtre
Saulzais-le-Potier
La Croix-Cornart
66
Châteaumeillant
Bourbon-l'Archambault
Cluis
Culan
Ygrande
Crevant
HÉRISSON
Orsennes
Ste-Sévère-s.-Indre
Cosne-d'Allier
Aigurande
Préveranges
Estivareilles
Chavenon
Chambon-Ste-Croix
Genouillac
La Chapelaude
Villefranche-d'Allier
Le Montet
Boussac
Domérat
Treignat
Dun-le-Palestel
Bonnat
Châtelus-Malvaleix
24
Montluçon
Doyet
La Celle-Dunoise
Lavaufranche
Lamaids
Néris-les-Bains
Commentry

18
10
Courtenay
Chuelles
Joigny
St-Florentin
Neuvy-Sautour
Ervy
Lantages
Chaource
Vanlay
Pargues
Polisy
Bagneux-la-Fosse
Flogny-la-C.
Coussegrey
Arthonnay
Villedieu
Migennes
Hauterive
Lligny-le-C.
Tonnerre
Cruzy-le-Châtel
Tanlay
Laignes
Châteaurenard
Senan
Pontigny
Seignelay
Yonne
Aillant-s.-Th.
Charny
Sommecaise
Appoigny
St-Maurice-s.-Aveyron
Auxerre
Châblis
Lézinnes
Ancy-le-Franc
Champignelles
Villiers-St-Benoît
Pourrain
St-Cyr-les-Colons
Ste-Vertu
Toucy
89
Pasilly
Nuits
Ravières
Mézilles
NOYERS-SUR-SEREIN
Étivey
Ouanne
Vermenton
Nitry
St-Fargeau
St-Sauveur-en-Puisaye
Aisy-s.-Armançon
98
Courson-les-Carrières
Mailly-le-C.
Montbard
Lavau
L'Isle-s.-Serein
97
Vassy
St-Amand-en-P.
Voutenay-s.-Cure
MONTRÉAL
87
ÉPOISSES
90
Druyes-les-Belles-Fontaines
Neuvy-s.-L.
99
Coulanges-s.-Yonne
Guillon
Alligny-Cosne
Clamecy
VÉZELAY
Avallon
Cussy-les-Forges
SEMUR-EN-AUXOIS
Entrains-s.-Nohain
91
Dornecy
Chamont
Cosne-Cours-s.-L.
La Chapelle-St-André
Réservoir du Crescent
Nuars
Précy s/s-Th.
DONZY
Varzy
Quarré-les-Tombes
St-M.-du-Puy
Asnan
Pouilly-s.-Loire
Châteauneuf-Val-de-Bargis
Champlemy
Lormes
Dun-les-Places
Saulieu
Garchy
17
Brinon-s.-B.
Corbigny
Ardan
Vauclaix
Les Bertins
St-Révérien
Montsauche
Liernais
Herry
La Charité-s.-Loire
Premery
Nièvre
L'Huis-Picard
Lac des Settons
Poiseux
Aunay-en-Bazois
Planchez
Voudenay-le-Château
Sancergues
St-Saulge
58
Guérigny
Châtillon-en-B.
Anost
Lucenay-l'Évêque
Pougues-les-Eaux
Varennes-Vauzelles
Bona
Château-Chinon
La Petite-Verrière
Fourchambault
Tammay-en-Bazois
Rouy
Nevers
La Guerche-s.-l'Aubois
St-Bénin-d'Azy
Moulins-Engilbert
Autun
138
Challuy
Imphy
St-Léger-s/s-Beuvray
APREMONT-SUR-ALLIER
Vandenesse
St-Honoré-les-Bains
Maison-de-Bourgogne
Étang-s.-Arroux
La Machine
Corcy-la-Tour
Mesvres
La Chèvre
Marmagne
Sancoins
Decize
Luzy
Fours
St-Pierre-le-Moûtier
St-Hilaire-Fontaine
Montcenis
Neuville-lès-Decize
Saône-et-Loire
Le Veurdre
Cronat
Dornes
Lurcy-Lévis
Lucenay-lès-Aix
Issy-l'Évêque
Toulon-s.-Arroux
Blanzy
Limoise
Villeneuve-s.-Allier
Montceau-les-Mines
Couleuvre
Maltat
71
Franchesse
Bourbon-Lancy
Perrecy-les-Forges
St-Vallier
Chevagnes
Gueugnon
Génelard
Bourbon-l'Archambault
St-Menoux
Yzeure
St-Aubin-s.-Loire
Moulins
Ygrande
Souvigny
St-Agnan
Dompierre-s.-Besbre
Digoin
Neuilly-le-Réal
Saligny-s.-Roudon
Chavenon
Bessay-s.-Allier
Vaumas
Paray-le-Monial
Charolles
Le Montet
Châtel-de-Neuvre
Liernolles
St-Yan
Jaligny-s.-B.
ANZY-LE-DUC
Allier
Le Donjon
Bransat
Chazeuil
Neuilly-en-Donjon
Trézelles
25
92
St-Pourçain-s.-Sioule
Varennes-s.-Allier
St-Gérand
03
Chambilly
La Clayette
La Chapelle

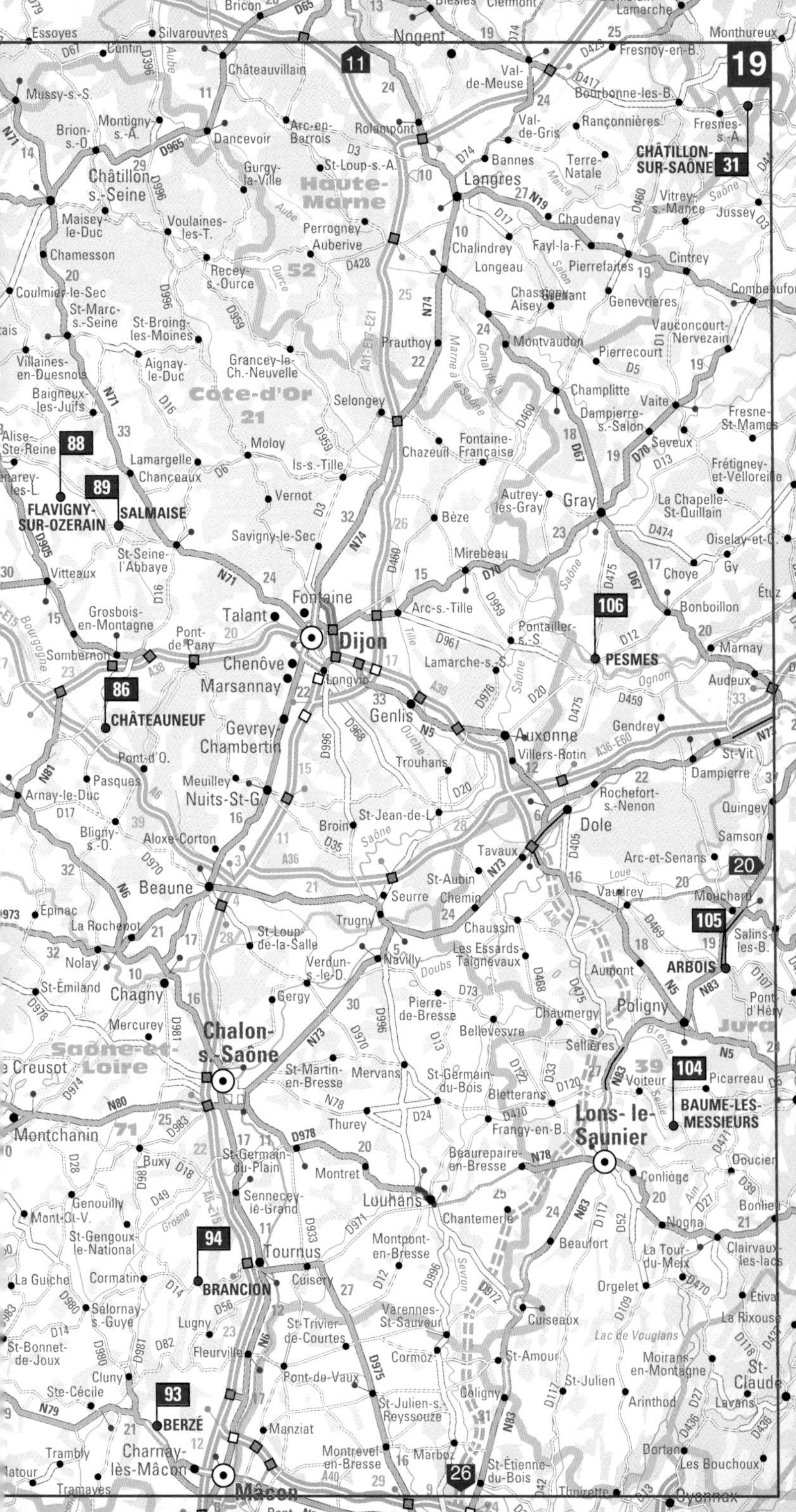
19
Essoyes
Silvarouvres
Bricon
Biesles
Clefmont
Lamarche
Nogent
Montureux
Fresnoy-en-B.
Châteauvillain
Val-de-Meuse
Bourbonne-les-B.
Mussy-s.-S.
Montigny-s.-A.
Brion-s.-O.
Dancevoir
Arc-en-Barrois
Rolampont
Val-de-Gris
Rançonnières
Fresnes-s.-A.
CHÂTILLON-SUR-SAÔNE
31
Bannes
Terre-Natale
Gurgy-la-Ville
St-Loup-s.-A.
Châtillon-s.-Seine
Haute-Marne
Langres
Vitrey-s.-Mance
Jussey
Maisey-le-Duc
Voulaines-les-T.
Perrogney
Auberive
Chaudenay
Chamesson
Chalindrey
Fayl-la-F.
Cintrey
Longeau
Pierrefaites
Recey-s.-Ource
52
Coulmier-le-Sec
Chassigny-Aisey
Genevrières
St-Marc-s.-Seine
St-Broing-les-Moines
Vauconcourt-Nervezain
Prauthoy
Montvaudon
Pierrecourt
Villaines-en-Duesnois
Aignay-le-Duc
Grancey-le-Ch.-Neuvelle
Champlitte
Baigneux-les-Juifs
Côte-d'Or
21
Selongey
Vaite
Dampierre-s.-Salon
Fresne-St-Mamès
Alise-Ste-Reine
88
Moloy
Chazeuil
Fontaine-Française
Seveux
Lamargelle
Chanceaux
Is-s.-Tille
Frétigney-et-Velloreille
89
FLAVIGNY-SUR-OZERAIN
SALMAISE
Vernot
Autrey-les-Gray
Gray
La Chapelle-St-Quillain
Bèze
Savigny-le-Sec
Mirebeau
Oiselay-et-G.
Gy
St-Seine-l'Abbaye
Vitteaux
Choye
Étuz
Fontaine
106
Bonboillon
Talant
Arc-s.-Tille
Grosbois-en-Montagne
Pont-de-Pany
Dijon
Pontailler-s.-S.
Marnay
Sombernon
Chenôve
Lamarche-s.-S.
PESMES
Marsannay
Longvic
Audeux
86
Genlis
CHÂTEAUNEUF
Gevrey-Chambertin
Auxonne
Gendrey
Villers-Rotin
St-Vit
Pont-d'O.
Trouhans
Dampierre
Pasques
Meuilley
Arnay-le-Duc
Nuits-St-G.
Rochefort-s.-Nenon
Quingey
Bligny-s.-O.
St-Jean-de-L.
Broin
Dole
Samson
Aloxe-Corton
Tavaux
Arc-et-Senans
20
St-Aubin
Beaune
Seurre
Chemin
Vaudrey
Mouchard
Épinac
La Rochepot
Trugny
Chaussin
105
Salins-les-B.
St-Loup-de-la-Salle
Nolay
Navilly
Les Essards-Taignevaux
Aumont
ARBOIS
St-Émiland
Verdun-s.-le-D.
Chagny
Gergy
Pierre-de-Bresse
Poligny
Pont-d'Héry
Mercurey
Chaumergy
Jura
Chalon-s.-Saône
Bellevesvre
Sellières
Saône-et-Loire
Le Creusot
St-Martin-en-Bresse
Mervans
St-Germain-du-Bois
39
104
Voiteur
Picarreau
Bletterans
BAUME-LES-MESSIEURS
Montchanin
71
Thurey
Frangy-en-B.
Lons-le-Saunier
St-Germain-du-Plain
Beaurepaire-en-Bresse
Buxy
Montret
Conliège
Doucier
Genouilly
Louhans
Sennecey-le-Grand
Mont-St-V.
Chantemerle
Nogna
Bonlieu
St-Gengoux-le-National
94
Montpont-en-Bresse
Beaufort
La Tour-du-Meix
Clairvaux-les-Lacs
Tournus
La Guiche
Cormatin
BRANCION
Cuisery
Orgelet
Salornay-s.-Guye
Étival
Varennes-St-Sauveur
La Rixouse
Lugny
Cuiseaux
St-Trivier-de-Courtes
Lac de Vouglans
St-Bonnet-de-Joux
Fleurville
Cormoz
St-Amour
Moirans-en-Montagne
St-Claude
Cluny
Pont-de-Vaux
St-Julien
Ste-Cécile
Coligny
Arinthod
Lavans
93
St-Julien-s.-Reyssouze
BERZÉ
Manziat
Trambly
Charnay-lès-Mâcon
Montrevel-en-Bresse
Marboz
Dortan
Matour
Les Bouchoux
26
St-Étienne-du-Bois
Tramayes
Mâcon
Oyonnax
11

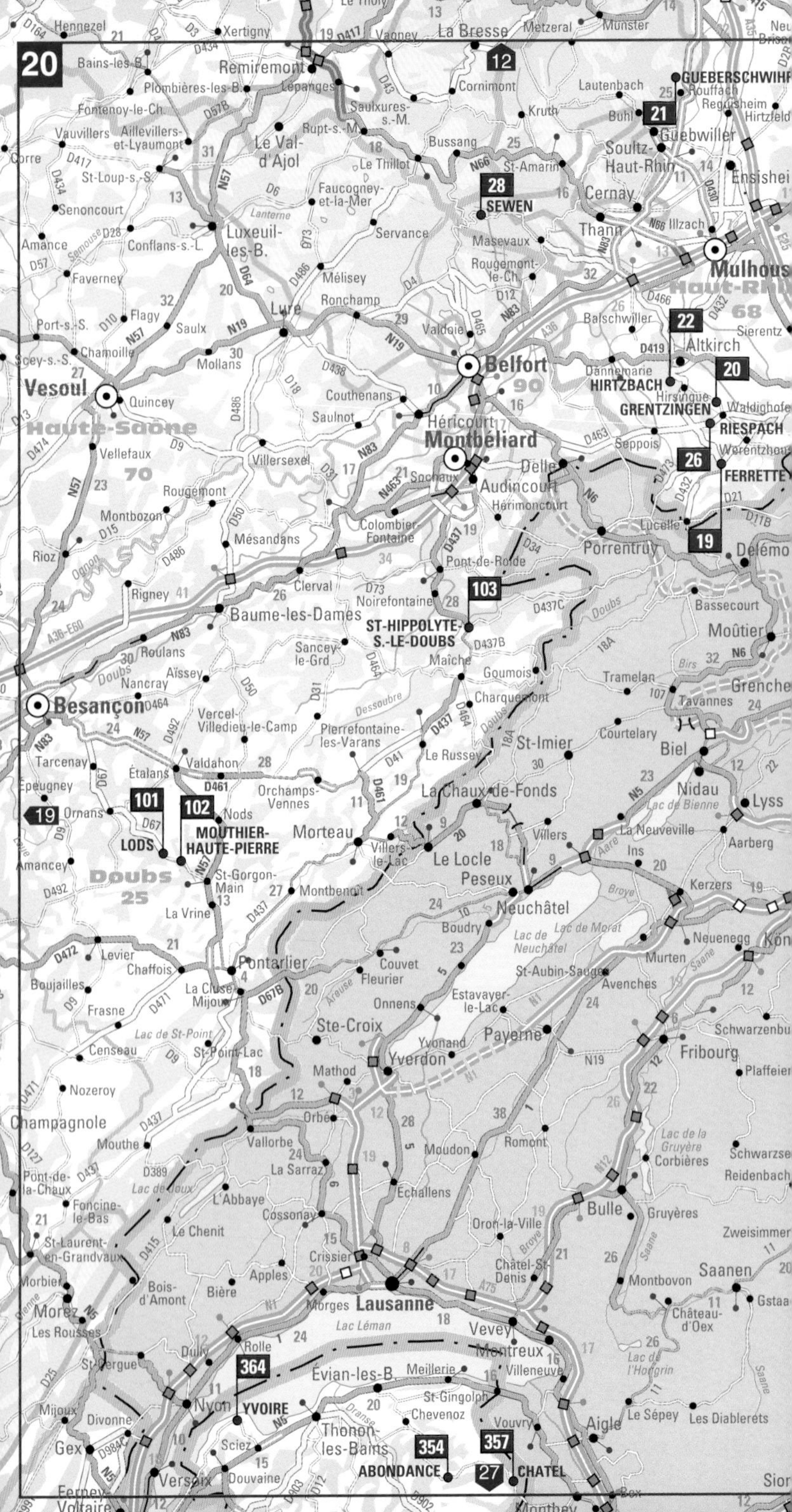
20
Hennezel
Xertigny
Le Tholy
Vagney
La Bresse
Metzeral
Munster
12
Bains-les-B.
Remiremont
Plombières-les-B.
Lépanges
Cornimont
Lautenbach
GUEBERSCHWIHR
Rouffach
Regisheim
Hirtzfeld
Fontenoy-le-Ch.
Saulxures-s.-M.
Kruth
Buhl
21
Vauvillers
Aillevillers-et-Lyaumont
Le Val-d'Ajol
Rupt-s.-M.
Bussang
Guebwiller
Corre
St-Loup-s.-S.
Le Thillot
St-Amarin
Soultz-Haut-Rhin
Ensisheim
Faucogney-et-la-Mer
28
SEWEN
Cernay
Senoncourt
Lanterne
Servance
Thann
Illzach
Amance
Conflans-s.-L.
Luxeuil-les-B.
Masevaux
Mulhouse
Haut-Rhin
68
Faverney
Mélisey
Rougemont-le-Ch.
Port-s.-S.
Flagy
Saulx
Lure
Ronchamp
Valdoie
Balschwiller
22
Sierentz
Chamoille
Mollans
Altkirch
Scey-s.-S.
Belfort
90
Dannemarie
HIRTZBACH
20
Vesoul
Quincey
Couthenans
Hirsingue
GRENTZINGEN
Waldighofen
Haute-Saône
Saulnot
Héricourt
RIESPACH
Vellefaux
Montbéliard
Seppois
Werentzhouse
70
Villersexel
Delle
26
FERRETTE
Sochaux
Audincourt
Rougemont
Hérimoncourt
Montbozon
Colombier-Fontaine
Lucelle
Porrentruy
19
Delémont
Rioz
Mésandans
Pont-de-Roide
Rigney
Clerval
103
Noirefontaine
Bassecourt
Baume-les-Dames
ST-HIPPOLYTE-S.-LE-DOUBS
Doubs
Moûtier
Roulans
Sancey-le-Grd
Maîche
Bir
Aïssey
Goumois
Tramelan
Nancray
Grenchen
Besançon
Charquemont
Tavannes
Vercel-Villedieu-le-Camp
Dessoubre
Pierrefontaine-les-Varans
St-Imier
Courtelary
Biel
Tarcenay
Étalans
Valdahon
Le Russey
Épeugney
Orchamps-Vennes
La Chaux-de-Fonds
Nidau
Lyss
101
102
Lac de Bienne
19
Ornans
Nods
LODS
MOUTHIER-HAUTE-PIERRE
Morteau
La Neuveville
Aarberg
Villers-le-Lac
Le Locle
Villers
Ins
Amancey
Peseux
Doubs
25
St-Gorgon-Main
Montbenoît
Kerzers
Neuchâtel
Broye
La Vrine
Boudry
Lac de Neuchâtel
Lac de Morat
Neuenegg
Levier
Pontarlier
Couvet
Murten
Chaffois
Fleurier
St-Aubin-Sauges
Avenches
Boujailles
La Cluse-Mijoux
Areuse
Onnens
Estavayer-le-Lac
Frasne
Ste-Croix
Payerne
Schwarzenburg
Lac de St-Point
Yvonand
Censeau
St-Point-Lac
Yverdon
Fribourg
Plaffeien
Nozeroy
Mathod
Orbe
Champagnole
Vallorbe
Romont
Mouthe
Moudon
Lac de la Gruyère
La Sarraz
Corbières
Schwarzsee
Reidenbach
Pont-de-la-Chaux
Lac de Joux
L'Abbaye
Échallens
Foncine-le-Bas
Cossonay
Bulle
Le Chenit
Oron-la-Ville
Gruyères
St-Laurent-en-Grandvaux
Zweisimmen
Crissier
Morbier
Bois-d'Amont
Apples
Bière
Châtel-St-Denis
Saanen
Montbovon
Morez
Morges
Lausanne
Gstaad
Les Rousses
Lac Léman
Vevey
Château-d'Oex
Rolle
Dully
Montreux
Lac de l'Hongrin
St-Cergue
364
Évian-les-B.
Meillerie
Villeneuve
Nyon
YVOIRE
St-Gingolph
Le Sépey
Les Diablerets
Mijoux
Divonne
Dranse
Chevenoz
Vouvry
Aigle
Thonon-les-Bains
Gex
Sciez
354
357
Douvaine
ABONDANCE
27
CHATEL
Versoix
Ferney-Voltaire
Monthey
Bex
Sion

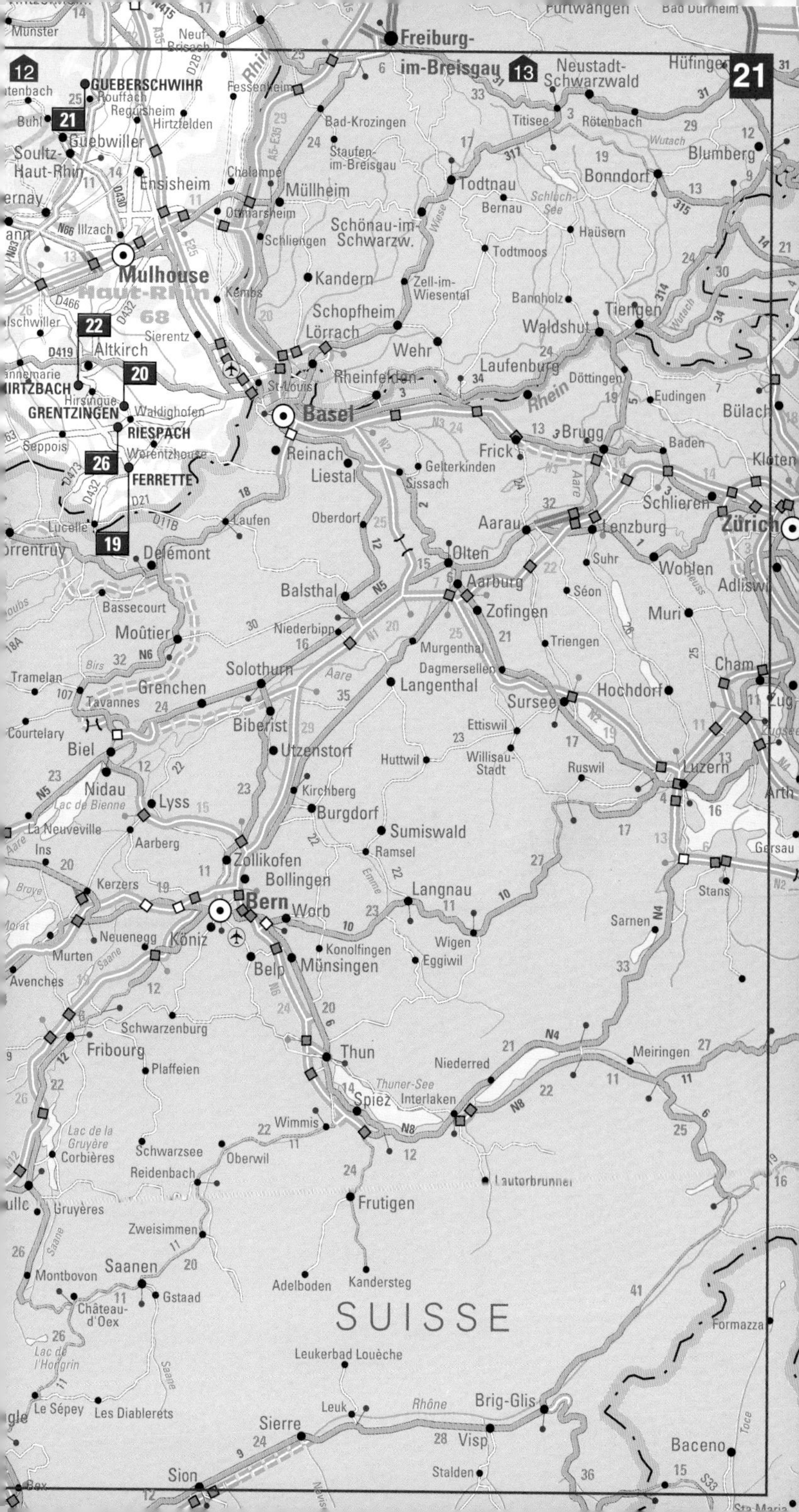
21
12
13
22
20
26
19
Freiburg-
im-Breisgau
Furtwangen
Bad Durrheim
Neustadt-
Schwarzwald
Hüfingen
Titisee
Rötenbach
Blumberg
Bonndorf
Todtnau
Bernau
Schluch-See
Häusern
Todtmoos
Bannholz
Tiengen
Waldshut
Wutach
Bad-Krozingen
Staufen-
im-Breisgau
Müllheim
Schönau-im-
Schwarzw.
Wiese
Kandern
Zell-im-
Wiesental
Schopfheim
Lörrach
Wehr
Laufenburg
Rheinfelden
Döttingen
Eudingen
Bülach
Rhein
Basel
St-Louis
Kembs
Chalampé
Ottmarsheim
Schliengen
Fessenheim
Neuf-Brisach
Munster
GUEBERSCHWIHR
Rouffach
Regisheim
Hirtzfelden
Buhl
Guebwiller
Soultz-
Haut-Rhin
Ensisheim
Illzach
Mulhouse
Haut-Rhin
68
Sierentz
Altkirch
HIRTZBACH
Hirsingue
GRENTZINGEN
Waldighofen
RIESPACH
Seppois
Werentzhouse
FERRETTE
Lucelle
Porrentruy
Delémont
Laufen
Reinach
Liestal
Gelterkinden
Sissach
Frick
Brugg
Baden
Kloten
Schlieren
Zürich
Aarau
Lenzburg
Oberdorf
Olten
Aarburg
Zofingen
Suhr
Séon
Wohlen
Adliswil
Muri
Balsthal
Niederbipp
Murgenthal
Triengen
Bassecourt
Moûtier
Tramelan
Tavannes
Grenchen
Solothurn
Aare
Langenthal
Dagmersellen
Sursee
Hochdorf
Cham
Zug
Biberist
Utzenstorf
Ettiswil
Huttwil
Willisau-
Stadt
Ruswil
Luzern
Arth
Courtelary
Biel
Nidau
Lac de Bienne
Lyss
Kirchberg
Burgdorf
Sumiswald
Ramsel
La Neuveville
Ins
Aarberg
Zollikofen
Bollingen
Emme
Langnau
Gersau
Stans
Kerzers
Bern
Worb
Wigen
Sarnen
Neuenegg
Köniz
Murten
Avenches
Konolfingen
Belp
Münsingen
Eggiwil
Schwarzenburg
Fribourg
Plaffeien
Thun
Niederried
Meiringen
Thuner-See
Spiez
Interlaken
Wimmis
Lac de la
Gruyère
Corbières
Schwarzsee
Reidenbach
Oberwil
Lauterbrunnen
Bulle
Gruyères
Frutigen
Zweisimmen
Saanen
Montbovon
Gstaad
Château-
d'Oex
Adelboden
Kandersteg
SUISSE
Formazza
Lac de
l'Hongrin
Leukerbad Louèche
Aigle
Le Sépey
Les Diablerets
Leuk
Rhône
Brig-Glis
Sierre
Visp
Baceno
Toce
Sion
Stalden
Bex
Sta-Maria

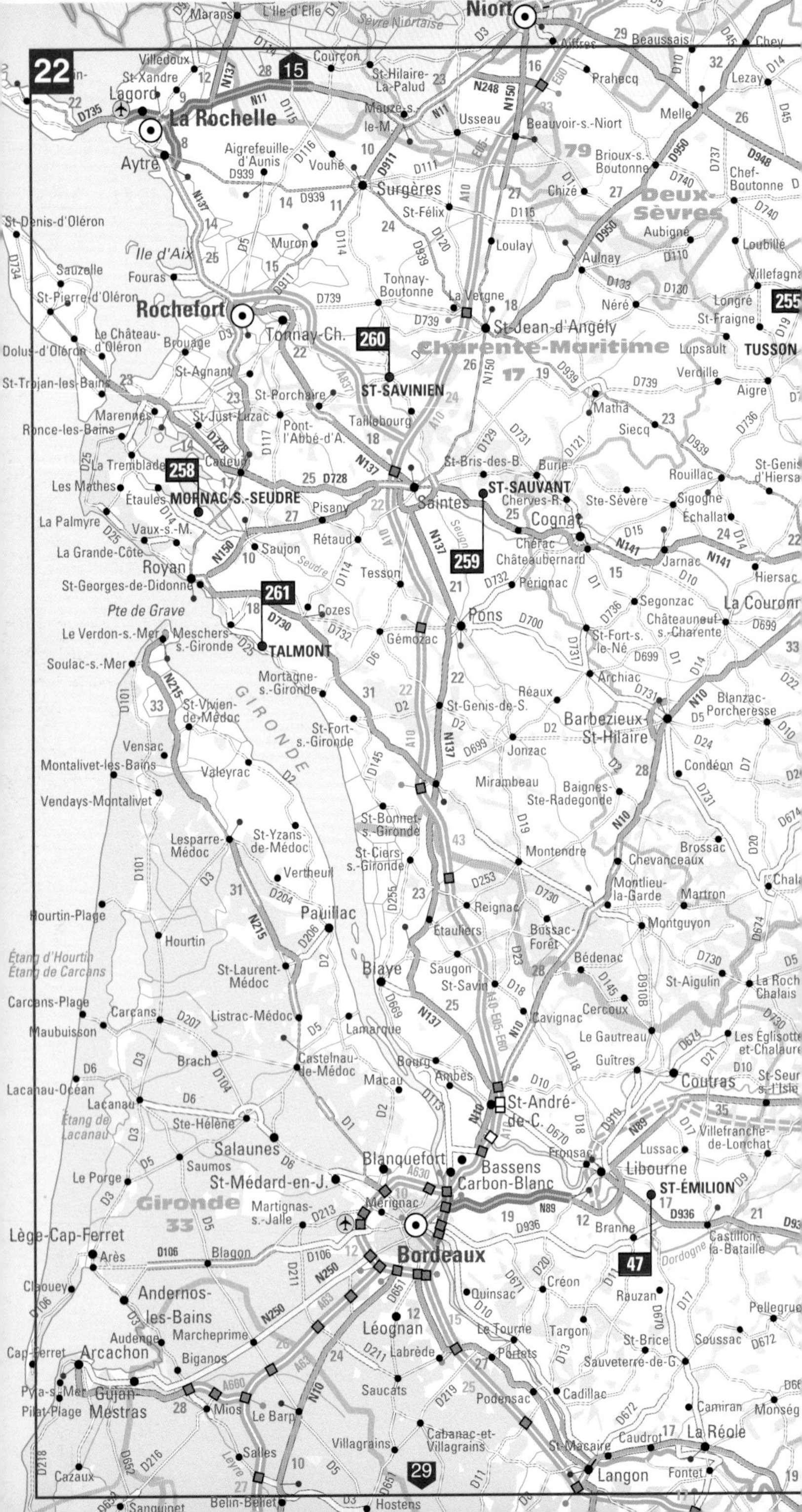

23
16
24
30
Haute-Vienne
87
Charente
16
Dordogne
24
Moulismes
Lussac-les-Églises
St-Sulpice-les-Feuilles
Couhé
Usson-du-P.
Adriers
Bel-Air
Le Dorat
La Croisière
La Souterraine
St-Martin-l'Ars
St-Romain
L'Isle-Jourdain
Magnac-Laval
Chaunay
Civray
Availles-Limouzine
Oradour-Fanais
Bellac
Châteauponsac
Pressac
Mézières-s.-Issoire
St-Étienne-de-Fursac
MORTEMART
84
St-Pardoux
Étang de St-Pardoux
Laurière
Ruffec
Alloue
St-Germain-de-C.
Confolens
St-Christophe
Cieux
Nantiat
Razès
La Jonchère-St-Maurice
Nanteuil-en-Vallée
St-Maurice-des-Lions
Brigueuil
Oradour-s.-Glane
Compreignac
Ambazac
Étagnac
Nieul
St-Claud
Les Quatre-Vents
Valence
Mansle
St-Angeau
Chabanais
St-Junien
Couzeix
Limoges
Chasseneuil-s.-Bonnieure
Rochechouart
Cognac-la-F.
Isle
St-Léonard-de-Noblat
Le Pont-d'Agris
Montemboeuf
Massignac
Aixe-s.-Vienne
La Rochefoucauld
Vayres
Gorre
Séreilhac
Le Vigen
St-Hilaire-Bonneval
Oradour-s.-V.
Ruelle-s.-T.
Angoulême
Cussac
Nexon
Linards
Bussière-Badil
Châlus
Pierre-Buffière
Soyaux
Montbron
Marthon
Piégut-Pluviers
Bussière-G.
Ladignac-le-Long
St-Germain-les-Belles
Dignac
256
Rougnac
Nontron
Mialet
La Coquille
St-Yrieix-la-Perche
Meuzac
Coussac-Bonneval
Masseret
VILLEBOIS-LAVALETTE
St-Pardoux-la-Riv.
44
80
Mareuil
Jumilhac-le-Grd
36
St-Pancrace
SÉGUR-LE-CHÂTEAU
Lubersac
Gout-Rossignol
ST-JEAN-DE-CÔLE
Thiviers
24
La Tour-Blanche
Champagnac-de-Belair
Payzac
Uzerche
35
BRANTÔME
Lanouaille
Arnac-Pompadour
Verteillac
254
St-Séverin
Negrondes
Excideuil
Vigeois
BOURDEILLES
Coulaures
79
Juillac
AUBETERRE-S.-DRONNE
Lisle
Château-l'Évêque
Savignac-les-Égl.
Hautefort
Ayen
Objat
Ribérac
ST-ROBERT
Allassac
Chancelade
Sarliac-s.-l'Isle
St-Aulaye
Périgueux
Donzenac
St-Vincent-de-Connezac
Coulounieix-Ch.
Brive-la-G.
St-Astier
St-Laurent-s.-Manoire
Thenon
Terrasson-la-V.
Le Lardin-St-L.
42
St-Michel-de-Double
ST-AMAND-DE-COLY
Coly
Larche
45
Villamblard
Vergt
Montignac
43
Mussidan
ST-LÉON-SUR-VÉZÈRE
Thonac
ST-GENIÈS
Cressensac
Montpon-Ménestérol
St-Rémy
Ste-Alvère
Salignac-Eyvigues
39
Les Eyzies
46
St-Méard-de-Gurçon
SARLAT-LA-CANÉDA
La Force
Bergerac
Lioracs.-Louyre
LIMEUIL
Le Bugue
34
Souillac
Gardonne
St-Cyprien
37
Ste-Foy-la-Gde
Lalinde
Le Buisson
Carlux
BEYNAC-CAZENAC
Carsac-Aillac
Meyronne
Rouffignac-de-S.
38
33
Margueron
BELVÈS
LA ROQUE-GAGEAC
DOMME
Calès
Sigoulès
Beaumont
St-Avit-Sénieur
Payrac
Cénac-et-St-Julien
41
Bouniagues
ISSIGEAC
40
Daglan
Gourdon
Duras
55
St-Pompont
Moustier
Eymet
Mazeyrolles
MONPAZIER
Salviac
St-Chamarand
Labastide-Murat
Miramont-de-Guyenne
Lauzun
VILLERÉAL
Villefranche-du-Périgord
Cazals
St-Germain-du-Bel-Air
50
Sauveterre-la-L.
Seyches
Monbahus
MONFLANQUIN
Frayssinet-le-Gélat
Uzech
Lauzès
Cancon
Vienne
Charente
Isle
Vézère
Dropt
Dronne
Bandiat
Tardoire
Lizonne
Auvézère
N10
N141
N147
N145
N21
N89
N20
A20-E09
D948
D951

24
Montluçon
Guéret
Creuse
23
LE MOUTIER-D'AHUN
Aubusson
Puy-de-Dôme
63
Corrèze
19
TREIGNAC
Tulle
Ussel
Egletons
Mauriac
SALERS
TOURNEMIRE
Cantal
15
Aurillac
ARGENTAT-SUR-DORDOGNE
COLLONGES-LA-ROUGE
TURENNE
CUREMONTE
BEAULIEU-S.-DORDOGNE
MARTEL
CARENNAC
LOUBRESSAC
AUTOIRE
ST-CÉRÉ
LACAPELLE-MARIVAL
CARDAILLAC
CONQUES
ESTAING
Figeac
Decazeville
BESSE-EN-CHANDES
Brive-la-G.
Bort-les-Orgues

25
Allier
03
18
ANZY-LE-DUC
92
96
Le Donjon
Neuilly-en-Donjon
Trézelles
St-Pourçain-s.-Sioule
Varennes-s.-Allier
St-Gérand-le-Puy
Lapalisse
Chambilly
Marcigny
SEMUR-EN-BRIONNAIS
La Clayette
La Chapelle-s/s-Dun
Chantelle
CHARROUX
Brout-Vernet
65
Vichy
Cusset
Gannat
St-Martin-d'Estreaux
La Pacaudière
Châtel-Montagne
Charlieu
Chauffailles
Belmont-de-la-L.
Pouilly-s/s-Charlieu
St-Germain-Lespinasse
Mably
Cours-la-Ville
St-Yorre
Le Mayet-de-Montagne
St-Haon-Châtel
Roanne
Riorges
Le Coteau
Thizy
Aigueperse
Randan
Ferrières-s.-S.
Amplepuis
Thuret
Limons
Puy-Guillaume
St-Priest-Laprugne
Regny
St-Symphorien-de-Lay
Valsonne
Ennezat
Maringues
St-Just-en-Chev.
St-Polgues
Chabreloche
Tarare
Volvic
Joze
Thiers
Grézolles
Néronde
Gerzat
Clermont-Ferrand
Lezoux
Pont-de-Dore
Noirétable
St-Germain-Laval
Balbigny
Loire
42
Panissières
Courpière
Vollore-Montagne
Cournon-d'Auv.
Billom
Sail-s/s-C.
Boën
Feurs
Ste-Foy-l'A.
Augerolles
Chalmazel
73
72
St-Dier-D'A.
Olliergues
St-Georges-en-Couzan
Chazelles-s.-L.
ST-SATURNIN
MONTPEYROUX
Vic-le-Comte
Cunlhat
Bertignat
Montrond-les-B.
Manglieu
Montbrison
St-Galmier
Champeix
74
St-Amant-Roche-Savine
Ambert
Veauche
26
Perrier
Issoire
Sauxillanges
USSON
St-Anthème
Sury-le-Comtal
Andrézieux-Bouthéon
Marsac-en-Livradois
St-Martin-des-Olmes
St-Jean-Soleymieux
Auzat
St-Germain-Lembron
St-Germain-l'Herm
St-Just
Viverols
St-Bonnet-le-Château
Lac de Grangent
Ardes
Lempdes
Auzon
Arlanc
Usson-en-Forez
Firminy
69
Anzat-le-Luguet
Champagnac-le-Vieux
BLESLE
Monistrol-s.-Loire
La Chaise-Dieu
Craponne-s.-Arzon
Bas-en-Basset
St-Genest-Malifaux
Brioude
Massiac
Vieille-Brioude
Haute-Loire
43
Bellevue-la-Mgne
Retournac
Riotord
Villeneuve-d'Allier
Paulhaguet
Vorey
Montfaucon-en-Velay
La Chapelle-Laurent
Fix-St-Geneys
St-Paulien
Yssingeaux
Vieillespesse
Lavoûte-Chilhac
Lavoûte-s.-L.
Le Pertuis
Tence
St-Bonnet-le-Froid
Langeac
Loudes
Le Chambon-s.-Lignon
St-Julien-Chapteuil
Le Puy-en-Velay
Pinols
St-Flour
St-Agrève
70
Ruynes-en-Margeride
Fay-s.-Lignon
Montagnac
St-Julien-Boutières
Faverolles
Saugues
Monistrol-d'Allier
Cayres
Le Monastier-s.-Gazeille
MOUDEYRES
Paulhac-en-Margeride
Esplantas
Arlempdes
Le Cheylard
Le Malzieu-Ville
Landos
Le Béage
Ancette
Laval-Atger
Lozère
48
Mézilhac
St-Chély-d'Apcher
St-Alban-s.-Limagnole
Grandrieu
Lanarce
327
Aumont-Aubrac
Chastanier
Langogne
Lesperon
Montpezat-s/s-Bauzon
ANTRAIGUES-S.-VOLANE
Malbouzon
Serverette
La Villedieu
St-Flour-de-Mercoire
Nasbinals
St-Amans
Thueyts
Vals-les-Bains
Ribennes
Rieutort-de-Randon
St-Étienne-de-Lugdarès
Aubenas
Châteauneuf-de-Randon
Valgorge
32
Marvejols
Pelouse
Belvezet
La Bastide-Puylaurent
Largentière

26
Mâcon
Charnay-lès-Mâcon
Tramayes
FUISSE
95
Crêches-s.-S.
Pont-de-Veyle
Montrevel-en-Bresse
Marboz
19
Bourg-en-Bresse
St-Étienne-du-Bois
Thoirette
Oyonnax
Dortan
Izernore
Ceyzériat
Nantua
St-Germain-de-Joux
Ain
01
Monsols
Chauffailles
Thoissey
Vonnas
Péronnas
Neuville-les-Dames
Châtillon-s.-Chalaronne
Beaujeu
Belleville
Lent
St-Paul-de-Varax
Pont-d'Ain
Brénod
Génissiat
St-Georges-de-Reneins
St-Trivier-s.-Moignans
St-Jean-le-Vieux
Hauteville-Lompnes
Rivolet
Villars-les-Dombes
Chalamont
Ambérieu-en-Bugey
344
OINGT
Villefranche-s.-Saône
325
PÉROUGES
Anse
Lagnieu
Tenay
Artemare
Tarare
Neuville-s.-S.
St-André-de-Corcy
Meximieux
Sault-Brenaz
Virieu-le-Grand
Rhône
L'Arbresle
Miribel
Montluel
Montalieu-Vercieu
Culoz
Villeurbanne
Vaulx-en-Velin
Loyettes
Belley
Panissières
Craponne
Lyon
Meyzieu
Pont-de-Chéruy
CRÉMIEU
Lancin
Vaugneray
St-Priest
341
Trept
Morestel
69
Ste-Foy-l'A.
St-Genis-L.
Feyzin
Chazelles-s.-L.
Mornant
Givors
La Verpillière
La Tour-du-Pin
St-Galmier
Bourgoin-Jallieu
St-Jean-de-Bournay
Les Abrets
Le Pont-de-B.
La Grand-Croix
Rive-de-Gier
Vienne
25
St-Étienne
La Rosière
La Détourbe
Virieu
STE-CROIX-EN-JAREZ
343
St-Chamond
Champier
Les Échelles
Cour-et-Buis
Burcin
Pélussin
La Côte-St-André
La Frette
Le Péage-de-Roussillon
Rives
Voiron
Beaurepaire
St-Étienne-de-St-Geoirs
Moirans
Voreppe
St-Genest-Malifaux
Serrières
Marcilloles
Tullins
Isère
38
St-Rambert-d'A.
St-Egrève
Bourg-Argental
Hauterives
Roybon
Annonay
Andance
Vinay
Grenoble
Riotord
342
ST-ANTOINE-L'ABBAYE
Autrans
Montfaucon-en-Velay
St-Vallier
Satillieu
St-Marcellin
St-Bonnet-le-Froid
Lalouvesc
St-Romans
La Balme
Le Pont-de-Claix
Tain-l'Hermitage
Romans-s.-Isère
St-Félicien
Pont-en-Royans
Villard-de-Lans
Vif
Nozières
St-Jean-en-Royans
Tournon-s.-R.
St-Agrève
Pont-de-l'Isère
Bourg-de-Péage
St-Julien-Boutières
Lamastre
La Chapelle-en-Vercors
St-Andéol
St-Péray
Monestier-de-Clermont
Ardèche
Valence
Léoncel
Guilherand
Vernoux-en-Vivarais
Vassieux-en-Vercors
Gresse-en-V.
Rousset
Le Cheylard
Portes-lès-V.
Charmes-s.-Rhône
Beaumont-lès-Valence
Clelles
Montéléger
St-Pierreville
Drôme
26
Mézilhac
La Voulte-s.-Rhône
07
Beaufort-s.-Gervanne
Die
Le Pouzin
Livron
Allex
Les Nonières
Crest
Pontaix
Pont-de-Quart
La Croix-Haute
Privas
Loriol-s.-Dr.
Grane
Saillans
Châtillon-en-Diois
MIRMANDE
Vals-les-Bains
331
MIRABEL
Marsanne
337
Saou
Cléon-d'Andran
St-Julien-en-Beauchêne
Aubenas
Meysse
Sauzet
Luc-en-Diois
Beaurières
326
334
Rochemaure
339
Bourdeaux
33
ALBA-LA-ROMAINE
Montélimar
LE POËT-LAVAL
La Bégude
Establet

27
20
Genève
Ferney-Voltaire
Versoix
Douvaine
St-Cergues
Bellevaux
Boëge
Annemasse
Bonne
Les Gets
Morzine
Avoriaz
Champéry
Monthey
Bex
St-Maurice
Sion
Riddes
Saxon
Martigny
Bagnes
Verbier
Trient
Orsières
Fionnay
Liddes
St-Julien-en-G.
Reignier
St-Jeoire
362
TANINGES
SAMOËNS
356
Bonneville
Cluses
Scionzier
359
SIXT-FER-À-CHEVAL
Flaine
ARGENTIÈRE
360
La Roche-s.-Foron
Cruseilles
Frangy
Haute-Savoie
358
LE CHINAILLON
Oëx
Le Grd-Bornand
Passy
Chamonix
Les Praz
St-Jean-de-Sixt
Sallanches
Combloux
St-Gervais-les-B.
Les Houches
363
Annecy
La Clusaz
THÔNES
Megève
Vallières
Seynod
Sévrier
Menthon-St-Bernard
Praz-s.-Arly
355
Lac d'Annecy
Duingt
TALLOIRES
74
353
Les Contamines-Montjoie
Courmayeur
Morgex
Aosta (Aoste)
ALBY-S.-CHÉRAN
Albens
Serraval
361
Faverges
Ugine
HAUTELUCE
348
BEAUFORT
La Thuile
Introd
Aix-les-B.
Lescheraines
Le Châtelard
CONFLANS
Albertville
ARÈCHES
BOUDIN
Lac de Roselend
Bonneval
Le Noyer
Frontenex
346
351
Rhêmes-St-Georges
La Motte-Servolex
352
Bourg-St-Maurice
Ste-Foy-Tarentaise
Les Arcs
Rhêmes-Notre-Dame
Chambéry
St-Pierre-d'Albigny
Aiguebelle
Aime
Challes-les-Eaux
Aigueblanche
Montmélian
Rotherens
La Plagne
Lac du Chevril
Tignes
Val-d'Isère
Chiapali
Moutiers
Bozel
Valmorel
Épierre
La Rochette
Savoie
73
350
Pontcharra
Courchevel
BONNEVAL-S.-ARC
Forno-Alpi-Graie
St-Martin-de-Belleville
Méribel-les-Allues
Pralognan-la-Vanoise
Allevard
St-Étienne-de-Cuines
Lanslebourg-Mt-Cenis
BESSANS
Balme
Goncelin
St-Colomban-des-Villards
Les Ménuires
Val-Thorens
347
345
St-Jean-de-Maurienne
349
Le Curtillard
Termignon
St-Julien-Mt-Denis
AUSSOIS
Margone
St-Michel-de-M.
Noiray
Lac du Mont-Cenis
Molaretto-Cerisio
Villard-Bonnot
St-Sorlin-d'Arves
ALBIEZ-LE-VIEUX
Modane
Bussoleno
Domène
Le Rivier-d'Allemond
Valloire
Tunnel du Fréjus
Susa
Uriage-les-Bains
Chamrousse
Bardonecchia
Salbertrand
L'Alpe-d'Huez
270
Fenestrelle
Le Bourg-d'Oisans
Oulx
Sauze d'Oulx
LA GRAVE
Névache
Pont-de-l'Alp
Cesana-Torinese
Perosa-Argentina
Les Deux-Alpes
Chantelouve
Le Monêtier-les-Bains
St-Chaffrey
Sestrière
ITALIE
Villar-Perosa
St-Christophe-en-Oisans
La Bérarde
Briançon
Montgenèvre
Ghigo
L'Ailefroide
Prelles
Cervières
Entraigues
Valbonnais
Valjouffrey
Vallouise
Torre Pellice
Abriès
Bobbio-Pellice
Corps
Brunissard
Aiguilles
La Chapelle-en-Valgaudémar
L'Argentière-la-Bessée
Château-Queyras
271
St-Firmin
La Roche-de-Rame
Lac du Sautet
Hautes-Alpes
05
Molines-en-Queyras
Crissolo
St-Étienne-en-Dévoluy
ST-VÉRAN
Les Garnauds
Orcières
Eygliers
Guillestre
St-Bonnet
Pontechianale
Risoul
Laye
Châteauroux
Maljasset
Casteldelfino
Vars
Montmaur
Les Rousses
La Roche-des-Arnauds
La Bâtie-Neuve
Embrun
Gap
Chorges
R. de Serre-Ponçon
34
Les Orres
Savines-le-Lac
Valserres
St-Paul
Macra
Acceglio

Étang de Biscarosse
Étang d'Aureilhan
Mimizan-Plage
Contis-Plage
Lit-et-Mixe
D652
St-Girons-Plage
St-Girons-en-Marensin
Étang de Léon
Léon
Messanges
Étang de Soustons
Vieux-Boucau
D79
Lac Blanc-Bigouzet
Soorts-Hossegor
Hossegor
Capbreton
N10
Labenne
Tarnos
Boucau
Anglet
Bayonne
A63
D12
Biarritz
Bidart
Adour
Briscous
57
58
Guéthary
St-Jean-de-Luz
CIBOURE
Hendaye
Urrugne
LA BASTIDE-CLAIRENCE
Hasparren
56
D932
D918
St-Pée-s.-N.
SARE
Cambo-les-B.
Espelette
AINHOA
Louhossoa
Dancharia
Bidarray
Calay
63
60
61
N121B
Nive
D918
ST-ÉTIENNE-DE-BAIGORRY
Irouléguy
ST-JEAN-PIED-DE-PORT
Baztan
Irurita
Aldudes
Arnéguy
N135
Roncesvalles
Eugui
Burguete
Orbaiceta
Zubiri
C135
Erro
Arrieta
Arive
NA172
Villava
Egüés
Itoiz
Lekeitio
Ondarroa
Markina
Deba
Alzola
San Sebastian
Zarauz
Usurbil
Hernani
Irun
Oyartzun
Vera-de-Bidasoa
Lesaca
Zestoa
Elgoibar
Eibar
Santuario de S. Ignacio de Loyola
Azpeitia
GI2634
Régil
Andoain
Villabona
Goizueta
N121A
Bergara
Tolosa
Santesteban
Zubieta
NA403
Arrasate-Mondragón
GI 627
GI 632
Villafranca-de-Ordizia
Beasain
N1
N240
Leiza
A15
Ezcurra
Oñati
Eskoriatza
Arantzazu
Betelu
Lecumberri
Jaunsaras
Ulzama
C130
Larasa
Villanueva
Echarri-Aranaz
Alsasua
N240A
Olazagutia
Enderiz
Anoz
Goñi
Olza
Echauri
Salinas-de-Oro
NA120

Biganos
Sauveterre-de-G.
Gujan-Mestras
Mios
Le Barp
Saucats
Podensac
Cadillac
Camiran
La Réole
22
Villagrains
Cabanac-et-Villagrains
St-Macaire
Caudrot
Langon
Fontet
Salles
Cazaux
Belin-Béliet
Hostens
Sanguinet
Biscarrosse-Plage
Auros
Marmande
Balizac
Villandraut
Biscarrosse
St-Symphorien
Bazas
Bouglon
Préchac
Grignols
Gironde
Liposthey
Gastes
Pissos
Sore
Lucmau
Casteljaloux
Ste-Eulalie-en-Born
Callen
Captieux
Lerm-et-Musset
33
Luxey
St-Michel-de-Castelnau
Lot-et-Garonne
Pontenx-les-Forges
St-Paul-en-Born
Labouheyre
Fargues-s.-O.
Mimizan
Trensacq
47
Leych
Escource
Sabres
Allons
Houeillès
Bias
Durance
Labrit
Landes
40
Onesse-et-Laharie
Uza
Brocas
Garein
Lapeyrade
Morcenx
Roquefort
Sos
Lévignacq
Ygos-St-Saturnin
48
St-Justin
Créon-d'Armagnac
Gabarret
Lesperon
Villenave
Rion-des-Landes
St-Martin-d'Oney
LABASTIDE-D'ARMAGNAC
Cazaubon
Castelnau-d'Auzan
Villeneuve-de-Marsan
Taller
Mont-de-Marsan
Laluque
Bougue
Estang
Eauze
Tartas
Meilhan
Pontonx-s.-l'Adour
Souprosse
Grenade-s.-l'Adour
Manciet
Magescq
Péré
Le Houga
St-Sever
St-Paul-lès-Dax
Cazères-s.-l'Adour
Nogaro
Dax
Mugron
Urgosse
Hinx
Montfort-en-Chalosse
Eugénie-les-Bains
Aire-s.-l'Adour
Aignan
Bénesse-lès-Dax
Hagetmau
Lupiac
Pomarez
Samadet
Geaune
St-Mont
Riscle
Cahuzac-s.-Adour
30
49
Pouillon
Tilh
Amou
Monget
Sarron
Plaisance
HASTINGUES
Habas
Sault-de-Navailles
Garlin
Castelnau-Riv. Basse
62
Puyoô
Ramous
Arzacq-Arraziguet
Cadillon
Bellocq
Orthez
Marciac
Bidache
SALIES-DE-BÉARN
Thèze
Maubourguet
Escos
Arthez-de-B.
Sévignacq-Thèze
Lembeye
Sauveterre-de-B.
Maslacq
Artix
Vic-en-Bigorre
Villecomtal-s.-Arros
59
Lacq
Mourenx
Baleix
Garris
St-Jammes
Rabastens-de-Bigorre
St-Palais
Charitte-de-Bas
Morlaàs
Sedzère
NAVARRENX
Monein
Lons
Montaner
Uhart-Mixe
Billère
Pau
Andrest
Gelos
St-Just-Ibarre
Mauléon-Licharre
L'Hôpital-St-Blaise
Soumoulou
Aureilhan
Tarbes
Oloron-Ste-M.
Lasseube
Ibos
Pyrénées Atlantiques
Barcus
Nay-Bourdettes
Pontacq
Mendive
64
Tardets-Sorholus
Aramits
Ogeu
Rébénacq
Coarraze
Ossun
St-Pé-de-Bigorre
Montgaillard
Licq-Athérey
Montory
Arette
Asasp-Arros
Arudy
Lourdes
Louvie-Juzon
Bielle
Larrau
Bagnères-de-Bigorre
Bedous
Ferrières
Argelès-Gazost
215
Ste-Engrâce
Arette-Pierre-St-Martin
Laruns
Eaux-Bonnes
Arbéost
ST-SAVIN
Ste-Marie-de-Campan
Les Eaux-Chaudes
Gourette
Pierrefitte-Nestalas
Ochagavia
Escaroz
Etsaut
Barèges
Isaba
Cauterets
La Mongie
Urdos
Artouste
Luz-St-Sauveur
Pont-d'Espagne

Seyches
Monbahus
Cancon
Frayssinet-le-Gélat
Uzech
23 Fumel
Tombeboeuf
Prayssac
Fauguerolles
Monclar
Casseneuil
51
54
Luzech
Villeneuve-s.-Lot
Cahors
Grignols
Le Mas-d'Agenais
Tonneins
Ste-Livrade-s.-Lot
TOURNON-D'AGENAIS
St-Matré
Sauzet
Clairac
Pujols
PENNE-D'AGENAIS
Villesèque
Casteljaloux
Bourran
Damazan
St-Amans-du-Pech
Montaigu-de-Quercy
223
Montcuq
Lalbenque
Lot-et-Garonne
47
Aiguillon
Prayssas
Laroque-Timbaut
Bourg-de-Visa
Fargues-s.-O.
Port-Ste-Marie
Beauville
Castelnau-Montratier
La Sauvetat-de-Sav.
LAUZERTE
Montpezat-de-Quercy
Allons
Houeillès
Sérignac-s.-B.
Agen
53
Vianne
Brax
Durance
Lavardac
Le Passage
PUYMIROL
Montesquieu
Molières
Septfonds
Nérac
221
Valence-d'Agen
Lafrançaise
Caussade
52
Laplume
Layrac
Moissac
Réalville
Lapeyrade
POUDENAS
202
Francescas
Astaffort
AUVILLAR
Sos
Mézin
Tarn-et-Garonne
82
Gabarret
204
FOURCES
Flamarens
St-Nicolas-de-la-Grave
Castelsarrasin
Montauban
MONTRÉAL-DU-GERS
203
Condom
Nègrepelisse
Cazaubon
Castelnau-d'Auzan
LARRESSINGLE
Lectoure
L'Isle-Bouzon
205
Lavit
Montech
Monclar-de-Quercy
Eauze
Mouchan
Valence-s.-Baïse
Terraube
Le Sauvetat
ST-CLAR-DE-LOMAGNE
Larrazet
Labastide-St-Pierre
La Salvetat-Belmontet
St-Puy
Tournecoupe
Beaumont-de-Lomagne
Verdun-s.-Garonne
Villebrumier
Manciet
Fleurance
Villemur-s.-Tarn
Castéra-Verduzan
Solomiac
Grisolles
Fronton
Nogaro
Dému
Montestruc-s.-Gers
Monfort
Urgosse
Vic-Fezensac
Ondes
Jegun
Lavardens
Mirepoix
Cox
Aignan
St-Jean-Poutge
Grenade
Mauvezin
Lupiac
Belmont
Cologne
29
Gers
32
Auch
Montaigut-s.-Save
Castelmaurou
Cahuzac-s.-Adour
Lévignac
Aubiet
Monbrun
Blagnac
L'Union
201
Gimont
Toulouse
Plaisance
L'Isle-J.
Montesquiou
L'Isle-de-Noé
Léguevin
Colomiers
Balma
Castelnau-Barbarens
Castelnau-Riv.-Basse
BASSOUES
Labastide-Savès
Plaisance-du-T.
Marciac
Mirande
Héréchou
Cugnaux
Saramon
Castanet-Tolosan
Maubourguet
Tillac
Seissan
Samatan
St-Lys
Seysses
Le Mona
St-Maur
Lombez
Bragayrac
St-Élix-Theux
Vic-en-Bigorre
Villecomtal-s.-Arros
Miélan
Simorre
St-Clar-de-Riv.
Muret
Montgiscard
St-Michel
Masseube
Meilhan
Rieumes
Vernet
Bigorre
Rabastens-de-Bigorre
L'Isle-en-Dodon
Panassac
Molas
Haute-Garonne
31
Chelle-Debat
Montaner
Bérat
Auterive
Naillo
Andrest
Pouy-de-Touges
Trie-s.-Baïse
Gratens
198
Pouyastruc
Carbonne
St-Sulpice-s.-Lèze
Ibos
Aureilhan
Castelnau-Picampeau
Boulogne-s.-Gesse
Cintegabe
Tarbes
Castelnau-Magnoac
Blajan
Lézat-s.-Lèze
Galan
Ciadoux
Le Fousseret
RIEUX-VOLVESTRE
Tournay
St-Ybars
Aurignac
Martres-Tolosane
Monlong
St-Julien
Saverdun
Ossun
Lanespède
Cazères
Montesquieu
Montgaillard
St-Plancard
Aulon
Lourdes
Lannemezan
St-Martory
Boussens
Ste-Croix-Volvestre
Le Fossat
St-Gaudens
199
Montsaunès
Fabas
Capvern
Campagne-s.-Arize
Escosse
La Barthe-de-Neste
Montréjeau
Salies-du-Salat
Bagnères-de-Bigorre
Figarol
Mérignon
Pailhès
Pamiers
St-Laurent-de-Neste
Barbazan
186
Campan
Hèches
ST-BERTRAND-DE-COMMINGES
Le Mas-d'Azil
Varilhes
Hautes-Pyrénées
Aspet
Ste-Marie-de-Campan
214
Cazaunous
Mauvezin-de-Prat
ST-LIZIER
Ore
St-Girons
Rimont
La Bastide-de-Sérou
Portet-d'Aspet
Moulis
Mauléon-Barousse
Barèges
St-Lary
65
Ariège
Foix
La Mongie
Luz-St-Sauveur
ARREAU
Bordères-Louron
Couledoux
Castillon-en-Couserans
Soulan
Guran
St-Béat
Fos
Vielle-Aure
Les Bordes-s.-Lez
Oust
Massat
Saurat
09
Seix
Tarascon-s.-Ariège
St-Aventin
Gèdre
St-Lary-Soulan
Bagnères-de-Luchon
Aulus-les-Bains
Niaux
Aragnouet
Bossost
Superbagnères
Couflens
Guzet-Neige
Vicdessos
Gavarnie
Salau
Gessa
Parzan
Vielha-e-Mijaran
Bielsa
Salinas
Esterri-de-Aneu
El Serrat
Benasque
Caldas-de-Bohi
Ribera-de-Cardos
Tor
Arinsal
Castejon-de-Sos
ESPAGNE
ANDORRE
Vilaller
Andorra-la-Vella
Boltana
Llavorsi
Encamp
Ainsa-Sobrarbe
Rialp
Sant-Julia-de-Loria
Campo
Pont-de-Suert
Sort
Embalse de

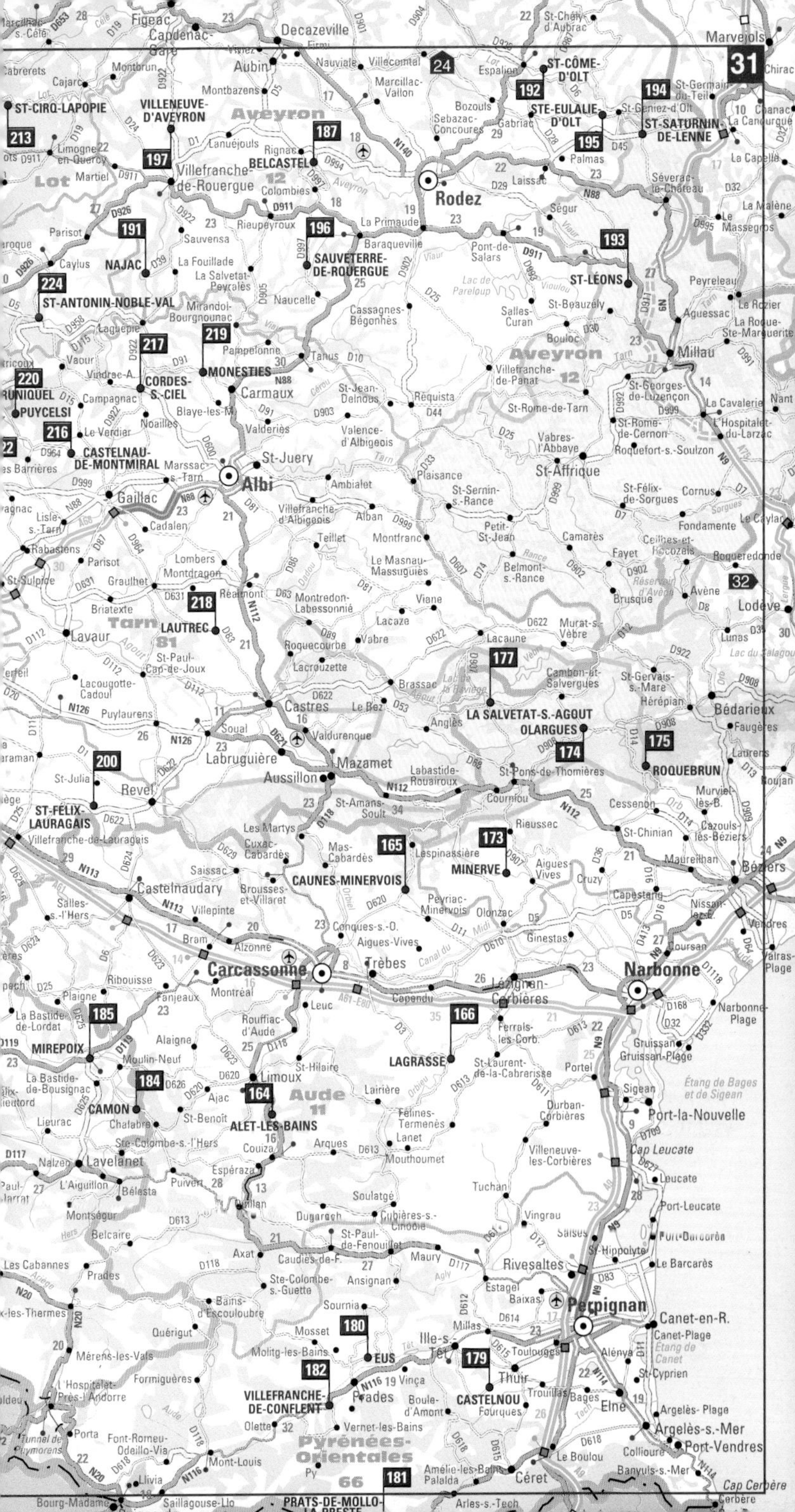
31
24
32
Figeac
Capdenac-Gare
Decazeville
Aubin
St-Chély-d'Aubrac
Marvejols
ST-CÔME-D'OLT
192
194
St-Geniez-d'Olt
ST-CIRQ-LAPOPIE
213
VILLENEUVE-D'AVEYRON
197
Aveyron
187
BELCASTEL
Villefranche-de-Rouergue
Rodez
STE-EULALIE-D'OLT
195
ST-SATURNIN-DE-LENNE
Espalion
Bozouls
Sebazac-Concoures
Marcillac-Vallon
Villecomtal
Nauviale
Montbazens
Lanuéjouls
Rignac
Colombies
Séverac-le-Château
Lot
Limogne-en-Quercy
Martiel
Cajarc
Cabrerets
191
NAJAC
196
SAUVETERRE-DE-ROUERGUE
La Primaube
Baraqueville
Pont-de-Salars
Lac de Pareloup
Salles-Curan
Ségur
Laissac
Palmas
193
ST-LÉONS
Caylus
Parisot
224
ST-ANTONIN-NOBLE-VAL
La Fouillade
La Salvetat-Peyralès
Rieupeyroux
Sauvensa
Naucelle
Cassagnes-Bégonhès
Mirandol-Bourgnounac
219
MONESTIES
217
CORDES-S.-CIEL
220
PUYCELSI
216
CASTELNAU-DE-MONTMIRAL
Carmaux
Pampelonne
Tanus
Laguépie
Vaour
Campagnac
Noailles
Blaye-les-M.
Valderiès
Le Verdier
Aveyron
12
Villefranche-de-Panat
St-Rome-de-Tarn
Millau
Peyreleau
Aguessac
St-Beauzély
Bouloc
St-Georges-de-Luzençon
St-Rome-de-Cernon
Roquefort-s.-Soulzon
La Cavalerie
L'Hospitalet-du-Larzac
Vabres-l'Abbaye
St-Affrique
Réquista
St-Jean-Delnous
Valence-d'Albigeois
Albi
St-Juery
Marssac-s.-Tarn
Gaillac
Lisle-s.-Tarn
Rabastens
St-Sulpice
Cadalen
Ambialet
Villefranche-d'Albigeois
Alban
Plaisance
St-Sernin-s.-Rance
Petit-St-Jean
Montfranc
Teillet
Le Masnau-Massuguiès
Belmont-s.-Rance
Camarès
St-Félix-de-Sorgues
Cornus
Fondamente
Le Caylar
Fayet
Ceilhes-et-Rocozels
Roqueredonde
Brusque
Avène
Lodève
Lunas
Lac du Salagou
Parisot
Graulhet
Lombers
Montdragon
Réalmont
Briatexte
218
LAUTREC
Tarn
81
Lavaur
St-Paul-Cap-de-Joux
Montredon-Labessonnié
Viane
Lacaze
Vabre
Roquecourbe
Lacrouzette
Lacaune
Murat-s.-Vèbre
177
LA SALVETAT-S.-AGOUT
Cambon-et-Salvergues
St-Gervais-s.-Mare
Hérépian
Bédarieux
Faugères
Brassac
Castres
Le Bez
Anglès
Lacougotte-Cadoul
Puylaurens
Soual
Labruguière
Valdurenque
Mazamet
Aussillon
OLARGUES
174
175
ROQUEBRUN
Laurens
Roujan
200
St-Julia
Revel
ST-FÉLIX-LAURAGAIS
Villefranche-de-Lauragais
Labastide-Rouairoux
St-Pons-de-Thomières
Courniou
St-Amans-Soult
Les Martys
Cuxac-Cabardès
Mas-Cabardès
165
CAUNES-MINERVOIS
Lespinassière
173
MINERVE
Rieussec
Aigues-Vives
Cruzy
Cessenon
St-Chinian
Murviel-lès-B.
Cazouls-lès-Béziers
Maureilhan
Béziers
Capestang
Nissan-lez-E.
Vendres
Valras-Plage
Saissac
Castelnaudary
Brousses-et-Villaret
Villepinte
Salles-s.-l'Hers
Bram
Alzonne
Conques-s.-O.
Aigues-Vives
Peyriac-Minervois
Olonzac
Ginestas
Coursan
Carcassonne
Trèbes
Canal du Midi
Narbonne
Lézignan-Corbières
Capendu
Leuc
Montréal
Fanjeaux
Ribouisse
Plaigne
La Bastide-de-Lordat
185
MIREPOIX
Rouffiac-d'Aude
166
LAGRASSE
Ferrals-les-Corb.
St-Laurent-de-la-Cabrerisse
Narbonne-Plage
Gruissan
Gruissan-Plage
Portel
Sigean
Étang de Bages et de Sigean
Port-la-Nouvelle
Alaigne
Moulin-Neuf
La Bastide-de-Bousignac
184
CAMON
Chalabre
Lieurac
Limoux
164
ALET-LES-BAINS
Aude
11
St-Hilaire
Ajac
St-Benoît
Lairière
Félines-Termenès
Lanet
Durban-Corbières
Villeneuve-les-Corbières
Cap Leucate
Leucate
Port-Leucate
Ste-Colombe-s.-l'Hers
Couiza
Arques
Mouthoumet
Nalzen
Lavelanet
L'Aiguillon
Bélesta
Espéraza
Puivert
Quillan
Tuchan
Soulatgé
Montségur
Belcaire
Dugarach
Cubières-s.-Cinoble
Vingrau
Salses
St-Hippolyte
Les Cabannes
Prades
Axat
Caudiès-de-F.
St-Paul-de-Fenouillet
Maury
Rivesaltes
Le Barcarès
Ste-Colombe-s.-Guette
Ansignan
Estagel
Baixas
Perpignan
Canet-en-R.
Canet-Plage
Étang de Canet
Bains-d'Escouloubre
Sournia
Quérigut
Mosset
180
EUS
Ille-s.-Têt
Millas
Toulouges
179
CASTELNOU
Thuir
Alénya
St-Cyprien
Elne
Mérens-les-Vals
Molitg-les-Bains
182
VILLEFRANCHE-DE-CONFLENT
Prades
Vinça
Boule-d'Amont
Trouillas
Bages
Argelès-Plage
Argelès-s.-Mer
Port-Vendres
Collioure
L'Hospitalet-Près-l'Andorre
Formiguères
Tunnel de Puymorens
Porta
Font-Romeu-Odeillo-Via
Olette
Vernet-les-Bains
Pyrénées-Orientales
66
Mont-Louis
Py
Amélie-les-Bains-Palalda
Céret
Le Boulou
Banyuls-s.-Mer
Cap Cerbère
Cerbère
Llivia
Bourg-Madame
Saillagouse-Llo
181
PRATS-DE-MOLLO-LA PRESTE
Arles-s.-Tech

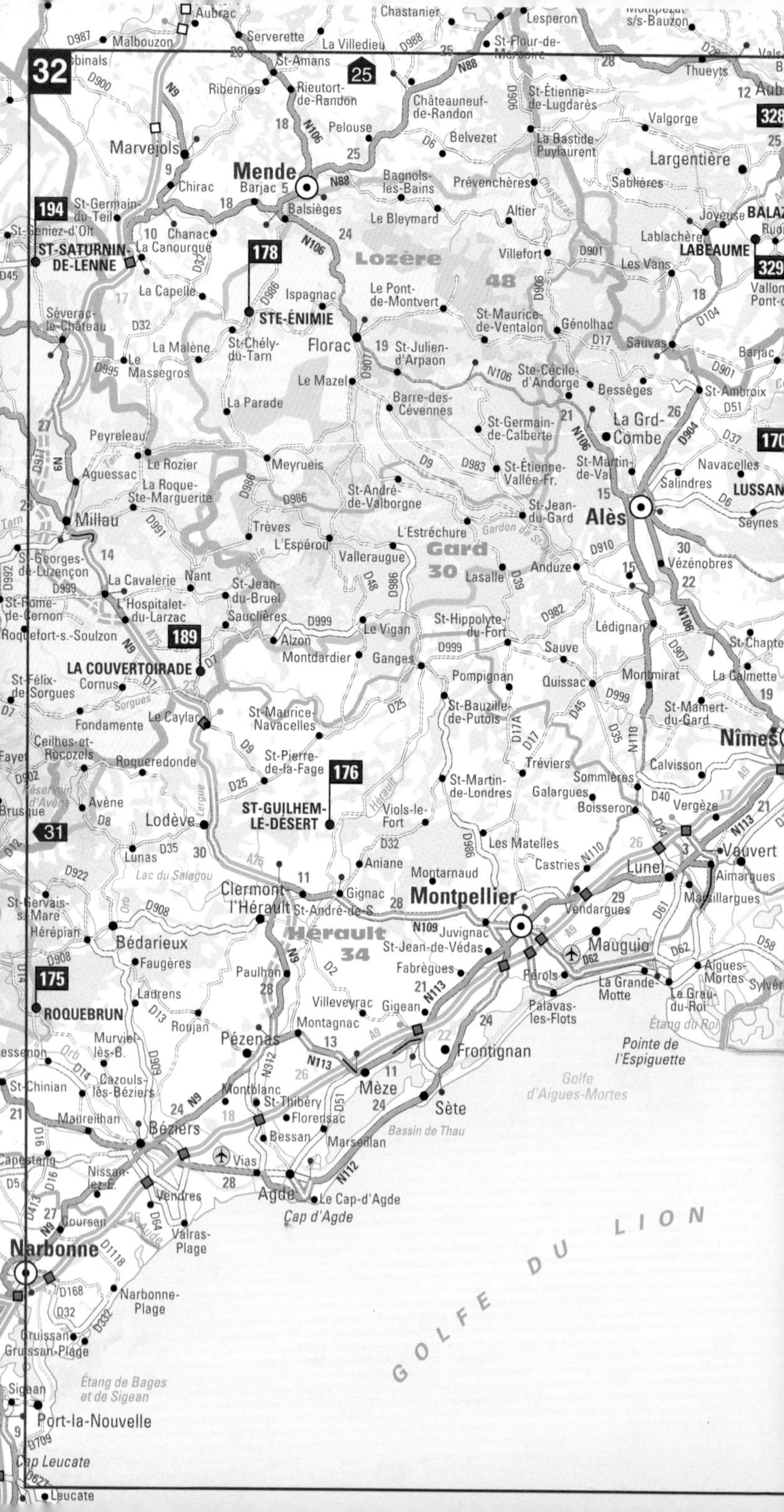
32
Aubrac
Chastanier
Lesperon
Malbouzon
Serverette
La Villedieu
St-Flour-de-Mercoire
St-Amans
Thueyts
Ribennes
Rieutort-de-Randon
St-Étienne-de-Lugdarès
Châteauneuf-de-Randon
Valgorge
Marvejols
Pelouse
Belvezet
La Bastide-Puylaurent
Largentière
Mende
Barjac
Bagnols-les-Bains
Prévenchères
Sablières
Chirac
Balsièges
Le Bleymard
Altier
Joyeuse
St-Germain-du-Teil
Chanac
La Canourgue
Lablachère
LABEAUME
St-Geniez-d'Olt
ST-SATURNIN-DE-LENNE
Villefort
Les Vans
Lozère
48
La Capelle
Ispagnac
Le Pont-de-Montvert
Vallon-Pont-d'Arc
STE-ÉNIMIE
St-Maurice-de-Ventalon
Génolhac
Sévérac-le-Château
Florac
St-Julien-d'Arpaon
Sauvas
Barjac
La Malène
St-Chély-du-Tarn
Le Massegros
Le Mazel
Ste-Cécile-d'Andorge
Bessèges
St-Ambroix
La Parade
Barre-des-Cévennes
St-Germain-de-Calberte
La Grd-Combe
Peyreleau
Le Rozier
Meyrueis
St-Étienne-Vallée-Fr.
St-Martin-de-Val.
Navacelles
Aguessac
La Roque-Ste-Marguerite
Salindres
LUSSAN
St-André-de-Valborgne
St-Jean-du-Gard
Alès
Seynes
Millau
Trèves
L'Espérou
L'Estréchure
Gard
30
St-Georges-de-Luzençon
Valleraugue
Lasalle
Anduze
Vézénobres
La Cavalerie
Nant
St-Jean-du-Bruel
St-Rome-de-Cernon
L'Hospitalet-du-Larzac
Sauclières
Le Vigan
St-Hippolyte-du-Fort
Lédignan
Roquefort-s.-Soulzon
Alzon
Sauve
St-Chaptes
LA COUVERTOIRADE
Montdardier
Ganges
Pompignan
Quissac
Montmirat
La Calmette
St-Félix-de-Sorgues
Cornus
St-Bauzille-de-Putois
St-Mamert-du-Gard
Fondamente
Le Caylar
St-Maurice-Navacelles
Nîmes
Ceilhes-et-Rocozels
Fayet
St-Pierre-de-la-Fage
Calvisson
Roqueredonde
Tréviers
Sommières
St-Martin-de-Londres
Galargues
Vergèze
Réservoir d'Avène
Avène
ST-GUILHEM-LE-DÉSERT
Viols-le-Fort
Boisseron
Brusque
Lodève
Les Matelles
Vauvert
31
Lunas
Castries
Lunel
Aimargues
Lac du Salagou
Aniane
Montarnaud
St-Gervais-s-Mare
Clermont-l'Hérault
Gignac
Montpellier
Vendargues
Marsillargues
St-André-de-S.
Hérépian
Bédarieux
Juvignac
Mauguio
Hérault
34
St-Jean-de-Védas
Faugères
Fabrègues
Pérols
Aigues-Mortes
Paulhan
La Grande-Motte
Le Grau-du-Roi
Laurens
Villeveyrac
Gigean
Palavas-les-Flots
ROQUEBRUN
Roujan
Montagnac
Étang du Roi
Pézenas
Frontignan
Pointe de l'Espiguette
Murviel-lès-B.
Cessenon
Cazouls-lès-Béziers
Mèze
Golfe d'Aigues-Mortes
St-Chinian
Montblanc
St-Thibéry
Sète
Maureilhan
Florensac
Béziers
Bassin de Thau
Bessan
Marseillan
Capestang
Vias
Nissan-lez-E.
Vendres
Agde
Le Cap-d'Agde
Cap d'Agde
Coursan
Valras-Plage
Narbonne
GOLFE DU LION
Narbonne-Plage
Gruissan
Gruissan-Plage
Étang de Bages et de Sigean
Sigean
Port-la-Nouvelle
Cap Leucate
Leucate

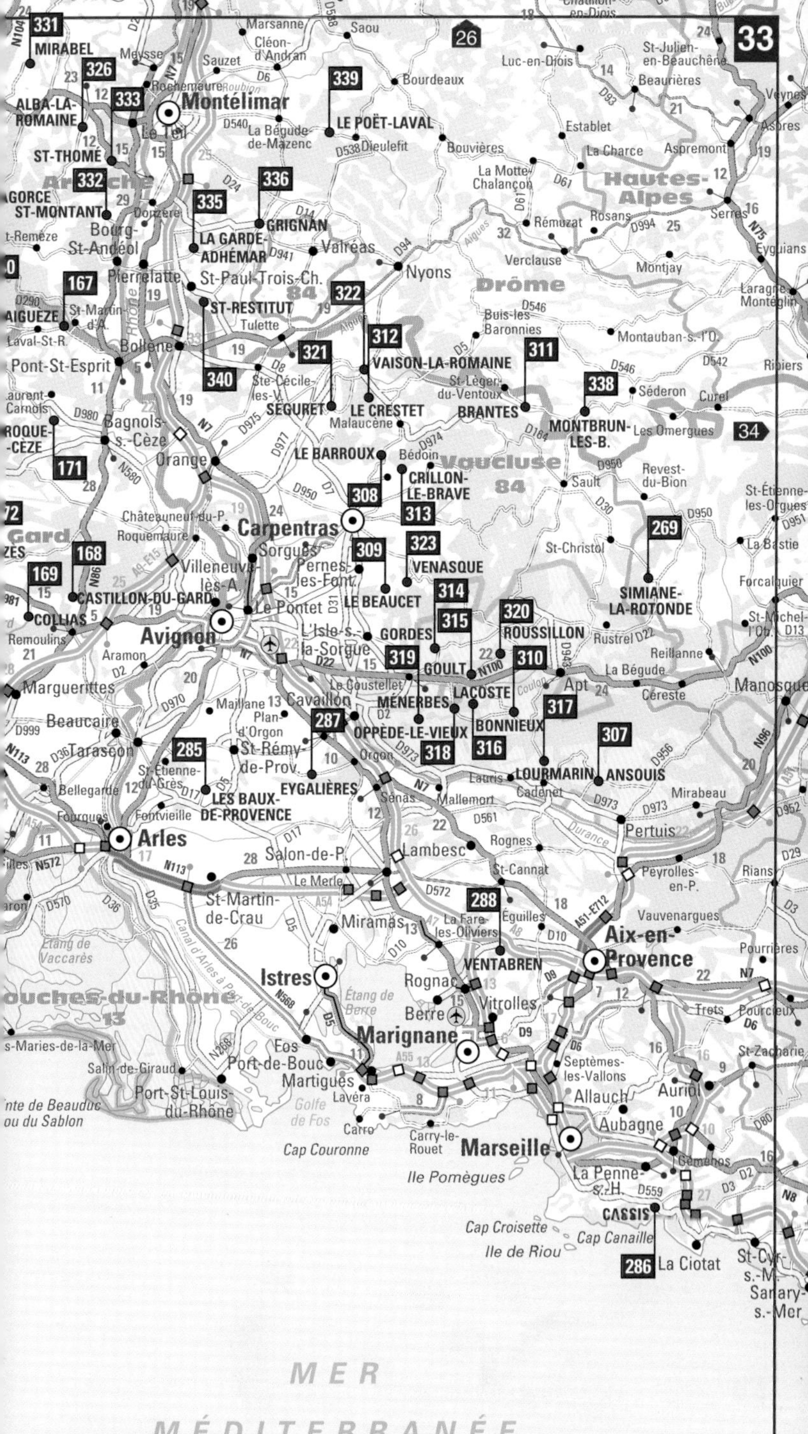
33
26
34
Privas
Grane
Châtillon-en-Diois
Marsanne
Saou
Cléon-d'Andran
Luc-en-Diois
St-Julien-en-Beauchêne
331
MIRABEL
Meysse
Sauzet
Bourdeaux
Beaurières
326
Rochemaure
Montélimar
339
LE POËT-LAVAL
333
ALBA-LA-ROMAINE
Le Teil
La Bégude-de-Mazenc
Dieulefit
Establet
Veynes
Aspres
ST-THOMÉ
Bouvières
La Charce
Aspremont
La Motte-Chalançon
Hautes-Alpes
332
GORCE
ST-MONTANT
336
335
Ardèche
Donzère
Bourg-St-Andéol
GRIGNAN
Rémuzat
Rosans
Serres
LA GARDE-ADHÉMAR
Valréas
Verclause
Eyguians
Pierrelatte
Nyons
Montjay
St-Paul-Trois-Ch.
Drôme
Laragne-Montéglin
167
AIGUEZE
St-Martin-d'A.
Laval-St-R.
ST-RESTITUT
322
84
Buis-les-Baronnies
Tulette
Montauban-s.-l'O.
Bollène
312
321
VAISON-LA-ROMAINE
311
Ribiers
Pont-St-Esprit
340
Ste-Cécile-les-V.
St-Léger-du-Ventoux
338
Séderon
Curel
Laurent-Carnols
SÉGURET
LE CRESTET
BRANTES
MONTBRUN-LES-B.
Les Omergues
Malaucène
ROQUE-CÈZE
Bagnols-s.-Cèze
Orange
LE BARROUX
Bédoin
Vaucluse
84
Revest-du-Bion
171
CRILLON-LE-BRAVE
Sault
St-Étienne-les-Orgues
308
313
Châteauneuf-du-P.
Carpentras
269
Gard
Roquemaure
Sorgues
323
St-Christol
La Bastie
168
309
VENASQUE
Villeneuve-lès-A.
Pernes-les-Font.
Forcalquier
169
314
320
SIMIANE-LA-ROTONDE
CASTILLON-DU-GARD
Le Pontet
LE BEAUCET
COLLIAS
Avignon
315
ROUSSILLON
St-Michel-l'Ob.
Remoulins
L'Isle-s.-la-Sorgue
GORDES
Rustrel
Aramon
319
GOULT
310
Reillanne
Marguerittes
Le Coustellet
Apt
La Bégude
Céreste
Manosque
Maillane
Cavaillon
MÉNERBES
LACOSTE
Beaucaire
Plan-d'Orgon
287
BONNIEUX
317
Tarascon
285
St-Rémy-de-Prov.
OPPÈDE-LE-VIEUX
318
316
307
St-Étienne-du-Grès
Orgon
LOURMARIN
ANSOUIS
Bellegarde
EYGALIÈRES
Lauris
LES BAUX-DE-PROVENCE
Sénas
Mallemort
Cadenet
Mirabeau
Fourques
Fontvieille
Pertuis
Arles
Rognes
Salon-de-P.
Lambesc
Peyrolles-en-P.
Rians
St-Cannat
Le Merle
St-Martin-de-Crau
288
Éguilles
Vauvenargues
Miramas
La Fare-les-Oliviers
Aix-en-Provence
Étang de Vaccarès
Pourrières
VENTABREN
Istres
Rognac
Étang de Berre
Vitrolles
Bouches-du-Rhône
13
Berre
Trets
Pourcieux
Marignane
Stes-Maries-de-la-Mer
Fos
St-Zacharie
Salin-de-Giraud
Port-de-Bouc
Septèmes-les-Vallons
Martigues
Allauch
Auriol
Port-St-Louis-du-Rhône
Lavéra
Pointe de Beauduc
ou du Sablon
Golfe de Fos
Aubagne
Carro
Carry-le-Rouet
Marseille
Gémenos
Cap Couronne
La Penne-s.-H.
Ile Pomègues
CASSIS
Cap Croisette
Cap Canaille
Ile de Riou
286
La Ciotat
St-Cyr-s.-M.
Sanary-s.-Mer
Canal d'Arles à Port-de-Bouc
Rhône
Durance
MER
MÉDITERRANÉE

34
Super-Dévoluy
St-Bonnet
Orcières
Guillestre
Pontechianale
Laye
Château-roux
27
Risoul
Maljasset
Casteldelfino
Montmaur
La Roche-des-Arnauds
Les Rousses
La Bâtie-Neuve
Embrun
Vars
Gap
R. de Serre-Ponçon
Veynes
D994
Chorges
Savines-le-Lac
Les Orres
St-Paul
Aspres
Valserres
Acceglio
Tallard
D900B
Larche
Barcillonnette
Remollon
Le Lauzet-Ubaye
Jausiers
St-Vincent-les-Forts
Gigors
Turriers
Barcelonnette
Le Sauze
Super-Sauze
Argentera
Monêtier-Allemont
Eyguians
Seyne
Pra-Loup
La Motte
Bayons
Bousiéyas
Laragne-Montéglin
Couloubroux
La Villard d'Abas
St-Étienne-de-Tinée
Verdaches
Barles
Allos
Authon
Beaujeu
Ribiers
Sisteron
265
COLMARS-LES-ALPES
Isola
Entraunes
St-Martin-d'Entraunes
Alpes-de-Haute-Provence
04
Thoard
La Javie
33
Digne-les-Bains
Volonne
Beuil
Château-Arnoux
Thorame-Basse
Guillaumes
St-Sauveur-s.-Tinée
La Colle-St-Michel
St-Étienne-les-Orgues
267
Châteauredon
Alpes-Maritimes
Les Grillons
Les Mées
Mézel
266
La Bastie
St-André-les-Alpes
Puget-Théniers
Villars-s.-Var
LURS
Annot
Forcalquier
Le Castellet
La Bégude-Blanche
Barrême
ENTREVAUX
St-Michel-l'Obs.
Oraison
Senez
06
268
La Tuilière
St-Julien-du-Verdon
Sigale
MOUSTIERS-STE-MARIE
Volx
Castellane
St-Auban
Lac du barrage de Ste-Croix
Manosque
Valensole
306
275
289
La Palud-s.-Verdon
Le Logis-du-Pin
Andon
284
Riez
Aiguines
La Bastide
299
GOURDON
TRIGANCE
BARGÈME
TOURRETTES-S.-LOUP
Gréoux-les-Bains
304
MONS
St-Vallier-de-Thiey
ST-PAUL-DE-VENCE
Vinon-s.-Verdon
Quinson
Comps-s.-Artuby
292
Grasse
300
278
Ginasservis
305
SEILLANS
BIOT
Montmeyan
Aups
CALLIAN
MOUGINS
Rians
La Verdière
MONTFERRAT
Fayence
Vallauris
Varages
Tavernes
Bargemon
294
Villecroze
Callas
Le Cannet
Salernes
TOURTOUR
Lac de St-Cassien
Barjols
Les Quatre-Chemins
Cannes
Brue-Auriac
COTIGNAC
ENTRECASTEAUX
Draguignan
Mandelieu-la-Napoule
Pourrières
Flayosc
Le Trayas
Châteauvert
Lorgues
Le Muy
Les Arcs
Pte du Cap Roux
St-Maximin-la-Ste-Baume
295
Fréjus
Carcès
Le Thoronet
Anthéor-Cap-Roux
Pourcieux
Le Val
Roquebrune-s.-Argens
272
Le Luc
St-Raphaël
Tourves
303
296
St-Aygulf
St-Zacharie
Brignoles
Le Cannet-des-Maures
Flassans-s.-Issole
298
Val d'Esquières
La Roquebrussanne
Besse-s.-I.
LA GARDE-FREINET
Ste-Maxime
297
Cap de St-Tropez
Signes
Var
83
GRIMAUD
ST-TROPEZ
Puget-Ville
Carnoules
Cogolin
293
Cuers
GASSIN
RAMATUELLE
Collobrières
La Croix-Valmer
LE CASTELLET
Pierrefeu-du-Var
Cap Camarat
BORMES-LES-MIMOSAS
Le Beausset
Solliès-Pont
Cavalaire-s.-Mer
Cap Lardier
St-Cyr-s.-Mer
Toulon
La Crau
Le Lavandou
MER
Sanary-s.-Mer
La Seyne
Hyères
La Londe-les-Maures
302
MÉDITERRANÉE
Six-Fours-les-Plages
Carqueiranne
290
Cap Blanc
Rade d'Hyères
Ile du Levant
Cap Sicié
Rade de Toulon
Giens
301
Ile de Port-Cros
291
LA CADIÈRE-D'AZUR
ILE DE PORQUEROLLES
Iles d'Hyères

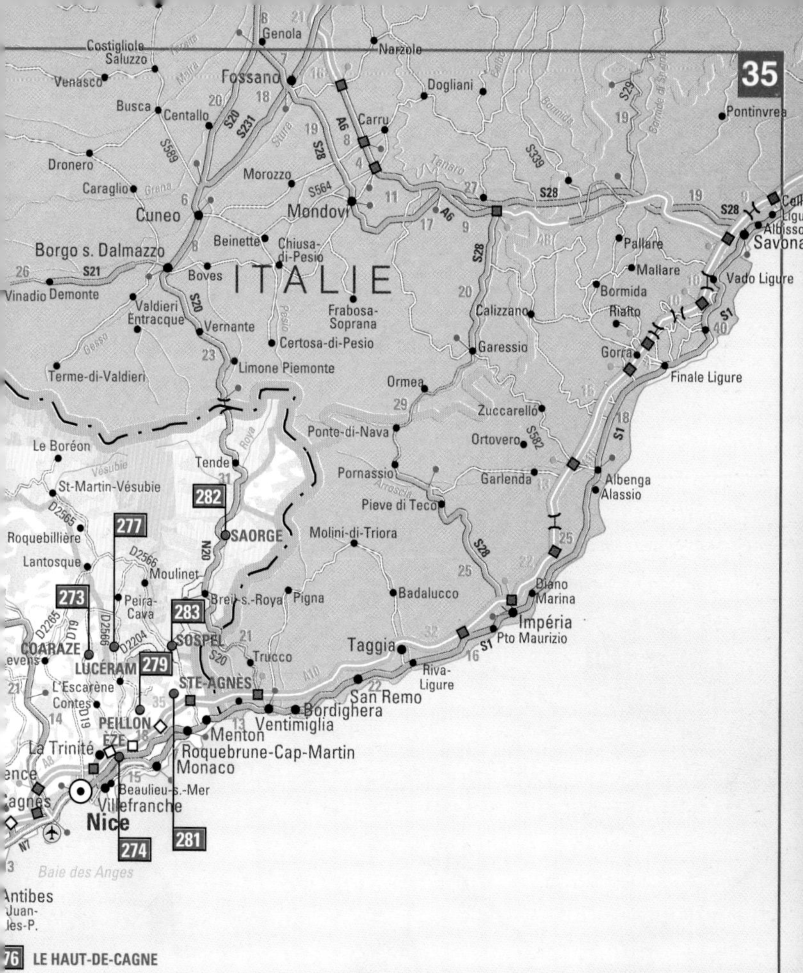

MER

MÉDITERRANÉE

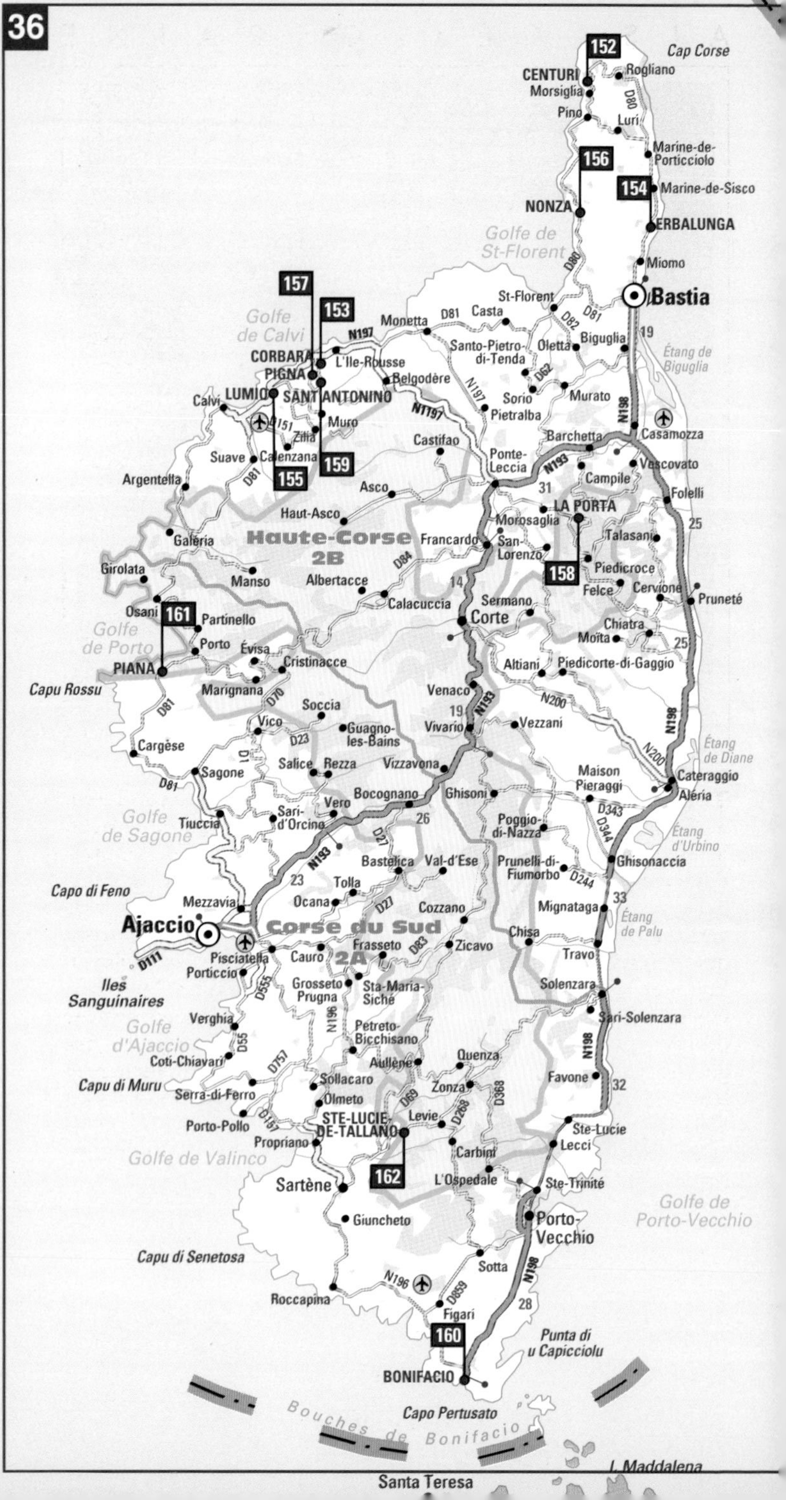

Cap Corse
152
CENTURI
Morsiglia
Rogliano
Pino
Luri
Marine-de-Porticciolo
156
154
Marine-de-Sisco
NONZA
ERBALUNGA
Golfe de St-Florent
Miomo
Bastia
St-Florent
157
153
Golfe de Calvi
Monetta
Casta
Santo-Pietro-di-Tenda
Oletta
Biguglia
Étang de Biguglia
CORBARA
L'Ile-Rousse
PIGNA
Belgodère
LUMIO
SANT'ANTONINO
Calvi
Muro
Sorio
Murato
Pietralba
Zilia
Castifao
Barchetta
Casamozza
Suave
Calenzana
159
155
Ponte-Leccia
Vescovato
Argentella
Campile
Asco
Folelli
LA PORTA
Haut-Asco
Morosaglia
Haute-Corse 2B
Francardo
San-Lorenzo
Talasani
Galéria
Girolata
Manso
Albertacce
158
Piedicroce
Felce
Cervione
Calacuccia
Sermano
Pruneté
Osani
161
Partinello
Golfe de Porto
Corte
Chiatra
Moïta
Porto
Évisa
Cristinacce
Altiani
Piedicorte-di-Gaggio
PIANA
Capu Rossu
Marignana
Venaco
Soccia
Vezzani
Vico
Vivario
Guagno-les-Bains
Étang de Diane
Cargèse
Salice
Rezza
Vizzavona
Sagone
Maison Pieraggi
Cateraggio
Aléria
Bocognano
Ghisoni
Golfe de Sagone
Tiuccia
Vero
Sari-d'Orcino
Poggio-di-Nazza
Étang d'Urbino
Bastelica
Val-d'Ese
Prunelli-di-Fiumorbo
Ghisonaccia
Capo di Feno
Tolla
Ocana
Cozzano
Mignataga
Étang de Palu
Mezzavia
Ajaccio
Corse du Sud 2A
Frasseto
Zicavo
Chisa
Pisciatella
Cauro
Travo
Porticcio
Iles Sanguinaires
Grosseto Prugna
Sta-Maria-Siché
Solenzara
Sari-Solenzara
Golfe d'Ajaccio
Verghia
Petreto-Bicchisano
Coti-Chiavari
Aullène
Quenza
Favone
Capu di Muru
Sollacaro
Serra-di-Ferro
Olmeto
Zonza
Porto-Pollo
STE-LUCIE-DE-TALLANO
Levie
Ste-Lucie
Propriano
Lecci
Golfe de Valinco
Carbini
162
Sartène
L'Ospedale
Ste-Trinité
Golfe de Porto-Vecchio
Giuncheto
Porto-Vecchio
Capu di Senetosa
Sotta
Roccapina
Figari
160
Punta di u Capicciolu
BONIFACIO
Capo Pertusato
Bouches de Bonifacio
I. Maddalena
Santa Teresa

De Wissembourg à Saint-Louis, de la crête des Vosges au Rhin, vous découvrirez en Alsace une grande diversité de villages. Si les villages de la plaine, comme Hindisheim ou ceux de l'Outre-Forêt comme Oberseebach, rappellent les représentations traditionnelles « à la Hansi » du village alsacien, vous serez étonnés par de véritables villages de montagne comme Hohrod ou Sewen, et surpris des similitudes des bourgs fortifiés du vignoble tels Riquewihr ou Éguisheim avec les petites cités médiévales de Toscane ou d'Ombrie. Chemin faisant à travers la région, vous succomberez au charme des paysages qui font de l'Alsace entière un merveilleux jardin. Imprégnés de cette nature exceptionnelle, les Alsaciens aiment passionnément leur région et sont d'ardents défenseurs de leur environnement. Cela se concrétise dans de nombreuses associations de protection et de défense de la nature et dans des organisations de randonnée comme le Club Vosgien (tél. 03.88.32.57.96).

BŒRSCH
67530 (Bas-Rhin)

Entouré de vergers et de vignes, blotti dans un vallon, Bœrsch est un lieu de résidence de plus en plus prisé des Strasbourgeois à la recherche d'un havre de quiétude. Avec ses trois portes qui en verrouillent l'accès et ses puissantes fortifications édifiées en 1340 par l'évêque de Strasbourg, Berthold III, Bœrsch figure parmi les plus belles cités encloses du vignoble alsacien. Au centre du bourg, sur la place recouverte de pavés à l'ancienne, l'hôtel de ville bâti en 1565, avec son bel oriel de 1615 et un magnifique puits Renaissance, forment un ensemble architectural harmonieux. Non loin du village vers le sud, l'ancienne abbaye bénédictine de Saint-Léonard (XIIe siècle) abrite aujourd'hui les ateliers des célèbres marqueteries Spindler. À proximité de Bœrsch vers le nord, le cimetière israélite de Rosenwiller existait déjà en 1366.

♦ 2000 habitants, 210 m d'altitude ♦ **Accès :** (carte 12) à 4 km N-O d'Obernai par D 332 ♦ **Aux alentours :** à Klingenthal, le musée maison de la Manufacture d'armes blanches ; la petite ville d'Obernai ; les châteaux d'Ottrott (2,5 km S par D 35) ; le mont Sainte-Odile ♦ **Foires, festivités :** tous les 2 ans en juillet, fête du bourg (aura lieu en 1998), Kermesse alsacienne (aura lieu en 1999) ; fête des Vendanges le 3e ou 4e dimanche d'octobre ♦ **Hôtel :** à Obernai, *À la Cour d'Alsace* (tél. 03.88.95.07.00), hôtel de charme, 43 chambres 470-830 F ♦ **Restaurant :** *Le Châtelain* (tél. 03.88.95.83.33) ♦ **Mairie - S. I.** (tél. 03.88.95.83.43).

BUSWILLER
67350 (Bas-Rhin)

Le pays de Hanau évoque certains paysages de la campagne toscane. Blotti dans un vallon, Buswiller est un petit village agricole, dont le nom fut mentionné pour la première fois en 784, dans un document de l'abbaye de Wissembourg. Presque toutes les maisons de la rue principale sont encore des fermes ornées de profondes galeries et de pignons en encorbellement (dues aux charpentiers Schini). Leurs cours sont bien sûr consacrées aux activités agricoles et leurs toits de tuiles vernissées ajoutent au village une touche gaie et colorée. À l'extrémité de la rue, en face du temple, on remarque une ferme avec un grand porche : c'est l'un des plus beaux bâtiments agricoles à pans de bois d'Alsace du Nord. L'église de Buswiller était autrefois fortifiée, elle a gardé ses murs épais percés de meurtrières et des vestiges de l'enceinte qui entourait son cimetière.

♦ 189 habitants, 225 m d'altitude ♦ **Accès :** (carte 12) à 20 km O de Haguenau par D 919, D 419 et D 25 ♦ **Aux alentours :** la petite ville de Bouxwiller (hôtel de ville du XVIIe siècle, musée des Arts et Traditions populaires) ♦ **Hôtel :** à Bouxwiller (7 km O), *Hôtel Heintz* (tél. 03.88.70.72.57) ♦ **Mairie** (tél. 03.88.70.71.90).

DAMBACH-LA-VILLE
67650 (Bas-Rhin)

Dambach-la-Ville est située sur la belle route du Vin et son vignoble s'étend sur plus de 400 hectares. Le lieu, propriété des seigneurs de Bernstein, apparaît dans les archives dès 1125 sous le nom de Tannenbach (terre plantée de sapins). Au début du XVIe siècle, la cité prend part à la fameuse guerre des Paysans. Aujourd'hui les remparts et leurs trois vieilles portes de chêne enserrent toujours magnifiquement le village. Sur la place du Marché, on peut admirer de remarquables maisons à pans de bois ainsi qu'une belle fontaine surmontée d'un ours sculpté, symbole de la famille Bernstein. L'hôtel de ville de Dambach, avec sa très haute façade et ses pignons en gradins, figure parmi les plus belles constructions de la Renaissance alsacienne. Par la porte haute de la cité, on arrive ensuite à la chapelle Notre-Dame, du XVe siècle, puis à la chapelle Saint-Sébastien, qui possède une tour-clocher romane, des fenêtres et un chevet gothiques et un très bel autel baroque du XVIIe siècle, œuvre de Clemens et Philipp Winterhalter.

♦ 1808 habitants, 200 m d'altitude ♦ **Accès :** (carte 12) à 10 km N de Sélestat par N 59 et D 35 ♦ **À voir :** le musée du Tonnelier ♦ **Aux alentours :** les châteaux de Bernstein (XIIe-XIIIe siècles), de l'Ortenbourg, du Ramstein et du Haut-Koenigsbourg ♦ **Foires, festivités :** marché le mercredi matin ; fête de l'Aspérule en mai ; Nuit du Vin début juillet ; fête de l'Ours fin août ; « Noël à Dambach » en décembre ♦ **Hôtels :** à Itterswiller (5 km S) *Hôtel Arnold* (tél. 03.88.85.50.58), hôtel de charme, 28 chambres 380-650 F, restaurant ; à Dieffenbach-au-Val (9 km O) *Chez Colette* (tél. 03.88.57.60.91), maison d'hôtes de charme, 1 studio 270 F ; *La Maison Fleurie de Doris Engel-Geiger* (tél. 03.88.85.60.48), maison d'hôtes de charme, 3 chambres 220-260 F ; *La Romance* (tél. 03.88.85.67.09), maison d'hôtes de charme, 4 chambres 310-350 F ♦ **Restaurant :** *Caveau Narz* (tél. 03.88.92.41.11) ♦ **S. I.** (tél. 03.88.92.61.00).

HINDISHEIM
67150 (Bas-Rhin)

Sur la rive droite de l'Andlau, Hindisheim forme un ensemble préservé d'une rare homogénéité. Les restaurations y sont opérées avec un souci manifeste de respecter les caractéristiques anciennes des demeures. Les rues du bourg, dominées par la haute église Saints-Pierre-et-Paul construite en 1888, se distribuent régulièrement autour d'une très large rue. Ce vieux village, cité pour la première fois au VIIIe siècle, possède de très belles maisons à pans de bois ; vous pourrez admirer, dans la rue du Moulin, la maison du Charron de 1737. Il faut aussi visiter la jolie chapelle de la Vierge (XVIe s.), située au milieu du vieux cimetière villageois, qui possède un clocheton à colombage et un auvent daté de 1553. À l'intérieur, très belle statue de Vierge couronnée à l'Enfant.

♦ 1205 habitants, 150 m d'altitude ♦ **Accès :** (carte 13) à 18 km S de Strasbourg par N 83 et D 207 ♦ **Aux alentours :** Obernai (13 km O), Ottrott et le mont Sainte-Odile ♦ **Foire, festivités :** marché le mercredi matin ; fête des Récoltes d'antan le 1er week-end de septembre ♦ **Hôtel :** à Obernai (13 km O), *À la Cour d'Alsace* (tél. 03.88.95.07.00), hôtel de charme, 43 chambres 470-830 F, restaurant ♦ **Mairie** (tél. 03.88.64.26.22) - **S. I.** du pays d'Erstein (tél. 03.88.98.14.33).

HUNSPACH
67250 (Bas-Rhin)

Au cœur de l'outre-Forêt, l'ancien village impérial d'Hunspach devint en 1504 propriété de la famille Deux-Ponts-Palatinat, qui le conserva jusqu'à la Révolution. Il fut reconstruit par des colons suisses après sa destruction complète au cours de la guerre de Trente Ans. De nos jours, Hunspach resplendit sous le soleil. Les rues, le long desquelles sont alignées de magnifiques maisons à colombage, convergent vers la place centrale où se trouve la mairie (XVIIIe siècle). Les fenêtres des demeures les plus anciennes possèdent encore – fait rare – des vitres bombées, ce qui permet de voir de l'intérieur sans être vu. Dans le village, des artisans fabriquent toujours des corbeilles, des tapis de paille et des bonnets d'homme en laine noire, et l'on croise parfois de vieilles femmes revêtues de la robe noire, traditionnelle, qui montent avec lenteur le chemin menant au temple. L'été, les épis de maïs sèchent sur les façades des fermes et les géraniums fleurissent aux fenêtres, colorant gaiement le blanc éclatant des murs. Ce merveilleux petit bourg resté à l'écart des flux touristiques fait partie du circuit des villages pittoresques de l'Alsace du Nord.

♦ 650 habitants, 160 m d'altitude ♦ **Accès :** (carte 13) à 11 km S de Wissembourg par D 263 ♦ **Aux alentours :** la pittoresque petite ville de Wissembourg, église du XIIIe siècle et musée Westercamp (archéologie préhistorique et romaine, meubles alsaciens) ♦ **Foires, festivités :** fête folklorique en juin ; « Waldfest » (fête de la Forêt) en juillet ♦ **Hôtel :** à Betschdorf (16 km S), *Chez M. et Mme Krumeich* (tél. 03.88.54.40.56), maison d'hôtes de charme, 3 chambres 200-290 F ♦ **Restaurant :** *Au Cerf* (tél. 03. 88.80.41.59) ♦ **Mairie** (tél. 03.88.80.42.16) - **O. T.** (tél. 03.88.80.59.39).

KUTTOLSHEIM
67520 (Bas-Rhin)

Le village se blottit dans le vallon de la Souffel, qui entaille le rebord du plateau de l'arrière-Kochersberg. De belles fermes à cour carrée, isolées de la rue par un haut mur, témoignent de la prospérité ancienne de ce « grenier à blé » alsacien. L'agriculture n'occupe plus toutefois qu'une petite partie de la population du village, la plupart des habitants travaillant à Strasbourg, Marlenheim ou Wasselonne. Kuttolsheim a gardé un tracé de rues désordonné que l'on s'amuse à suivre. La rue de la Vallée, avec ses belles maisons à colombage, conduit à la petite chapelle Sainte-Barbe ; à l'autre extrémité du village se dresse l'église Saint-Jacques-le-Majeur à la belle tour-clocher romane. Par-ci, par-là, des jardinets, fleuris l'été, égaient les habitations. Un petit village à la mode d'autrefois.

♦ 599 habitants, 200 m d'altitude ♦ **Accès :** (carte 12) à 20 km O de Strasbourg par D 228 ♦ **Aux alentours :** Marlenheim ; le Kochersberg ♦ **Hôtel :** à Cosswiller (11 km O), *Le Tire-Lyre* (tél. 03.88.87.22.49), maison d'hôtes de charme, 3 chambres 300-450 F, 1 suite 650 F ♦ **Mairie** (tél. 03.88.87.51.32).

LORENTZEN
67430 (Bas-Rhin)

Lorentzen est un petit village campagnard qui se niche au cœur des collines verdoyantes de l'Alsace bossue. Ce qui frappe d'emblée, lorsqu'on arrive, c'est la largeur de la rue principale bordée de belles maisons alsaciennes presque toutes accolées par le pignon. Mais la construction la plus originale et la plus intéressante du bourg, c'est l'imposant château édifié par le comte Frédéric II de Saarwerden au XIVe siècle, reconstruit en 1577 puis remanié au XVIIIe siècle. On y accède par une grande allée le long de laquelle sont construits, d'un côté une grange à dîme de 1770 et, de l'autre, un ancien moulin de 1728 qui a conservé sa roue à aubes. Tout à côté, l'église protestante est dotée d'une haute tour-chœur trapue.

♦ 300 habitants ♦ **Accès :** (carte 12) à 45 km N-O de Saverne par N 4, N 61 - Sarre-Union et D 8 ♦ **Aux alentours :** le parc régional des Vosges du Nord ♦ **Mairie** (tél. 03.88.00.42.92).

MITTELBERGHEIM
67140 (Bas-Rhin)

Mittelbergheim s'étire sur les collines couvertes de vignes du Rippellsholz. Le village, dont le nom est mentionné dès 741, fut successivement la propriété de plusieurs abbayes. De nos jours, le bourg, d'où émergent les clochers effilés des deux églises, a toujours des allures de forteresse. On peut admirer, à l'angle de la rue de la Montagne et de la rue principale, le bel hôtel de ville Renaissance, l'ancien pressoir de la Cour dîmière (XVIIIe s.), rue principale et, plus loin, dans la rue de la Montagne, un très beau pressoir en bois du XVIIIe siècle. Certaines maisons (notamment celle du menuisier Bœckel ou celle du vigneron Seltz) ont de belles enseignes en fer ouvragé et des toits en forme de « queue de castor » (*Biberschwanz*). Il faut aussi visiter la petite église catholique du XIXe siècle et le temple protestant, avec sa nef gothique et son clocher-chœur roman. Idéalement situé sur la route des vins d'Alsace, Mittelbergheim fait partie des villages les mieux conservés et les plus jolis d'Alsace.

♦ 631 habitants, 225 m d'altitude ♦ **Accès :** (carte 12) à 14 km S d'Obernai par N 422 et D 253 ♦ **Aux alentours :** Andlau (église abbatiale Sainte-Richarde) ; le château du Haut-Andlau (XIIIe-XVIe s.), les ruines du château de Spesbourg (XIIIe s.) ♦ **Foires, festivités :** fête du Vin le dernier week-end de juillet, fête du Vin nouveau les 1er et 3e dimanche d'octobre ♦ **Hôtel :** *Hôtel Gilg* (tél. 03.88.08.91.37), hôtel de charme, 15 chambres 215-400 F, restaurant ♦ **Restaurants :** *Winstub Gilg* (tél. 03.88.08.91.37) ; *Am Lindeplatzel* (tél. 03.88.08.10.69) ♦ **S. I.** (tél. 03.88.08.92.29).

OSTHOFFEN
67990 (Bas-Rhin)

Osthoffen s'est construit sur les rives du Muhlbach, sur la pente d'une colline du Kochersberg. La rue principale traverse le village et croise la rue des Seigneurs, avec sa laiterie qui s'anime le soir quand les éleveurs du village viennent y apporter le lait de la journée. Plus loin, une belle ferme restaurée avec goût est ornée d'un très beau balcon couvert qui longe toute la façade ; elle dresse son pignon au-dessus de la rue. On découvre ensuite la haute église Saint-Jacques-le-Majeur, construite au XIXe siècle en style néo-classique. Protégé par la pénombre de grands arbres centenaires, dans le creux d'un vallon, se cache un château du XVIIe siècle entouré d'un très beau jardin (qui peut se visiter). Il eut de multiples propriétaires et fut racheté en 1817 par le général-baron de Grouvel, dont la descendante habite encore la vieille demeure.

♦ 573 habitants, 200 m d'altitude ♦ **Accès :** (carte 12) à 11,5 km O de Strasbourg par D 45 et D 118 ♦ **Aux alentours :** à Molsheim (8 km S par D 45 et D 30), Musée municipal (archéologie, histoire locale, folklore) et musée de la Fondation Bugatti (voitures anciennes) ♦ **Foires, festivités :** à Molsheim, foire aux Vins le 1er mai ♦ **Hôtel :** à Strasbourg (11,5 km O) *Hôtel du Dragon* (tél. 03.88.35.79.80), hôtel de charme, 32 chambres 430-655 F, suite 795-895 F ♦ **Mairie** (tél. 03.88.96.00.90).

SCHERWILLER
67750 (Bas-Rhin)

Situé sur le piémont des Vosges, Scherwiller se signale au loin par le château d'Ortenbourg, château fort médiéval complété en contrebas par le château du Ramstein (1292). Ces lieux témoignent de l'histoire agitée du village, qui fut entièrement brûlé lors de la défaite des paysans d'Alsace face au duc Antoine de Lorraine, le 20 mai 1525. Le village n'aurait pas le même attrait sans les eaux vives de l'Aubach qui le traverse et qui lui donne beaucoup de charme. Le long de la rue de la Mairie et de la rue des Chevaliers, certaines maisons ne sont accessibles que par de petits ponts qui enjambent la rivière. Au centre du village veille le « Corps de Garde », magnifique demeure classée du XVIIe siècle, à colombage et oriel décoré, à cinq pans ; en face, d'autres belles maisons du XVIIIe siècle, avec des murs blanchis et des colombages, des fleurs, de vieilles enseignes et des lucarnes anciennes. Les nombreuses enseignes de viticulteurs rappellent que Scherwiller est l'un des hauts lieux de la production du délicieux riesling.

♦ 2290 habitants, 186 m d'altitude ♦ **Accès :** (carte 12) à 4 km N-O de Sélestat par N 59 et D 35 ♦ **Aux alentours :** Sélestat ; les châteaux de Ramstein, du Bernstein et de l'Ortenbourg (2 km E par D 35 et GR 5) ♦ **Foires, festivités :** « Art, Artisanat et Riesling » le week-end après le 15 août ; « Sentier viticole gourmand » le 1er dimanche de septembre ; cortège de Saint-Nicolas et marché de Noël le 1er dimanche de décembre ♦ **Hôtels :** à Dieffenbach-au-Val (12 km N-O), *Chez Colette* (tél. 03.88.57.60.91), maison d'hôtes de charme, 1 studio 270 F ; *La Maison Fleurie de Doris Engel-Geiger* (tél. 03.88.85.60.48), maison d'hôtes de charme, 4 chambres 220-260 F ; *La Romance* (tél. 03.88.85.67.09), maison d'hôtes de charme, 4 chambres 310-350 F ♦ **Restaurants :** *À la Couronne* (tél. 03.88.92.06.24) ; *Auberge Ramstein* (tél. 03.88.82.17.00) ♦ **Mairie** (tél. 03.88.92.23.23) - **O. T.** (tél. 03.88.92.25.62).

SEEBACH
67160 (Bas-Rhin)

Seebach est l'un des villages les plus caractéristiques de l'Alsace du Nord. Formé de la réunion en 1974 des villages d'Oberseebach (nommé pour la première fois dans des chartes en 967) et de Niederseebach, il est implanté au cœur de l'outre-Forêt sur de très riches terres agricoles. Les guerres qui secouèrent le Palatinat au XVe siècle et la guerre de Trente Ans, deux siècles plus tard, ravagèrent le village. Heureusement, aujourd'hui, Seebach aligne fièrement, le long des deux rues principales, les pignons de ses magnifiques maisons blanches à colombage, toutes pimpantes et abondamment fleuries de géraniums en été. La pente des toits, recouverts de tuiles plates, est très accentuée pour permettre l'écoulement de la neige en hiver. Le village est fier de son église catholique à clocher-donjon du XIIIe siècle, enclose d'un mur fortifié, et de sa mairie du XVIIIe siècle. Si vous le pouvez, venez à Seebach en juillet, pour la *Streisselhochzeit* : vous pourrez alors admirer les plus beaux costumes traditionnels d'Alsace. Avant de repartir, allez voir aussi, dans la rue des Forgerons, une très belle maison du XVIIIe siècle admirablement conservée.

♦ 1547 habitants, 160 m d'altitude ♦ **Accès :** (carte 13) à 6 km S-E de Wissembourg par D 263 et D 34 ♦ **Aux alentours :** la pittoresque petite ville de Wissembourg, église du XIIIe siècle, musée Westercamp (archéologie préhistorique et romaine, meubles alsaciens) ; le village de potiers de Betschdorf ♦ **Foires, festivités :** « Streisselhochzeit » le week-end après le 14 juillet ♦ **Hôtel :** à Betschdorf (18 km S), *Chez M. et Mme Krumeich* (tél. 03.88.54.40.56), maison d'hôtes de charme, 3 chambres 200-290 F ♦ **Mairie** (tél. 03.88.94.74.06).

WALDERSBACH
67130 (Bas-Rhin)

Petit village de montagne, Waldersbach ne compte guère plus d'une quarantaine de maisons. Cette ancienne seigneurie des Rathsamhausen fut vendue au comte palatin de Veldenz, qui y introduisit la Réforme en 1589. Le village présente des maisons massives, avec des murs blancs et de larges toits de tuiles. Il est dominé par sa petite église au clocher de bois. Il faut visiter l'ancien presbytère, aujourd'hui transformé en musée consacré au pasteur Jean-Frédéric Oberlin, qui s'était installé au XVIIIe siècle à Waldersbach, alors l'une des contrées les plus déshéritées d'Alsace. Durant les cinquante-neuf ans qu'il passa dans sa paroisse, il transforma la vie de la petite commune. Après une promenade tranquille dans Waldersbach, on peut monter vers Bellefosse d'où l'on atteint les ruines du château de la Roche (XIIe siècle). La région produit un miel savoureux et des fromages à pâte molle.

♦ 150 habitants, 530 m d'altitude ♦ **Accès :** (carte 12) à 35 km N-O de Sélestat par D 424, N 420 et D 57 ♦ **À voir :** le musée Oberlin (objets, témoignages de l'activité du pasteur) ♦ **Aux alentours :** les ruines romaines du Donon, les mines de Grandfontaine, le camp du Struthof à Natzwiller ♦ **Hôtel :** à Les Quelles (4 km N), *Hôtel Neuhauser* (tél. 03.88.97.06.81), hôtel de charme, 14 chambres 300-320 F, restaurant ♦ **Mairie** (tél. 03.88.97.31.80) ♦ **S. I.** (tél. 03.88.49.63.80).

WESTHOFFEN
67310 (Bas-Rhin)

Westhoffen s'étage sur les pentes du Seelenberg (ce qui veut dire « la colline aux âmes »). Ce gros village fait encore une large place à l'agriculture : les vignes occupent les pentes ensoleillées des coteaux et plus de cinq mille cerisiers produisent les fameuses cerises noires qui ont fait la renommée de Westhoffen. À l'intérieur des murs d'enceinte, les façades des maisons, comme la disposition des rues, soulignent l'ancienneté de ce village fortifié que les Armagnacs dévastèrent en 1444 et qui passa à la Réforme en 1545. Au détour d'une petite ruelle, une tour émerge des toits, c'est le « Städtelglöckelturm », un vestige de l'ancienne église Saint-Erhard. En contrebas de la mairie, une belle synagogue de grès rose est le lieu-symbole de l'ancienne communauté juive du village. Dans la rue Birris, on remarque la petite église catholique Saint-Martin, et, en face, une ferme décorée d'un bel oriel sculpté. Tout au bout de la rue, on peut admirer aussi l'église protestante Saint-Martin, un bel édifice gothique des XIIIe-XIVe siècles, décoré de vitraux du XIVe siècle.

♦ 1400 habitants ♦ **Accès :** (carte 12) à 23 km O de Strasbourg par N 4 - Marlenheim et D 142 ♦ **Aux alentours :** les châteaux et les églises romanes de la Mossig ♦ **Foires, festivités :** fête de la Cerise en juin ; à Marlenheim (3 km N), fête de l'Ami-Fritz le 15 août ♦ **Hôtel :** à Cosswiller (8 km E), *Le Tire-Lyre* (tél. 03.88.87.22.49), maison d'hôtes de charme, 3 chambres 300-450 F, 1 suite 650 F ♦ **Mairie** (tél. 03.88.50.38.21).

WEYERSHEIM
67720 (Bas-Rhin)

Situé au pied des premières collines de Brumath, Weyersheim est constitué de larges rues, le long desquelles s'alignent les pignons de magnifiques maisons traditionnelles, blanches ou roses à pans de bois, avec des volets rouges ou vert pâle. L'une d'entre elles fut bâtie en 1621, ce qui en fait l'une des plus anciennes maisons d'Alsace. Dans la rue du Petit-Village, on peut voir également deux étonnantes maisons au crépi bleu ; elles rappellent l'ancienne coutume des villages catholiques qui plaçaient leurs maisons sous la protection de la Vierge Marie (le bleu était la couleur de la Vierge). À ne pas manquer, la visite de l'église du village, construite à la fin du XVIIIe siècle par l'architecte Salins de Montfort ; elle renferme un magnifique maître-autel baroque à baldaquin du milieu du XVIIIe siècle, deux autels latéraux dus à Valentin Boudhors et de superbes tableaux anciens. Traversé par une jolie rivière, la Zorn, le village a gardé un charme bucolique. Il faut aller aussi jusqu'à Bruchstuehe, où s'étend sur plus de quatre hectares un véritable conservatoire naturel abritant d'innombrables espèces d'oiseaux.

♦ 2816 habitants, 139 m d'altitude ♦ **Accès :** (carte 13) à 18 km N de Strasbourg par A 4, D 300 et D 37 ♦ **Aux alentours :** à Brumath (7,5 km O par D 47), Musée archéologique dans le château des Hanau-Lichtenberg ♦ **Foires, festivités :** *Messti* (foire commerciale) les 2e dimanche et lundi d'octobre ♦ **Hôtel :** à La Wantzenau (12 km S) *Relais de la Poste* (tél. 03.88.59.24.80), hôtel de charme, 19 chambres 300-655 F, restaurant gastronomique ♦ **Restaurant :** *Auberge du Pont-de-la-Zorn* (tél. 03.88.51.36.87) ♦ **Mairie** (tél. 03.88.51.30.12).

ZUTZENDORF
67330 (Bas-Rhin)

Ce village du nord de l'Alsace a le charme discret de l'Unterland. L'histoire de Zutzendorf remonte à 778 ; à cette époque, l'abbaye de Wissembourg possédait des biens à Villa Zuzanheim. Par la suite, le village appartint aux seigneurs de Wasigenstein, puis à ceux de Fleckenstein, avant de passer, au XVIIIe siècle, aux nobles Gayling von Altheim, puis, à Johann von Mundolsheim. Sur les pentes de la rue d'Obermodern ou de la rue de Pfaffenhoffen, le vieux village étage des fermes avec de larges cours, autour desquelles sont ordonnés les bâtiments d'habitation, les dépendances, la grange et l'étable. Sur la place, la petite église protestante date de 1739. Son clocher-chœur voûté, construit partiellement en pierre de taille, remonte probablement au XIIIe siècle. Une très belle maison à pans de bois, transformée en gîte rural, accueille simplement les voyageurs, comme autrefois.

♦ 506 habitants, 200 m d'altitude ♦ **Accès :** (carte 12) à 16 km O de Haguenau par D 919 et D 326 ♦ **Mairie** (tél. 03.88.90.81.62).

BERGHEIM
68750 (Haut-Rhin)

Entourée de vignobles, la petite cité de Bergheim délimite avec netteté son territoire par un dispositif d'enceintes, renforcées à intervalles réguliers de bastions et de tours. Ce sont les Habsbourg qui édifièrent les fortifications du village lorsqu'ils l'érigèrent en ville en 1312. De la Porte Haute, on peut traverser le village jusqu'à l'église Notre-Dame, qui fut construite au XIVe siècle et largement remaniée au XVIIIe siècle. Le long de la Grand-Rue s'échelonnent de belles maisons vigneronnes à cour pavée et cave profonde, dans lesquelles les viticulteurs font vieillir les vins qui ont fait la renommée du village, le fameux gewurztraminer. Sur la place du Marché, on peut admirer l'hôtel de ville de 1762, qui comporte un magnifique portail à clocheton, la fontaine fleurie et des demeures à l'architecture traditionnelle, murs avec colombages ou teintés de couleurs vives et gaies, bleu, vert ou ocre. À travers le dédale des petites rues, on atteint les remparts dont les anciens fossés intérieurs sont envahis de jardinets charmants. La promenade est champêtre et agréable ; Bergheim a gardé une vie paisible et un aspect bien authentique.

♦ 1806 habitants, 220 m d'altitude ♦ **Accès :** (carte 12) à 9 km S de Sélestat par N 83 et D 42 ♦ **Aux alentours :** Ribeauvillé (3,5 km S-O) ; le château du Haut-Koenigsbourg ; l'église fortifiée de Hunawihr ♦ **Foires, festivités :** marché le lundi matin ; fête du Gewurztraminer le 1er week-end d'août ♦ **Hôtels :** *Le Clos Saint-Vincent* (tél. 03.89.73.67.65), hôtel de charme, 12 chambres 650-935 F, 3 suites 1000-1100 F, restaurant ; à Ribeauvillé (3 km S), *Hostellerie des Seigneurs de Ribeaupierre* (tél. 03.89.73.70.31), hôtel de charme, 6 chambres 590-700 F, suites 700-880 F ♦ **Restaurants :** *Chez Norbert* (tél. 03.89.73.31.15) ; *Winstub du Sommelier* (tél. 03.89.73.69.99) ♦ **Mairie** (tél. 03.89.73.63.01).

ÉGUISHEIM

68420 (Haut-Rhin)

Implanté au cœur du vignoble, Éguisheim a été édifié autour de l'ancienne forteresse des seigneurs d'Éguisheim, construite au VIIIe siècle par Eberhard, duc d'Alsace et père de sainte Odile, patronne emblématique de l'Alsace. Les trois tours du village dominent de loin le paysage. Le bourg dessine un cercle presque parfait avec, derrière les remparts, une triple rangée de maisons et, au centre, le château. Le long des ruelles médiévales pavées, on trouve des fontaines et des maisons des XVIe et XVIIe siècles merveilleusement entretenues, aux façades toutes fleuries. Dans l'enceinte du château, les maisons ont été restaurées ainsi que la chapelle néo-romane édifiée en 1886. À voir non loin de là, l'hôtel d'Eschau de 1581, l'hôtel de Marbach de 1590 et l'auberge du Cheval Blanc de 1613. C'est le tourisme qui fait vivre essentiellement le village, mais ce sont les célèbres vins, riesling, sylvaner, gewurztraminer, muscat, pinot et tokay, qui font la grande réputation d'Éguisheim.

♦ 1544 habitants, 210 m d'altitude ♦ **Accès :** (carte 12) à 7 km S-O de Colmar par N 83 et D 14 ♦ **Aux alentours :** la route forestière des Cinq-Châteaux (les Trois Tours d'Éguisheim, le château de Hohlandsbourg et le donjon de Pflixbourg) ♦ **Foires, festivités :** fête des Rues et brocante en juin ; dégustation de vins en juillet ; Nuit des Grands Crus en juillet ; fête des Cigognes en août ; diaporama et Ronde du veilleur de nuit en août ; Salon des antiquaires en août ; fête des Vignerons fin août ; fête de la Saint-Nicolas et marché de Noël en décembre ♦ **Hôtels :** à Colmar, *La Maison des Têtes* (tél. 03.89.24.43.43), hôtel de charme, 18 chambres 550-1500 F, très bon restaurant ; *Hostellerie Le Maréchal* (tél. 03.89.41.60.32), hôtel de charme, 28 chambres 550-1200 F, 2 suites 1500 F ; *Le Colombier* (tél. 03.89.23.96.00), hôtel de charme, 24 chambres 395-950 F ♦ **Restaurants :** *Le Caveau d'Éguisheim* (tél. 03.89.41.08.89) ; *Au Vieux Porche* (tél. 03.89.24.01.90) ♦ **Mairie** (tél. 03.89.41.21.78) - **S. I.** (tél. 03.89.23.40.33).

FERRETTE
68480 (Haut-Rhin)

Ferrette étage ses maisons sur le pittoresque site pentu de la cluse qui franchit le Rossberg. La cité a toujours exercé des fonctions urbaines, ainsi qu'en témoigne le très bel hôtel de ville Renaissance qui porte les armoiries des puissants comtes de Ferrette. Frédéric de Ferrette fit construire au XIe siècle le château, une église, un prieuré, et dota le bourg d'un statut municipal. Le pays souffrit des innombrables guerres aux XIVe et XVe siècles ; l'empereur Maximilien décida donc de renforcer les défenses de la ville en faisant construire, sur le premier éperon rocheux de la colline, un nouveau château à quatre tours rondes. Le parcours à travers le village est très plaisant. Il faut s'attarder sur la place Mazarin, autour de laquelle sont groupés les commerces et les restaurants, aller voir dans la rue du Château la résidence du dernier bailli et la maison de la Dîme. À ce niveau, la rue est plus étroite car, jusqu'en 1828, la ville était fermée par une porte. Plus haut, on admire l'hôtel de ville, du XVIe siècle, avec des fenêtres et un petit clocher de style Renaissance allemand. Dans la rue de Lucelle, les maisons sont accrochées au flanc de la colline et quelques-unes conservent de très beaux jardins suspendus. Du haut du château, le panorama est splendide, le regard embrasse toute la vallée du Rhin.

♦ 1114 habitants, 632 m d'altitude ♦ **Accès :** (carte 20) à 30 km S de Mulhouse par D 432 ♦ **Foires, festivités :** foire de la Saint-Nicolas le 1er samedi de décembre ♦ **Aux alentours :** le château du Landskron (14 km E par D 231 et D 9bis) ♦ **Mairie** (tél. 03.89.40.40.01).

GRENTZINGEN
68960 (Haut-Rhin)

Grentzingen s'étire le long de la route d'Altkirch à Linsdorf. Le rideau de maisons longe le versant relativement raide de la rive droite de la vallée de l'Ill. On est ici au cœur du Sundgau, pays des « Trois Frontières », entre la France, l'Allemagne et la Suisse, véritable trait d'union entre le monde alpin et le monde rhénan. Au cours des siècles passés, l'évêché de Bâle, qui avait des droits à Grentzingen, avait accordé des fiefs à diverses familles, et le couvent suisse de l'Olsberg y possédait de nombreuses terres et biens. Les vieilles demeures villageoises à pans de bois, admirablement restaurées, séparées les unes des autres par de petits jardins, sont alignées perpendiculairement à la rue. En face de l'église, dans la rue Principale, on découvre de très belles maisons sundgoviennes et, juste derrière, on peut admirer une maison ocre ornée de belles poutres d'angle sculptées de marguerites et de grappes de raisins. Abondamment fleuri, le village est magnifique à voir en été.

♦ 516 habitants, 339 m d'altitude ♦ **Accès :** (carte 20) à 30 km S de Mulhouse par D 432 - Hirsingue et D 9 bis ♦ **Aux alentours :** la petite ville ancienne d'Altkirch, le Musée sundgovien (histoire et archéologie régionales), l'église romane de Feldbach ♦ **Mairie** (tél. 03.89.25.80.07).

GUEBERSCHWIHR
68420 (Haut-Rhin)

Adossé à un site pentu planté de vignes et de forêts, le village de Gueberschwihr dresse fièrement son magnifique clocher roman en grès rose à double toit pentu et à trois étages de fenêtres en arcades. Seul vestige de l'église du XIIe siècle, il domine l'église actuelle, construite au XIXe siècle, et la jolie place avec son vénérable marronnier. La bourgade est charmante avec ses maisons Renaissance aux façades ocrées ou rosées, impeccablement entretenues et fleuries, ses vieilles rues pavées, le murmure de ses fontaines et de son petit ruisseau. Rue-Basse, on découvre d'autres belles maisons anciennes à colombage, dont une avec un oriel et une superbe enseigne. Des cours pavées, des escaliers à tourelle, des caves voûtées où l'on entrepose le vin – source de la richesse du village depuis toujours – composent un ensemble architectural paisible et harmonieux. Un peu plus loin, on aperçoit un château romantique qui appartenait au graveur Richard Brunck... Un véritable « village de carte postale » dont le charme saura vous séduire.

♦ 860 habitants, 250 m d'altitude ♦ **Accès :** (cartes 20-21) à 12 km S de Colmar par N 83 et D 1 ♦ **À voir :** le cimetière fortifié ; les fresques de Feuerstein ♦ **Aux alentours :** sites d'escalades dans la forêt communale ; la route du Vin ; la route Romane ♦ **Foires, festivités :** marché le mercredi matin ; marché aux puces à l'Ascension ; fête de la Musique le 21 juin ; fête de l'Amitié (fête du vin) l'avant-dernier week-end d'août ♦ **Hôtels :** à Colmar, *La Maison des Têtes* (tél. 03.89.24.43.43), hôtel de charme, 18 chambres 550-1500 F, très bon restaurant ; *Le Maréchal* (tél. 03.89.41.60.32), hôtel de charme, 30 chambres 550-1200 F, suites 1500 F ; *Le Colombier* (tél. 03.89.23.96.00), hôtel de charme, 24 chambres 420-930 F, suites 1050-1300 F ♦ **Restaurant :** *Restaurant Belle Vue* (tél. 03.89.49.22.22) ♦ **Mairie** (tél. 03.89.49.31.05).

HIRTZBACH
68118 (Haut-Rhin)

Situé dans la vallée de l'Ill, Hirtzbach occupe un site qui fut habité dès l'époque préhistorique. On retrouve le nom du village dans des documents datant de 1274. Hirtzbach aujourd'hui est constitué de deux anciens villages : Hirtzbach-le-Haut, appelé aussi « la Montagne », et Hirtzbach-le-Bas, dominé par le clocher de l'église Saint-Maurice et le majestueux château blanc (XVIIIe siècle) des barons de Reinach (propriété privée) entouré de son parc. La rivière Hirtzbach, ou « ruisseau des Cerfs », traverse le village bas avant de se jeter dans l'Ill ; bordée de tilleuls centenaires, traversée de ponts et longée de maisons à colombage colorées et toutes fleuries, elle confère un air de petite Hollande au bourg et lui donne tout son charme. Sur l'« Oberdorf » (la Montagne) est édifiée l'église Sainte-Afre, l'une des plus anciennes du Sundgau. Un village tranquille et très fleuri au cœur d'une magnifique région préservée.

♦ 1150 habitants, 310 m d'altitude ♦ **Accès :** (carte 20) à 4 km S d'Altkirch par D 432 et D 17 ♦ **À voir :** le superbe jardin anglais ♦ **Aux alentours :** Altkirch (voir le Musée sundgovien consacré à l'histoire et à l'archéologie régionales) ; l'église romane de Feldbach (8 km S) ♦ **Foires, festivités :** fête de la Nature (artisanat, folklore, gastronomie) le 1er week-end d'août ♦ **Hôtel :** à Altkirch, *Ottié* (tél. 03.89.40.93.22) ♦ **Mairie** (tél. 03.89.40.99.21).

HOHROD
68140 (Haut-Rhin)

Hohrod est l'un des neuf villages de la vallée de Munster qui, jusqu'en 1847, ne formèrent qu'une seule commune régie par des règles et une administration propres. La vallée de Munster fut progressivement colonisée par des moines bénédictins à partir de l'an 600. C'est l'un des paysages les plus impressionnants d'Alsace. Hohrod est un petit village de montagne traditionnel qui abrite ses grosses maisons sous de grands toits pentus ; le site est splendide et la nature intacte. En sortant du village, si l'on poursuit la route, on atteint le hameau de Hohrodberg perché à 800 mètres d'altitude. De ce promontoire, la vue sur la vallée est époustouflante. C'est une station estivale et hivernale appréciée des amoureux des grands espaces. C'est aussi le royaume des chaumes, ces hauts pâturages recouverts de neige en hiver qui deviennent, l'été, le domaine des troupeaux de vaches. Leur lait sert à la préparation du célèbre fromage de Munster.

♦ 300 habitants, 350-800 m d'altitude ♦ **Accès :** (carte 12) à 4 km O de Munster par D 5B ♦ **Aux alentours :** au Collet-du-Linge (4 km N par D 5B), musée mémorial de la Guerre de 14-18 ♦ **Foires, festivités :** feu de la Saint-Jean en juin ♦ **Hôtel :** à Lapoutroie (28 km N par une petite route en lacets), *Auberge Les Alisiers* (tél. 03.89.47.52.82), hôtel de charme, 16 chambres 190-365 F, restaurant ♦ **Mairie** (tél. 03.89.77.36.52) - **O. T.** (tél. 03.89.77.31.80).

KAYSERSBERG
68240 (Haut-Rhin)

Situé au centre du vignoble alsacien, Kaysersberg est un village exceptionnel, dominé par les ruines de son imposant château impérial. La création du bourg remonte au XIIe siècle avec l'implantation d'un couvent de Bénédictins. Conquise par Rodolphe de Habsbourg en 1261, la cité devint ville impériale en 1293 et connut une réelle prospérité économique jusqu'à la guerre de Trente Ans. Elle devint française en 1648. De son riche passé, Kaysersberg a conservé des édifices d'un grand intérêt : l'hôtel de ville de 1521 orné d'un bel oriel de façade, l'église Sainte-Croix qui possède un magnifique portail roman représentant le couronnement de la Vierge et un clocher recouvert de tuiles vernissées de couleurs vives. Les rues sont bordées de maisons typiquement alsaciennes, à colombage, fenêtres fleuries, balcons de bois et toits pointus. Parfois, des arcades de pierre ou des portes voûtées ornent les façades. Le pont fortifié construit par Jacques Wirt en 1511 est un chef-d'œuvre de l'architecture Renaissance allemande. Il forme avec les maisons qui l'entourent un ensemble d'une grande qualité. N'oublions pas que Kaysersberg produit aussi de grands crus tels que le geisbourg ou le schlossberg.

♦ 2763 habitants, 242 m d'altitude ♦ **Accès :** (carte 12) à 10 km N-O de Colmar par N 415 ♦ **À voir** le musée d'Histoire (statues des XIIIe-XVIIIe siècles, outils gallo-romains, folklore) ; le Centre culturel Albert-Schweitzer ♦ **Foires, festivités :** marché le lundi matin ; « Pâques à Kaysersberg » en mars ; fête du Solstice en juin ; fête des Vendanges en octobre ; « Noël à Kaysersberg » en décembre ♦ **Hôtel :** *Hôtel Chambard* (tél. 03.89.47.10.17), très bon restaurant ; à Colmar, *La Maison des Têtes* (tél. 03.89.24.43.43), hôtel de charme, 18 chambres 550-1500 F, très bon restaurant ♦ **Restaurants :** *Au Lion d'Or* (tél. 03.89.47.11.16) ; *La Vieille Forge* (tél. 03.89.47.17.51) ♦ **O. T.** (tél. 03.89.78.22.78).

NIEDERMORSCHWIHR
68230 (Haut-Rhin)

Ramassé sur lui-même comme pour faire le plus de place possible à la vigne qui l'enserre au creux de la petite vallée du Weidbach, Niedermorschwihr figure parmi les villages les mieux préservés du vignoble haut-rhinois. De la mer de vignes émerge le petit clocher « vrillé » (unique en Alsace) de l'église qui contient un remarquable orgue Silbermann classé. Les demeures vigneronnes ont conservé leurs proportions harmonieuses et leurs pans de bois. Récemment rénovées, elles offrent au regard la gaieté de murs aux couleurs vives, ocre, bleu, rouge, et de fenêtres fleuries en été ; certaines sont ornées d'oriels gothiques ou Renaissance finement sculptés qui témoignent de la richesse acquise dans le passé par quelques familles dans la fabrication et le commerce des vins. La vigne constitue encore aujourd'hui l'activité essentielle du village, qui compte plus d'une trentaine d'exploitations agricoles produisant les grands crus sommerberg. Mais surtout, avant de partir, allez à la pâtisserie *Ferber* goûter les délicieuses confitures de Christine Ferber, la « fée des confitures ».

♦ 609 habitants, 300 m d'altitude ♦ **Accès :** (carte 12) à 5,5 km O de Colmar par D 11 ♦ **Aux alentours :** la vieille ville de Colmar, le musée d'Unterlinden (peintures de l'École du Rhin, art moderne et contemporain), le musée Bartholdi (maison natale du sculpteur) ; la station des Trois-Épis ♦ **Foires, festivités :** fête de la Saint-Wendelin le 1er dimanche de juillet ; marché aux puces le 15 août ♦ **Hôtels :** à Colmar, *La Maison des Têtes* (tél. 03.89.24.43.43), hôtel de charme, 18 chambres 550-1500 F, très bon restaurant ; *Hostellerie Le Maréchal* (tél. 03.89.41.60.32), hôtel de charme, 30 chambres 550-1200 F, suites 1500 F ; Le Colombier (tél. 03.89.23.96.00), hôtel de charme, 24 chambres 420-930 F, suites 1050-1300 F ♦ **Restaurant :** *Caveau Morakopf* (tél. 03.89.27.05.10) ♦ **Mairie** (tél. 03.89.27.05.16) - **O.T.** des 3 Épis (tél. 03.89.49.80.56).

RIESPACH

68640 (Haut-Rhin)

Au cœur du Sundgau, Riespach paraît se confondre avec la nature qui l'entoure. C'est au XIIIe siècle, sous l'impulsion d'une cour Colongère ou « Dinghof » (groupement de paysans passant un contrat de protection avec son seigneur) que le village a connu un grand essor. Le presbytère et l'église datent de cette époque. Un grand nombre de maisons de Riespach remontent au XVIIIe siècle et ont conservé tous les traits originaux des maisons sundgoviennes à pans de bois. La couleur des murs (vert, ocre, rouge) y est traditionnellement plus vive que dans le reste de l'Alsace. Un cœur, surmonté d'une croix à la manière vendéenne, est peint sur le crépi de certaines maisons, il sert d'emblème au village et rappelle la ferveur catholique traditionnelle de cette région d'Alsace.

♦ 632 habitants, 442 m d'altitude ♦ **Accès :** (carte 20) à 38 km S de Mulhouse par D 432 - Feldbach et D 463 ♦ **Aux alentours :** nombreuses promenades pédestres dans le Jura alsacien ; l'église romane de Feldbach ♦ **Restaurant :** *Auberge-Relais du Sundgau* ♦ **Mairie** (tél. 03.89.25.80.23).

RIQUEWIHR
68340 (Haut-Rhin)

Située sur la route du vin, Riquewihr est une cité fortifiée d'une beauté exceptionnelle, l'une des mieux préservées d'Alsace. Elle présente un ensemble unique et harmonieux de maisons du XVe au XVIIIe siècle. La ville appartint d'abord aux comtes d'Éguisheim, avant de passer aux comtes de Horbourg qui bâtirent les fortifications en 1291. La ville fut annexée par Louis XIV en 1680 et officiellement rattachée à la France par le traité de Paris en 1801. Toujours enserrée dans ses fortifications, la cité s'organise autour de la rue du Général-de-Gaulle qui la traverse de part en part. La visite se fait à pied, ce qui laisse le temps d'admirer une succession de petites merveilles : magnifiques demeures du XVIe siècle avec oriels, portails à écusson, encadrements de fenêtres sculptés, balcons fleuris, fontaines, vieilles cours pavées et, près de la mairie, l'ancien château des princes de Wurtemberg-Montbéliard (1539). Il faut aller voir la maison Liebrich (la cour des Cigognes) bâtie en 1535, la maison Hansi, le Dolder et la place des Trois-Églises (l'une d'elle est transformée en habitation). Une visite à ne pas manquer.

♦ 1073 habitants, 200 m d'altitude ♦ **Accès :** (carte 12) à 15 km N-O de Colmar par N 83, D 4 et D 3 ♦ **À voir :** le musée de la Diligence ; le musée d'Histoire des PTT ♦ **Aux alentours :** le village de Hunawihr (5 km) ♦ **Foires, festivités :** marché le vendredi matin ; dégustation de vin tous les week-ends de septembre ; « Noël à Riquewihr » les 2 premiers week-ends de décembre ♦ **Hôtel :** à Ribeauvillé (3 km) *Hostellerie des Seigneurs de Ribeaupierre* (tél. 03.89.73.70.31), hôtel de charme, 6 chambres 480-550 F, 4 suites 700-880 F ♦ **Restaurants :** *Auberge du Schoenenbourg* (tél. 03.89.47.92.28) ; *Le Sarment d'Or* (tél. 03.89.47.92.85) ; *La Table du Gourmet* (tél. 03.89.47.98.77) ♦ **S. I.** (tél. 03.89.47.80.80).

SEWEN
68290 (Haut-Rhin)

À l'extrémité de la vallée de Masevaux, signalé par la pointe effilée de son clocher du XIIIe siècle, Sewen étire ses maisons entre les eaux de la Doller et celles du Seebach, au pied du Ballon d'Alsace. On peut suivre, en franchissant le petit pont sur la Doller, la rue du Gaessel puis redescendre sur l'autre rive par la rue de l'Elbach, traverser la place de l'Église et s'asseoir sur les bords de la vieille fontaine surmontée d'une cigogne. L'église, avec son beau retable doré dédié à la Vierge consolatrice des Affligés est, depuis le XVe siècle, le centre religieux de la vallée et le lieu d'un pèlerinage très ancien. Ce bref parcours permet de goûter au charme des maisons vosgiennes séparées les unes des autres par de merveilleux jardins. Certaines de ces maisons remontent au XVIIIe siècle et rappellent l'ancienneté de ce village dont le nom est cité dans des documents du XIVe siècle. Ravagé par la peste en 1636, il fut repeuplé ensuite par des immigrés badois et suisses.

♦ 516 habitants ♦ **Accès :** (carte 20) à 8,5 km N-O de Masevaux par D 466 ♦ **Aux alentours :** le lac de Sewen ; la vallée de la Doller et ses lacs ♦ **Foires, festivités :** grand marché à l'Ascension ; Festival d'orgue et de musique sacrée en juillet et août ; marché aux puces à Lauw en juillet et à Bourbach en septembre ♦ **Hôtel :** au Thillot (25 km N-O), *Chalet des Ayes* (tél. 03.29.25.00.09), hôtel de charme, 2 chambres 340-420 F, 17 chalets 1200 F (4 personnes) ♦ **Mairie** (tél. 03.89.82.00.46).

TURCKHEIM
68230 (Haut-Rhin)

Sur la rive gauche de la Fecht, la petite cité fortifiée de Turckheim gardait autrefois l'entrée de la vallée de Munster. Entre la porte de France, la porte de Munster et la porte du Brand, la ville dessine un vaste triangle bordé de remparts. Turckheim fit partie de la Décapole, devint ville impériale en 1312 et fut fortifiée par Woelflin en 1315. Sous ses murs d'enceinte fut livrée, en 1675, la célèbre bataille qui permit à Turenne de donner l'Alsace à la France. De cette prestigieuse période, Turckheim a gardé de nombreux témoignages architecturaux. Colombages, encorbellements, poutres sculptées, vieilles enseignes de vignerons ornent les façades des maisons joyeusement fleuries. La cité est parfaitement restaurée, les rues ont conservé leurs vieux pavés, leurs fontaines et leurs puits anciens. Sur la place Turenne s'élève une jolie maison à pans de bois, ornée d'un oriel de 1567, plus loin, l'hôtel des Deux Clefs (1583), l'hôtel de ville à pignon Renaissance et l'ancienne mairie à baies tripartites. Turckheim, qui vit essentiellement du tourisme, produit aussi un délicieux vin blanc, le brand. Une visite exceptionnelle.

♦ 3583 habitants, 235 m d'altitude ♦ **Accès :** (carte 12) à 7 km O de Colmar par D 10 ♦ **À voir :** le musée mémorial des Combats de la poche de Colmar ♦ **Aux alentours :** Colmar (musée Unterlinden et musée Bartholdi) ; le parc naturel de Schoppenwihr ♦ **Foires, festivités :** marché le vendredi matin ; Ronde du veilleur de nuit de mai à octobre ; fête du Brand le 1er week-end d'août ; concerts et animation en saison ♦ **Hôtels :** à Colmar, *La Maison des Têtes* (tél. 03.89.24.43.43), hôtel de charme, 18 chambres 550-1500 F, très bon restaurant ; *Hostellerie Le Maréchal* (tél. 03.89.41.60.32), hôtel de charme, 30 chambres 550-1200 F, suites 1500 F ; *Le Colombier* (tél. 03.89.23.96.00), hôtel de charme, 24 chambres 420-930 F, suites 1050-1300 F ♦ **Restaurant :** *À l'Homme Sauvage* (tél. 03.89.27.32.11) ♦ **Mairie** (tél. 03.89.27.18.08) - **S. I.** (tél. 03.89.27.38.44).

RODEMACK
57570 (Moselle)

Situé à 5 kilomètres de la frontière luxembourgeoise, le village médiéval de Rodemack fut autrefois le domaine de l'abbaye de Fulda (IXe siècle) puis domaine seigneurial au XIIe siècle. De ce glorieux passé, il reste une forteresse du XIVe siècle et des murs d'enceinte de 860 mètres de long. On peut pénétrer dans le village par la porte de Sierck (XIIIe siècle), passer entre les deux tours rondes pour découvrir les ruelles pittoresques qui ont conservé en partie leur cachet ancien. On ira ensuite visiter l'église Saint-Nicolas, édifice néo-baroque, construite au XVIIIe siècle à l'emplacement d'une église romane. Place des Baillis, on peut admirer le « Petit Château » (XVIe siècle remanié), autrefois résidence des margraves de Bade. En flânant le long des rues, on découvrira l'ancien lavoir puis la forteresse, imposante avec ses tours, sa barbacane. Il faut voir la petite chapelle datant du XVIIe siècle et profiter du calme du jardin médiéval (nombreux *bild stochs* – calvaires).

♦ 830 habitants, 200 m d'altitude ♦ **Accès :** (carte 12) à 15 km N de Thionville par N 53 et D 57 ♦ **Aux alentours :** Sierck-les-Bains (15 km E) ; le château de Mensberg (22 km E) ; la ligne Maginot à Hettange-Grande et à Veckring ♦ **Foires, festivités :** marché aux fleurs début mai ; « Pierres de culture » (théâtre) en juin ; « Cité médiévale en fête » en juin ♦ **Restaurants :** *La Petite Carcassonne* (tél. 03.82.51.26.22) ; salon de thé : *La Maison des Baillis* (tél. 03.82.51.24.25) ♦ **Mairie** (tél. 03.82.51.24.22) - **O. T.** (tél. 03.82.51.25.50).

CHÂTILLON-SUR-SAÔNE
88410 (Vosges)

Petit village médiéval discret, Châtillon-sur-Saône est bâti sur un promontoire rocheux qui domine la Saône et l'Apance à leur confluent. La cité, ancienne ville forte et siège d'une prévôté du XIVe au XVIe siècle, a gardé de nombreux témoignages de son passé. Les ruelles piétonnes sont bordées de belles maisons typiques de la Lorraine avec leur grande porte de grange voûtée en berceau, mais aussi d'hôtels Renaissance ornés de tourelles, blasons, fenêtres à meneaux. Actuellement, des opérations de rénovation sont en cours pour redonner tout leur éclat à de nombreux bâtiments. Des plaques fixées aux murs des maisons racontent leur histoire. Ne manquez pas de voir le Grenier à sel (XVe siècle), les maisons du Berger et du Cordonnier (XVIe siècle), la Grosse Tour moyenâgeuse et l'hôtel de Sandrecourt ; ce dernier abrite la Maison de pays où l'on trouve tous les bons produits vosgiens. Châtillon-sur-Saône est un village d'une grande homogénéité architecturale au cœur d'une belle région.

♦ 177 habitants, 250 m d'altitude ♦ **Accès :** (carte 19) à 12 km E de Bourbonne-les-Bains par D 417 ♦ **À voir :** les maisons musées du Berger et du Cordonnier ♦ **Restaurant :** *Rôtisserie des Comtes de Bar* (tél. 03.29.07.91.17) ♦ **Mairie** (tél. 03.29.07.97.21) - Association Saône Lorraine (tél. 03.87.66.24.06).

Ce que les Français nomment aujourd'hui Aquitaine fut pendant plus de deux siècles la Guyenne, possession anglaise. Géographiquement, elle ne représente plus, en gros, que le bassin de la Garonne, alors qu'avec sa dot, la reine Aliénor d'Aquitaine avait fait un somptueux cadeau à son époux, Henri Plantagenêt. Imaginez : le Poitou, le Limousin, la Marche, l'Auvergne, la Saintonge…

Notre actuelle Aquitaine est une douce région de plateaux et de collines. Son ciel lumineux est parfois chargé des bourrasques de l'Océan proche. Les villages, constitués au Moyen Âge en places de défense, furent bâtis de matériaux locaux : pierre noble, dont les couleurs varient du doré périgourdin au blanc quercynois, crépi entre les colombages quand les murs sont faits de matières plus humbles, torchis ou terre, parfois blanchi à la chaux, comme en Pays basque. Le bois entre pour une très large part dans la construction, et l'on reste souvent ébahi devant l'audace des charpentes des halles couvertes et des voûtes d'églises.

Ces villages furent parfois évêchés, places fortes, capitales de région. Grâce à quoi l'on trouve une très grande richesse architecturale dans ces lieux sinon oubliés, du moins somnolents et nostalgiques de leur passé historique.

BELVÈS
24170 (Dordogne)

On peut découvrir Belvès dans son ensemble, « vu du ciel », car un aérodrome a été aménagé sur son plateau. L'approche par avion permet d'embrasser le massif de la Bessède. On survole les méandres de la Nauze qui navigue vers la Dordogne. Puis on voit le bourg, perché sur son éperon : Belvès, le bien-nommé, dont le nom occitan se traduit par « belle vue ». C'est vrai qu'il est beau, enserré dans le tracé de ses remparts aujourd'hui disparus, avec ses maisons à tourelles, ses clochers, ses terrasses aux jardins suspendus. Du *castrum* (IXe siècle) restent essentiellement deux places autour desquelles s'ordonne la vie de la cité. La place de la Croix-des-Frères, son couvent des Dominicains avec un clocher à huit pans (maintenant la mairie), et la place d'Armes, son beffroi, sa halle en bois. La restauration a été entreprise et menée avec succès : l'ancienne maison des Consuls et son beffroi, les tours de l'Hôpital et de l'Auditoire, l'hôtel Bontemps de la Renaissance peuvent maintenant être admirés dans toute leur beauté. Belvès reste une place très chrétienne ; on se rend encore fidèlement en pèlerinage à Notre-Dame du Capélou, toute proche.

♦ 1650 habitants, 170 m d'altitude ♦ **Accès :** (carte 23) à 30 km S-O de Sarlat par D 57, D 703 et D 710 ♦ **À voir :** le musée de la Vielle, le trésor de l'église paroissiale ♦ **Aux alentours :** le château de Berbiguières ; le village d'Urval ♦ **Foires, festivités :** marché le samedi matin, le mercredi matin en juillet et août ; fête médiévale le dimanche suivant le 14 juillet ♦ **Hôtel :** à Marnac (10 km N), *La Grande Marque* (tél. 05.53.31.61.63), hôtel de charme, 12 chambres 260 F, 4 duplex 400 F, restaurant ♦ **Mairie** (tél.05.53.29.01.40) - **S. I.** (tél. 05.53.29.10.20).

BEYNAC-ET-CAZENAC
24220 (Dordogne)

Ces deux noms sont associés pour la fin des temps… comme témoins de la lutte sans merci que se livrèrent leurs seigneurs : Beynac, dont l'austère château veille sur les maisonnettes blotties sous lui, et Cazenac, l'orgueilleux maître de Castelnaud, formidable château dont les ruines défient toujours Beynac ! En 1639, le seigneur de Beynac est français ; Cazenac, lui, reste fidèle à l'Anglais. Rivaux implacables, ils s'affronteront en d'incessants combats tout au long du Moyen Âge. Le village était autrefois sur un à-pic, comblé depuis, mais il donne encore l'impression de percher sur un nid d'aigle, en surplomb de la Dordogne, dont il fut un port. Son sévère donjon date du XIIIe siècle, les corps de bâtiments des XIIIe et XIVe siècles sont prolongés par un manoir qui a conservé une échauguette du XIVe, mais qui fut vraisemblablement construit au XVe siècle. À l'intérieur, de belles salles, dont la salle des États. La belle chapelle seigneuriale, avec son toit de lauzes, est devenue paroisse. Du chemin de ronde, on a le souffle coupé par la grandeur du panorama. Et les ruines du château de Castelnaud défient toujours Beynac.

♦ 556 habitants, 80 m d'altitude ♦ **Accès :** (carte 23) à 10 km S-O de Sarlat par D 57 ♦ **À voir :** le musée de la Protohistoire, le parc archéologique ♦ **Aux alentours :** les grottes de Lascaux ; le village de Castelnaud et son château ; l'église de Vézac ; le château des Milandes ; le parc de Marqueyssac, le parc du château de Lacoste ♦ **Foires, festivités :** Nuits musicales de Beynac (musique classique) en juillet-août ; fête votive le 15 août ♦ **Hôtels :** à Saint-Cyprien (10 km O), *Hôtel L'Abbaye* (tél. 05.53.29.20.48), hôtel de charme, 24 chambres 340- 680 F, suites 680-700 F, restaurant ; *Château d'Argentonesse* (tél. 05.53.29.35.08), maison d'hôtes de charme, 3 chambres 400-500 F, 2 suites 600-700 F ♦ **Restaurant :** *Relais des Cinq Châteaux* (tél. 05.53.30.30.72) ♦ **Mairie** (tél. 05.53.30.34.00) - **O. T.** (tél. 05.53.29.43.08).

BOURDEILLES
24310 (Dordogne)

C'est ici que Pierre de Bourdeilles, seigneur de Brantôme et fameux chroniqueur, est né en 1540. Géraud de Maumont, épaulé par le roi Philippe le Bel, fera du château ancestral une véritable forteresse. Le château médiéval est appelé « château neuf », puisqu'il fut bâti par Géraud de Maumont sur les fondations du vieux château. Il est austère comme les constructions de son siècle (XIIIe siècle), un donjon octogonal à mâchicoulis le surmonte. Le château Renaissance est dû, lui, à la volonté d'une femme, Jacquette de Montbron, épouse d'André de Bourdeilles et belle-sœur de Brantôme. En son état actuel, il est sobre, élégant et abrite un remarquable mobilier. Quant au village, ses maisons se blottissent au pied des rochers que domine le château. Le site se révèle dans toute sa beauté depuis le chemin de ronde. À l'extrémité du promontoire qui domine la Dronne, on voit un pont gothique à avant-becs et un vieux moulin coiffé de tuiles rondes s'avançant comme un bateau vers la rivière aux eaux vertes. Nous devons cependant signaler la construction récente d'un complexe sportif et d'un camping qui gâchent la perspective du château. Rien, hélas, n'a été fait pour les dissimuler à la vue (plantation d'arbres, verdure).

♦ 811 habitants, 103 m d'altitude ♦ **Accès :** (carte 23) à 10 km S-O de Brantôme par D 78 et D 106 ♦ **Aux alentours :** le village de Lusignac (25 km E) ; le circuit des églises romanes ; le château de Puyguilhem ♦ **Foires, festivités :** marché le dimanche matin ; Rencontres en pays de Dronne fin juillet ; fête patronale le 1er week-end d'août ♦ **Hôtels :** *Le Chatenet* (tél. 05.53.05.81.08), hôtel de charme, 10 chambres 490-590 F, suites 790 F ; *Les Métairies Hautes* (tél. 05.53.03.78.90), maison d'hôtes de charme, 5 chambres 180-280 F, 1 suite 440 F ♦ **Restaurant :** *Les Griffons* (tél. 05.53.03.75.61) ♦ **S. I.** (tél. 05.53.03.42.96).

BRANTÔME
24310 (Dordogne)

Au cœur du Périgord vert, tapie dans la très riante vallée de la Dronne, vit Brantôme, l'une des petites villes les plus charmantes de la région. Il faut commencer par voir l'abbaye. Son existence remonte à 769, sous Charlemagne, et sous la règle de saint Benoît. Saccagée par les Normands, l'abbaye est reconstruite au XIe siècle puis profondément modifiée au XIVe et au XVIIIe siècle. Isolé de l'église conventuelle, se dresse le « plus vieux clocher de France ». Derrière l'abbaye, dans les grottes autrefois utilisées comme magasins par les moines, se trouvent des sculptures du XVIe siècle. Tout à côté jaillit la fontaine de Saint-Sicaire. Que toutes ces belles choses ne nous fassent pas oublier la flânerie sur les bords de la Dronne. Là, dans les eaux de la rivière, se reflète le doux paysage de Brantôme : le pont coudé aux arches inégales, les anciennes maisons aux jardins fleuris, un pavillon Renaissance ouvert de fenêtres à meneaux... Un seul regret, les voitures envahissantes gâchent la promenade dans la petite cité.

♦ 2100 habitants, 104 m d'altitude ♦ **Accès :** (carte 23) à 25 km N de Périgueux par D 939 ♦ **À voir :** le musée (dans l'abbaye) : art préhistorique, œuvre gravée de F. Desmoulin ♦ **Aux alentours :** les châteaux de Puyguilhem, Richemont, Mareuil, l'abbaye de Chancelade ♦ **Foires, festivités :** marché le vendredi matin, marché fermier le mardi matin ; foire le 1er mai ; concours hippique le 15 août ; foire aux Noix en octobre et novembre ; foires au Gras et aux Truffes de novembre à février ♦ **Hôtels :** *Domaine de la Roseraie* (tél. 05.53.05.84.74), hôtel de charme 7 chambres 400-680 F, suites 750 F ; au Chatenet, *Le Chatenet* (tél. 05.53.05.81.08), hôtel de charme, 10 chambres 490-590 F, suites 790 F ; à 3 km, *Château de La Borie* (tél. 05.53.54.22.99), maison d'hôtes de charme, 5 chambres 390-470 F, suite 690 F, dîner sur réservation ♦ **Restaurant :** *Au Fil de l'Eau* (tél. 05.53.05.73.65) ♦ **O. T.** (tél. 05.53.05.80.52).

DOMME
24250 (Dordogne)

Domme est une bastide construite sur une falaise abrupte d'où l'on jouit d'une vue magnifique sur la vallée de la Dordogne. Curieusement, alors qu'on l'imaginait imprenable, elle aura à souffrir de nombreux épisodes sanglants. Un des plus farouches huguenots, le capitaine de Vivans, détruira Domme en 1592, juste avant que la victoire ne revienne aux catholiques. Aujourd'hui, la bastide, entourée de remparts dans sa partie sud, est prête pour la visite : les rues sont tirées au cordeau, bordées de maisons jaunes noyées de fleurs. Les toits ici, sont de tuiles, et non de lauzes, comme à Sarlat. La « maison communale » est devenue l'hôtel de ville ; c'était le lieu de justice du sénéchal, qui siégeait dans la grande salle du premier étage. Sur la place de la Rode se campe une très belle demeure périgourdine, ainsi que la maison du batteur de monnaie, à ouvertures gothiques dans la pierre dorée. La halle est du XVIe siècle. Une rangée de solides colonnes de pierres soutient un étage bordé d'un balcon à balustrade de bois. On peut aussi visiter d'intéressantes grottes dont l'entrée se situe sous la halle.

♦ 1030 habitants, 250 m d'altitude ♦ **Accès :** (carte 23) à 12 km S de Sarlat par D 46 ♦ **À voir :** le musée d'Art et Traditions populaires ♦ **Aux alentours :** les nombreux châteaux le long de la Dordogne ; le château de Castelnaud ♦ **Foires, festivités :** marché fermier le jeudi matin ; fête médiévale de la Saint-Clair le 1er week-end de juin, fêtes musicales et théâtrales en juillet-août ♦ **Hôtel :** *La Daille* (tél. 05.53.28.40.71), maison d'hôtes de charme, 3 chambres 650 F (3 nuits minimum, enfants de moins de 7 ans non acceptés) ♦ **S. I.** (tél. 05.53.28.37.09).

ISSIGEAC
24560 (Dordogne)

Construite au cœur d'une belle campagne agricole vallonnée (ici on cultive la vigne, le blé, les arbres fruitiers), entre Dropt et Dordogne, la petite cité d'Issigeac a conservé son caractère médiéval avec ses ruelles étroites et ses maisons qui mêlent harmonieusement la pierre et le bois. Vous les découvrirez au hasard de la promenade, mais ne manquez pas d'aller voir dans la Grand-Rue la Maison des Têtes qui présente des arcades de pierres et des pans de bois décorés de poutres sculptées. Sur la place du village, vous admirerez l'église bâtie au XVIe siècle par Armand de Gontaut-Biron, évêque de Sarlat, avec son clocher-porche et ses imposants contreforts et le château des Évêques (siège de la mairie et du syndicat d'initiative) élevé au XVIIe siècle par François de Salignac – lui aussi évêque de Sarlat – qui en fit sa résidence. Fénelon y résida en 1681. Bordant la place, l'ancienne prévôté (XVIIIe s.) a été construite sur l'ancien mur d'enceinte. À voir : son pigeonnier coiffé de tuiles. Douce cité, animée le dimanche par un pittoresque marché qui propose tous les bons produits de la région.

♦ 615 habitants, 102 m d'altitude ♦ **Accès :** (carte 23) à 20 km S-E de Bergerac par N 21 et D 14 ♦ **Aux alentours :** le château de Bardou (XVe-XVIIe s.) (7 km E) ; Castillonnès (10 km S) ; Cahuzac (12 km S-O) ♦ **Foires, festivités :** marché le dimanche matin ; foire aux Paniers en juillet ; foire antiquités-brocante le 1er week-end d'août ; foire aux Potirons le 28 novembre ♦ **Hôtel :** à Monmarvès (2 km S), *Le Petit Pey* (tél. 05.53.58.70.61), maison d'hôtes de charme, 3 chambres 280 F ♦ **Mairie** (tél. 05.53.58.70.32) - **S. I.** (tél. 05.53.58.79.62).

LIMEUIL
24510 (Dordogne)

Implantée sur une butte, au confluent de la Vézère et de la Dordogne, Limeuil occupait jadis un site stratégique aux frontières de la Guyenne (possession anglaise) et du royaume de France. Le village s'étend des rives sablonneuses de la rivière jusqu'aux vestiges du château et des remparts, dont il ne reste que trois portes fortifiées. Les petites rues étroites présentent de belles maisons en pierre jaune doré, coiffées de magnifiques toits de tuiles brunes typiques du Périgord noir. Il faut aussi aller voir la petite église romane au milieu de son touchant cimetière. Limeuil est restée telle qu'elle était autrefois et mérite que l'on s'y attarde, subjugué par la douceur de vivre qui imprègne tout le paysage.

♦ 357 habitants, 52 m d'altitude ♦ **Accès :** (carte 23) à 37 km S de Périgueux par D 710, Le Bugue et D 31 ♦ **À voir :** le jardin-musée (de la préhistoire à nos jours) ♦ **Foires, festivités :** marché le dimanche matin ; fête votive le week-end en juillet ♦ **Aux alentours :** les ravissants villages de Paunat (église romane) et de Trémolat ; la route du cingle de Trémolat jusqu'au belvédère de Rocamadou (superbe panorama) ; Les Eyzies-de-Tayac ♦ **Mairie** (tél. 05.53.63.30.89) - **S. I.** (tél. 05.53.63.38.90).

MONPAZIER
24540 (Dordogne)

Fondée au XIIIe siècle, fort pillée, tant par les Français que par les Anglais au cours de la guerre de Cent Ans, la bastide de Monpazier porte les cicatrices de ces luttes. Ainsi, son mur d'enceinte a presque complètement disparu, mais il reste une tour avec, à sa base, l'orifice d'une canonnière, et trois portes, sur les six d'origine. Durant les guerres de Religion, Monpazier sera mi-huguenote (Jeanne d'Albret y séjournera), mi-catholique (le futur Henri III la suivra de peu). En 1594, elle est le théâtre d'une révolte paysanne dont le nom est resté célèbre, la révolte « des croquants ». Aujourd'hui, la Grand-Place somnole ; ses maisons ventrues semblent vouloir réchauffer leurs pierres dorées au capricieux soleil de Guyenne. Parfait quadrilatère, elle est cernée par ses cornières et fermée par de belles demeures médiévales. Le clocher trapu de l'église se détache à l'arrière. Bordant la place sur un côté, une halle à charpente compliquée abrite encore les vieilles mesures à grain. Si l'on ne doit voir qu'une bastide, c'est elle qu'il faut choisir : bastide entre les bastides, parfaite de proportions, elle est, en effet, dans un état de conservation étonnant.

♦ 531 habitants, 232 m d'altitude ♦ **Accès :** (carte 23) à 45 km E de Bergerac par D 660 ♦ **À voir :** l'Atelier des Bastides ♦ **Aux alentours :** le château de Biron ; les ravissants villages de Montferrand, Saint-Avit, Molières, Beaumont ♦ **Foires, festivités :** marché le jeudi matin ; foire le 3e jeudi du mois ♦ **Hôtel :** à Saint-Avit-Rivière (8 km N), *Château de Regagnac* (tél. 05.53.63.27.02), maison d'hôtes de charme, 5 chambres 700 F, dîners sur réservation ♦ **Mairie** (tél. 05.53.22.60.38) - **O. T.** (tél. 05.53.22.68.59).

LA ROQUE-GAGEAC
24250 (Dordogne)

Ce petit joyau du Moyen Âge est resté intact, épargné par le temps : l'Histoire ne nous conte ni prises, ni sièges, ni démantèlement ! « Si on me presse de dire pourquoi je l'aimais, je sens que cela ne peut s'exprimer qu'en répondant : parce que c'était lui... » disait Montaigne. En effet, on ne peut résister au charme de ce petit village adorable ! La Roque-Gageac, blotti au pied de sa falaise, possède un château massif, une forêt touffue de chênes verts qui joue avec les méandres de la Dordogne – la belle rivière sertie de tant de merveilles du passé – et des maisons ocrées, dorées, aux toits de tuiles brunes ou de lauzes. Les habitations se pressent le long de la rue principale bordant la rivière, et, comme aucun pont ne saute sur l'autre rive, elles grimpent sur la hauteur, s'adossent à la solide falaise (illuminée le soir), presqu'un château tant sa masse est structurée ; la nature parfois est fantaisiste. Comme sa voisine Domme, La Roque-Gageac est classée parmi les plus beaux villages de France.

♦ 448 habitants, 80 m d'altitude ♦ **Accès :** (carte 23) à 12 km S de Sarlat par D 46 et D 703 ♦ **À voir :** le jardin exotique dans les rues du village ♦ **Aux alentours :** promenade en bateau sur la rivière ; la vallée de la Dordogne et ses châteaux ; Sarlat ; le parc de Marqueyssac ; le château des Milandes ♦ **Foires, festivités :** fête votive le 2e dimanche d'août avec feu d'artifice ♦ **Hôtel :** *La Plume d'Oie* (tél. 05.53 29 57.05), hôtel de charme, 4 chambres 350-450 F, restaurant ♦ **Mairie** (tél. 05.53.29.51.52) - **S. I.** (tél. 05.53.29.17.01).

SAINT-AMAND-DE-COLY
24290 (Dordogne)

Une pittoresque petite route conduit jusqu'aux abords d'un vallon où l'on découvre la plus belle église fortifiée du Périgord. Blotti à ses pieds, le charmant village de Saint-Amand-de-Coly offre le spectacle de vieilles maisons en pierre blonde aux toits de lauzes, d'un puits et d'un vieux presbytère qui abrite des expositions en été. Mais revenons vers l'église abbatiale, magnifique construction de pierre jaune-ocre du XIIe siècle, aux toitures de lauzes. On y accède par une porte fortifiée percée dans les remparts et l'on est impressionné par l'imposante tour (21 mètres de haut), les hauts murs et le portail à triple voussure. L'intérieur est d'une émouvante simplicité : haute nef, transept surmonté d'une coupole, chœur voûté d'ogives. Des détails originaux complètent la construction : escaliers dérobés cachés dans les piliers, meurtrières dans la coupole, passage secret contournant le chœur, qui permettait la défense de l'église en cas d'attaque ennemie. Aujourd'hui, des artisans se sont installés dans ce village tranquille, bien à l'abri des flots de touristes. À 3 kilomètres, on peut rejoindre le petit village de Coly, assoupi au bord d'une rivière, rassemblé autour de son église (XIIe siècle) à clocher-mur restauré au XVIe siècle, et des ruines du château des anciens abbés de Saint-Amand.

♦ 312 habitants, 300 m d'altitude ♦ **Accès :** (carte 23) à 7 km E de Montignac par D 704 ; à 26 km N de Sarlat par D 704 ♦ **Aux alentours :** le château de la Filolie (privé) ; les hameaux d'Asplat et Lasserre, les grottes de Lascaux ; Sarlat ♦ **Foires, festivités :** Festival de musique en Périgord en juillet ; exposition d'artisanat d'art en juillet-août ♦ **Hôtels :** à Coly (3 km), *Manoir d'Hautegente* (tél. 05.53.51.68.03), hôtel de charme, 10 chambres et 4 duplex 520-970 F, restaurant ♦ **Restaurant :** *La Métairie* ♦ **Mairie** (tél. 05.53.51.67.50).

SAINT-GENIÈS
24590 (Dordogne)

Juste un peu à l'écart de la route qui va de Montignac à Sarlat, le petit village de Saint-Geniès se révèle magiquement en contrebas du chemin, bien abrité sous ses toits de lauzes, les reflets gris-beige des toitures se mariant admirablement avec les tonalités de la campagne environnante. Les maisons périgourdines du bourg remontent aux XIIe et XIVe siècles et sont faites de belle pierre blonde. Elles encadrent un vieux donjon, vestige de l'ancien château des seigneurs de Gontaut. Mais le joyau du village c'est l'église romane, coiffée de lauzes, agrémentée d'un clocher-porche fortifié du XVIe siècle. À l'intérieur, de délicates colonnettes à chapiteau sculpté soutiennent les arcs de l'abside. Il reste ensuite à voir le château des XVe et XVIIe siècles, tout contre l'église, la chapelle gothique du Cheylard – qui contient d'admirables fresques – et les bories, des cabanes de pierre sèche, disséminées dans la campagne environnante.

♦ 735 habitants ♦ **Accès :** (carte 23) à 13 km N de Sarlat ♦ **Aux alentours :** Saint-Crépin ; Salignac et son château ; Sarlat-la-Canéda ♦ **Foires, festivités :** marché le dimanche matin ; foire le lundi de Pâques ; fête du village le 15 août ♦ **Hôtels :** à Sarlat (15 km S), *Château de Puymartin* (tél. 05.53.59.29.97), maison d'hôtes de charme, 2 chambres 750 F ; à Coly (16 km N), *Manoir d'Hautegente* (tél. 05.53.51.68.03), hôtel de charme, 10 chambres et 4 duplex 520-970 F, restaurant ♦ **Mairie** (tél. 05.53.28.98.70).

SAINT-JEAN-DE-CÔLE
24800 (Dordogne)

Le bourg est traversé par la Côle, charmante et capricieuse rivière qui s'en va grossir la Dronne. Une délicieuse vieille rue bordée de maisons à colombage amène le visiteur à la place, dominée par le ou plutôt les châteaux de la Marthonie. L'ensemble est constitué d'une demeure féodale à tours crénelées, soudée à un pavillon, plus bas, datant du XVIIIe siècle. Plus loin, une vieille halle rustique s'appuie au chevet de l'église, très belle œuvre romano-byzantine, à la forme de trèfle inhabituelle. Son portail ouvre sur le cloître Renaissance ajouté aux bâtiments de l'ancien prieuré (XIe siècle), en partie détruit. La Côle est enjambée par un pont en dos d'âne à avant-becs. À ses côtés se dresse la « Maison à colonnes », ancien logis du meunier. Dans la rue Fond-du-Bourg, une demeure restaurée abritait autrefois un musée de Traditions et Arts locaux. Saint-Jean-de-Côle est une exquise découverte, comme on en fait tant en Périgord. Les ocres des pierres, le brun des petites tuiles des toitures, les jeux du soleil dans les eaux de la rivière font que le village mérite une mention spéciale : visite à ne pas manquer.

♦ 339 habitants, 145 m d'altitude ♦ **Accès :** (carte 23) à 7 km O de Thiviers par D 707 ♦ **Aux alentours :** le château de Puyguilhem ; les grottes de Villars ; Thiviers pour ses marchés (foie gras, truffes) ♦ **Foires, festivités :** marché le dimanche matin en juillet-août ; concerts de musique de chambre en août ; concerts dans le cadre du festival Sinfonia en septembre ♦ **Hôtel :** à Saint-Pierre-de-Côle (6,5 km S-O), *Doumarias* (tél. 05.53.62.34.37), maison d'hôtes de charme, 6 chambres 280 F, table d'hôtes ♦ **Restaurants :** *Le Coq Rouge* (tél. 05.53.62.32.71), *Le Saint-Jean* (tél. 05.523.52.23.20) ♦ **Mairie** (tél. 05.53.62.30.21) - **S. I.** (tél. 05.53.62.14.15).

SAINT-LÉON-SUR-VÉZÈRE
24290 (Dordogne)

Depuis la nuit des temps, bien avant d'avoir pour patron saint Léonce, l'un des premiers évêques de Périgueux, le lieu fut habité : grottes et cavernes dans la vallée formaient de parfaits abris naturels pour nos ancêtres. Ici règne un charme particulier, dû à la fois à l'ocre des maisons mêlé aux verts de la vallée, aux tons changeants de la Vézère et à un passé millénaire : la préhistoire, puis les temps chrétiens – en témoignent l'église à coupole du XIIe siècle, merveilleusement restaurée, et la chapelle expiatoire du XVIe siècle, située dans le cimetière. Au centre du village, le château de Lassalle n'a gardé que son donjon flanqué d'une tour et son chemin de ronde à mâchicoulis au toit de lauzes. À deux kilomètres en aval, il faut aller voir le château de Chabans, manoir des XVIe et XVIIe siècles, actuellement habité par une communauté bouddhiste. Saint-Léon est une merveille, hélas menacée ; certaines toitures sont bien malades, des ronces apparaissent dans les cours des maisons. Il faudrait consacrer beaucoup d'amour à réveiller ce village, « que l'on quitte sur la pointe des pieds, un peu triste, de peur qu'il ne s'effondre de trop de bruit... » (Bertrand Renard).

♦ 429 habitants, 70 m d'altitude ♦ **Accès :** (carte 23) à 30 km N-O de Sarlat par D 704 et D 706 ♦ **Aux alentours :** les grottes de Lascaux ; la vallée de la Vézère ; le château de Losse (XVIe siècle) ; Fanlac (8 km N) ; Les Eyzies-de-Tayac ♦ **Foires, festivités :** marché le dimanche matin du 15 juin au 15 septembre ; Festival musical du Périgord noir du 15 juillet à fin août ♦ **Hôtels :** aux Eyzies-de-Tayac (15 km S-O), *Hôtel Cro-Magnon* (tél. 05.53.06.97.06), hôtel de charme, 18 chambres 350-550 F, 4 suites 600-800 F, restaurant ; *Les Glycines* (tél. 05.53.06.97.07), hôtel de charme, 23 chambres 315-410 F, restaurant ; *Moulin de la Beune* (tél. 05.53.06.94.33), hôtel de charme, 20 chambres 260-300 F, restaurant ♦ **Mairie** (tél. 05.53.50.73.16).

SARLAT-LA-CANÉDA
24200 (Dordogne)

C'est au VIIIe siècle que Sarlat se développa autour d'un monastère bénédictin implanté au cœur du Périgord noir. Le vieux Sarlat, autrefois cerné de remparts, a gardé de son riche passé de splendides maisons et monuments des XVe-XVIIe siècles, coiffés de lauzes, tous construits en belle pierre blonde. Portes et fenêtres Renaissance, échauguettes, tours crénelées, toits pointus, vieux pavages, linteaux sculptés… on est transporté en plein Moyen Âge ! On peut commencer la visite par la place du Peyrou, pour admirer la cathédrale (XVIe-XVIIe s.), la chapelle des Pénitents, la Lanterne des Morts et la maison natale (XVIe s.) d'Étienne de La Boétie. On se promène rue Landry (où se trouve le Présidial), rue Fénelon jusqu'à l'hôtel de ville et la place de la Liberté, où se tient le pittoresque marché. On admire l'hôtel de Malevile (XVIe s.). L'exceptionnelle rue des Consuls est bordée d'hôtels des XIVe et XVIIe siècles. On peut terminer la promenade sur « l'autre rive » de la rue de la République, moins aristocratique, prendre la rue des Armes, admirer la chapelle des Récollets (XVIIe s.), musée d'Art sacré, et aller voir les deux anciennes tours de garde très bien conservées. Inestimable trésor d'architecture conservé presque intact depuis des siècles, une visite s'impose (de préférence hors juillet-août), incontournable et inoubliable !

♦ 10 648 habitants, 145 m d'altitude ♦ **Accès :** (carte 23) à 25 km O de Souillac par D 703 et D 704 ♦ **À voir :** les musées d'Art et d'Histoire et de Préhistoire ♦ **Aux alentours :** les jardins du château d'Eyrignac ; le château de Commargue ♦ **Foires, festivités :** marché le mercredi matin et le samedi ; brocante en mai, juin et août ; Festival des jeux de théâtre fin juillet-début août, festival du film en novembre ♦ **Hôtel :** à 7 km N-O, *Château de Puymartin* (tél. 05.53.59.29.97), maison d'hôtes de charme, 2 chambres 750 F ♦ **Restaurant :** *La Métairie* ♦ **O. T.** (tél. 05.53.59.27.67)

SAINT-ÉMILION
33330 (Gironde)

Saint-Émilion doit ses lettres de noblesse à ses vins de renommée mondiale ; en 27 avant notre ère, la vigne était déjà cultivée par nos ancêtres. La ville doit son nom au moine Emilianus qui, au VIIIe siècle, fonda un monastère dans les grottes naturelles proches de la cité et édifia la première église. Au XIIe siècle, la bourgade établie autour du monastère s'agrandit : c'est « Sant Melyon » en langue d'oc. Close de murs sur deux kilomètres, la défense est percée de six portes, flanquées de tours et précédées de barbacanes. De l'enceinte fortifiée, il reste la tour du Roi et la tour du Guetteur. Il reste aussi deux ensembles monastiques considérables, l'église monolithe – unique en Europe – dans la ville basse, et la collégiale (XIIe-XVIe siècles) et son cloître, dans la ville haute. À voir aussi, les ruines romantiques du couvent des Jacobins et ses grandes murailles, et celui des Cordeliers (XVIe siècle). Exceptionnelle unité dans la beauté, cet harmonieux ensemble architectural est précieusement conservé par des connaisseurs, avec, pour écrin, le vignoble verdoyant.

♦ 2845 habitants, 76 m d'altitude ♦ **Accès :** (carte 22) à 39 km E de Bordeaux par N 89 et D 243 ♦ **À voir :** le musée d'Histoire ; le Logis de Malet ♦ **Aux alentours :** le circuit des Combes dans le vignoble, visite des chais et des châteaux ♦ **Foires, festivités :** marché le dimanche matin et le mercredi toute la journée ; Salon des antiquaires en mai ; « Jurade », fête de la Fleur en juin, Ban des vendanges en septembre, Nuit du patrimoine en septembre ♦ **Hôtel :** à Lugon (16 km N-O), *Hostellerie du Vieux-Raquine* (tél. 05.57.84.42.77), hôtel de charme, 10 chambres 440-700 F, suites 650 F ♦ **Restaurants :** *Francis Goullée* (tél. 05.57.24.70.49) ; *Logis de la Cadène* (tél. 05.57.24.71.40) ; *Le Tertre* (tél. 05.57.74.46.33) ♦ **O. T.** (tél. 05.57.24.72.03).

LA BASTIDE D'ARMAGNAC
40240 (Landes)

Cette ancienne bastide fut fondée en 1291 par le comte d'Armagnac Bernard IV. Autour de la belle place Royale (dont Henri IV s'est inspiré pour créer la place des Vosges, à Paris), les pittoresques maisons anciennes en pierre ou à colombage se répartissent harmonieusement, bien appuyées sur leurs arcades. Au printemps, c'est magnifique ! Les maisons sont fleuries et les habitants sortent tables et chaises pour profiter de l'ombre des couverts. L'église de La Bastide, un peu massive, est du XVe siècle. Il faut se promener dans les ruelles pour admirer la Maison capitulaire (la plus ancienne du village), un lavoir (XIVe siècle), ou une jolie fontaine. Aujourd'hui, les anciens fossés qui ceinturaient le village sont occupés par des jardins. Le village est resté authentique et bien vivant.

♦ 732 habitants, 94 m d'altitude ♦ **Accès :** (carte 29) à 29 km N-E de Mont-de-Marsan par D 932 et D 933 ♦ **À voir :** le musée du Vigneron, le musée des Arts et Traditions populaires (tél. 05.58.44.84.35) ; l'exposition sur les bastides dans l'ancien temple ♦ **Aux alentours :** à 2 km route de Cazaubonla, la chapelle (XIe s.) du quartier de Géou et son petit musée cycliste ♦ **Foires, festivités :** fêtes de la Saint-Jean l'avant-dernier week-end de juin ; marché fermier et exposition artisanale le 14 juillet ; « Peintres dans la rue » début août ; « La Bastide en fête » dîner et spectacle place Royale fin août ♦ **Mairie** (tél. 05.58.44.81.06) - **S. I.** (tél. 05.58.44.67.56).

HASTINGUES
40300 (Landes)

Hastingues, petite bastide, fièrement campée sur une butte, fut créée au XIIIe siècle par le sénéchal de Gascogne, John Hastings, sur décision d'Édouard Ier, duc d'Aquitaine et roi d'Angleterre. Elle domine la belle et florissante vallée des Gaves Réunis. Côté rivière, on ne voit pas grand-chose, juste quelques demeures surmontées du château, construit au XVIIe siècle mais largement remanié ensuite. Il faut prendre la peine de contourner la colline pour découvrir la beauté et le charme préservé du village. De ses anciennes fortifications, il n'a conservé qu'une porte au sud-ouest, mais on peut toujours admirer ses ravissantes maisons des XVe et XVIe siècles au bord de ruelles pavées, la large rue centrale aux demeures bien ordonnancées et la jolie place de l'église, mignonne et tranquille. La mairie, quant à elle, est installée dans la maison Borda, bâtie aux XVe-XVIe siècles et très restaurée. La végétation pousse librement dans le village et des poules y picorent paisiblement. Une bastide de charme, un petit bijou authentique et méconnu.

♦ 474 habitants, 30 m d'altitude ♦ **Accès :** (carte 29) à 4 km S de Peyrehorade par D 23 et D 48 ♦ **À voir :** l'abbaye d'Arthous (XIIe s.) et son musée archéologique ♦ **Aux alentours :** le village et l'abbaye de Sorde-L'Abbaye ; les églises de Port-de-Lanne et de Cagnotte ; Peyrehorade, son château et les gaves réunis, le village de Bidache et son château ♦ **Foires, festivités :** concerts à l'abbaye d'Arthous dans le cadre du Festival des abbayes fin juin-début juillet, « Nuits d'été en Pays d'Orthe » avec concert de jazz sur la place du village en août ♦ **Hôtel :** à Port-de-Lanne (8 km), *La Vieille Auberge* (tél. 05.58.89.16.29), hôtel de charme, 10 chambres 230-450 F, suites 500-600 F, restaurant ♦ **Mairie** (tél. 05.58.73.68.66) - **S. I.** Peyrehorade (tél. 05.58.73.00.52).

MONFLANQUIN
47150 (Lot-et-Garonne)

Fondée au XIIIe siècle par Alphonse de Poitiers, frère de Saint Louis, cette bastide « flanquée » sur sa montagne doit faire face aux nombreuses attaques entre les rois de France et d'Angleterre. La population est nombreuse, l'artisanat prospére : tanneries, moulins à papier, tissages. Les guerres de Religion éprouveront ensuite Monflanquin. Alors que Blaise de Monluc s'y trouve, le couvent des Augustins et l'église sont attaqués et brûlés. Plus tard, avec le XVIIIe siècle, la cité vivra une ère de prospérité ; mais l'après-Révolution amènera un exode rural inexorable. Aujourd'hui, ceux qui « restent » sont plus que jamais attachés à leur village, qu'ils veulent réveiller. Plus d'un villageois vous proposera de monter au « cap del pech », d'où l'on domine la vallée de la Lède, de passer par l'église, dont la façade est hélas remaniée, ou de pénétrer dans la bastide ordonnancée autour de la belle place des Arcades, dont la halle fut démolie en 1830. Reste une belle maison à colombage, et, déployées en parallèles, comme dans toute bastide, les « carrérots » pittoresques.

♦ 2617 habitants, 181 m d'altitude ♦ **Accès :** (carte 23) à 17 km N de Villeneuve-sur-Lot par D 676 ♦ **À voir :** l'Espace bastides ♦ **Aux alentours :** le village de Gavaudun ; l'église romane de St-Sardos-de-Laurenque ; Le musée Bernard Palissy à Saint-Avit ; la boulangerie artisanale « Le Moulin du Cros » à Montagnac ♦ **Foires, festivités :** marché le jeudi matin ; exposition des métiers d'art le 1er week-end de juillet ; foire à la brocante les 13 et 14 juillet ; « Musique en Guyenne » en juillet ; Festival de la tragédie début août ; Journées médiévales mi-août ; fêtes de la Saint-André le 1er week-end de décembre ♦ **Hôtel :** au Laussou (7 km N-E), *Manoir de Barrayre* (tél. 05.53.36.46.66), maison d'hôtes de charme, 2 chambres 350-405 F, 1 suite 625 F ♦ **Restaurant :** *Moulin de Boulède* (tél. 05.53.36.40.27) ♦ **S. I.** (tél. 05.53.36.40.19).

PENNE D'AGENAIS
47140 (Lot-et-Garonne)

Perchée en nid d'aigle sur un coteau dominant le Lot, la petite cité médiévale a subi au cours des siècles de nombreuses invasions (Vandales, Goths, Normands) et plus tard, au XVIIe siècle, les guerres de Religion. Du château fort bâti sur le rocher par Richard Cœur de Lion, il ne reste que des ruines, mais, de sa splendeur passée, Penne a conservé de belles maisons, dont certaines du XVIe siècle, récemment restaurées, aux murs de pierre claire ou de brique rose. La mairie est installée dans une fort belle maison à double porche. Des jardinets, des bacs remplis de fleurs agrémentent la promenade le long des ruelles escarpées parfois entrecoupées d'escaliers. Tout en haut, la basilique moderne de Notre-Dame de Peyragude veille sur la cité. Depuis ce promontoire, la vue sur la vallée du Lot est splendide. Le village est très vivant ; de nombreux artisans y ont élu domicile et la municipalité organise des festivités durant l'été.

♦ 2500 habitants, 220 m d'altitude ♦ **Accès :** (carte 30) à 9 km O de Villeneuve-sur-Lot par D 661 ♦ **Aux alentours :** le circuit des bastides ; les grottes et le zoo préhistorique de Fontirou ; le château de Bonaguil ; le ravissant village de Pujols (3 km S de Villeneuve-sur-Lot) ♦ **Foires, festivités :** marché le mercredi après-midi et le dimanche matin ; Rencontres botaniques le 2e dimanche d'avril ; foire à la Tourtière le 2e dimanche de juillet ; « Échoppes en fête » en décembre ♦ **Hôtel :** *L'Air du Temps* (tél. 05.53 41 41 34), maison d'hôtes de charme, 3 chambres 230-250 F, table d'hôtes ♦ **Restaurants :** à Pujols, *Auberge Lou Calel* (tél 05.53.70.46.14), *La Toque Blanche* (tél. 05.53.49.00.30) restaurant gastronomique ♦ **Mairie** (tél. 05.53.36.25.25) - **S. I.** (tél. 05.53.41.37.80).

POUDENAS
47170 (Lot-et-Garonne)

Poudenas est un ravissant village ancien, à l'orée de la forêt landaise, au cœur de l'Armagnac, dans un bel environnement verdoyant. C'est du pont roman qui enjambe la Gélise que l'on a le plus joli point de vue sur le village et ses maisons de pierre aux belles tonalités ocrées. On voit, tout en haut, le château, puis les toits de tuiles rondes des maisons qui descendent doucement jusqu'à la rivière. Là, un vieux moulin du XIVe siècle, bercé par les clapotis d'une cascade, abrite une charmante auberge *À la Belle Gasconne*, rendez-vous des gourmets de toute la région. La forteresse d'origine, bâtie au XIIIe siècle, a été remaniée aux XVIe et XVIIe siècles pour présenter aujourd'hui l'aspect séduisant d'une villa italienne entourée d'un splendide parc planté d'essences rares. Le château (privé) peut se visiter. Vous serez séduit par ce petit village médiéval plein de charme.

♦ 275 habitants, 66 m d'altitude ♦ **Accès :** (carte 30) à 47 km S-O d'Agen par D 656 direction Nérac ♦ **Aux alentours :** le musée du Bouchon à Mézin ; le circuit des arbres et des chapelles en Mézinais ; tournée des bastides, des villages fortifiés et des églises romanes ♦ **Foires, festivités :** fête du village début juin ; foire le 1er lundi d'août ; fête des Châtaignes en octobre ♦ **Hôtel :** *À la Belle Gasconne* (tél. 05.53.65.71.58), hôtel de charme, 7 chambres 410-580 F, suites 650 F, très bon restaurant ♦ **Mairie** (tél. 05.53.65.71.59).

PUYMIROL
47270 (Lot-et-Garonne)

Bastide fondée en 1246 par Raimond VII, comte de Toulouse, Puymirol est bâti tout en longueur sur un plateau dominant la vallée de la Séoune. La cité était autrefois un important centre de négoce avec foires et marchés. Aujourd'hui, Puymirol a perdu ses remparts (rasés sur ordre de Louis XIII), mais a conservé de nombreuses traces de son passé. Dans la rue Royale, on peut admirer de superbes maisons, notamment la demeure des comtes de Toulouse bâtie au XIIIe siècle – qui abrite un hôtel de charme et un restaurant gastronomique, *L'Aubergade* – et des hôtels particuliers des XVIIe et XVIIIe siècles. Sur la place à arcades, à l'angle, on découvre l'église romane Notre-Dame-du-Grand-Castel et son porche du XIIIe siècle. L'ensemble du village a beaucoup de charme, même si parfois les restaurations sont un peu trop « léchées ». Vous pourrez aussi admirer le beau panorama sur les collines environnantes depuis l'esplanade du Champ-de-Mars.

♦ 777 habitants, 153 m d'altitude ♦ **Accès :** (carte 30) à 17 km E d'Agen par N 113 et D 16 ♦ **Aux alentours :** les villages de Saint-Maurin (10 km N-E), de Castelsagrat (14 km E), de Beauville (16 km N-E) et de Frespech (19 km N) ♦ **Foires, festivités :** marché le dimanche matin ; marché aux fleurs et aux plants le 1er mai ; Vide-greniers le 3e week-end d'août ; Comice agricole le 1er dimanche de septembre ♦ **Hôtel :** *Les Loges de l'Aubergade* (tél. 05.53.95.31.46), hôtel de charme, 10 chambres 750-1410 F, restaurant gastronomique ♦ **Mairie** (tél. 05.53.95.32.10) - **S. I.** (tél. 05.95.53.37.70).

TOURNON D'AGENAIS
47370 (Lot-et-Garonne)

Fondée au XIIIe siècle par Alphonse de Poitiers, fortifiée par Édouard Ier d'Angleterre, la petite bastide de Tournon, ancienne place forte protestante, est perchée sur une colline. Après avoir suivi les lacets d'une route contournant les remparts, on la découvre belle et authentique : elle a conservé son plan d'origine avec sa place à arcades et ses ruelles se coupant à angle droit, bordées de nombreuses vieilles maisons superbes, à colombage ou murs de brique rose. Certaines mériteraient une restauration plus soignée, d'autres arborent de jolis détails, cornières sculptées, fenêtres ouvragées. Le beffroi (1637) comporte un rare cadran lunaire. Au bout de la rue de la Citadelle, on arrive devant le couvent des Récollets, construit au XVIIe siècle sur les ruines de l'ancienne forteresse détruite sur ordre de Richelieu ; on monte ensuite jusqu'au jardin public (emplacement de l'ancienne église catholique détruite pendant les guerres de Religion) d'où la vue sur la vallée du Boudouyssou est magnifique. Un village qui mérite vraiment le détour, car il a gardé sa belle unité architecturale, tout son charme et la douceur du passé. La région est riche de possibilités, randonnées pédestres, circuit des moulins sur le Lot, châteaux et, bien sûr, le plaisir de goûter aux bons produits du pays.

♦ 839 habitants, 120 m d'altitude ♦ **Accès :** (carte 30) à 25 km E de Villeneuve-sur-Lot par D 661 ♦ **À voir :** l'église St-André de Carabaisse ♦ **Aux alentours :** les châteaux de Ferrassou, des Ondes, de Puycalvary, de Bonaguil ♦ **Foires, festivités :** marché le mardi matin, le vendredi à partir de 19 h en juillet-août ; foires aux Fleurs le 1er mai, à la Tourtière le 15 août, de la St-Michel fin septembre ; fête des Rosières en août, brocante le 2e dimanche de septembre ♦ **Hôtel :** à Penne d'Agenais (16 km O), *L'Air du Temps* (tél. 05.53.41.41.34), maison d'hôtes de charme, 3 chambres 230-250 F, table d'hôtes ♦ **Restaurant :** *La Petite Auberge* (tél. 05.53.40.72.51) ♦ **S. I.** (tél. 05.53.40.75.82).

VILLERÉAL
47210 (Lot-et-Garonne)

Implantée sur une colline non loin d'une rivière, le Dropt, Villeréal « Ville Royale » fut fondée en 1269 par Alphonse de Poitiers, frère de Saint Louis, pour protéger la population des bandes armées et des Anglais qui progressaient dans la région. La bastide déploie ses rues autour d'une solide halle (XIVe-XVe siècles), construite sur piliers de bois et surmontée d'un étage à pans de bois que l'on peut rejoindre par un vieil escalier. Au détour des rues, on découvre les maisons typiques des bastides, avec un rez-de-chaussée en pierre et un étage de torchis à colombage et à encorbellement. L'imposante église (XIIIe siècle) présente de massifs contreforts et deux tours coiffées de toits pointus raccordées par une galerie à balcon de bois, autant d'éléments qui rappellent le rôle défensif qu'elle a joué dans le passé. Autour de la place, de nombreux commerces d'artisanat se sont installés. Vous pourrez goûter les délicieux produits régionaux, prunes, melons, « caprins » (fromages de chèvre) ou faire des randonnées dans la superbe vallée du Dropt.

♦ 1217 habitants, 87 m d'altitude ♦ **Accès :** (carte 23) à 30 km N de Villeneuve-sur-Lot par D 676 ♦ **À voir :** la Maison de la Campagne (écomusée de la Faune et de la Flore locales) ♦ **Aux alentours :** les maisons à empilage (XIe-XIIIe s.) ; le château de Bonaguil ; le bourg médiéval d'Issigeac ♦ **Foires, festivités :** marché le samedi matin et le mercredi en été ; brocante le 1er mai ; Journée du livre début août ; vide-greniers mi-août ; courses de chevaux en mai, juillet et août et journée du cheval en septembre ♦ **Hôtel :** *Moulin de Labique* (tél. 05.53.01.63.90), maison d'hôtes de charme, 3 chambres et 2 suites 290-460 F, table d'hôtes ♦ **Mairie** (tél. 05.53.36.00.37) - **O. T.** (tél. 05.53.36.09.65).

AÏNHOA
64250 (Pyrénées-Atlantiques)

Une rue bordée de maisons blanchies à la chaux, couvertes de tuiles romanes, court vers Dancharia et son poste frontière. Vers l'Espagne, disons-nous, vers la sœur navarraise du Labourd français, disent les Basques. C'est au IXe siècle que se créa la démocratie basque, fondée sur l'entente des sept provinces de même langue, sans souci de frontières présentes ou futures. C'est dans le détail que les maisons se distinguent : la couleur des colombages et des ouvertures, les inscriptions et les armes gravées sur les linteaux de pierre témoignent de l'ancienneté d'une famille, ou de l'aventure au-delà des mers de l'un de ses membres, appelé par eux « l'Américain ». Il en est de plus belles encore, avec des balcons de fer forgé datant du XVIIIe siècle, époque florissante du Pays Basque. Il en est de plus modestes ; elles sont fraternellement alignées, ou groupées autour de la mairie où flotte l'*ikurina*, le drapeau rouge et vert, barré de la croix de Saint-André. Devant l'église, au fronton, résonne le claquement sec de la pelote basque. Comme si c'était le cœur d'Aïnhoa que l'on entendrait battre, au rythme de la devise *Zazpiak Bat*, « Sept font Un ».

♦ 542 habitants, 119 m d'altitude ♦ **Accès :** (carte 28) à 28 km S de Bayonne par D 932, D 918 et D 20 ♦ **Aux alentours :** les jolis villages d'Arcangues, Espelette et Itxassou ; Cambo-les-Bains (voir Arnaga la maison-musée d'Edmond-Rostand entourée d'un superbe jardin) ♦ **Foires, festivités :** pèlerinage à la chapelle Notre-Dame-de-l'Aubépine le lundi de Pentecôte ; fête du village le 15 août ♦ **Hôtels :** *Ithurria* (tél. 05.59.29.92.11), hôtel de charme, 27 chambres 400-600 F, très bon restaurant ; sur la route d'Espelette, *Ferme de Pinodiéta* (tél. 05.59.93.87.31), maison d'hôtes de charme, 5 chambres 200-230 F ♦ **Mairie** (tél. 05.59.29.92.60).

LA BASTIDE-CLAIRENCE
64240 (Pyrénées-Atlantiques)

Installée dans la vallée de la Joyeuse (quel joli nom !), La Bastide-Clairence, mi-basque, mi-gasconne, est l'un des plus beaux villages de la région. Sa longue rue principale, pentue, entrecoupée de ruelles, est bordée de maisons blanchies à la chaux et agrémentées de colombages verts ou rouges ; elle conduit à la place des Arceaux, dont les couverts abritaient autrefois des marchés animés. Aujourd'hui, un pittoresque petit café à la mode d'autrefois permet de passer un moment délicieux. L'église, typiquement basque, a été remaniée au XVIIIe siècle mais elle a gardé un porche roman et un étonnant cloître-préau dallé de pierres tombales. Derrière un muret, le petit cimetière juif nous rappelle que, pendant l'Inquisition, de nombreux juifs chassés d'Espagne trouvèrent refuge dans le village. Coquette et pimpante, La Bastide-Clairence est animée de nombreux ateliers d'artisans de grande qualité. Un village plein de charme.

♦ 850 habitants, 60 m d'altitude ♦ **Accès :** (carte 28) à 25 km S-E de Bayonne par D 312 et D 123 ♦ **Foires, festivités :** fête de l'Encierro (taureaux, vachettes, groupes folkloriques) et fête d'Esperantza (danses folkloriques) à Pâques et fin juillet ; fête du village le dernier week-end de juillet ♦ **Hôtel :** *Maison Marchand* (tél. 05.59.29.18.27), maison d'hôtes de charme, 5 chambres 250-350 F, table d'hôtes ♦ **Mairie** (tél. 05.59.29.65.47) - **S. I.** (tél. 05.59.29.65.05).

CIBOURE
64500 (Pyrénées-Atlantiques)

En basque, Ciboure signifie « tête de pont ». Ce pont la sépare tout juste de Saint-Jean-de-Luz. Mais Ciboure tient à ne pas être prise pour un faubourg de sa proche voisine, avec laquelle elle a été en rivalité sanglante autrefois. Il y a beaucoup de belles maisons à voir, dont la maison natale de Maurice Ravel, de style flamand. D'autres encore, rehaussées de colombages et d'encorbellements s'égrènent au long d'une rue ou se pressent autour du beau clocher octogonal à toits superposés de la superbe église. Une visite de l'intérieur s'impose : une nef unique, lambrissée ; trois étages de ces galeries de bois classiques du Labourd. Au couvent des Récollets, devenu la douane, il faut voir le cloître et un puits couvert. La colline verte, émaillée du blanc de chaux des maisons, domine Socoas et son fort construit par Vauban. Accroché aux flancs de cette colline, un cimetière marin où Pierre Benoit désira être inhumé. Ciboure reste un village autonome, éveillé et actif.

♦ 5849 habitants, 87 m d'altitude ♦ **Accès :** (carte 28) à 16 km S-O de Biarritz par N 10 ♦ **Aux alentours :** les villages d'Ascain, d'Urrugne et d'Arcangues (au N) ; le château Abbadia à Hendaye ♦ **Foires, festivités :** marché le dimanche matin ; foires gourmandes en juillet et août ; fête de la Baie en juillet ; fête de la Mer en septembre ♦ **Hôtels :** *Lehen Tokia* (tél. 05.59.47.18.16), hôtel de charme, 5 chambres 500-800 F, 1 suite 1200 F ; à Saint-Jean-de-Luz, *La Devinière* (tél. 05.59.26.05.51), hôtel de charme, 8 chambres 500-750 F ♦ **Restaurants :** *Chez Dominique* (tél. 05.59.47.29.16) ; *Chez Pantxua* (tél. 05.59.47.13.73) ; *Chez Mattin* (tél. 05.59.47.19.52) ♦ **Mairie** (tél. 05.59.47.26.06) - **S. I.** (tél. 05.59.47.49.40).

NAVARRENX
64190 (Pyrénées-Atlantiques)

Au cœur du vieux Béarn, au bord du gave d'Oloron, Navarrenx se présente comme une petite cité paisible et accueillante, enserrée de remparts. Le village existe depuis le XIe siècle, mais la bastide se crée en 1316 et s'entoure de fortifications en 1540 sur ordre d'Henri II, roi de Navarre. Celui-ci fait appel à un architecte italien, Fabrici Siciliano de Vérone, qui élève des murailles bastionnées, les premières de cette sorte bâties en France. La petite ville subit deux assauts importants lors des guerres de Religion alors qu'elle sert de refuge aux calvinistes béarnais. Aujourd'hui, tout est tranquille ; on peut se promener le long des remparts, de la porte Saint-Antoine jusqu'aux bastions ; il y a de beaux arbres et des pelouses bien entretenues. À l'intérieur du village, sur la place, l'église (du XVIe siècle avec un rajout du XIXe) fait face à la mairie et, tout à côté, s'élève le fronton de pelote. Le long des rues à angle droit sont éparpillées de belles maisons un peu massives, blanches aux toits rouges, dont certaines remontent aux XVIe-XVIIe siècles. Vous pourrez aussi effectuer de plaisantes randonnées dans la belle campagne environnante, à pied ou sur de petits chevaux basques, les « pottocks ».

♦ 1110 habitants, 126 m d'altitude ♦ **Accès :** (carte 29) à 45 km O de Pau par N 134 - Oloron-Ste-Marie et D 936 ♦ **Aux alentours :** les châteaus d'Audaux (5 km), de Laàs (8 km), dc Mongaston , l'église romane de L'Hopital-Saint-Blaise ♦ **Foires, festivités :** marché le mercredi matin ; foire agricole le dernier week-end de janvier ; Championnat du monde de pêche au saumon de mars à juillet ; exposition artisanale à Pâques ; fête locale le 2e week-end d'août ♦ **Hôtel :** sur la route d'Arette après Oloron-Sainte-Marie (20 km), *Château de Boues* (tél. 05.59.39.95.49), maison d'hôtes de charme, 4 chambres 290-340 F ♦ **Mairie** (tél. 05.59.66.10.22) - **S. I.** (tél. 05.59.66.14.93).

SAINT-ÉTIENNE-DE-BAÏGORRI
64430 (Pyrénées-Atlantiques)

Pour arriver à Saint-Étienne-de-Baïgorri, vous traverserez un paisible paysage de collines verdoyantes parsemées de grosses fermes basques bien entretenues et de moutons (sauf en été). C'est la douce vallée de la Nive des Aldudes, qui prend ici le nom de « vallée de Baïgorri », cernée au loin par les Pyrénées. L'architecture de Saint-Étienne est typique de la Basse-Navarre : grosses maisons blanches des XVIIe et du XVIIIe siècles, parfois ornées de balcons, avec des ouvertures aux encadrements de pierre. À quelques exceptions près, les pans de bois des façades sont rouge sang, le rouge que l'on retrouve dans tout le Pays Basque. L'église a été rebâtie au XVIIIe siècle sur des fondations romanes. À l'intérieur, elle présente de belles galeries de bois et un retable baroque. Le vieux pont romain, qui relie les deux rives, est charmant avec son pavage ancien tout de guingois. Les environs de Saint-Étienne-de-Baïgorri sont aussi très jolis et vous feront aimer encore davantage cette région authentique. Allez découvrir les nombreux hameaux pittoresques comme Esnazu, les vestiges mégalithiques, les anciennes mines de cuivre, les bergeries de montagne et le chemin de Saint-Jacques.

♦ 1565 habitants, 155 m d'altitude ♦ **Accès :** (carte 28) à 11 km N-O de Saint-Jean-Pied-de-Port par D 15 ♦ **Aux alentours :** la vallée de la Nive des Aldudes et ses jolis villages : Banca, Aldudes, Urepel (au sud sur la D 948) ♦ **Foires, festivités :** en juillet et août, Festival de force basque, parties de pelote, « Noce basque 1900 » le dimanche après le 14 juillet et le 15 août, foire gastronomique et artisanale ♦ **Hôtel :** *Hôtel Arcé* (tél. 05.59.37.40.14), hôtel de charme, 16 chambres 370-715 F, 6 suites 1080 F, très bon restaurant ♦ **Mairie** (tél. 05.59.37.40.80) - **S. I.** (tél. 05.59.37.47.28).

SAINT-JEAN-PIED-DE-PORT
64220 (Pyrénées-Atlantiques)

Superbe forteresse de frontière, Saint-Jean-Pied-de-Port est l'un des sites les plus magnifiques du Pays Basque. Dès 1191, au château de Mendiguren, règnent les seigneurs qui représentent le pouvoir du roi de Navarre. Au XIIIe siècle, la « ville neuve » est fondée au pied de la colline. En 1530, l'Espagne restitue la Navarre à la France. Saint-Jean-Pied-de-Port partagera avec Saint-Palais l'honneur d'être la capitale de la Basse-Navarre. Au XVIIe siècle, Deville, puis Vauban construisent la citadelle : la redoute de Gatzelumendi et les remparts, avec les portes de France, de Navarre, d'Espagne, de Saint-Jacques. Pour y grimper, on prend la superbe rue de la Citadelle, fortement pentue et bordée maisons anciennes qui arborent des portes en bois dont le linteau indique la date de construction. La place du Marché, la maison de Mansart (hôtel de ville), la maison des États-de-Navarre (1610) et beaucoup de très belles demeures navarraises, datant du XVIe au XVIIIe siècle, sont à voir. Après avoir passé le pont romain en dos d'âne d'Eyherraberri, on trouve l'église Notre-Dame-du-Bout-du-Pont en grès rouge, à clocher-donjon. Il y a aussi l'église Sainte-Eulalie, au splendide portail roman. La vue depuis le vieux pont est superbe. La couleur rosée des constructions en grès illumine Saint-Jean-Pied-de-Port et adoucit ce qu'il y aurait de rudesse à cet ensemble fait pour la défense et la guerre.

♦ 1800 habitants, 146 m d'altitude ♦ **Accès :** (carte 28) à 46 km S-E de Bayonne par D 932 et D 918 ♦ **Foires, festivités :** marché le lundi avec partie de pelote basque l'après-midi ♦ **Hôtels :** *Les Pyrénées* (tél.05.589.37.01.01), restaurant gastronomique ; à St-Étienne-de-Baïgorri (11 km O), *Hôtel Arcé* (tél. 05.59.37.40.14), hôtel de charme, 16 chambres 370-715 F, 6 suites 1080 F, très bon restaurant ♦ **S. I.** (tél. 05.59.37.03.57).

SALIES-DE-BÉARN

64270 (Pyrénées-Atlantiques)

Cette petite cité fait miroiter ses maisons à pans de bois dans les eaux vertes du Saleys. Elle doit sa richesse et son nom au sel, exploité dès l'époque néolithique ; ses eaux sodiques en ont fait une cité thermale dès le Moyen Âge. Le vieux Salies a gardé tout son charme. De chaque côté du pont de la Lune, au bord de la rivière, les maisons de pierre dorée, à galeries fleuries et toits pointus de tuiles brunes, datent des XVIIe et XVIIIe siècles. Il faut visiter l'église Saint-Vincent (XIVe siècle), bien rénovée, la belle maison de Jeanne d'Albret et, sur l'autre rive, on peut flâner sur la place du Bayaa (l'endroit où l'on exploitait le sel autrefois) entourée de commerces, et voir la fontaine du Sanglier, l'hôtel de ville, les halles de bois et les ruelles typiques. Plus haut, l'église Saint-Martin est également du XIVe siècle. Ne pas oublier le vieux château de Saint-Pé (XVe-XVIe siècles) et le château des Talleyrand-Périgord (XVIIe siècle). La végétation partout présente – saules pleureurs, lierres, géraniums et chèvrefeuilles – enserre la cité dans un écrin de verdure et donne un certain charme à la promenade le long des berges. Et puis il y a la ville neuve, avec ses thermes mauresques, son casino et ses hôtels XIXe... un autre charme !

♦ 5117 habitants, 54 m d'altitude ♦ **Accès :** (carte 29) à 52 km E de Bayonne par N 117 Peyrehorade et D 17 ♦ **À voir :** le musée du Sel ♦ **Aux alentours :** le village de Bellocq et son très beau château (7,5 km N) ; le joli village de Sauveterre-de-Béarn (10 km S) ; Mauléon ♦ **Foires, festivités :** marché le jeudi matin ; festival des Abbayes en été ; foire à la brocante à Pâques et le 15 août ; fête du Sel le 3e dimanche de septembre ♦ **Hôtels :** *Hôtel du Golf* (tél. 05.59.65.02.10) ; à Castagnède (7 km S-O) *La Belle Auberge* (tél. 05.59.38.15.28), restaurant ♦ **S. I.** (tél. 05.59.38.00.33).

SARE
64310 (Pyrénées-Atlantiques)

Pierre Loti a décrit ce village, qu'il appela « Etchejar », dans *Ramuntcho*. Entouré de champs parfois encore délimités par des murets de pierres dressées, bordé au loin par les contreforts de la Rhune, Sare offre le spectacle ravissant de ses maisons anciennes des XVIIe et XVIIIe siècles, de sa place à fronton pour les parties de pelote, et de son église, dont le mur-pignon forme clocher. Celle-ci comporte, à l'intérieur, trois étages de galeries de bois et de riches retables à colonnettes en bois doré. Le village est merveilleusement préservé : ses habitants, comme tous ceux de cette région du Labourd, ont su rester fidèles à leurs traditions et protéger leur architecture et leur environnement. Sare est gai avec ses maisons blanches – on les passe à la chaux tous les ans pour la Saint-Jean – aux colombages rouges ou verts. Sur la jolie place, on peut regarder les parties de pelote, prendre un verre au *Café de la Mairie* ou prolonger la halte au délicieux *Hôtel Arraya*. Les vallons alentours sont splendides, on peut y voir des troupeaux de brebis, de vaches et, quelquefois, on aperçoit des « pottocks », ces poneys sauvages du Pays Basque.

♦ 2061 habitants, 75 m d'altitude ♦ **Accès :** (carte 28) à 14 km S-E de Saint-Jean-de-Luz par D 918 et D 4 ♦ **Aux alentours :** les très belles maisons du quartier d'Istilharte (2 km) ; le col de la Rhune que l'on atteint par un funiculaire ; le village d'Ascain ♦ **Foires, festivités :** parties de pelote, danses folkloriques, Force basque, chants basques et foires artisanales et gastronomiques en été ♦ **Hôtels :** *Hôtel Arraya* (tél. 05.59.54.20.46), hôtel de charme, 20 chambres 395-540 F, restaurant ; *Larochoincoborda* (tél. 05.59.54.22.32), maison d'hôtes de charme, 2 chambres 260-300 F (2 nuits minimum, enfants de moins de 12 ans non acceptés) ; *Maison Dominxenea* (tél. 05.59.54.20.46), maison d'hôtes de charme, 3 chambres 300-350 F ; *Olhabidea* (tél.05.59.54.21.85), maison d'hôtes de charme, 4 chambres 250-350 F ♦ **Mairie** (tél. 05.59.54.20.28) - **S. I.** (tél. 05.59.54.20.14).

Des âpres plateaux granitiques du Forez couverts de forêts et de pâturages aux plaines fertiles de Limagne, des massifs volcaniques ponctués de lacs du Cantal, à la douce campagne du Bourbonnais, l'Auvergne est parsemée d'églises romanes, d'abbayes, de châteaux et de villages aux murs de lave noire ou grise, aux toits de lauzes, restés merveilleusement intacts. Au cœur d'une nature grandiose, ces villages attachants vous feront aimer cette belle région empreinte d'histoire.
Plus à l'ouest, le Limousin offre déjà un petit air d'Aquitaine. L'habitat gagne en séduction, les maisons se coiffent de tuiles rondes, s'habillent de grès rose ou de fin calcaire blanc ; le paysage, rehaussé de lacs et de rivières, devient plus verdoyant et vallonné. Les monts de Blond (qui marquent la séparation entre les zones de langue d'oc et de langue d'oïl), les monts d'Ambazac, le plateau de Millevaches (on dit qu'il possède mille sources) sont sillonnés de magnifiques sentiers de randonnée. Du Moyen Âge, le Limousin a gardé de superbes richesses : abbayes de Bénévent, de Solignac, collégiales de Saint-Junien, de Saint-Léonard, mais aussi de très jolies petites églises au cœur de villages authentiques que nous vous invitons à découvrir.

CHARROUX
03140 (Allier)

Situé sur une colline, Charroux fut autrefois au carrefour de plusieurs voies romaines importantes. Bastion du Bourbonnais, la cité était protégée par un double rempart. La muraille extérieure a disparu, il ne reste de la muraille intérieure que la porte de l'Horloge, la porte d'Orient, deux tours et soixante mètres de mur. Malgré la restauration de nombreux bâtiments, il règne dans le village une atmosphère d'abandon qui n'est pas sans charme. Visitez l'église du XIIe siècle au curieux clocher tronqué ; le beffroi se trouve juste à côté, ainsi qu'une belle maison avec son étage en surplomb. Vous pouvez aussi vous promener rue de l'Horloge, puis tourner dans la rue de la Poulaillerie, très pittoresque, avec son vieux pavage et son caniveau central. Vous y trouverez l'ancien rendez-vous de chasse du prince de Condé. Au hasard de la visite, vous découvrirez aussi un vieux puits, de belles demeures médiévales et, partout, vous bénéficierez d'une vue superbe sur le Massif central et les différentes vallées. Mais depuis le belvédère, c'est encore mieux...

♦ 324 habitants, 410 m d'altitude ♦ **Accès :** (carte 25) à 38 km N-O de Vichy par N 209, D 37 et D 35 ♦ **À voir :** le musée de Charroux et de son canton (histoire locale) ♦ **Aux alentours :** l'abbaye de Chantelle ; le château de Veauce ; les gorges de la Sioule ; le musée de la Vielle à Jenzat ♦ **Foires, festivités :** marché le vendredi matin ; foire à la brocante le dernier dimanche d'avril ; Journée des artisans le 1er dimanche d'août ♦ **Hôtel :** Près de Chantelle (6 km N), *Château de Boussac* (tél. 04.70.40.63.20), maison d'hôtes de charme, 4 chambres 600-800 F, 2 suites 950-1100 F, table d'hôtes ♦ **Mairie** (tél. 04.70.56.81.65).

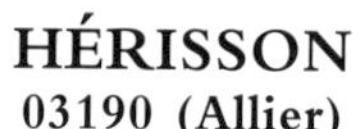

HÉRISSON
03190 (Allier)

Hérisson est entouré d'un très beau paysage de bocages et de forêts traversé par les gorges de l'Aumance. Les maisons sont groupées autour des ruines du château, érigé par les sires de Bourbon dès le Xe siècle, puis renforcé au XIVe siècle par le « bon duc Louis II ». Depuis cette époque et jusqu'au XVIIe siècle, le bourg connut autant de fastes que de troubles (occupation anglaise, attaques protestantes, occupation par les troupes frondeuses de Condé, démantèlement de la forteresse sur ordre de Mazarin...). De nombreux édifices, militaires ou religieux, et de très belles maisons en perpétuent le souvenir. Pour les découvrir, il vous suffira de suivre le fléchage qui part de la Perception. Les amateurs de panoramas se rendront au pied d'une tour située au sud du château : la vue y surplombe les toits pentus des maisons d'où émergent, çà et là, quelques tourelles d'escaliers. Ils pourront aussi rejoindre la chapelle du Calvaire qui domine le village, depuis une colline située sur la rive gauche de l'Aumance.

♦ 800 habitants, 200-270 m d'altitude ♦ **Accès :** (carte 17) à 20 km N de Montluçon par N 144 - Estivareilles et D 3 ♦ **À voir :** le musée du Terroir hérissonnais (archéologie gallo-romaine, vie rurale du début du siècle, ouvert pendant les vacances seulement) ♦ **Aux alentours :** de nombreux sentiers pédestres parcourent les gorges de l'Aumance, le site du Saut-du-Loup, le val d'Aumance, les forêts de Tronçais et de Soulongis ♦ **Foires, festivités :** marché le vendredi matin ; foire à la brocante le dernier dimanche d'août ♦ **Hôtel :** à Verneix (12 km S), *Château de Fragne* (tél. 04.70.07.80.87), maison d'hôtes de charme, 4 chambres 420-600 F, 1 suite 600 F, table d'hôtes ♦ **Mairie** (tél. 04.70.06.80.45).

SALERS
15410 (Cantal)

Situé aux portes des volcans d'Auvergne sur un plateau abrupt, Salers offre la vision magnifique de ses remparts, de ses austères maisons aux toits de lauzes, de ses hôtels particuliers à tourelles et de son église. C'est autour du château des barons de Salers que se développe la cité, et c'est au XVe siècle qu'elle édifie ses remparts pour se protéger des Anglais et des « routiers ». Au XVIe siècle, elle devient siège du bailliage des Hautes Montagnes d'Auvergne, et ses bourgeois construisent alors les beaux hôtels particuliers que nous pouvons admirer aujourd'hui. Tout autour de la Grand-Place, les maisons de lave s'ornent de tourelles, de toits en poivrière, de fenêtres à meneaux, de portes cloutées et sculptées. L'ancien bailliage, d'époque Renaissance, présente des tourelles d'angle et une massive tour octogonale. Un peu plus loin, la maison de Bargues comporte un joli balcon sculpté et des arcades. Par la rue du Beffroi, on ira jusqu'à l'église : terminée au XVIe siècle, elle conserve un très beau porche d'époque romane ; sa nef renferme une *Mise au tombeau* et des tapisseries d'Aubusson. Vous garderez longtemps le souvenir émerveillé de cette belle cité.

♦ 450 habitants, 950 m d'altitude ♦ **Accès :** (carte 24) à 49 km N d'Aurillac par D 922 et D 680 ♦ **À voir :** la Maison des Templiers (folklore, histoire de Salers) ; la Maison de Bargues (mobilier XVIIe siècle) ♦ **Foires, festivités :** marché le mercredi matin ; Grande Pastourelle le 2e week-end de juin ; fête de la Renaissance le 3e week-end de juillet ; Gala folklorique le 15 août ♦ **Hôtels :** *Chez M. et Mme Prudent* (tél. 04.71.40.75.36), maison d'hôtes de charme, 6 chambres 219-234 F ; à Saint-Martin-Valmeroux (6 km S-O), *Hostellerie de la Maronne* (tél. 04.71.69.20.33), hôtel de charme, 21 chambres 350-600 F, suites 700 F, restaurant ♦ **Mairie** (tél. 04.71.40.72.33) - **S. I.** (tél. 04.71.40.70.68).

TOURNEMIRE
15310 (Cantal)

À proximité des monts du Cantal, Tournemire est campé à plus de 800 mètres d'altitude sur un plateau. On y accède par une petite route longeant la verdoyante vallée de la Doire. Le village existait déjà lorsque Louis II d'Anjony, compagnon d'armes de Jeanne d'Arc, fit construire le château en 1439. Il est bâti bien à l'écart, dominant le village de ses quatre tours ; admirablement conservé, c'est l'un des plus beaux châteaux d'Auvergne. Il mérite d'être visité pour ses superbes fresques du XVIe siècle, ses beaux meubles, ses tapisseries, ses plafonds à caissons et pour la belle vue que l'on a depuis le chemin de ronde, tout en haut. Le village, lui, groupe ses maisons aux toits de lauzes ou d'ardoises derrière son église de style roman, construite en tuf volcanique polychrome. Tournemire a une allure un peu sévère mais, perdu au milieu de la nature magnifique, aux portes des volcans d'Auvergne, il vous donnera l'impression que le temps s'est arrêté.

♦ 164 habitants, 800 m d'altitude ♦ **Accès :** (carte 24) à 25 km N d'Aurillac par D 922 et D 160 ♦ **À voir :** le château d'Anjony (visite de Pâques à la Toussaint), l'exposition d'automates ♦ **Aux alentours :** Saint-Cernin (7 km O) et sa belle église des XIIe-XVe siècles ; les gorges de la Maronne et le village de Saint-Chamant ♦ **Hôtels :** à Saint-Martin-Valmeroux (Le Theil, 11 km N), *Hostellerie de la Maronne* (tél. 04.71.69.20.33), hôtel de charme, 21 chambres 350-600 F, suites 700 F, restaurant ; à Salers (22 km N), *Chez M. et Mme Prudent* (tél. 04.71.40.75.36), maison d'hôtes de charme, 6 chambres 219-234 F ♦ **Mairie** (tél. 04.71.47.61.34).

BLESLE
43450 (Haute-Loire)

L'existence et le développement du village ont dépendu jusqu'à la Révolution d'une abbaye de Bénédictines, créée vers le milieu du IXe siècle. Au XIe siècle, les barons de Mercœur construisent une forteresse dont il ne reste aujourd'hui que le donjon, et c'est au XIIe siècle que Blesle s'agrandit et s'entoure de remparts. La promenade le long des rues permet d'admirer des maisons anciennes à pans de bois, aux très belles portes sculptées. Il faut voir le clocher de Saint-Martin (XIVe siècle), seul vestige d'une église détruite en 1793, et visiter l'église Saint-Pierre : c'était l'abbaye des moniales, un édifice de haute époque romane dont l'intérieur a été remanié. À découvrir en particulier, dans le chœur, les petits chapiteaux avec des feuilles d'acanthe et des personnages à cheval, et, dans l'abside, des lions affrontés, de saintes femmes au Tombeau et des sirènes à plusieurs queues. Dans le Trésor, on admirera le très beau bois polychrome d'une *Vierge en Majesté* du XIIe siècle. Aux proches alentours de Blesle, les amoureux de la nature trouveront de nombreuses promenades pédestres et des rivières à truites.

♦ 730 habitants, 520 m d'altitude ♦ **Accès :** (carte 25) à 22 km O de Brioude par D 588 et N 9 ♦ **À voir :** le musée de la Coiffe dans le vieil hôpital (ouvert en été seulement) ; le Trésor de l'église Saint-Pierre (ornements sacerdotaux XVIIe-XVIIIe s., sculptures XVIIe s.) ♦ **Aux alentours :** les églises romanes de Leyvaux (8 km O) et de Bousselargues (5 km N) ; le site protohistorique de Chadecol ; les ruines du château de Leotoing ♦ **Foires, festivités :** marché le vendredi soir en juillet-août ; brocante et vide-greniers le dernier dimanche de juillet ; fête d'Été le dimanche après le 15 août ♦ **Hôtel :** à Collanges (20 km N), *Château de Collanges* (tél. 04.73.96.47.30), maison d'hôtes de charme, 6 chambres 380-550 F, table d'hôtes le soir ♦ **O. T.** (tél. 04.71.76.26.90).

MOUDEYRES
43150 (Haute-Loire)

Sur les hauteurs du massif du Mézenc, dans une belle nature préservée, Moudeyres apparaît comme une vision du passé. Implanté à 1200 mètres d'altitude, le petit village montre ses charmantes chaumières aux murs de basalte, aux toits de chaume de seigle, et des maisons aux murs rustiques et aux beaux toits de lauzes. On peut visiter la ferme des Frères-Perrel (XVIIIe siècle), transformée en petit musée d'Art et Traditions populaires. Vous admirerez ses massives charpentes, ses salles rustiques et sa cour pavée. Moudeyres vivait autrefois de la culture du seigle. Aujourd'hui, le village s'ouvre un peu au tourisme (de rares constructions récentes dénaturent légèrement le site), mais il a gardé toute sa personnalité et sa tranquillité. Une auberge de charme, au toit de chaume, vous permettra d'y faire une halte agréable, de profiter de l'air pur et de la magnifique campagne environnante.

♦ 111 habitants, 1177 m d'altitude ♦ **Accès :** (carte 25) à 25 km S-E du Puy par D 15 et D 36 ♦ **À voir :** le musée des Frères-Perrel (arts et traditions populaires) ♦ **Aux alentours :** le village de Bigosse ; l'abbatiale et le château du Monastier ; le mont Gerbier de Jonc, source de la Loire ♦ **Foires, festivités :** fête du village le 2e week-end de septembre ♦ **Hôtel :** *Le Pré Bossu* (tél. 04.71.05.10.70), hôtel de charme, 10 chambres 370-475 F, restaurant ♦ **Mairie** (tél. 04.71.08.31.39).

BESSE-EN-CHANDESSE
63610 (Puy-de-Dôme)

À la limite du Mont-Dore et du Cézalier, dans le magnifique parc naturel régional des Volcans, Besse présente un ensemble harmonieux de maisons médiévales aux toits d'ardoises ou de lauzes. Ses fortifications datent du XVe siècle. On peut encore admirer l'ancienne porte de Ville et la tour de la Prison. Sur la place centrale, l'église Saint-André, bâtie à l'époque romane, a subi plusieurs remaniements. Sa nef, très simple, comporte des chapiteaux décorés de motifs végétaux ou historiques. Sous les sellettes des stalles, on apercevra des « miséricordes », ces petits appuis qui accordaient un peu de repos aux moines et aux chanoines pendant les offices. On peut aller voir le château du Bailli, autrefois point fort de la défense de la cité, se promener sur la place et dans les rues pour admirer les maisons avec leurs fenêtres à meneaux, leurs belles portes. Un peu plus loin, rue de la Boucherie, sont alignées d'anciennes échoppes du XVe siècle et la magnifique maison de la reine Margot. Besse fut également à l'origine de l'implantation du ski en Auvergne : la station de Super-Besse offre aux sportifs ses nombreuses pistes de ski.

♦ 1874 habitants, 1050 m d'altitude ♦ **Accès :** (carte 24) à 55 km S-O de Clermont-Ferrand par A 75, sortie 6 et D 978 ♦ **À voir :** le musée du Ski ; la Maison de l'eau et de la pêche ♦ **Aux alentours :** le lac Pavin ; la forteresse féodale de Murol et le lac Chambon ; l'église romane de Saint-Nectaire ♦ **Foires, festivités :** marché le lundi matin ; fête de la St-Cochon le dernier samedi de janvier ; « Montade » début juillet ; foire aux Fromages et aux Vins le 3e week-end de juillet ; fête des Estives le 2e dimanche d'août ; « Dévalade » fin septembre ♦ **Hôtels :** *Hostellerie du Beffroi* (tél. 04.73.79.50.08) ; à Perrier (25 km E), *Chez M. Gebrillat* (tél. 04.73.89.15.02), maison d'hôtes de charme, 3 chambres 250-300 F ♦ **Restaurants :** nombreux restaurants ; à Super-Besse, *La Bergerie* (tél. 04.73.79.61.06) ♦ **O. T.** (tél. 04.73.79.52.84).

MONTPEYROUX
63114 (Puy-de-Dôme)

Montpeyroux est un petit village fortifié, bâti sur une butte au bord de l'Allier. Il faisait partie, jadis, du comté d'Auvergne. Du château fort, édifié au sommet de la colline au XIIIe siècle, il ne reste que la porte principale, avec ses meurtrières, et la tour-donjon, haute de plus de trente mètres. Les maisons, alignées le long des rues étroites et pavées, ont été construites avec les belles pierres dorées du pays ; elles ont gardé tout le charme du passé. Le Val d'Allier était autrefois un riche pays de vergers et de vignes : on trouve à Montpeyroux des demeures vigneronnes typiques avec leur escalier extérieur et leur rez-de-chaussée voûté où s'effectuait le cuvage. Au XIXe siècle, la vie devint difficile et le village fut peu à peu déserté et pillé. Aujourd'hui, grâce à des initiatives privées et publiques, il revit : le site est classé, les maisons ont été restaurées, des artisans se sont installés. Il est dommage que quelques bâtiments modernes aient été construits en contrebas du village et l'autoroute juste derrière ; cela gâche la jolie vue d'ensemble.

♦ 303 habitants, 500 m d'altitude ♦ **Accès :** (carte 25) à 20 km S de Clermont-Ferrand par A 75 sortie 7 ♦ **Aux alentours :** les villages de La Sauvetat (4 km N-O) et de Sauvagnat (6 km S) ; les châteaux de Busséol et de Montmorin ♦ **Foires, festivités :** « Les Fleurs-Folies » le 3e week-end de mai ♦ **Hôtel :** à Perrier (16 km S), *Chez M. Gebrillat* (tél. 04.73.89.15.02), maison d'hôtes de charme, 3 chambres 250-300 F ♦ **Restaurant :** crêperie *Le Donjon* ♦ **Mairie** (tél. 04.73.96.62.68) et Point-accueil au donjon.

SAINT-SATURNIN
63450 (Puy-de-Dôme)

Implanté dans un site magnifique, Saint-Saturnin est un village très ancien de la vallée de la Monne. C'est au XIIIe siècle que la famille de La Tour d'Auvergne construit le château, remanié ensuite aux XVe et XVIe siècles. Catherine de Médicis (descendante de cette famille) y séjourne en 1566. Mais l'intérêt majeur du village reste l'église, toute simple, qui comporte un magnifique chevet et une riche décoration intérieure. C'est l'une des plus belles églises romanes d'Auvergne. Sur la place murmure une fontaine Renaissance ; juste derrière, vous verrez la petite église Sainte-Madeleine et la rue des Nobles avec ses belles maisons. En contrebas, le long de la rue de la Boucherie, on peut admirer une demeure décorée d'armoiries et la Maison du tourisme, installée dans une échoppe ancienne très bien restaurée. Vous pourrez terminer la visite par la place du Marché, bordée de pittoresques maisons vigneronnes. Ce petit village paisible et harmonieux a attiré de nombreux artistes.

♦ 900 habitants, 450 m d'altitude ♦ **Accès :** (carte 25) à 13 km S de Clermont-Ferrand par A 75, sortie 5 et D 213 ♦ **Aux alentours :** de nombreux sentiers de randonnée dans les gorges de la Monne et autour du lac d'Aydat ; les villages d'Olloix et de Chadrat ; l'abbaye de Notre-Dame-de-Randol ♦ **Foires, festivités :** foire le 1er mai ; expositions en été ; foire de la Saint-Géraud le 2e dimanche d'octobre ♦ **Restaurants :** *La Reine Margot* ; *La Toison d'Or* ♦ **Mairie** (tél. 04.73.39.30.77).

USSON
63490 (Puy-de-Dôme)

Dans ce village – dont les origines remonteraient au temps des Celtes – est érigée la plus importante forteresse de Basse-Auvergne. Louis XI en fait une prison en y ajoutant trois murailles. Sur l'une des cinq portes, vous pourrez lire : « Garde le traître et la dent. » (« Seules trahisons et famines sont à redouter. ») Il est vrai qu'Usson jouit d'une situation idéale. Construit sur une butte volcanique, il domine la plaine de Varennes. Partant de sa base, vous remonterez le long des étroites ruelles bordées de maisons en pierre noire, puis vous atteindrez une petite église romane avant de découvrir les ruines du château, détruit par Richelieu en 1633. La reine Margot y fut enfermée pendant dix-neuf ans ; accordez-lui quelques pensées mais sans trop de compassion, sa détention fut vite égayée de fêtes galantes... Profitez aussi de la vue sur l'extraordinaire paysage alentour. En redescendant, visitez le quartier des vignerons. Ses maisons cachent de profondes caves voûtées car, avant de céder la place à l'élevage et à des cultures variées, la vigne fut longtemps l'activité principale du village.

♦ 190 habitants, 630 m d'altitude ♦ **Accès :** (carte 25) à 10 km S-E d'Issoire par D 996 et D 709 ♦ **Aux alentours :** le château de Parentignat ; les vestiges du prieuré de Sauxillanges (XIVe et XVe siècles) ♦ **Foires, festivités :** pèlerinage le dernier dimanche d'août ♦ **Hôtel :** à Collanges (22 km S-O), *Château de Collanges* (tél. 04.73.96.47.30), maison d'hôtes de charme, 6 chambres 380-550 F, table d'hôtes le soir ♦ **Mairie** (tél. 04.73.71.05.90).

ARGENTAT-SUR-DORDOGNE
19400 (Corrèze)

Bâtie dans un site magnifique de bois et de collines, Argentat étire ses maisons le long de la Dordogne. La cité était prospère aux XVIe et XVIIe siècles grâce au bois qu'elle transportait sur des bateaux – les gabares – le long du fleuve jusqu'à Bergerac ; on en faisait des tonneaux pour le vin ou les céréales. C'est à cette même époque que les riches habitants construisirent ces élégantes demeures que l'on peut admirer aujourd'hui, parfaitement restaurées. Leurs toits de lauzes, leurs tours, leurs poivrières, leur balcon de bois se reflètent dans les eaux tranquilles de la rivière. La flânerie dans les rues ou sur les quais pavés comme autrefois est charmante et d'agréables terrasses au bord du fleuve permettent de passer un délicieux moment.

♦ 3500 habitants, 182 m d'altitude ♦ **Accès :** (carte 24) à 30 km S de Tulle par N 120 ♦ **Foires, festivités :** marché le 1er et 3e jeudi du mois ; brocante le dernier week-end de juillet ; foire de la Céramique le 1er week-end d'août ; fête de la Châtaigne le dernier week-end de septembre ♦ **Hôtels :** à Beaulieu-sur-Dordogne (25 km S-O), *Le Turenne* (tél. 05.55.91.10.16), hôtel de charme, 15 chambres 270-290 F, restaurant ; *Château d'Arnac* (tél. 05.55.91.54.13), maison d'hôtes de charme, 4 chambres 340 F, 440 F (juillet-août), table d'hôtes le soir ; *La Maison* (tél. 05.55.91.24.97), maison d'hôtes de charme, 5 chambres 200-320 F, 1 suite 450 F, table d'hôtes ♦ **Restaurant :** *Le Saint-Jacques* (tél. 05.55.28.80.87) ♦ **Mairie** (tél. 05.55.28.10.91) - **O. T.** (tél. 05.55.28.16.05).

BEAULIEU-SUR-DORDOGNE
19120 (Corrèze)

Au bord de la Dordogne, entre Quercy et Périgord, Beaulieu est un petit bourg fier de son église, magnifique construction romane qui faisait jadis partie d'un monastère bénédictin fondé par l'archevêque de Bourges au IXe siècle. Le portail sud, délicatement sculpté, contraste avec l'admirable simplicité de l'intérieur. Mais que cette belle église ne vous fasse pas oublier le village avec ses ruelles étroites et pavées bordées de superbes maisons anciennes, ses placettes, ses passages voûtés et ses petits lavoirs pittoresques ; flânez rue Sainte-Catherine où se trouvent des antiquaires et admirez notamment la maison joliment dénommée « maison d'Adam et Ève » qui date de la Renaissance. Une agréable balade vous mènera jusqu'aux berges de la Dordogne, large et belle à cet endroit, où la petite chapelle des Pénitents, d'époque romane, dresse hardiment son clocher à arcades.

♦ 1347 habitants, 140 m d'altitude ♦ **Accès :** (carte 24) à 40 km N-E de Tulle par D 940 ♦ **À voir :** le trésor (Vierge en bois recouvert d'argent et reliquaire) de l'église ♦ **Aux alentours :** Queyssac (5 km O) ; le gouffre de Padirac ; Rocamadour ; le château de Castelnau ♦ **Foires, festivités :** marché le mercredi et le samedi matin ; foires les 1er et 3e vendredi de chaque mois ; marché aux plants de fleurs et légumes le dernier dimanche d'avril ; fête de la Fraise en mai ; fête des « Corps Saints » le 1er dimanche de septembre ♦ **Hôtels :** *Le Turenne* (tél. 05.55.91.10.16), hôtel de charme, 15 chambres 270-290 F, restaurant ; *La Maison* (tél. 05.55.91.24.97), maison d'hôtes de charme, 5 chambres 200-320 F, 1 suite 450 F, table d'hôtes ; à Nonards (6 km N), *Château d'Arnac* (tél. 05.55.91.54.13), maison d'hôtes de charme, 4 chambres 340 F, 440 F (juillet-août), table d'hôtes le soir ♦ **Mairie** (tél. 05.55.91.11.31) - **S. I.** (tél. 05.55.91.09.94).

COLLONGES-LA-ROUGE
19500 (Corrèze)

Quelle extraordinaire vision médiévale ! Toute rouge et rose, Collonges est d'abord un « bourg muré ». Ses constructeurs ont su exploiter le trésor de grès rouge du massif de l'Habitarelle qui la surplombe. La cité a été essentiellement aristocratique, les blasons en témoignent, castels, tours, échauguettes foisonnent. La construction de l'église remonte à un passé lointain : une charte atteste de sa donation à l'abbaye de Charroux à la fin du VIIIe siècle. En 1557, Henri de La Tour d'Auvergne passe à la Réforme, l'église est alors séparée en deux nefs symboliques. En 1923, on dégage le tympan admirablement conservé du Christ en Majesté. Bien qu'elle ne soit pas sur le chemin de Compostelle, elle est mentionnée sur l'itinéraire de Bruges, ceci explique la vicairie de St-Jacques, tout contre l'église. Châteaux, hôtels, maisons nobles proclament l'apogée de Collonges aux XVe et XVIe siècles : Vassinhac (château Faige), maison de Friac, châteaux de Maussac et de Benge. Les portes sont arquées, hospitalières, portant l'écu du maître. Les tours sont charmantes avec leurs coiffes en poivrière et leurs escaliers de grès en spirale. Les toits sont de lauzes, d'ardoises, ou de tuiles sarrasines, accentuant le trait d'union entre le Nord et le Midi. Cette cité, dont il semble que le sang bat « à fleur de pierre » est à visiter absolument.

♦ 379 habitants, 230 m d'altitude ♦ **Accès :** (carte 24) à 21 km S-E de Brive-la-Gaillarde par D 38 ♦ **À voir :** le musée de la Sirène (arts et traditions populaires) ♦ **Aux alentours :** la haute vallée de la Dordogne ♦ **Foires, festivités :** « Théâtrale » de mi-juillet à mi-août ; marché d'antan le 1er dimanche d'août ♦ **Hôtels :** *Relais de Saint-Jacques-de-Compostelle* (tél. 05.55.25.41.02), hôtel de charme, 24 chambres 170-310 F, restaurant ; *La Raze* (tél. 05.55.25.48.16), maison d'hôtes de charme, 4 chambres 235-270 F ♦ **Mairie** (tél. 05.55.25.41.09) - **S. I.** (tél. 05.55.25.47.57).

CUREMONTE
19500 (Corrèze)

Nous sommes en Corrèze, à l'extrémité sud du Limousin. Les carrières de grès ont fourni à cette région un matériau magnifique par ses qualités de solidité et surtout par sa belle coloration rose foncé : l'habitat y a gagné une séduction particulière. Curemonte veille toujours sur les deux vallées qu'il surplombe, celle de la Sourdoise et celle du Maumont. Le village s'étire sur une ligne de crête et, de loin, impose la silhouette de ses remparts. Au XIIe siècle, il prend son essor, sous la domination des comtes de Turenne. Sa prospérité atteindra son apogée à la Renaissance, d'où l'heureuse présence de de maisons nobles, aux toits de tuiles plates, à tourelles, vrais petits castels de grès rose, plus délicieux les uns que les autres. Curemonte a eu à se défendre, comme en témoigne l'enceinte flanquée de bastions à poivrières qui protège les châteaux du Plas et de Saint-Hilaire, des XVe et XVIe siècles. Leur donjon carré à mâchicoulis et meurtrières et leurs énormes tours rondes dominent les remparts et leurs tours de garde. Au centre, près de la halle (XVIe siècle), se trouve le joli petit château de la Johanie, datant de la même époque. L'église a gardé son clocher en auvent, mais a subi maints remaniements. La destination guerrière de Curemonte est bien atténuée par la douceur de toutes ces beautés.

♦ 203 habitants, 180 m d'altitude ♦ **Accès :** (carte 24) à 30 km S-E de Brive-la-Gaillarde par D 38, D 10 et D 106 ♦ **Aux alentours :** l'église romane de St-Hilaire-la-Combe ; l'église de St-Genest ; Rocamadour ♦ **Foires, festivités :** feu de la Saint-Jean le dernier samedi de juin ; concours de peinture le 4e dimanche de juillet ♦ **Hôtels :** à Beaulieu-sur-Dordogne, *Le Turenne* (tél. 05.55.91.10.16), hôtel de charme, 15 chambres 270-290 F, restaurant ; *La Maison* (tél. 05.55.91.24.97), maison d'hôtes de charme, 5 chambres 200-320 F, 1 suite 450 F, table d'hôtes ♦ **Mairie** (tél. 05.55.25.34.76).

SAINT-ROBERT
19310 Ayen (Corrèze)

Le saint patron de cette jolie bourgade est sans doute ce Robert de Turlande qui a fait ériger par ses disciples bénédictins l'église dont nous ne pouvons plus admirer que le transept, le clocher octogonal et le chœur. Nous ne connaissons de Robert que la date de sa mort, 1067, rien de sa vie. Le village est à son image : lourd d'un passé inconnu, posé dans un paysage typique de la Corrèze, sur une colline parmi d'autres collines, au milieu de bosquets de noyers et d'alignements de peupliers, dans la claire lumière du Limousin. «Il est là-haut, accroché sur son plateau, le dos à la Dordogne et les yeux vers la Corrèze, décoiffé par les vents, presque caché dans le ciel… » (C. Michelet). Les guerres de Religion, nous dit-on, ont donné lieu à de sanglants combats qui se sont terminés par une défaite. On parle une autre fois du village, en 1747, parce qu'un sénéchal est venu y vivre. Enfin, lors de la Révolution, Saint-Robert est un temps débaptisé par les patriotes, et se nomme Mont-Bel-Air. Depuis la terrasse de la mairie, on a une belle vue sur le chevet de l'église. Une tourelle et une tour le flanquent, témoins d'un système de défense ajouté au XVIe siècle. Alentour dorment de très belles demeures seigneuriales, dévalent d'étroites ruelles, veillent encore les portes des anciennes fortifications.

♦ 336 habitants, 350 m d'altitude ♦ **Accès :** (carte 23) à 28 km N-O de Brive-la-Gaillarde par D 701 et D 51 ♦ **Aux alentours :** le haras national de Pompadour ; le château d'Hautefort ; la vallée de la Dordogne et le Périgord blanc ♦ **Foires, festivités :** marché le premier mercredi de chaque mois ; « Été musical » (concerts et expositions) ; fête patronale le 15 août avec pèlerinage et brocante ; fête du « Baco nouveau » en octobre ; foires aux veaux de lait aux Rameaux et le 3e lundi d'octobre ♦ **Mairie** (tél. 05.55.25.11.12) - **S. I.** (tél. 05.55.25.21.01).

SÉGUR-LE-CHÂTEAU
19230 (Corrèze)

Une presqu'île formée par les caprices d'une boucle de l'Auvézère a été choisie par les comtes de Limoges pour y dresser un château fort. Ségur, étymologiquement « lieu sûr », existait déjà à l'époque gallo-romaine ; au IXe siècle, il devient donc une place forte. Le donjon carré, épaulé de contreforts, domine le village, dont on peut admirer le dégradé de toits de tuiles brunes depuis le chemin de ronde. En bas, dans les ruelles, dites ici *charrièrous*, des maisonnettes de schiste s'appuient les unes aux autres. Au XVe siècle, élu siège de la cour des Appeaux, juridiction qui s'étendra sur les 361 justices seigneuriales du Limousin et du Périgord, Ségur-le-Château connaît un renouveau extraordinaire. Les nobles font construire des hôtels particuliers aux façades décorées de granit sculpté, fenêtres à meneaux, tourelles, toits en poivrière, élégants épis de faîtage. Nombreux sont les détails d'architecture témoins de cette époque fastueuse ! Parmi les vicomtes de Ségur, deux sont passés à la postérité : Jean de L'Aigle, qui battit l'Anglais à la bataille de Castillon et mit fin à la guerre de Cent Ans et à l'occupation ; et Henri IV, roi de Navarre, qui fut le dernier vicomte de Ségur. Dans le village d'ailleurs, on vous fera admirer sa maison.

♦ 273 habitants, 300 m d'altitude ♦ **Accès :** (carte 23) à 55 km S de Limoges par D 704 - Saint-Yrieix et D 18 ♦ **Aux alentours :** Pompadour (10 km S-E), le château, le haras national et l'église romane d'Arnac ; Lubersac (10 km E), l'église romane, le château du Verdier ♦ **Foires, festivités :** marché le dimanche matin ; vide-greniers et fête médiévale en été ♦ **Hôtel :** à Coussac-Bonneval (15 km N), *Moulin de Marsaguet* (tél. 05.55.75.28.29), maison d'hôtes de charme, 3 chambres 340 F, table d'hôtes le soir ♦ **Mairie** (tél. 05.55.73.53.21) - **S. I.** (tél. 05.55.73.39.92).

TREIGNAC
19260 (Corrèze)

Treignac est devenu un lieu de vacances tout à fait riant et fréquenté. Que vous y passiez, ou que vous y séjourniez, n'omettez pas d'explorer sa vieille ville, pleine de merveilles. On descend par une rue à forte pente jusqu'au vieux pont gothique qui saute par-dessus une Vézère au cours fougueux. Les murs en terrasses du vieux château ruiné dominent la rivière, les vieilles demeures coiffées d'ardoises, et l'église. Celle-ci date du XIIe siècle ; elle est carrée, flanquée d'un clocher hexagonal couvert d'ardoises. Il est voûté d'ogives et repose sur de gros piliers. Restaurée dans les années 1960, elle abrite un autel de granit en forme de dolmen et des vitraux modernes dus à un artiste du pays, Camille Fleury. Les rues de l'ancienne ville murée, dont on retrouve une porte, conservent des maisons en granit des XVIe, XVIIe et XVIIIe siècles. La halle aussi est en granit. Il subsiste un ensemble de demeures à tourelles et portails sculptés, décorés de nombreux motifs de coquilles Saint-Jacques, qui attestent que Treignac fut une étape sur la route de Compostelle. Proche, l'excursion au rocher des Folles, à faire à pied, mène jusqu'à un chaos de blocs granitiques. La vue sur les gorges et les collines boisées qui encadrent la Vézère y est remarquable.

♦ 1580 habitants, 500 m d'altitude ♦ **Accès :** (carte 24) à 76 km S-E de Limoges par D 979 - Eymoutiers et D 940 ♦ **À voir :** le musée des Arts et Traditions de la Haute-Vézère (ouvert en été, tél. 05.55.98.01.22) ♦ **Aux alentours :** le lac de Vassivière ; Magnat-l'Étrange ; les cascades de Gimel et le château de Sédières ♦ **Foires, festivités :** marché le mardi et le samedi matin ; fête du village fin juin ; foire aux Vins et brocante en juillet ♦ **Hôtel :** à Eymoutiers (30 km N), *Fougeolles* (tél. 05.55.69.11.44), maison d'hôtes de charme, 3 chambres 250-300 F, table d'hôtes sur demande ♦ **S. I.** (tél. 05.55.98.15.04).

TURENNE
19500 Meyssac (Corrèze)

C'est la famille de La Tour d'Auvergne qui a rendu célèbre la maison de Turenne. Le grand Henri de Turenne laisse son nom à l'Histoire, d'abord par sa participation à la Fronde et sa conspiration contre Mazarin, plus tard quand, s'étant soumis au roi, il devient l'un des plus grands capitaines des temps modernes. Les ruines du château se dressent au plus haut point de la butte. Sur le promontoire, une terrasse fleurie va de la tour de César à la tour de l'Horloge. De là, le panorama est unique, plongeant sur le bourg et, au-delà, sur le paysage verdoyant et vallonné. On emprunte ensuite la seule rue droite qui descend du château vers la ville. De riches demeures de fin calcaire blanc la bordent, accrochées aux flancs de la colline. Elle débouche dans le village médiéval, place du Foirail. On admire les nombreux hôtels particuliers des XVe, XVIe et XVIIe siècles, ornés de tourelles à encorbellement, de poivrières ; ils sont, en général, en bon état de conservation. Dans la maison du Grenier à sel se tenaient autrefois les états généraux de la vicomté. L'église collégiale fut construite sur le désir de Charlotte de Lamarck, épouse du premier vicomte de Turenne. Elle contient un retable de bois doré, une chaire, une mise au tombeau remarquables. Turenne est faite de trois faubourgs, ou *barris*. Ne pas négliger celui du Marchadiol, ancien marché aux huiles, aux ruelles très pittoresques.

♦ 718 habitants, 350 m d'altitude ♦ **Accès :** (carte 24) à 16 km S de Brive-la-Gaillarde par D 38 et D 8 ♦ **Aux alentours :** le gouffre de la Fage (7 km N-O) ; la vallée de la Dordogne ♦ **Foires, festivités :** foire aux Bœufs le Jeudi saint, foire aux Chèvres et aux Chevaux le 8 mai ♦ **Hôtel :** *La Maison des Chanoines* (tél. 05.55.85.93.43), hôtel de charme, 3 chambres 300-370 F, restaurant ♦ **S. I.** (tél. 05.55.85.94.38).

LE MOUTIER-D'AHUN
23150 (Creuse)

Dans sa haute vallée, la Creuse est enjambée par un très beau pont roman à avant-becs. Depuis les collines boisées dévalent nombre de ruisseaux qui s'en vont grossir la rivière. C'est là que se niche Moutier-d'Ahun, village-rue, prolongement d'Ahun proprement dit. Ce jumelage était assez courant au temps de la chrétienté toute-puissante : d'une part, un village seigneurial, de l'autre, les possessions monastiques. Le « moûtier » date du Xe siècle. Boson, comte de La Marche, avait fait don d'une église à l'abbaye d'Uzerche, pour la fondation d'un monastère de règle bénédictine. Au XIIe siècle, le Moûtier est au faîte de sa prospérité. Il n'échappera pas, hélas, aux malheurs de la guerre de Cent Ans, pas plus qu'aux guerres de Religion. Ce qu'il reste et que nous pouvons admirer est dû à une restauration faite par les moines en 1610. En 1673 et 1681, d'admirables boiseries seront ajoutées pour décorer l'abside et le chœur de l'église. L'ancien portail flamboyant est encore debout ; il s'ouvre sur un jardin et sur une allée d'arbres à l'emplacement de la nef disparue. Les plus intéressantes maisons d'Ahun remontent au XVe siècle, dont des hôtels particuliers à baies soulignées de pilastres, rehaussées de frontons à boule.

♦ 197 habitants, 400 m d'altitude ♦ **Accès :** (carte 24) à 20 km S-E de Guéret par D 942 ♦ **À voir :** l'exposition de tapisseries d'Aubusson ; le musée des Vieux Outils ; les villages de Sous-Parsat et de Masgot ♦ **Foires, festivités :** marché à Ahun (2 km) le mercredi matin ; feu de la Saint-Jean le 1er samedi de juillet ♦ **Hôtel :** à Saint-Georges-la-Pouge (14 km S), *Domaine des Mouillères* (tél. 05.55.66.60.64), hôtel de charme, 7 chambres 110-380 F ♦ **Mairie** (tél. 05.55.62.45.63) - **S. I.** (tél. 05.55.62.55.93).

MORTEMART
87330 (Haute-Vienne)

Mortemart est née dans cette plaine humide et marécageuse, d'où vient son nom, « Mare mortuum », « Mer morte ». Abon Drut, l'un des premiers seigneurs, guerroie victorieusement contre Guillaume de Poitiers, et sauve la place de Bellac. Il est autorisé, en récompense, à édifier un château en 995. Démantelé sur ordre du cardinal de Richelieu, il n'en reste, aujourd'hui, que les tours et le dessin des douves. En 1330, le cardinal Pierre Gauvain, autre fils du pays, fonde à Mortemart trois édifices religieux : l'Hôtel-Dieu, tenu par les Carmes, le collège des Augustins et un monastère de Chartreux. Ce dernier a totalement disparu. Par contre, on peut toujours admirer le couvent des Carmes, agrandi au XIXe siècle par un bâtiment néo-classique, et la chapelle des Augustins, devenue église paroissiale. Son clocher à bulbe, en ardoise, est curieux ; à l'intérieur, elle contient de fort belles stalles de bois sculpté, et un retable baroque. De son passé commercial prospère, Mortemart a gardé sa jolie halle. À voir aussi la maison du Sénéchal, à tour carrée, du XVe siècle, dont les jardins abritent les restes de l'ancien portail de l'église Saint-Hilaire. La maison de Verdilhac et celle du chevalier de Béon ont conservé des tourelles et des éléments gothiques à leurs fenêtres.

♦ 155 habitants, 290 m d'altitude ♦ **Accès :** (carte 23) à 40 km N-O de Limoges par N 147 et D 5 ♦ **À voir :** l'exposition de peintures et sculptures au château des Ducs (en été) ♦ **Aux alentours :** l'église fortifiée de Blond ; le village de Montrol-Sénard ; de nombreux sentiers de randonnée : circuit des Mégalithes, circuit dans les monts de Blond ♦ **Foires, festivités :** marché fermier le dimanche matin en été ; foire à la brocante le 3e week-end de mars ♦ **Hôtel :** à 6 km S, *Les Hauts de Boscartus* (tél. 05.55.03.30.63), maison d'hôtes de charme, 2 chambres 190-280 F ♦ **Restaurant :** *Le Relais* (tél. 05.55.68.12.09), avec chambres ♦ **S. I.** (tél. 05.55.68.98.98).

Bourgogne ! Ce nom évoque d'emblée le plaisir de vivre. Cette belle région mêle harmonieusement les souvenirs historiques, les richesses artistiques et religieuses, aux joies vigneronnes et gastronomiques. Églises romanes, abbayes (Cluny, Cîteaux), châteaux, témoignent de l'importance de la foi, de la puissance et du raffinement des ducs de Bourgogne du Moyen Âge à la Renaissance. Prenez votre temps pour parcourir routes et sentiers de Bourgogne, pour admirer ses villages restés bien authentiques et pour déguster ses vins renommés dans le monde entier.

À l'est, voici la Franche-Comté : les monts du Jura cachent des vallées profondes, des « reculées » étroites et pittoresques, où se blottissent de petits villages. Partout dans le paysage, sources, rivières, lacs font miroiter leurs eaux pures et transparentes. La végétation est superbe : les forêts s'étendent sur près de 500 000 hectares, les prairies déroulent un merveilleux tapis vert, les torrents aux eaux vives sont le domaine de prédilection des pêcheurs. Il faut partir à la découverte de ce pays authentique, visiter ses villages encore secrets et silencieux, goûter ses délicieux fromages, ses poissons, ses vins parfumés.

CHÂTEAUNEUF
21320 (Côte-d'Or)

À quelques kilomètres de Pouilly-en-Auxois, l'ancien village fortifié de Châteauneuf domine la plaine, dans un site des plus pittoresques. Ce qui frappe tout d'abord le visiteur, c'est le magnifique château fort construit au XIIe siècle, puis agrandi et remanié au XVe siècle. Il comporte d'épaisses murailles, des tours rondes, des logis de style gothique et un pont-levis. Comme toutes les forteresses de cette époque, il n'a pas de donjon. Le château, donné à l'État en 1936 par le comte de Vogüé, peut aujourd'hui se visiter. Le village est lui aussi fort pittoresque et l'on découvre avec plaisir les vieilles demeures construites aux XIVe, XVe et XVIe siècles par de riches marchands bourguignons. L'église du village est du XVe siècle. Lorsqu'on gagne le belvédère situé près de la porte Nord, on découvre un très agréable panorama qui permet de contempler les monts du Morvan et le canal qui relie l'Yonne à la Saône.

♦ 63 habitants, 475 m d'altitude ♦ **Accès :** (carte 19) à 34 km N-O de Beaune par A 6, sortie Pouilly-en-Auxois ♦ **À voir :** le petit musée rural et d'Histoire locale ♦ **Aux alentours :** la chapelle Notre-Dame-du-Chêne ; l'ermitage de Saint-Julien ; l'abbaye de la Bussière ; le château de Commarin (7 km N par D 977bis) ; le canal de Bourgogne ♦ **Foires, festivités :** marché médiéval en juillet les années paires ; Messe de la Saint-Hubert fin octobre-début novembre ; messe de minuit avec tableau vivant de la Nativité à Noël ♦ **Hôtel :** *Hostellerie du Château* (tél. 03.80.49.22.00), hôtel de charme, 17 chambres 270-430 F, restaurant ♦ **Mairie** (tél. 03.80.49.21.64) - **O. T.** de Pouilly-en-Auxois (tél. 03.80.90.74.24).

ÉPOISSES
21460 (Côte-d'Or)

Situé au cœur de la Bourgogne, au carrefour du Morvan, de la Haute-Bourgogne et du Tonnerrois, Époisses est un ravissant village qui a gardé tout le charme de son passé. Parmi les richesses architecturales de la cité, l'église collégiale du XIIIe siècle et le château, magnifique forteresse de plaine des XIVe et XVIe siècles, à double enceinte fortifiée. En franchissant la poterne, vous vous retrouvez dans le passé ! Les communs forment un petit village bourguignon en miniature entourant l'église et le colombier du XVe siècle. Au fond, le majestueux château avec ses quatre tours (X^e-XIVe siècles). Des personnages célèbres y ont séjourné : Henri IV, madame de Sévigné, Chateaubriand. L'intérieur conserve un très riche mobilier et de nombreux souvenirs des hôtes de passage. Un peu à l'écart, le village rassemble de jolies maisons paysannes bien entretenues. Les balcons sont fleuris, les toits sont de tuiles plates. Époisses est un village vivant et gai, qui est renommé pour son célèbre et délicieux fromage, créé au XVIe siècle par une communauté de moines cisterciens. Aujourd'hui, l'époisses est toujours fabriqué selon les mêmes méthodes artisanales : lait cru et affinage au marc de Bourgogne. Avant de partir, vous pourrez visiter la fromagerie (sur la place du Champ-de-Foire) et goûter tous les bons produits fermiers.

♦ 801 habitants, 265 m d'altitude ♦ **Accès :** (carte 10) à 13 km O de Semur-en-Auxois par D 954 ♦ **Aux alentours :** le château de Bourbilly ♦ **Foires, festivités :** marché le mercredi ; foire le 1er dimanche de mai ♦ **Mairie** (tél. 03.80.96.44.09) - **S. I.** (tél. 03.80.96.41.56).

FLAVIGNY-SUR-OZERAIN
21150 (Côte-d'Or)

Bâtie sur un rocher dans un très beau site, Flavigny s'est construit autour d'une abbaye bénédictine implantée au VIIIe siècle qui verra affluer de nombreux pèlerins au cours des siècles. De son riche passé, la cité a conservé des remparts, des portes fortifiées (porte du Val, du Bourg), des tours anciennes, des ruelles étroites et pavées et des maisons et hôtels des XIIIe et XVe siècles en belle pierre ocre. L'église Saint-Genest mérite une visite ; elle remonte au XIIIe siècle, mais elle a été remaniée aux XVe et XVIe siècles (à l'intérieur, rares tribunes à barrières de bois, stalles du XVIe siècle, très belle statue du XIIe siècle). De l'abbaye bénédictine, outre les bâtiments du XVIIIe siècle, on peut voir d'étonnants vestiges de l'époque carolingienne : la crypte Sainte-Reine et une chapelle. Avant de quitter Flavigny, n'oubliez pas d'acheter les fameux bonbons à l'anis toujours fabriqués à l'abbaye.

♦ 411 habitants, 421 m d'altitude ♦ **Accès :** (carte 19) à 16,5 km E de Semur-en-Auxois par D 9 ♦ **À voir :** la Maison du Donataire ♦ **Aux alentours :** le château de Bussy-Rabutin (XVe-XVIIe siècles) ; Alise-Sainte-Reine ; l'abbaye de Fontenay ; les sources de la Seine ♦ **Foires, festivités :** fête de la Saint-Simon fin octobre ♦ **Hôtel :** à Nan-sous-Thil (32 km S-O), *Château de Beauregard* (tél. 03.80.64.41.08), maison d'hôtes de charme, 3 chambres 620-780 F, 1 suite 990 F ♦ **Mairie** (tél. 03.80.96.21.73) - **S. I.** (tél. 03.80.96.25.34).

SALMAISE
21690 (Côte-d'Or)

Le site de Salmaise était déjà habité dans les temps préhistoriques mais, à part un petit monument gallo-romain conservé dans la crypte (XIe siècle) de l'église romane, les vestiges du village datent surtout de la période XIe-XVe siècle. Dès l'arrivée, on est frappé par l'imposant château. Édifié au XIIIe siècle par les Mont-Saint-Jean, il protégeait Salmaise, dont les habitants furent affranchis du servage le 12 mai 1265, ainsi qu'en témoigne un document toujours conservé à la mairie. Aujourd'hui, le village est toujours bien vivant. Les petites maisons sont pleines de charme ; édifiées en pierre calcaire, elles se serrent les unes contre les autres tout en ménageant parfois un peu d'espace à des jardins. Leurs toits, généralement couverts de « lave », sont très caractéristiques. Cette même lave calcaire protège les magnifiques halles du XIIIe siècle – orgueil des habitants de Salmaise – qui ont retrouvé leur marché hebdomadaire. Vous pourrez faire une halte gourmande à la pâtisserie artisanale avant de quitter à regret ce village classé parmi les plus beaux de France.

♦ 160 habitants, 450 m d'altitude ♦ **Accès :** (carte 19) à 37 km N-O de Dijon par N 71, D 104, D 10 ♦ **Aux alentours :** le château de Bussy-Rabutin ; l'abbaye de Fontenay ; le site d'Alésia à Alise-Sainte-Reine ; les sources de la Seine ♦ **Foires, festivités :** foire artisanale le 2e dimanche de juin ; brocante en juillet ♦ **Hôtel :** à Val-Suzon (18 km S-E), *Hostellerie du Val-Suzon* (tél. 03.80.35.60.15), hôtel de charme, 15 chambres 300-520 F, suites 650-980 F, restaurant ♦ **Mairie** (tél. 03.80.35.84.99) - **S. I.** canton de Venarey (tél. 03.80.96.89.13).

SEMUR-EN-AUXOIS
21140 (Côte-d'Or)

Dans la belle et verdoyante région de l'Auxois, Semur apparaît, fière sur son rocher de granit rose enserré par une boucle de l'Armançon. La cité médiévale, avec ses tours et ses remparts, est dominée par la magnifique collégiale Notre-Dame. Autour de cette dernière se pressent des maisons aux toits pentus de tuiles brunes entourées de jardins qui descendent jusqu'à la rivière. Place forte des puissants ducs de Bourgogne, Semur se divisait jadis en trois parties, chacune entourée d'une enceinte de granit. Aujourd'hui, vous admirerez les quatre belles tours rondes – dont la tour de l'Orle d'Or – les deux portes fortifiées (XIVe et XVe s.), le quartier du château (démoli sur ordre d'Henri IV) avec ses remarquables hôtels particuliers des XVIIe et XVIIIe siècles et l'église Notre-Dame, l'une des plus belles de Bourgogne. Édifiée au XIIIe siècle sur l'emplacement d'une église romane, elle fut agrandie aux XIVe et XVe siècles et restaurée par Viollet-le-Duc. Toute la construction est en claire pierre calcaire de Pouillenay et l'intérieur est dallé de calcaire bleu-noir. Depuis la promenade des Remparts, ombragée de tilleuls, on jouit d'une vue splendide sur le vallon de l'Armançon et, les soirs d'été, toute la vieille cité est superbement illuminée.

♦ 4545 habitants, 286 m d'altitude ♦ **Accès :** (carte 18) à 70 km d'Auxerre par A 6 sortie Bierre-lès-Semur et D 980 ♦ **À voir :** le Musée municipal ♦ **Aux alentours :** l'abbaye de Fontenay, le site d'Alésia, Bussy-Rabutin, le château de Bourbilly, les forges de Buffon ♦ **Foires, festivités :** marché le jeudi et le samedi matin, le dimanche matin en saison ; fêtes de la Bague fin mai ; fête le 15 août ♦ **Hôtels :** *Hôtel des Cymaises* (tél. 03.80.97.21.44) ; *Hostellerie d'Aussois* (tél. 03.80.97.28.28) ♦ **Restaurants :** *Les Gourmets* (tél. 03.80.97.09.41) ; *Les Quinconces* (tél. 03.80.97.02.00) ♦ **O. T.** (tél. 03.80.97.05.96).

DONZY
58220 (Nièvre)

Donzy se situe au cœur d'une région vallonnée, au nord du département de la Nièvre. Deux petites rivières traversent le village lui donnant beaucoup de charme et rappelant l'importance de la meunerie autrefois. Au Moyen Âge, Donzy fut la capitale d'une baronnie et l'un des fiefs les plus importants du duché de Bourgogne. De son passé, le village a conservé une tour ronde, vestige du château féodal, des maisons à pans de bois des XVe et XVIe siècles, ainsi que l'église gothique Saint-Caradheuc. Toutes proches de Donzy (1 km), on admirera les ruines de l'ancien prieuré clunisien de Donzy-le-Pré au portail orné d'un tympan du XIIe siècle, véritable joyau de l'art roman bourguignon. Un peu plus loin encore, à Saint-Martin-du-Pré, très jolie petite église romane à chevet plat.

♦ 1719 habitants, 182 m d'altitude ♦ **Accès :** (carte 18) à 65 km S-O d'Auxerre par N 151 - Clamecy D 977, D 19, D 33 ♦ **À voir :** à Donzy-le-Pré (1 km), le prieuré clunisien ; l'écomusée de la Meunerie au moulin de Maupertuis (tél. 03.86.39.39.46) ♦ **Aux alentours :** à Suilly-la-Tour (7,5 km S-O), le château des Granges ♦ **Foires, festivités :** marché le jeudi et le samedi matin ; foires à Pâques et à la Pentecôte ; fête de la Saint-Caradheuc ♦ **Hôtel :** *Le Grand Monarque* (tél. 03.86.39.35.44), restaurant ♦ **Restaurant :** à Cosne-sur-Loire, *Le Sévigné* (tél. 03.86.28.27.50) ♦ **Mairie** (tél. 03.86.39.30.28) - **O. T.** (tél. 03.86.39.45.29).

ANZY-LE-DUC
71110 (Saône-et-Loire)

Lorsque vous verrez, de loin, apparaître dans la plaine du Brionnais le ravissant clocher de l'église d'Anzy-le-Duc, vous serez séduit par son élégance et sa beauté simple. Le village, en effet, sert d'écrin à l'une des plus belles églises romanes de Bourgogne à laquelle on accède par une belle allée d'arbres. L'édifice bâti au XIe siècle, dans une belle pierre aux tons dorés, est surmonté d'un clocher polygonal à trois étages d'arcades magnifiques. À l'intérieur, vous pourrez admirer de très beaux chapiteaux (XIIe siècle), de remarquables fresques et les lignes très pures de la nef. L'église était autrefois précédée d'un portail, aujourd'hui exposé à Paray-le-Monial. Tout à côté, après avoir contourné la ferme (ancien prieuré), vous verrez un très beau portail sculpté et une tour, restes de l'ancienne abbaye. Il faut contempler le village et l'église par beau temps, car, alors, le soleil illumine et fait resplendir les murs de pierre.

♦ 500 habitants ♦ **Accès :** (cartes 18-25) à 20 km S-O de Paray-le-Monial par D 352 et D 982 ♦ **Foires, festivités :** expositions artisanales en juillet-août ; fête hippique et brocante le 1er dimanche d'août ; « Été musical » en juillet et août ♦ **Hôtels :** *Chez M. et Mme Lamy* (tél. 03.85.25.17.21), maison d'hôtes de charme, 2 chambres 220-250 F ; à Marcigny (6 km S), *Les Récollets* (tél. 03.85.25.05.16), maison d'hôtes de charme, 7 chambres et 2 suites 320-450 F ♦ **Mairie** (tél. 03.85.25.16.43).

BERZÉ
71960 (Saône-et-Loire)

Au milieu de vallons aux pentes couvertes de vignes, voici Berzé. Le village est constituée de deux parties distinctes : Berzé-le-Châtel, perché sur sa colline, présente un important château fort doté de tours rondes à toits pointus, de deux donjons, d'une chapelle et de deux enceintes séparées par des jardins à la française ; Berzé-la-Ville, à 5 kilomètres au sud, pittoresque petit village implanté sur un mamelon rocheux, très connu pour son château des Moines, ancien prieuré (XVIIIe siècle) de l'abbaye de Cluny ; il a conservé une chapelle romane aux admirables et rares fresques du XIIe siècle sur fond bleu (*Christ en Majesté encadré d'apôtres, Légende de saint Blaise, Martyre de saint Vincent*). Ce petit village préservé laisse une impression d'harmonieuse tranquillité.

♦ 516 habitants ♦ **Accès :** (carte 19) à 12 km N-O de Mâcon par N 79 et D 17 ♦ **Aux alentours :** le village de Blanot ; Cluny (10 km N-O) : l'abbaye du XIIe siècle et le musée Ochier ; à Mâcon (14 km), le musée Lamartine, le musée des Ursulines ♦ **Foires, festivités :** concert à l'église début juin ; marché aux puces le 2e dimanche de juillet ; fête communale le 15 août ♦ **Hôtels :** à Bourgvilain (3 km), *Moulin des Arbillons* (tél. 03.85.50.82.83), maison d'hôtes de charme, 5 chambres 350-450 F ; à Cluny (10 km N), *Hôtel de Bourgogne* (tél. 03.85.59.00.58), hôtel de charme, 15 chambres 450-1000 F, restaurant ♦ **Mairie** (tél. 03.85.37.71.10) - **S. I.** (tél. 03.85.51.60.47).

BRANCION

71700 Martailly-les-Brancion (Saône-et-Loire)

Treize kilomètres séparent Brancion du très célèbre édifice roman qu'on aperçoit en bordure d'autoroute, l'abbatiale Saint-Philibert-de-Tournus. Ce petit bourg s'est constitué sur l'emplacement d'un oppidum celto-ligure. Il comporte un ancien château fort (privé), restauré au XIVe siècle, qui se visite et qui fut autrefois entouré par une triple enceinte. Le second centre d'intérêt de ce village, c'est son église romane, très sobre, et très finement proportionnée, située à l'extrémité d'un promontoire qui permet d'apercevoir le magnifique panorama des monts de la Loire et de l'Autunois. À l'intérieur de ce lieu de culte, on découvre des fresques gothiques et le tombeau d'un grand gisant. Dans le vieux village, dont l'ensemble est protégé par les monuments historiques, les maisons, toutes simples, sont en pierre blanche, ornées parfois de galeries ou d'escaliers extérieurs. Sur la place se trouve une grande halle du XVe siècle, qui repose sur de solides piliers de bois. Ce tout petit village, enfoui dans la verdure, laisse une impression de paix et de sérénité.

♦ 146 habitants, 400 m d'altitude ♦ **Accès :** (carte 19) à 14 km O de Tournus par D 14 ♦ **À voir :** le château (visite tous les jours de Pâques au 1er novembre, le dimanche hors saison) ♦ **Aux alentours :** menhir au bord de la D 14 ; le circuit des églises romanes ; randonnées (chemin des Moines de Sennecey-le-Grand à Cluny) ♦ **Foires, festivités :** marché biologique le 1er et le 3e dimanche de chaque mois ♦ **Hôtel :** *La Montagne de Brancion* (tél. 03.85.51.12.40), hôtel de charme, 20 chambres 460-760 F, restaurant ♦ **Restaurant :** *Auberge du Vieux-Brancion* (tél. 03.85.51.03.83) ♦ **Mairie** (tél. 03.85.51.12.56).

FUISSÉ
71960 (Saône-et-Loire)

Le village est niché au creux d'une mer de vignes dans un site très beau et célèbre pour ses crus fameux. C'est en effet l'une des communes produisant le pouilly-fuissé, grand cru classé. Fuissé possède de belles maisons vigneronnes en pierre dorée, à galerie et à larges caves, éparpillées le long du chemin. À admirer notamment, la maison Arcelin ornée d'une galerie à quatre colonnes, la maison du Capucin qui fut bâtie au XVIIIe siècle et la maison Desvignes qui arbore fièrement vingt colonnades de pierre. Les villageois ont construit une nouvelle église au XIXe siècle, mais le village a conservé l'église ancienne ainsi qu'une jolie fontaine et un lavoir du XVIIIe siècle. Fuissé est prospère et gai et, s'il n'a pas de château, il est fier de sa « maison du château », qui a un large porche datant de 1605.

♦ 325 habitants, 280 m d'altitude ♦ **Accès :** (carte 26) à 6 km S-O de Mâcon par D 172 ♦ **Aux alentours :** les villages vignerons : Chasselas, Saint-Amour, Juliénas, Solutré et sa fameuse roche, Vergisson ; la ville de Mâcon ♦ **Foires, festivités :** fête du village le 1er week-end d'août ♦ **Hôtel :** à Bourgvilain (20 km N-O), *Moulin des Arbillons* (tél. 03.85.50.82.83/03.85.50.81.11), maison d'hôtes de charme, 5 chambres 350-450 F ♦ **Restaurant :** *Au Pouilly Fuissé* (tél. 03.85.35.60.68) ♦ **Mairie** (tél. 03.85.35.61.54).

SEMUR-EN-BRIONNAIS
71110 (Saône-et-Loire)

Voici au sud de la Bourgogne, le joli pays du Brionnais, avec ses teintes douces, ses vallons verdoyants où paissent de paisibles troupeaux de vaches, et sa jolie pierre dorée qui illumine chaque village, chaque église. Semur-en-Brionnais est un charmant bourg dominant des vagues d'arbres fruitiers et de vignes, ancien fief de la famille de saint Hugues. La pierre prend ici des teintes presque roses et l'on est séduit par l'aspect des maisons anciennes, par l'hôtel de ville du XVIIIe siècle, par le château à donjon carré (IXe siècle) agrémenté de tours du XVIIIe siècle et par la belle église Saint-Hilaire. Ancienne collégiale romane, elle offre un clocher à huit côtés avec arcades et colonnes et un splendide portail sculpté. De l'ancien chemin de ronde on peut profiter d'une agréable vue sur les monts du Forez et de la Madeleine.

♦ 646 habitants, 384 m d'altitude ♦ **Accès :** (carte 25) à 30 km S de Paray-le-Monial par D 352^{B}, D 482 et D 489 ♦ **À voir :** le musée du château Saint-Hugues (affiches révolutionnaires) et une vitrine sur l'art roman brionnais salle du Chapitre ♦ **Aux alentours :** Marcigny (5 km O), maisons à pans de bois et musée de la Tour-du-Moulin ; à Saint-Martin-du-Lac (7 km S-O), le musée des Attelages de la Belle Époque ; le circuit des églises romanes du Brionnais ♦ **Foires, festivités :** marché le jeudi matin à Saint-Christophe-en-Brionnais ; concert de musique classique le samedi avant le 15 août ♦ **Hôtels :** à Marcigny (5 km N), *Les Récollets* (tél. 03.85.25.05.16), maison d'hôtes de charme, 7 chambres et 2 suites 320-450 F ♦ **Restaurant :** *L'Entrecôte brionnaise* ♦ **Mairie** (tél. 03.85.25.09.94) - **S. I.** (tél. 03.85.25.13.57).

MONTRÉAL
89420 (Yonne)

Implanté dans un cadre magnifique dominant la vallée du Serein voici Montréal « Mont-Royal », fondé à la fin du IXe siècle et constitué en seigneurie dès le XIe siècle. Le bas du village traversé par la route n'a pas beaucoup d'intérêt, mais le village haut est magnifique. On pénètre dans le bourg par la porte d'En-Bas aux belles arcades de pierre du XIIIe siècle et l'on poursuit la promenade le long des rues bordées de maisons anciennes agrémentées de fenêtres à meneaux, de linteaux sculptés et de lourdes portes en bois clouté. Des escaliers extérieurs, des toits en forte pente donnent à Montréal un aspect pittoresque, celui qu'il présentait au Moyen Âge. On monte ensuite jusqu'à la porte d'En-Haut et à la superbe collégiale Notre-Dame de l'Assomption de style ogival primitif. Bâtie en position dominante au sommet de la colline dans la seconde moitié du XIIe siècle, son aspect austère est atténué par un splendide portail en plein cintre. À l'intérieur on admirera une tribune reposant sur des consoles à encorbellement, d'admirables stalles en bois sculpté, les restes d'un retable en albâtre du XVe siècle et des pierres tombales dont certaines sont incorporées dans le dallage. De l'esplanade située derrière l'église, on jouit d'une fort belle vue sur la vallée du Serein cernée au fond par le Morvan.

♦ 173 habitants, 250 m d'altitude ♦ **Accès :** (carte 18) à 12 km N-E d'Avallon par D 957 ♦ **À voir :** le musée d'Art sacré (dans l'église) ♦ **Aux alentours :** le château de Thizy ; le lavoir de Blacy ; la vallée du Serein ; l'église romane du village de Talcy ; la ferme fortifiée de Cherisy ♦ **Foires, festivités :** Vide-greniers le 1er dimanche d'août ♦ **Mairie** (tél. 03.86.32.10.01).

NOYERS-SUR-SEREIN
89310 (Yonne)

Quel plaisant village ! Cerné par une boucle du Serein, ceint de remparts et de tours, Noyers propose au visiteur d'agréables rues pavées, de petites places, une église du XVe siècle et d'attrayantes maisons. La visite peut s'effectuer dans le désordre, au gré de votre fantaisie. Tout est joli, tout est fleuri ! Vous pourrez flâner le long de ruelles aux noms charmants, rue de la Petite-Étape-aux-Vins, rue du Poids-du-Roi, pour découvrir un bel échantillonnage de maisons bourguignonnes : belle demeure à pans de bois du XVe siècle, maison Renaissance de la Toison-d'Or, maisons de pierre à linteaux sculptés, à arcades, à pignon, ou maisons vigneronnes, toutes simples. Il faut admirer l'hôtel de ville du XVIIe siècle avec ses piliers sculptés et ses jolis balcons de fer forgé et, sur la place, les ravissantes maisons des XIVe et XVe siècles. Enfin, n'oubliez pas l'église Notre-Dame bâtie au XVe siècle avec sa tour carrée à gargouilles.

♦ 757 habitants, 176 m d'altitude ♦ **Accès :** (carte 18) à 39 km S-E d'Auxerre par A 6 sortie Nitry et D 49 ♦ **À voir :** le musée d'Art naïf ♦ **Aux alentours :** le prieuré de Vausse à Châtel-Gérard ; les villages de Nitry, Villiers-la-Grange, Annoux et Jouancy ♦ **Foires, festivités :** marché le mercredi matin ; brocante le 3e dimanche de juillet ♦ **Hôtel :** à 14 km N, *Le Moulin de Poilly-sur-Serein* (tél. 03.86.75.92.46), maison d'hôtes de charme, 5 chambres 290-400 F ♦ **Restaurants :** *La Vieille Tour* (tél. 03.86.55.87.69), avec chambres ; *Auberge du Serein* (tél. 03.86.82.80.53) ♦ **Mairie - S. I.** (tél. 03.86.82.83.72).

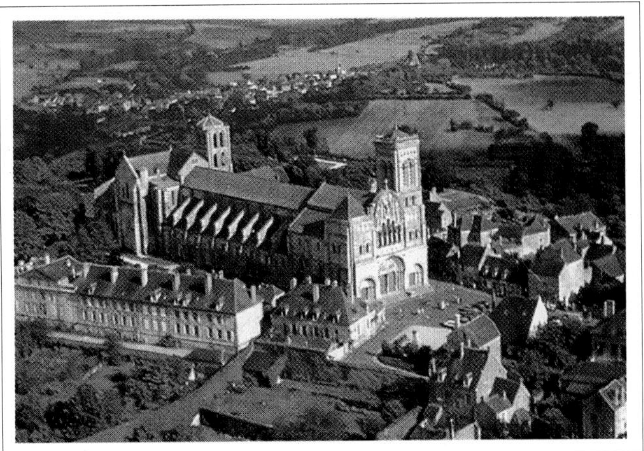

VÉZELAY
89450 (Yonne)

Magnifique et douce vision que celle de la colline de Vézelay : étirées le long de la colline, les maisons, aux murs de pierre ocre et aux toits de tuiles plates et brunes, se pressent au pied de l'immense nef échouée là, l'immense (par la taille et par la beauté) basilique Sainte-Madeleine (classée par l'Unesco en 1979). Il faut effectuer la montée jusqu'à la basilique à pied, pour profiter de l'agréable promenade dans les venelles bordées de belles maisons Renaissance ou de simples maisons de vignerons, enfouies dans des jardins débordants de lierres et de clématites. On arrive devant la basilique, impressionnant symbole de la foi chrétienne ; construite aux XIIe-XIIIe siècles, pillée lors des guerres de Religion, en partie détruite lors de la Révolution, elle fut restaurée et reconstruite au XIXe siècle par Viollet-le-Duc. L'intérieur est magnifique par ses grandes dimensions et sa clarté : hautes arcades de calcaire, tympan du narthex représentant le Christ en gloire, nef avec splendides chapiteaux sculptés. Du sommet de la tour, on jouit d'une très belle vue sur le village et la vallée.

♦ 571 habitants, 302 m d'altitude ♦ **Accès :** (carte 18) à 20 km S-O d'Avallon par D 957 ♦ **À voir :** le musée de l'Œuvre ♦ **Aux alentours :** au château de Montjalin, musée des Voitures de chefs d'État (tél. 03.86.34.46.42) ; l'église de St-Père-sous-Vézelay ; l'église d'Asquin ; Pierre-Pertuis ; Asnières-sous-Bois ; le parc naturel régional du Morvan ♦ **Foires, festivités :** fête de Ste-Marie-Madeleine le 22 juillet ; concerts classiques en saison ; marché bio le 1er dimanche de septembre ; foire le 1er week-end de juin ; marché de Noël le week-end avant Noël ♦ **Hôtels :** *Hôtel de la Poste et du Lion d'Or* (tél. 03.86.33.21.23) ; à St-Père (3 km E), *L'Espérance-Marc Meneau* (tél. 03.86.33.39.10), restaurant gastronomique ♦ **Restaurant :** *Le Pré des Marguerites* (tél. 03.86.33.33.33) ♦ **S. I.** (tél. 03.86.33.23.69).

VILLENEUVE-SUR-YONNE

89500 (Yonne)

Entre Joigny et Sens, sur les bords de l'Yonne, Villeneuve resserre ses maisons autour de sa belle église Renaissance. Autrefois dénommée Villefranche-le-Roy, la cité était au Moyen Âge résidence du roi Louis VII ; c'est en effet par décision royale qu'elle fut créée en 1163. Aujourd'hui, on peut encore voir deux des portes qui fermaient les remparts, la porte de Sens et la porte de Joigny, la tour Louis-le-Gros, vestige de l'ancien château fort et, à l'intérieur de ce qui était l'ancienne enceinte, les pittoresques vieux quartiers avec leurs maisons XVIe-XVIIIe siècle en belle pierre de Bourgogne. Bien sûr, le chef-d'œuvre de Villeneuve est représenté par l'église Notre-Dame dont la première pierre fut posée par le pape Alexandre III en 1163. Elle mêle harmonieusement différents styles : ses parties les plus anciennes sont romanes (chœur et déambulatoire), les dernières sont Renaissance (façade, nef). Après une flânerie bien agréable dans les ruelles, vous pourrez faire une délicieuse étape à *La Lucarne aux Chouettes*, une auberge de charme installée au bord de la rivière.

♦ 5000 habitants, 74 m d'altitude ♦ **Accès :** (carte 10) à 12 km S de Sens par N 6 ♦ **À voir :** musée de la Porte-de-Joigny (histoire), musée des Beaux-Arts ♦ **Aux alentours :** les ruines de l'Enfourchure ; Dixmont ♦ **Foires, festivités :** petit marché le mardi matin, grand marché le vendredi matin ; brocante le 3e dimanche du mois de mars à novembre ; fête patronale le 15 août ; foire gastronomique le 2e week-end de décembre ♦ **Hôtel :** *Auberge La Lucarne aux Chouettes* (tél. 03.86.87.18.26), hôtel de charme, 4 chambres 490 F, suite 720 F, duplex 830 F, restaurant ♦ **Mairie** (tél. 03.86.87.12.52).

LODS
25930 (Doubs)

Lods est un petit village accroché à flanc de coteau au bord de la Loue. Le bourg s'est développé et enrichi grâce à la culture de la vigne. Le long des rues, on peut voir d'anciennes maisons vigneronnes, certaines restaurées avec goût, avec des entrées de caves voûtées. Elles entourent l'église édifiée au XVe siècle, et remaniée au XVIIIe. En haut du village, on admirera la Maison forte des sires de Thoraise du XIVe siècle. On peut visiter un petit musée de la vigne et du vin qui est installé dans une demeure du XVIe siècle. De l'autre côté de la rivière se trouvent les anciens bâtiments des forges de Lods ; elles employaient de nombreux habitants du village au XIXe siècle. Une visite commentée du village est organisée le premier mardi de juillet. Lods et sa région sont le paradis des amoureux de la nature qui pourront parcourir les nombreux sentiers de randonnée ou pêcher la truite dans les rivières.

♦ 287 habitants, 361 m d'altitude ♦ **Accès :** (carte 20) à 36 km S-E de Besançon par D 67 ♦ **À voir :** le musée de la Vigne et du Vin (objets et documents concernant la culture de la vigne) ♦ **Aux alentours :** de nombreux sentiers de randonnée dans la vallée de la Loue ; à Ornans (11 km N-O) le musée Courbet et le musée de la Pêche ; le village de Hautepierre-le-Châtelet (5 km E) ♦ **Hôtels :** *La Truite d'Or* (tél. 03.81.60.95.48), restaurant ; à La Longeville (25 km E), *Le Crêt l'Agneau* (tél. 03.81.38.12.51), maison d'hôtes de charme, 7 chambres 500 F par jour et par personne en pension ♦ **Mairie** (tél. 03.81.60.90.11) - **S. I.** (tél. 03.81.60.92.27).

MOUTHIER-HAUTE-PIERRE
25920 (Doubs)

Ce sont des moines bénédictins qui s'installèrent les premiers dans cette belle et verdoyante vallée de la Loue, au début du IXe siècle. Le village était jadis divisé en deux parties, Mouthier, au bord de la rivière, et Haute-Pierre, incrusté dans le rocher, sur la colline ; les villageois cultivaient alors la vigne et avaient planté des champs de cerisiers. Aujourd'hui le village forme une seule commune et ses activités agricoles ont pratiquement cessé, mais on peut encore admirer les rustiques maisons vigneronnes avec leurs caves fermées par de grosses portes cloutées et leurs galeries à balcons de bois. Les rues sont pentues et pittoresques ; les maisons à toit débordant, bâties aux XVIe-XVIIe-XVIIIe siècles, sont encastrées les unes sur les autres et montent à l'assaut de la colline jusqu'à l'église, agrémentée d'un joli clocher, qui date des XVe-XVIe siècle et fut richement dotée (boiseries, retable, statues de la même époque). De l'ancien monastère, démantelé à la Révolution, il subsiste encore de nombreux bâtiments qui appartiennent maintenant à des particuliers. Mais avant de quitter Mouthier, n'oubliez pas de goûter son kirsch, il reste encore des cerisiers... il paraît qu'il rivalise avec celui d'Alsace !

♦ 356 habitants, 420 m d'altitude ♦ **Accès :** (carte 20) à 40 km S-E de Besançon par D 67 ♦ **À voir :** le musée Phisalix (histoire naturelle) ♦ **Aux alentours :** nombreux sentiers de randonnée ; le village de Hautepierre-le-Châtelet (7 km N par D 24) ; Ornans la ville de Courbet (13 km N-O par D 67) ♦ **Foires, festivités :** fête du village le 1er week-end de juillet ♦ **Hôtels :** *La Cascade* (tél. 03.81.60.95.30), restaurant ; à La Longeville (25 km E), *Le Crêt l'Agneau* (tél. 03.81.38.12.51), maison d'hôtes de charme, 7 chambres 500 F par jour par personne en pension ♦ **Mairie** (tél. 03.81.60.91.10) - **S. I.** (tél. 03.81.60.97.68).

SAINT-HIPPOLYTE-SUR-LE-DOUBS
25190 (Doubs)

Saint-Hippolyte est situé au confluent de deux rivières, le Doubs et le Dessoubre, au carrefour de leurs pittoresques vallées couvertes de forêts de sapins. Ancien bourg romain puis résidence des comtes de La Roche, le village était entouré de remparts (dont il ne reste que les ruines de deux tours) et de fossés. Aujourd'hui, les maisons sont serrées autour de la place centrale ; certaines conservent encore des escaliers du XVIIIe siècle. En face de l'hôtel de ville, on peut admirer une très belle maison avec des étages en surplomb. Au bord du Doubs, l'ancien couvent des Ursulines élève sa masse imposante. À l'autre extrémité du village, l'église du XIVe siècle appartient au style ogival primitif ; le clocher gothique, détruit par un incendie, a été remplacé par un clocher comtois dit « en impérial ». Saint-Hippolyte a su conserver le charme du passé dans une merveilleuse nature sauvage et préservée.

♦ 1128 habitants, 400 m d'altitude ♦ **Accès :** (carte 20) à 18 km S de Montbéliard par D 437 ♦ **Aux alentours :** les vallées du Doubs et du Dessoubre ; le village de Goumois (21 km S-E par D 437) ; l'église de Chaux-les-Chatillon ; le château de Belvoir ; Montjoie-le-Château ♦ **Foires, festivités :** marché le 4e jeudi du mois ; fête de la Saucisse le 1er week-end de mai ♦ **Hôtel :** à Goumois, (22 km E), *Auberge Le Moulin du Plain* (tél. 03.81.44.41.99), hôtel de charme, 22 chambres 208-310 F, restaurant ; *Hôtel Taillard* (tél. 03.81.44.20.75), hôtel de charme, 17 chambres et suites, chambres 275-480 F, suites 580-740 F, restaurant ♦ **Mairie** (tél. 03.81.96.55.74) - **S. I.** (tél. 03.81.96.58.00).

BAUME-LES-MESSIEURS
39210 (Jura)

Baume-les-Messieurs est un minuscule village blotti au carrefour de trois vallées, dans un magnifique site encaissé bordé de falaises, au fond duquel coule la Seille. Le village ne comporte que quelques maisons disséminées autour de son joyau : une abbaye bénédictine fondée au VIe siècle. C'est au Xe siècle que l'abbaye devint un grand monastère. Après la Révolution, les biens de l'abbaye furent dispersés et les bâtiments transformés en habitations par les agriculteurs, le cloître fut détruit, les salles conventuelles abîmées, les pierres tombales dégradées. Mais des vestiges demeurent, superbes, et les actuels propriétaires s'emploient à la rénovation des bâtiments. On entre dans la cour de l'abbaye par une porte voûtée : l'église abbatiale, en partie romane, a été remaniée au XVe siècle. À l'intérieur, statues de saint Paul (XVe siècle) et de sainte Catherine et très beau retable flamand du début du XVIe siècle. Au centre de l'ancienne cour du cloître, aujourd'hui disparu, il y a une fontaine du XVIe siècle. Aujourd'hui, le village semble un peu abandonné, plus de commerce, plus de petit café. Mais il reste cet impressionnant paysage et, dans le silence, comme le murmure des prières des moines.

♦ 198 habitants, 320 m d'altitude ♦ **Accès :** (carte 19) à 72 km E de Chalon-sur-Saône par D 978, D 471 et D 70E ♦ **Aux alentours :** le village de Château-Chalon ; le lac de Chalain ♦ **Foires, festivités :** vente de produits régionaux mi-août ♦ **Hôtel :** à Rotalier (22 km S), *Château Gréa* (tél. 03.84.25.05.07), maison d'hôtes de charme, 1 chambre et 1 suite 400 F ♦ **Restaurant :** à 3 km, *Les Grottes* (tél. 03.84.44.61.59) ♦ **Mairie** (tél. 03.84.44.61.41).

ARBOIS
39600 (Jura)

Environnée de vignes, bâtie dans un site superbe et préservé, la cité d'Arbois est connue pour ses vins et pour son grand homme, Louis Pasteur, qui y passa son enfance. Conquise au XVIe siècle par les troupes d'Henri IV menées par le maréchal de Biron, la cité a connu de nombreuses insurrections contre le pouvoir central. Aujourd'hui, tout est paisible, et vous pourrez flâner sur la place de la Liberté bordée de maisons à arcades dont certaines datent du XVIIIe siècle. La mairie s'abrite dans un ancien couvent. Les rues conduisent jusqu'aux berges de la Cuisance – la rivière qui traverse la ville – et aux deux tours, la tour Gloriette et la tour Chaffin, vestiges des anciens remparts. Vous passez sur l'autre rive par le pont des Capucins pour arriver devant l'église Saint-Just (XIIe-XIIIe s.) surmontée d'un élégant clocher du XVIe siècle à campanile (mobilier en bois sculpté XVIIIe s. et Vierge XIVe s.). Pour terminer, vous pourrez visiter la maison de Pasteur, intéressant lieu de mémoire, le musée de la Vigne et du Vin ou déguster les délicieuses spécialités régionales dont la poularde de Bresse au vin Jaune et aux morilles.

♦ 4117 habitants, 280 m d'altitude ♦ **Accès :** (carte 19) à 45 km S de Besançon par N 83 ♦ **À voir :** la Maison de Louis Pasteur (tél. 03.84.66.11.72) ; le musée de la Vigne et du Vin ; le musée d'Art Sarret de Grozon ♦ **Aux alentours :** les villages de Pupillin, Montigny-les-Arsures, Mesnay et la Châtelaine ; la reculée des Planches, la grotte des Moidons ♦ **Foires, festivités :** marché le vendredi matin ; foire le 1er mardi du mois ; fête des Vins l'avant-dernier week-end de juillet ; concerts en saison ; fête du Biou le 1er dimanche de septembre ♦ **Hôtel :** *Le Moulin de la Mère Michelle* (tél. 03.84.66.08.17) ♦ **Restaurants :** *Le Paris* (tél. 03.84.66.05.67), restaurant gastronomique ; *Le Caveau d'Arbois* (tél. 03.84.66.10.70) ♦ **Mairie** (tél. 03.84.66.55.55) - **O. T.** (tél. 03. 84.37.47.37).

PESMES
70140 (Haute-Saône)

C'est en venant du sud que l'on profite de la plus jolie vue sur Pesmes. Le village est posé tout en longueur sur un plateau rocheux et domine une jolie rivière, l'Ognon. Place forte stratégique, elle fut prise d'assaut par Henri IV et ne devint française qu'en 1678. De la ville haute à la ville basse, les rues s'entrelacent autour de grandes places et alignent des maisons anciennes en pierre blonde ; assez massives, elles sont parfois ornées d'escaliers, de jolies fenêtres, de niches et de caves voûtées. L'église Saint-Hilaire a conservé du XIIe siècle un portail et les murs du chœur et présente de magnifiques chapelles du XVIe siècle (à l'intérieur, très belles statues et deux retables, l'un en bois doré, l'autre en marbre rose). La promenade est vraiment agréable dans ce charmant village et, l'été, la rivière permet de rafraîchissantes baignades.

♦ 1040 habitants, 230 m d'altitude ♦ **Accès :** (carte 19) à 44 km O de Besançon par D 67, Marnay, D 15 et D 12 ♦ **Foires, festivités :** marché le premier mardi (matin) du mois ; fête de l'Île de la Sauvageonne en juillet ; nombreux concerts en été ; foire et fête du village début septembre ♦ **Hôtel :** *La Maison Royale* (tél. 03.84.31.23.23), maison d'hôtes de charme, 7 chambres 400-450 F (2 nuits minimum, enfant de moins de 10 ans non acceptés) ♦ **Mairie** (tél. 03.84.31.22.27) - **S. I.** (tél. 03.84.31.23.37).

Armor, pays de mer aux magnifiques côtes sauvages et découpées, aux îles solitaires ou riantes, aux plages de sable fin, mais aussi Argoat, pays de landes et de forêts, la Bretagne révèle ses beautés diverses et attachantes au voyageur ébloui. Les paysages changent au gré de la lumière et des marées, bleu vif et gais au soleil ou austères, gris ardoise sous ciel de pluie. Vous admirerez ses petits ports de pêche, ses villages merveilleusement préservés et ses petites cités pittoresques comme Locronan, Moncontour ou Rochefort-en-Terre. Vous découvrirez l'histoire de cette province à travers l'ampleur de ses richesses artistiques, civiles ou religieuses : mystérieux alignements mégalithiques, cathédrales ou modestes chapelles, étonnants enclos paroissiaux, fières forteresses et manoirs, tous bâtis de ce même inaltérable granit. Partout, dans chaque village ou hameau, à la croisée des chemins, les artisans ont laissé leur empreinte dans la pierre et le bois : fontaines, calvaires, jubés magnifiquement sculptés, mais aussi lits clos, vaisseliers, armoires ouvragées des châteaux ou des modestes chaumières... Une belle et authentique région à découvrir, mais n'oubliez pas de goûter les délicieuses spécialités bretonnes, crêpes et galettes, far, homard et fruits de mer !

ÎLE DE BRÉHAT
22870 (Côtes-d'Armor)

Bréhat... deux îles reliées au XVIIIe siècle par Vauban, qui fait construire le Pont-ar-Prat. Dans l'île nord, sauvage et désertique, des amoncellements de rochers de granit rose conduisent au phare du Paon, limite extrême du pays Goëlo. Dans l'île sud, plus accueillante, d'étroits chemins se faufilent entre les jardins, les murets de pierres, les massifs d'hortensias et les champs. Quatre-vingt-six îlots, roches ou récifs entourent ces deux îles pour en faire un paysage insaisissable, qu'autrefois les Anglais et les Français se sont disputé avec violence. On dit que c'est un corsaire bréhatin, Coatantem, qui aurait indiqué à Christophe Colomb la route du Nouveau Monde. Les maisons basses du village aux jardinets fleuris se regroupent autour de l'église, remaniée aux XVIIe et XVIIIe siècles, au beau clocher-mur de granit rose. Dans cette île-jardin, pas de voitures mais des bicyclettes pour des balades de charme sur les chemins.

♦ 470 habitants ♦ **Accès :** (carte 5) par bateau depuis la pointe de l'Arcouest, (à 5 km de Paimpol) : *Les Vedettes de Bréhat* (tél. 02.96.55.86.99), durée de la traversée 10 mn ♦ **Aux alentours :** promenade sur la rivière du Trieux ♦ **Foires, festivités :** marché tous les jours en saison ♦ **Hôtels :** *Hôtel Bellevue* (tél. 02.96.20.00.05), restaurant de poissons ; *La Vieille Auberge* (tél. 02.96.20.00.24) ♦ **Mairie** (tél. 02.96.20.00.36) - **S. I.** (tél. 02.96.20.05.38).

MONCONTOUR-DE-BRETAGNE
22510 (Côtes-d'Armor)

Bâtie au XIe siècle sur un escarpement rocheux au confluent de deux vallées, Moncontour est une ravissante petite cité, entourée de remparts, avec des portes anciennes, de belles maisons en granit et des rues toutes fleuries. La citadelle a subi de nombreux assauts au cours de son histoire et l'enceinte fut en partie démantelée en 1626 sur ordre de Richelieu. Mais ce que nous en voyons aujourd'hui est superbe. Le long des rues pentues, on peut admirer de belles maisons en granit, aux portes sculptées et des maisons à colombage ornées parfois de poutres ouvragées. Il faut visiter l'église Saint-Mathurin dont la nef est du XVIe siècle. Elle contient des vitraux remarquables et deux beaux retables. Après cette jolie visite, vous pourrez aller jusqu'au château des Granges (XVIIIe siècle) qui est construit sur une butte au nord du village.

♦ 909 habitants, 130 m d'altitude ♦ **Accès :** (carte 6) à 23 km S-E de Saint-Brieuc par D 1 ♦ **À voir :** la maison de la Chouannerie et de la Révolution (ouverte en été) ♦ **Aux alentours :** la chapelle Notre-Dame-du-Haut (à 3 km S-E) ; l'église Saint-Gal à Lancast ; le château (XVIe siècle) de la Touche-Trébry (6 km E) ; Bel Air (7 km S), point culminant du Méné (349 m) ; le château de Bogard à Quessoy (8 km N) ♦ **Foires, festivités :** marché le lundi matin ; pardon de Saint-Mathurin à la Pentecôte ; « Nuits d'Armor » le 2e week-end de juillet ; fête médiévale le 3e dimanche d'août ♦ **Hôtel :** à Hillion (17 km N), *Château de Donabry* (tél. 02.96.32.21.06), maison d'hôtes de charme, 2 suites 500-600 F ♦ **Restaurants :** *Les Remparts* (tél. 02.96.73.54.83) ; *Le Chaudron Magique* (tél. 02.96.73.40.34) ♦ **Mairie** (tél. 02.96.73.41.05) - **S. I.** (tél. 02.96.73.49.57).

TRÉGUIER
22220 (Côtes-d'Armor)

Entre Lannion et Saint-Brieuc, véritable trait d'union entre la côte de Goëlo et celle de Granit rose, la petite cité de Tréguier fut fondée au VIe siècle par saint Tugdual aux confins de l'estuaire du Jaudy et du Guindy. De son riche passé, Tréguier a conservé de belles maisons anciennes, des jardins et des couvents. Sur la place du Martray, on peut admirer la cathédrale Saint-Tugdual (XIIIe-XVe siècles), toute en granit rose, de style gothique flamboyant. C'est l'un des plus beaux édifices religieux de Bretagne. Trois tours surmontent le transept : la tour Hastings, carrée et trapue, est un vestige de l'église du XIIe siècle ; celle du centre est couronnée d'une balustrade ajourée et la troisième est dominée par une flèche élancée. Le cloître de la cathédrale est magnifique avec ses arcades de granit entourant une paisible cour fleurie. On peut visiter également la maison natale d'Ernest Renan, belle demeure à colombage du XVIe siècle, devenue musée en 1947. De nombreux souvenirs évoquent la vie de l'écrivain. Tous les ans, le 19 mai, le Pardon de Saint-Yves (patron des juristes et des avocats) se déroule à Tréguier et au cimetière de Minihy-Tréguier, ville natale du saint.

♦ 3400 habitants ♦ **Accès :** (carte 5) à 13 km E de Lannion par D 786 ♦ **À voir :** le trésor de la cathédrale Saint-Tugdual ; la maison natale de Renan ♦ **Aux alentours :** le village de Minihy-Tréguier (1 km au S) ; le petit port de Port-Blanc (10 km N) ; la côte de Granit rose ♦ **Foires, festivités :** marché le mercredi matin ; Pardon de Saint-Yves le 19 mai ♦ **Hôtel :** sur la route de Lannion, *Kastell Dinec'h* (tél. 02.96.92.49.39), hôtel de charme, 15 chambres 440-520 F, restaurant ♦ **Mairie - S. I.** (tél. 02.96.92.30.19) - **Port** (tél. 02.96.92.42.37).

ÎLE DE BATZ
29253 (Finistère)

Entourée d'une ceinture de récifs, l'île de Batz s'appelle *Enez-Vaz* (« île du Bâton ») en breton ; elle a un kilomètre de large et quatre de long. À un bout de l'île, *Toul-al-Sarpant* (« le Trou du Serpent »), à l'autre bout, le jardin exotique, à l'ouest le phare, et à l'est, les ruines de la chapelle romane élevée sur l'emplacement du monastère fondé par saint Pol-Aurélien. Autour de la baie de Kernoc'h, digues et maisons sont de granit. Elles sont dominées par l'église construite en 1873. À l'intérieur, on peut admirer de très belles statues de la Vierge datant des XIVe et XVe siècles et une statue en bois de saint Pol-Aurélien du XVIIe siècle. Les maisons, toutes simples, sont entourées de jardins fleuris où poussent parfois des palmiers et des plantes exotiques. L'île jouit en effet d'un climat très doux. Du haut du phare (44 mètres), on découvre l'île, la côte, les récifs et les plages de sable blanc.

♦ 750 habitants ♦ **Accès :** (carte 5) par bateau depuis le vieux port de Roscoff, *Cie Ar-Menn* (tél. 02.98.61.76.98 / 02.98.61.77.75), durée de la traversée 15 mn ♦ **À voir :** l'église (XIXe siècle), le phare, la chapelle Sainte-Anne, le jardin Georges-Delasselle ♦ **Foires, festivités :** Pardon de Sainte-Anne le dernier dimanche de juillet (messe en plein air et feu de joie), fête de la Mer, kermesse en juillet-août ♦ **Hôtel :** *Ty Va Zadou* (tél. 02.98.61.76.91), maison d'hôtes de charme, 3 chambres 280 F, 1 suite 370-420 F ♦ **Mairie** - **S. I.** (tél. 02.98.61.75.70) - **Port** (tél. 02.98.61.76.98).

CAMARET-SUR-MER
29570 (Finistère)

Le petit port de Camaret est situé sur la presqu'île de Crozon, entre la pointe du Raz et la pointe Saint-Mathieu. Le village est ravissant et agréable. Quel dommage que, pour y parvenir, on soit obligé de traverser une succession de lotissements fort laids ! Sur le « Sillon », longue digue qui ferme le port, la chapelle de Rocamadour, bâtie de 1610 à 1653, fut détruite en 1910 et restaurée ensuite. Dans le passé, les attaques anglaises, hollandaises, espagnoles furent nombreuses ; Vauban construisit des fortifications à la fin du XVIIe siècle pour protéger Camaret et la rade de Brest. Il n'en reste aujourd'hui que le château Vauban, imposante tour à trois étages de feu qui abrite un intéressant musée naval. La petite cité est construite en rues parallèles au quai. La promenade est pleine de charme, aussi bien dans les petites rues animées de boutiques et de crêperies, que le long du quai. Camaret est un important port langoustier et une agréable station balnéaire.

♦ 2954 habitants ♦ **Accès :** (carte 4) à 70 km S-O de Brest par N 165 - Le Faou, D 791, D 887 et D 8 ♦ **À voir :** le musée mémorial de la bataille de l'Atlantique ♦ **Aux alentours :** la presqu'île de Crozon de la pointe de Penhir à la pointe des Espagnols (magnifique panorama) ; les alignements mégalithiques de Lagatjar ; la réserve ornithologique de Tas-de-Pois ♦ **Foires, festivités :** marché le 3e mardi de chaque mois ; brocante à Pâques ; Festival des lundis musicaux en juillet-août ; « Cité en fête » en juillet ; concerts sur l'eau en juillet ♦ **Hôtel :** *Hôtel Thalassa* (tél. 02.98.27.86.44), restaurant ; *Hôtel de France* (tél. 02.98.27.93.06), restaurant ♦ **Mairie** (tél. 02.98.27.94.22) - **S. I.** (tél. 02.98.27.93.60).

LE FAOU
29580 (Finistère)

Ce n'est pas au premier coup d'œil que l'on découvre le vrai charme du Faou (prononcez Fou). Il faut flâner dans la rue du Passage et rejoindre la rue des Cendres pour admirer l'alignement des maisons en schiste et en granit ornées d'encorbellements du XVIe siècle. Au bout, l'église Saint-Sauveur se reflète dans l'eau. Construit sur la rade de Brest, au fond de l'estuaire de la rivière Steir Coz, Le Faou est le passage obligé pour rejoindre la presqu'île de Crozon. Cette situation stratégique sur la route de Quimper permit à la petite ville de prendre un essor important entre l'activité portuaire, le commerce et l'artisanat. C'est en effet de là que partaient vers les armateurs royaux d'impressionnantes cargaisons de chênes et de hêtres (en breton *ar faou*). Pour les marcheurs, un sentier aménagé le long de la grève permet d'embrasser une superbe vue sur la rade avec, en arrière-plan, les ruines de l'abbaye de Landevennec et l'île de Tibidy.

♦ 1630 habitants ♦ **Accès :** (carte 5) à 35 km S-E de Brest par N 165 ♦ **Aux alentours :** le village de Rumengol (église du XVIe siècle) ; la forêt domaniale du Cranou ; la corniche de Térénez ; les ruines des abbayes de Daoulas et Landevennec ; le château de Trévarez (32 km S-E) ♦ **Foires, festivités :** marché le samedi ; Festival de danse et de musique bretonnes en juillet ; « Ar Faou » le premier week-end d'août ♦ **Hôtels :** *La Vieille Renommée* (tél. 02.98.81.90.31) ; à Commana (27 km N-E), *Kerfornedic* (tél. 02.98.78.06.26), maison d'hôtes de charme, 2 chambres 250-280 F (2 ou 3 nuits minimum) ♦ **Mairie** (tél. 02.98.81.90.44) - **S. I.** (tél. 02.98.81.06.85).

ÎLE-TUDY
29980 (Finistère)

Située sur une presqu'île (et non sur une île, malgré son nom), Île-Tudy est un ravissant petit port de pêche. D'un côté, l'océan, de l'autre, la calme rivière de Pont-l'Abbé et, en face, Loctudy, sa rivale de toujours (un passeur assure un service avec Loctudy). C'est ici que saint Tudy a accosté en 494. La commune est si petite qu'elle n'a aucune terre cultivable. Au XIXe siècle, les hommes partaient, d'avril à novembre, pêcher la sardine et Île-Tudy devenait le domaine des femmes. Les ruelles sont étroites avec des maisons basses, toutes blanches, serrées les unes contre les autres. L'endroit est tout à fait charmant mais, ici encore, on regrettera les trop nombreux pavillons modernes construits aux alentours, qui dénaturent ce beau paysage.

♦ 519 habitants ♦ **Accès :** (carte 5) à 6 km S-E de Pont-L'Abbé par D 44 et D 144 ♦ **Aux alentours :** à Sainte-Marine, le jardin botanique de Cornouailles ; à Loctudy, le manoir de Kérazan (tél. 02.98.87.40.40) ; visite de l'archipel des Glénan ♦ **Foires, festivités :** marché le lundi matin ; fête de la Misaine début août ; foire à la brocante le week-end du 10 août ♦ **Hôtel :** à Pont-L'Abbé (6 km N-O), *Château de Kernuz* (tél. 02.98.87.01.59), hôtel de charme, 19 chambres et suites 370-600 F, restaurant ♦ **Mairie** (tél. 02.98.56.42.57) - **S. I.** (tél. 02.98.56.30.14).

LOCRONAN
29180 (Finistère)

Petite cité devenue prospère aux XVIe et XVIIe siècles grâce à l'industrie de la toile à voile, Locronan, merveilleusement préservée, a conservé de son riche passé de très belles maisons Renaissance en granit. Groupées autour de la place, elles encadrent l'église Saint-Ronan, qui date du XVe siècle, magnifique construction de granit ouvragé. L'intérieur, avec ses voûtes en ogives, est exceptionnel et contient un beau vitrail du XVe siècle et des statues anciennes. À son côté, la chapelle du Penity (XVIe siècle) et le tombeau de saint Ronan. Il faut flâner dans les rues voisines agrémentées de nombreuses boutiques d'antiquaires et d'artisans. Par la rue Moal, on descend jusqu'à la chapelle Notre-Dame-de-Bonne-Nouvelle datant du XVIe siècle. Locronan a accueilli de nombreux artistes, dont le peintre Yves Tanguy.

♦ 800 habitants, 145 m d'altitude ♦ **Accès :** (carte 5) à 15 km N-O de Quimper par D 39 et D 63 ♦ **À voir :** le musée municipal (route de Châteaulin) ; l'atelier Saint-Ronan ; les Tissages de l'ancienne Compagnie des Indes ; l'atelier du Ménez ; la Verrerie du Ponant ♦ **Aux alentours :** la montagne de Locronan (2 km E) et la chapelle de Kergoat (3,5 km E) sur la route de Châteaulin ; les grandes plages de sable fin de la baie de Douarnenez ♦ **Foires, festivités :** Troménie le 2e dimanche de juillet (pardon unique en Bretagne avec procession à travers la campagne en costumes traditionnels) ; Grande Troménie tous les 6 ans (la prochaine en 2001) les 2e et 3e dimanches de juillet ; concerts dans l'église en juillet-août ♦ **Hôtels :** à Plonévez-Porzay (4 km N), *Manoir de Moëllien* (tél. 02.98.92.50.40), hôtel de charme, 10 chambres 360-740 F ; à Douarnenez (10 km O), *Hôtel Ty Mad* (tél. 02.98.74.00.53), hôtel de charme, 23 chambres 240-330 F, restaurant ♦ **Mairie** (tél. 02.98.51.80.80) - **O. T.** (tél. 02.98.91.70.14).

ÎLE MOLÈNE
29259 (Finistère)

Pour naviguer en mer d'Iroise, la ligne droite est inconnue parce que, dans l'archipel de Molène, il y a autant d'îles ou d'écueils que de jours dans l'année. *Moal Enez*, Molène, 1200 mètres de long et 800 mètres de large, est si petite « qu'une vache n'a jamais les quatre sabots dans le même champ ». Les petites maisons basses sont tournées vers le sud pour se protéger des vents du nord ; elles ont des volets roses, jaunes, rouges ou turquoise, des toits d'ardoises, des murs blanc lumineux ou de granit et des petits jardins clos de murets de pierres. Les Molénais ont toujours récolté le goémon, cet anneau noir entourant la côte qui donne, une fois séché, un engrais très apprécié, la cendre de Molène. La grande activité des habitants de l'île est la pêche aux crustacés, mais aussi au filet. Si un jour vous bravez les courants, les écueils et le vent, vous n'oublierez plus l'Île Molène, île au charme sauvage où l'on se balade à pied et seul endroit de France à vivre à l'heure du soleil.

♦ 250 habitants ♦ **Accès :** (carte 4) par bateau (tous les jours en été) de Brest ou du Conquet, *Cie maritime Penn-Ar-Bed* (tél. 02.98.80.24.68), durée de la traversée : de Brest, 1 h 15, du Conquet, 30 mn ♦ **À voir :** le musée Drumond Castle consacré au sauvetage en mer ♦ **Hôtel :** *Kastell-an-Daol* (tél. 02.98.07.39.11), restaurant ♦ **Restaurant :** *L'Archipel* (tél. 02.98.07.38.56) ♦ **Mairie** (tél. 02.98.07.39.05).

ÎLE D'OUESSANT
29242 (Finistère)

Ouessant fait sept kilomètres de long, quatre de large et culmine à soixante mètres au point le plus élevé. Vents violents, mer déchaînée ont sculpté le paysage, fait de rochers déchiquetés, de landes d'ajonc et de murets de pierres entourant de petits enclos cultivés. À Lampaul, le bourg de l'île, les vieilles maisons ont des volets bleus ou verts, les couleurs ouessantines. Terre de culture, l'île avait autrefois de nombreux moulins, aujourd'hui, il n'en reste qu'un. Ici la terre et les femmes se conjuguent ensemble, tout comme les hommes et la mer. Mais l'île cultivée d'hier appartient aux oiseaux migrateurs ou nicheurs, aux moutons, et les bateaux doivent affronter le vent, les vagues et des courants violents : le Fromrust au nord-ouest et le Fromveur au sud-est. Pour veiller sur les hommes, les phares de Nividic, de la Jument, de Kereon, du Stiff et du Créac'h. Ouessant, île fière, sauvage et solitaire est protégée (pas de voitures dans l'île). Elle fait partie du parc régional d'Armorique.

♦ 1255 habitants ♦ **Accès** (carte 4) par bateau depuis Brest ou Le Conquet, *Cie maritime Penn-Ar-Bed* (tél. 02.98.80.24.68), durée de la traversée : de Brest 2 h 15, du Conquet 1 h 15 ou 35 mn par catamaran ; par avion (20 mn) de Brest-Guipavas, *Finist'Air* (tél. 02.98.84.64.87) ♦ **À voir :** l'Écomusée du Niou ; le musée des Phares et Balises ; le phare du Créac'h ♦ **Foires, festivités :** fête de la Mer le dernier week-end de juillet ; bénédiction de la mer le 15 août ♦ **Hotels :** les hôtels sont assez rustiques : *Roc'h-Ar-Mor* (tél. 02.98.48.80.19) ; *Hôtel de l'Océan* (tél. 02.98.48.80.03) ; *La Duchesse Anne* (tél. 02.98.48.80.25) ; *Le Fromveur* (tél. 02.98.48.81.30) ♦ **Restaurant :** *Crêperie du Stang* (tél. 02.98.48.80.94) ♦ **Mairie** (tél. 02.98.48.80.06).

PONT-AVEN
29930 (Finistère)

C'est Paul Gauguin qui a fait entrer dans l'histoire le nom de la petite cité. Entouré d'Émile Bernard et de ses amis peintres, il créa l'École de Pont-Aven, internationalement connue. Aujourd'hui vous serez toujours séduits par le charme discret, l'aspect champêtre du village. La rivière est là, bordée de maisons aux toits bleutés, de collines verdoyantes, de moulins qui ont fait autrefois la prospérité de la cité. La place de l'Hôtel-de-Ville et la rue des Meunières présentent de belles maisons des XVIIe et XVIIIe siècles, aux façades de granit, ornées de fenêtres ouvragées. Gauguin prenait pension chez Marie-Jeanne Gloannec (place Paul-Gauguin bien entendu) et la maison voisine était celle de la « belle Angèle », dont le peintre fit le portrait. Les peintres se retrouvaient aussi chez Julia Guillou, à l'angle de la place de l'Hôtel-de-Ville. Il faut suivre ensuite le chemin Xavier-Grall qui longe la rivière et d'où l'on a une vue superbe. Mais ne quittez pas Pont-Aven sans aller goûter les délicieuses spécialités de la pâtisserie *Kersale* !

♦ 3056 habitants ♦ **Accès :** (carte 5) à 32 km S-E de Quimper par N 165 et D 24 ♦ **À voir :** le Musée municipal ♦ **Aux alentours :** l'église de Nêvez ; les ports de Kerdruc et du Belon ; le bois d'Amour ; le moulin du Plessis (1,5 km) ; la chapelle de Tremalo (1 km N-O) ; l'église de Nizon (2 km N-O) ; Kerascoet, village de chaumières ♦ **Foires, festivités :** marché le mardi matin ; fêtes des Fleurs d'ajonc le 1er dimanche d'août ♦ **Hôtel :** *Le Moulin de Rosmadec* (tél. 02.98.06.00.22), hôtel de charme, 4 chambres 470 F, restaurant gastronomique ♦ **Mairie** (tél. 02.98.06.00.35) - **O. T.** (tél. 02.98.06.04.70).

PONT-CROIX
29122 (Finistère)

Située au fond de l'estuaire du Goyen, la petite cité de Pont-Croix était autrefois la capitale du cap Sizun. Son port de commerce était très actif et ses foires renommées dans toute la Bretagne. Les maisons anciennes sont alignées le long des petites rues pavées, entrecoupées parfois d'escaliers en pierre. Mais le joyau de Pont-Croix est sa magnifique église Notre-Dame-de-Roscudon, qui date du XIIIe siècle. Sa tour-clocher a servi de modèle à celle de la cathédrale de Quimper. Le porche du XIVe siècle, fin et ouvragé, ouvre sur la nef romane, et à l'intérieur on peut admirer une très belle Cène en bois sculpté. Aujourd'hui, Pont-Croix est un village calme, recueilli, qui a oublié les temps lointains (XVIe siècle) où le bandit Fontenelle l'avait ravagé.

♦ 1842 habitants ♦ **Accès :** (carte 4) à 17 km S-O de Douarnenez par D 765 ♦ **Aux alentours :** d'admirables points de vue à la pointe du Raz, du Van, de Kastel Coz ; le port d'Audierne (5 km) ♦ **Foires, festivités :** marché tous les jeudis ; foire-exposition fin avril ; Grand Pardon et procession aux flambeaux le 15 août ♦ **Hôtel :** à Landudec (14 km S-E), *Château du Guilguiffin* (tél. 02.98.91.52.11), maison d'hôtes de charme, 4 chambres 650-800 F, 2 suites 900-1300 F, table d'hôtes ♦ **Mairie** (tél. 02.98.70.40.66) - **S. I.** (tél. 02.98.70.46.88).

ÎLE DE SEIN
29990 (Finistère)

L'île est le dernier vestige apparent de la presqu'île qui existait jadis, et dont il ne reste que cinquante-six hectares posés sur l'océan à un peu plus d'un mètre de hauteur moyenne. Pour sa conquête, ce n'est pas entre eux que les hommes se sont battus le plus durement, mais contre les éléments : inondations, tempêtes, raz de marée. Celui de 1756 fut terrible, seuls émergeaient les toits des maisons. On commença alors la construction de digues. Autrefois, on disait que les Sénans étaient naufrageurs ; ils étaient pilleurs d'épaves bien sûr, comme tous les îliens, mais surtout d'intrépides sauveteurs. En 1940, tous les hommes de l'île partirent en Angleterre rejoindre le général de Gaulle et les Forces de la France Libre. Les maisons du bourg sont blanches ou de granit, ou parfois encore, peintes de couleurs vives, jaune, comme le petit café sur le port, ou rose ; coiffées de toits d'ardoise, elles se resserrent le long du quai des Français-Libres ou du quai des Paimpolais. Les ruelles sont étroites et tortueuses pour briser la force du vent. Allez voir aussi l'église et ses deux menhirs, le calvaire et le phare d'Ar-Men. Île à la beauté lumineuse, Sein est classée « patrimoine naturel » par l'Unesco.

♦ 358 habitants ♦ **Accès :** (carte 4) par bateau de Saint-Evette (à 3 km d'Audierne, tél. 02.98.70.21.15 en été), *Cie maritime Penn-Ar-Bed* (tél. 02.98.70.02.37), durée de la traversée : 1 h ♦ **À voir :** le monument des FFI sur la route du phare ♦ **Foires, festivités :** Pardon de Saint-Guénolé le dimanche de la Trinité, Pardon de Saint-Corentin le 1er dimanche d'août ♦ **Hôtel :** *Hôtel des Trois-Dauphins* (tél. 02.98.70.92.09), crêperie ♦ **Restaurants :** *Chez Annick ; Chez Brigitte ; L'Iroise ; L'Hippocampe* ♦ **Mairie** (tél. 02.98.70.90.35).

COMBOURG
35270 (Ille-et-Vilaine)

Construit en 1016 sur une hauteur, le château de Combourg se dresse, sévère forteresse, au-dessus d'un lac bordé de peupliers. Remanié extérieurement aux XIVe et XVe siècles, ses tours, ses mâchicoulis, ses créneaux et ses chemins de ronde dominent noblement le village. Le père de François-René de Chateaubriand l'acheta en 1761 et, aujourd'hui, il appartient toujours à sa famille. Le château, dont l'intérieur a été remodelé au XIXe siècle, se visite ; on y découvre de nombreux souvenirs de l'écrivain. « C'est dans les bois de Combourg que je suis devenu ce que je suis », écrivit Chateaubriand dans ses *Mémoires d'outre-tombe*. Dans le vieux bourg, les maisons aux toits d'ardoises et aux cheminées de brique se serrent les unes contre les autres. Dans la rue de la Barrière, qui mène de l'église au château, la belle maison de la Lanterne (XVIe siècle) abrite le syndicat d'initiative. Tout le village est imprégné du souvenir romantique du célèbre écrivain.

♦ 4900 habitants, 57 m d'altitude ♦ **Accès :** (carte 6) à 37 km N de Rennes par N 137 - Hédé et D 795 ♦ **À voir :** le château (visites d'avril à octobre) ; le musée international de la Faune ♦ **Aux alentours :** le château de Lanrigan ; l'église de Saint-Léger-des-Prés ; le menhir et la chapelle de Cuguen ; le manoir, le château du Breil et la motte féodale de Meillac ♦ **Foires, festivités :** marché le lundi matin ; foire de la mi-mai ; foire de « L'Angevine » début septembre ; foire mi-décembre ♦ **Hôtels :** à Pleugueneuc (12 km O), *Château de la Motte-Beaumanoir* (tél. 02.99.69.46.01), hôtel de charme, 6 chambres 600-800 F, 2 suites 800-1000 F ; à Saint-Pierre-de-Plesguen (15 km O) *Le Petit Moulin du Rouvre* (tél. 02.99.73.85.84), maison d'hôtes de charme, 4 chambres 290-350 F, table d'hôtes ♦ **Mairie** (tél. 02.99.73.00.18) - **S. I.** (tél. 02.99.73.13.93).

PAIMPONT
35380 (Ille-et-Vilaine)

La forêt de Paimpont, ancienne forêt de Brocéliande, est aujourd'hui la plus grande de Bretagne : 7000 hectares parsemés d'étangs, de châteaux, de lieux magiques et de légendes. Le bourg s'est construit au VIIe siècle autour d'un monastère qui se transformera en abbaye à la fin du XIIe siècle. La mairie actuelle est installée dans l'aile nord (XVIIe s.) qui seule a subsisté. La petite église du XIIIe siècle, remaniée au XVIIe, possède de magnifiques statues des XVe et XVIe siècles et un maître-autel du XVIe siècle. Un peu plus loin se trouve le pittoresque hameau des Forges où, du XVIe au XIXe siècle, les familles travaillaient aux hauts fourneaux. Vous ne résisterez pas au charme de ces maisons de schiste rose à toits d'ardoises. Paimpont ou Brocéliande... Il faut s'y promener au hasard des chemins à la rencontre de Viviane, de Merlin, du roi Arthur, ou des chevaliers de la Table Ronde.

♦ 1395 habitants ♦ **Accès :** (carte 6) à 40 km O de Rennes par N 24 et D 38 ♦ **À voir :** le musée de l'abbaye Notre-Dame ; l'exposition sur les forges ♦ **Foires, festivités :** fête de la Saint-Jean en juin ; fête traditionnelle le samedi le plus proche du 15 août ♦ **Hôtel :** *La Corne de Cerf* (tél. 02.99.07.84.19), maison d'hôtes de charme, 3 chambres 280-300 F ♦ **Mairie** (tél. 02.99.07.81.18) - **S. I.** (tél. 02.99.07.84.23).

ÎLE DE HOUAT
56170 Quiberon (Morbihan)

Au large des côtes du Morbihan, voici l'île de Houat, longue de cinq kilomètres, bordée de falaises enserrant de petites criques et de plages de sable blanc à l'est. Elle a subi différents assauts : les assauts guerriers des Anglais aux XVIIe et XVIIIe siècles, et ceux des tempêtes qui, en 1951, ont détruit le port. Aujourd'hui on accoste au nouveau port de Saint-Gildas, empli de bateaux de pêche, au quai chargé de casiers à homards et langoustes. Dans le village, les maisons blanchies à la chaux ou aux épais murs de granit bordent les ruelles qui mènent à la place des Trois-Pouvoirs. Elles ont des volets bleu ciel ou vert pâle, des toits d'ardoises et des rosiers grimpants. La fontaine du village est amusante, avec son soubassement de granit et son toit pointu ! Derrière l'église (XIXe siècle), un petit chemin conduit à un promontoire d'où l'on peut contempler un superbe panorama. Il faut parcourir (à pied bien sûr, il n'y a pas de voitures sur l'île) les sentiers qui longent la côte au milieu d'une végétation méditerranéenne parfumée, et partir à la découverte des superbes plages de sable blanc et des criques sauvages.

♦ 390 habitants ♦ **Accès :** (carte 5) par bateau de Port-Maria-Quiberon, *Cie Morbihannaise de Navigation* (tél. 02.97.50.06.90), durée de la traversée : de 30 à 60 mn selon les bateaux ♦ **Foires, festivités :** Pardon de Saint-Gildas le dernier dimanche de janvier, Pardon de la mer le 15 août ♦ **Hôtel :** *Hôtel des Îles* (tél. 02.97.30.68.02) ♦ **Mairie** (tél. 02.97.30.68.04).

JOSSELIN
56120 (Morbihan)

Au cœur de la Bretagne, au sortir de la forêt de Lanouée lorsqu'on vient du nord, la petite cité de Josselin est bâtie sur les bords escarpés de l'Oust. Elle est connue surtout pour son magnifique château, construit par Jean II de Rohan entre 1490 et 1505. Le château présente deux aspects : côté rivière il est imposant, militaire, austère ; côté jardin, il est élégant, ouvragé (frises armoriées, fleurs de lys et hermines bretonnes délicatement ciselées), accueillant. Il appartient toujours à la famille des Rohan. Il ne faut pas manquer la visite de la basilique Notre-Dame-du-Roncier (XIIe siècle, remaniée aux XIVe et XVIe siècles), qui présente un bel ensemble de style gothique flamboyant. Vous pourrez aussi monter tout en haut du clocher et profiter ainsi d'une vue superbe. Dans les rues en pente du bourg (notamment rue des Vierges, rue des Trente), on peut admirer de belles maisons anciennes de granit et des maisons à colombage des XVe et XVIe siècles. On peut aussi arriver à Josselin en bateau en empruntant le canal de Nantes à Brest.

♦ 2400 habitants ♦ **Accès :** (carte 6) à 42 km N-E de Vannes par N 166 et N 24 ♦ **À voir :** le musée de Poupées (collection de Rohan) ♦ **Aux alentours :** les petits bourgs de Gréguon et Trégranteur ♦ **Foires, festivités :** marché le samedi matin ; foire-exposition tous les 2 ans à la Pentecôte ; Festival médiéval le 14 juillet ♦ **Hôtel :** *La Carrière* (tél. 02.97.22.22.62), maison d'hôtes de charme, 6 chambres 250-400 F ♦ **Mairie** (tél. 02.97.22.24.17) - **O. T.** (tél. 02.97.22.36.43).

LANVAUDAN
56240 (Morbihan)

Classé par les Monuments historiques, le hameau de Lanvaudan forme un bel ensemble du Moyen Âge peu courant dans la région. Le granit prend ici des teintes ocre et roses, des harmonies douces et le chaume recouvre les toits des grosses maisons paysannes bien restaurées groupées autour de l'église du XVIIe siècle. Sa simplicité et son harmonie sont les fidèles reflets de la foi de ses habitants d'hier. Sur les toitures des maisons il y a de toutes petites lucarnes, les façades sont ornées de fenêtres de toutes les tailles aux encadrements de pierre et les portes en bois sont parfois décorées de motifs sculptés. Les puits sont nombreux et souvent ornementés. Vous pourrez aussi voir, accolée à l'une des maisons, une superbe niche à chien à tête de lion, en granit. Un retour dans le passé très émouvant.

♦ 827 habitants, 95 m d'altitude ♦ **Accès :** (carte 5) à 9 km N de Hennebont par D 145 ♦ **Hôtel :** à Bubry (13 km N-E), *Auberge de Coët-Diquel* (tél. 02.97.51.70.70), restaurant ♦ **Mairie** (tél. 02.97.33.33.08).

ÎLE-AUX-MOINES
56780 (Morbihan)

Combien d'îles dans le magnifique golfe du Morbihan ? Combien de légendes ? L'Île-aux-Moines (*Izenah*, en breton) est la plus grande de toutes : elle s'étire sur six kilomètres. Les religieux qui autrefois l'habitaient lui ont donné son nom. Très longtemps, les îliens ont cherché dans leur sol la sépulture de Jules César, qui, dit-on, y aurait été enseveli dans un cercueil d'or ! Le nord de l'île est très habité, belles maisons entourées de murets, enfouies dans leurs jardins ; le sud, plus sauvage, est couvert de genêts et de landes. Au Bourg, le petit village de l'île, les maisons de pêcheurs sont serrées autour de l'église Saint-Michel. Les façades, peintes à la chaux, sont égayées par des portes et des volets peints dans tous les tons de bleu. L'île est charmante, fleurie de mimosas, de roses, d'hortensias, de lauriers, de pins et de palmiers… une ambiance méditerranéenne. Les petits bois environnants portent des noms romantiques : bois d'Amour, bois des Soupirs, bois des Regrets... L'Île-aux-Moines a séduit de nombreux artistes (comme le peintre Signac) dans le passé. De nos jours, ce lieu enchanteur a conservé tout son charme. On parcourt l'île à bicyclette (location sur le port) et l'on peut aller jusqu'au village de Kergonan voir le plus grand cromlec'h de France.

♦ 624 habitants ♦ **Accès :** (cartes 5-14) par bateau de Port-Blanc, *Cie Izenah* (tél. 02.97.26.31.45) ; durée de la traversée : 5 mn ♦ **Foires, festivités :** marché le mercredi et le vendredi matin ; fête de la Mer le 15 août ; régates en août ♦ **Hôtels :** *Le San Francisco* (tél. 02.97.26.31.52), hôtel de charme, 8 chambres 370-535 F, restaurant ; *Le Clos* (tél. 02.97.26.34.29), maison d'hôtes de charme, 1 suite 300 F (en été location au mois seulement) ♦ **Restaurants :** *La Désirade* (tél. 02.97.26.36.81) ; *Les Embruns* (tél. 02.97.26.30.86) ♦ **Mairie** (tél. 02.97.26.32.61) - **S. I.** (tél. 02.97.26.32.45) - **Port** (tél. 02.97.26.30.57).

ROCHEFORT-EN-TERRE
56220 (Morbihan)

Sur une butte dominant l'Arz et le Gueuzon, Rochefort, ancienne cité fortifiée, étage ses pittoresques maisons. Sur cet emplacement privilégié, déjà choisi par les Romains, les comtes de Rochefort bâtirent un château au XIIIe siècle. Détruit par Anne de Bretagne, reconstruit, il est à nouveau démoli par les Chouans en 1793. Du château féodal, il ne reste qu'une porte fortifiée. Au début du siècle, un riche Américain, Alfred Klost, subjugué par le charme des lieux, achète les ruines et restaure les anciens communs (XVIIe siècle). Aujourd'hui, le château appartient au département. Le centre du bourg est une merveille : la mairie s'est installée dans les anciennes halles de granit, la place est entourée de superbes maisons à tourelles ou à encorbellement. Il faut se promener dans la Grande-Rue, place du Puits, pour découvrir d'autres demeures des XVIe et XVIIe siècles, il faut voir la chapelle Saint-Michel (XVIe siècle) et l'église Notre-Dame-de-la-Tronchaye, qui date des XVIe et XVIIe siècles (tour du XIIe siècle). L'Histoire semble s'être arrêtée à Rochefort-en-Terre.

♦ 645 habitants, 50 m d'altitude ♦ **Accès :** (carte 14) à 32 km E de Vannes par N 166, D 775 et D 777 ♦ **À voir :** le musée des Arts (peintures, mobilier XVIe-XVIIe siècles, costumes, faïences de Quimper des XIIIe et XIVe siècles) ♦ **Aux alentours :** le hameau de La Gacilly (musée Yves-Rocher) ; le parc de la Préhistoire (2 km) ; Le moulin de Pen Mar ♦ **Foires, festivités :** fête de la Peinture en mai ; Pardon de Notre-Dame-de-la-Tronchaye le dimanche après le 15 août ; exposition de peintures en été ♦ **Hôtel :** *Château de Talhouët* (tél. 02.97.43.34.72), maison d'hôtes de charme, 9 chambres 600-990 F, table d'hôtes le soir ♦ **Restaurants :** *Hostellerie du Lion d'Or* (tél. 02.97.43.32.80) ; *Le Vieux Logis* (tél. 02.97.43.31.71) ♦ **Mairie** (tél. 02.97.43.32.81) - **O. T.** (tél. 02.97.43.33.57).

ÎLE DE SAINT-CADO
56550 Belz (Morbihan)

Sur la bordure d'une presqu'île, bien à l'abri derrière la barre d'Étel, se trouve le village de Saint-Cado. Le site est vraiment merveilleux. La chapelle, le calvaire, les maisons blanches aux toits d'ardoise bleus et la fontaine forment un superbe ensemble à découvrir à marée haute. La très jolie chapelle est l'un des rares monuments romans du Morbihan. À l'intérieur, vous pourrez voir une pietà du XVe siècle et le lit de saint Cado. Au début du siècle, il y avait encore 250 thoniers qui montaient et descendaient la rivière pour se rendre au large des Açores. Aujourd'hui, ce sont plutôt les bateaux de plaisance qui naviguent dans cette petite mer intérieure. Pour terminer la visite, vous pourrez aller manger des crêpes à la ravissante petite crêperie, sur le port.

♦ 250 habitants ♦ **Accès :** (carte 5) à 19 km N-O d'Auray par D 22 et D 16 ♦ **Aux alentours :** la barre d'Étel ; l'église romane de Merlevenez ; la citadelle de Port-Louis ; l'abbaye Sainte-Anne de Kergonam à Plouharnel ; Saint-Colomban ♦ **Foires, festivités :** marché le lundi à Auray, le mardi à Étel ; Pardon de Saint-Cado le 3e dimanche de septembre ♦ **Hôtel :** à Plouhinec (6 km N-O), *Hôtel de Kerlon*, (tél. 02.97.36.77.03), hôtel de charme, 16 chambres 240-320 F, restaurant ♦ **Mairie** (tél. 02.97.55.33.13) - **S. I.** (à Auray tél. 02.97.24.09.75).

SAUZON
56360 Belle-Île-en-Mer (Morbihan)

La plus belle façon de découvrir ce ravissant petit port de pêche, c'est d'y arriver en bateau, et de débarquer presque au pied de l'*Hôtel du Phare*. On pourra alors admirer un village encore préservé aux maisons coquettes. Le port s'étale sur une ria d'un kilomètre à l'intérieur des terres, entre des coteaux couverts de bruyères. Les pavillons, les friteries et boutiques de mode n'ont pas encore sévi et l'on peut se promener tranquillement sur les quais et dans les petites ruelles. L'ensemble a un charme suranné. Prendre l'apéritif au *Café d'Armor* sur la place de l'église, déjeuner sur la terrasse de l'*Hôtel du Phare* ou dîner au *Contre-Quai* chez Bill sont de bien jolis moments. Un seul point noir : les cars de visite de l'île qui viennent se garer sur la place de l'église. Il faut partir à la découverte du reste de l'île, la meilleure façon étant de le faire à vélo, pour admirer la végétation presque exotique (palmiers, figuiers, lauriers-roses) et les splendides points de vue sur les îles, la côte et le large.

♦ 570 habitants ♦ **Accès :** (carte 5) par bateau de Port-Maria-Quiberon, *Cie Morbihannaise de Navigation* (tél. 02.97.50.06.90/02.97.31.80.01), durée de la traversée : jusqu'à Le Palais, 45 mn en ferry, jusqu'à Sauzon 30 mn (en été, passagers seulement) ; par avion de Lorient, *Finist'Air* (tél. 02.97.31.41.14) ♦ **Foires, festivités :** marché le jeudi matin et tous les soirs en été ♦ **Hôtels :** *Petit Hôtel Les Pougnots* (tél. 02.97.31.61.03), hôtel de charme, 5 chambres 450-550 F ; à Bangor, *Hôtel Village La Désirade* (tél. 02.97.31.51.76), hôtel de charme, 24 chambres 390-590 F ♦ **Restaurants :** *Le Contre-Quai* (tél. 02.97.31.60.60) ; *Roz-Avel* (tél. 02.97.31.61.48) ; *Le Café de la Cale* (tél. 02.97.31.65.74) pour les fruits de mer ; à Bangor crêperie *Chez Renée* (tél. 02.97.31.52.87) ♦ **S. I.** (tél. 02.97.31.63.40).

ÎLE DE FÉDRUN

44720 Saint-Joachim (Loire-Atlantique)

L'Île de Fédrun est l'une des sept îles posées sur le marais formant la commune de Saint-Joachim. Jusqu'au siècle dernier, c'est en barque que les Briérons reliaient la terre ferme. Pas de routes, mais des canaux entre les roseaux. Paradis des hérons et des petits passereaux, le marais se dévoile lentement, au bruit léger de la « pigouille » qui fait glisser la barque sur l'eau. Les îles furent données aux Briérons par François II en 1461, ils sont ainsi devenus tous ensemble propriétaires en indivision de la Grande Brière. L'Île de Fédrun est le plus typique des villages de la commune. Les maisons, aux toits de chaume, aux portes et aux volets peints de couleurs vives, sont petites et basses. Les murs passés à la chaux sont d'un blanc intense ou teintés de couleurs délavées par le temps. L'ensemble des chaumières était exceptionnel au début du siècle. Aujourd'hui, l'apparence du village a été hélas enlaidie par la construction de pavillons modernes et les touristes sont très nombreux en été. Mais hors saison, la Brière garde un charme incomparable.

♦ 700 habitants ♦ **Accès :** (carte 14) à 24 km S de la Roche-Bernard par N 165, D 2 et D 50 ♦ **À voir :** le musée sur la Faune et la Flore du marais ; la maison de la Mariée, la chaumière briéronne ♦ **Foires, festivités :** marché le samedi matin ♦ **Hôtel :** *Auberge du Parc-La Mare aux Oiseaux* (tél. 02.40.88.53.01), hôtel de charme, 5 chambres 300 F, restaurant ♦ **Mairie** (tél. 02.40.88.42.31) - **S. I.** de Brière (tél. 02.40.66.85.01).

KERHINET

44410 Saint-Lyphard (Loire-Atlantique)

Kerhinet est un tout petit village situé au sud du parc naturel régional de la Grande-Brière, dans un paysage aéré, parsemé de petits hameaux et parcouru de routes tranquilles bordées de haies. C'est un adorable village, reconstitué grâce à l'aide du Parc, qui présente un ensemble unique et harmonieux de chaumières aux murs de pierres blondes ou crépis de blanc, aux portes et volets peints de couleurs vives, rouge, bleu, vert, s'abritant sous de grands toits de chaume. Des rosiers grimpants poussent le long des murs, des rideaux de dentelles ornent les fenêtres, des fleurs garnissent le pas des portes et les rebords de fenêtres ; il y a aussi un vieux puits, un four ancien, une mare romantique et une auberge de charme où l'on vous accueillera avec le sourire. Un vrai village de contes de fées !

♦ 50 habitants ♦ **Accès :** (carte 14) à 23 km N-O de Saint-Nazaire par D 47 ♦ **À voir :** le musée de Kerhinet qui reconstitue l'intérieur d'une ancienne maison briéronne ; la maison des Artisans ♦ **Aux alentours :** promenades en barques dans le marais de la Grande Brière ; Guérande, la « Carcassonne bretonne » ♦ **Foires, festivités :** marché le jeudi en juillet-août ♦ **Hôtel :** *Auberge de Kerhinet* (tél. 02.40.61.91.46), restaurant ♦ **Mairie** à Saint-Lyphard (tél. 02.40.91.41.08) - **Point informations** (tél. 02.40.61.94.06 en été, week-end et vacances scolaires).

MONTSOREAU
49730 (Maine-et-Loire)

Au seuil de la Touraine, Montsoreau est situé dans un doux paysage baigné par la Loire d'un côté et bordé d'une falaise de clair tuffeau de l'autre. Le village présente des rues fleuries, de belles maisons aux murs de tuffeau et aux toits d'ardoises, mais son joyau est le magnifique château rendu célèbre par un roman d'Alexandre Dumas, *La Dame de Montsoreau*. Construit au XVe siècle, ses fondations baignaient autrefois dans la Loire ; aujourd'hui, un quai et des berges le séparent de la rivière. Il offre à la fois un aspect féodal, avec une façade austère et un donjon défensif, et un aspect Renaissance fin et élégant avec des fenêtres à meneaux, des entrelacs sculptés. Depuis la place de la Diligence, on peut atteindre le chemin du Coteau, qui domine le village et longe la roche percée d'habitations troglodytes. Tout en haut de la falaise, tout devient plat ; un charmant petit moulin émerge d'une mer de vignes, le panorama sur la Loire est magnifique, bien que l'on aperçoive au loin une centrale nucléaire. En redescendant, on peut rejoindre le village de Candes-Saint-Martin, tout proche, par un sentier pédestre.

♦ 563 habitants, 36 m d'altitude ♦ **Accès :** (carte 15) à 10 km E de Saumur par D 947 ♦ **À voir :** le musée des Goums marocains (au château) ♦ **Aux alentours :** l'abbaye royale de Fontevraud (tél. 02.41.51.71.41) ; le moulin de la Herpinière (musée de l'Outil) ; les châteaux de la Loire ♦ **Foires, festivités :** marché le dimanche matin ; marché aux puces tous les 2e dimanches du mois ; concert à l'église 4 fois par an ♦ **Hôtels :** à 2 km S, *Le Domaine de Mestré* (tél. 02.41.51.72.32), maison d'hôtes de charme, 11 chambres 325 F, 1 suite 510 F, table d'hôtes ; à Chinon (13 km E), *Hôtel Diderot* (tél. 05.47.93.18.87), hôtel de charme, 28 chambres 250-400 F ♦ **O. T.** (tél. 02.41.51.70.22).

SAINTE-SUZANNE
53270 (Mayenne)

Qui devinerait que ce charmant village, dressé en triangle sur un éperon rocheux, demeure la seule forteresse que Guillaume le Conquérant ne put jamais prendre ? C'est en effet en 1083 que Guillaume entreprend de mater la révolte des Manceaux soutenue par Hubert II de Beaumont. Retranché dans Sainte-Suzanne, celui-ci résistera à un siège de trois ans et verra sa bravoure récompensée par une offre de paix et la restitution des places fortes confisquées... Moins chanceux par la suite, le château passera aux Anglais lors de la guerre de Cent-Ans, avant de revenir à la duchesse d'Alençon, puis à Henri IV. Lors de votre visite, gagnez le cœur du village, vous y verrez de belles maisons souvent ornées de sculptures, balcons, fenêtres à meneaux. Puis, par la rue du Château, rejoignez le vigoureux donjon médiéval autour duquel alternent vieilles murailles, douves sèches et espaces verdoyants avec, un peu à l'écart, le manoir Renaissance. Enfin, suivez la promenade de la Poterne offrant de belles vues sur les fortifications et sur un immense panorama allant des collines des Coévrons aux paysages de l'Anjou. Pour le bonheur des promeneurs, la circulation automobile est interdite dans le village en juillet et août.

♦ 936 habitants, 176 m d'altitude ♦ **Accès :** (carte 7) à 31 km S-E de Mayenne par D 7 ♦ **À voir :** le musée de l'Auditoire (1000 ans d'histoire) ♦ **Aux alentours :** 15 km de sentiers balisés, de nombreux étangs et des rivières pour la pêche ; les églises de Livet-en-Charnie et de Saint-Léger ; le petit village de Blandovet ; les grottes préhistoriques de Saulges ♦ **Foires, festivités :** marché d'Antan fin juillet ; foire à la brocante au château le week-end après le 15 août ♦ **Hôtel :** à Chammes (3,5 km S-O), *Le Chêne Vert* (tél. 02.43.01.41.12), maison d'hôtes de charme, 6 chambres 230 F, table d'hôtes le soir ♦ **O. T.** (tél. 02.43.01.43.60).

ASNIÈRES-SUR-VÈGRE
72430 (Sarthe)

Un petit village de charme, enfoui dans la verdure au bout d'une vallée où coule une rivière, la Vègre. Il offre des maisons restaurées de façon discrète, coiffées de grands toits pentus de tuiles ou d'ardoises, un pittoresque café qui fait office d'épicerie-tabac, des fontaines, une église romane qui contient de superbes peintures des XIIIe et XVe siècles, et une belle demeure gothique, la Cour-d'Asnières, aux jolies fenêtres géminées. Par une petite rue, on rejoint le centre du village et, un peu plus loin, un vieux pont médiéval à dos d'âne. De là, on profite d'une vue ravissante sur la rivière bruissante et verdoyante, sur l'ancien moulin et sur une demeure à tourelle abritée par un fouillis de végétation. Tout à côté du moulin, on peut grimper par un petit chemin de campagne jusqu'au château du Moulin-Vieux, qui date du XVIIIe siècle. Un village d'un autre temps, paisible, au charme discret.

♦ 338 habitants ♦ **Accès :** (carte 15) à 10 km N-E de Sablé-sur-Sarthe par D 22 ♦ **Aux alentours :** les châteaux de Verdelles (XVe siècle) et de Moulin-Vieux ; les manoirs des Claies et de la Tannerie ; l'abbaye de Solesmes ♦ **Foires, festivités :** Peintres dans la rue les 6 et 7 juin 1998 ♦ **Hôtel :** *Manoir des Claies* (tél. 02.43.92.40.50), maison d'hôtes de charme, 2 chambres et 1 suite 385-420 F, table d'hôtes le soir sur réservation ♦ **Restaurant :** *Le Pavillon* ♦ **Mairie** (tél. 02.43.95.30.07) - **O. T.** (tél. 02.43.92.40.47).

VOUVANT
85120 (Vendée)

Vouvant ressemble à un îlot rocheux contourné presque entièrement par une petite rivière, la Mère. À proximité se trouve un paysage de bocage et l'immense forêt domaniale de Vouvant-Mervent. Juché en hauteur, le village est entièrement ceint de remparts. Au XIIe siècle, il était à l'abri d'un château dont il ne reste que le donjon appelé « tour Mélusine », référence à la légende qui veut qu'en une nuit la fée ait construit le château et soit l'ancêtre des comtes de Lusignan, seigneurs du lieu. Au hasard d'un enchevêtrement de petites rues aux maisons enduites de chaux, le promeneur découvrira l'église du XIe siècle, remarquable par son portail roman décoré d'animaux et d'entrelacs de fleurs, mais endommagé par les guerres de Religion. Autre richesse architecturale, la poterne ; puissante ouverture dans les remparts, elle commandait l'accès au village. Avant de quitter Vouvant, il est recommandé de gravir les cent vingt marches de la tour Mélusine pour découvrir, 36 mètres plus haut, un splendide panorama.

♦ 862 habitants, 78 m d'altitude ♦ **Accès :** (carte 15) à 15 km N de Fontenay-le-Comte par D 939 et D 30 ♦ **À voir :** muséographie de Mélusine (place du Bail) ♦ **Aux alentours :** nombreux sentiers de randonnée ; la forêt domaniale de Vouvant-Mervent ; le château de la Cressonnière ; la vieille ville de Fontenay-le-Comte ♦ **Foires, festivités :** animations artisanales le 3e week-end de juillet, festival folklorique le 2e dimanche d'août ♦ **Hôtel :** *Auberge de Maître Pannetier* (tél. 02.51.00.80.12), restaurant ♦ **O. T.** (tél. 02.51.00.86.80).

ÎLE D'YEU
85350 (Vendée)

Longue de 10 km et large de 4 km, l'île d'Yeu marie la beauté sauvage des côtes bretonnes à la douceur sablonneuse des rivages vendéens. L'île a été peuplée dès la préhistoire ainsi qu'en témoignent les dolmens et les menhirs éparpillés ici et là. Depuis toujours, Yeu doit sa richesse à la pêche et Port-Joinville, le bourg principal, offre le charme d'un petit port animé, avec ses chalutiers, ses casiers alignés le long des quais et ses ruelles bordées de maisons de pêcheurs. Dans la rue menant à l'église (XIXe s.), les maisons datent des XVIIe et XVIIIe siècles ; on passe devant la maison où est mort le maréchal Pétain (emprisonné sur l'île de 1945 à 1951) et on admire à l'intérieur de l'église les nombreux ex-voto offerts par les pêcheurs et marins. On poursuit la balade jusqu'au cimetière, puis on monte jusqu'à la citadelle (XIXe s.). Mais la plus jolie façon de visiter l'île est de la parcourir à vélo (nombreuses locations) pour découvrir le village de Saint-Sauveur et son église romane, les pittoresques hameaux et les points de vue grandioses sur le large.

♦ 5000 habitants ♦ **Accès :** (carte 14) par bateau pour Port-Joinville : depuis Fromentine *RDPEV* (tél. 02.51.49.59.69), durée de la traversée 70 mn ; depuis la pointe de la Fosse à Noirmoutier *Vedettes des îles du Ponant* (tél. 02.51.39.23.00), durée de la traversée 35 mn ♦ **À voir :** le grand phare, le vieux château, le Port-de-la-Meule, la côte Sauvage, la pointe des Corbeaux, l'église de St-Sauveur ; l'orgue de N.-D.-du-Port ♦ **Foires, festivités :** marché tous les jours en été, le samedi en hiver ; fête de la Mer en mai ; fête du Thon en août ♦ **Hôtels :** *Hôtel L'Escale* (tél. 02.51.58.50.28), hôtel de charme, 26 chambres 190-300 F, 2 suites 400 F, restaurant ; *Le Cabanon des Pêcheurs* (tél. 02.51.58.42.30), maison d'hôtes de charme, 2 chambres 320 F ; *Le Petit Marais des Broches* (tél. 02.51.58.42.43), maison d'hôtes de charme, 5 chambres 450 F, table d'hôtes ♦ **S. I.** (tél. 02.51.58.32.58).

La région du Centre est le jardin de la France. La nature y est douce et paisible, parsemée de châteaux et de villages anciens. Ce guide vous propose une promenade dans quatre des départements de cette région, l'Indre-et-Loire, le Loir-et-Cher, le Cher et l'Indre, ces deux derniers formant le Berry, province qui fut si présente dans l'œuvre de George Sand : « Le Berry n'est pas doué d'une nature éclatante. Ni le paysage, ni l'habitant ne sautent aux yeux par le côté pittoresque, par le caractère tranché. C'est la patrie du calme et du sang-froid. Hommes et plantes, tout y est tranquille, patient. »
Terre chargée d'histoire, l'Île-de-France est parée d'églises et de somptueux châteaux. Ce pays de rivières et de riches prairies, de forêts et de vallées verdoyantes nous offre aussi des villages paisibles qui ont préservé leur douceur de vivre.

APREMONT-SUR-ALLIER
18150 (Cher)

Le petit village d'Apremont est installé sur les bords de l'Allier, à la frontière de la Bourgogne et du Berry ; il est dominé par un très beau château. De la forteresse médiévale, il ne reste aujourd'hui que cinq tours crénelées, le château ayant été partiellement reconstruit au XVe siècle, puis embelli au XVIIe siècle. Il appartient à la même famille depuis 1722. Le village, avec ses maisons en grès doré, toutes fleuries, s'étire au pied du château. Les habitations ont été restaurées ou reconstruites dans le style médiéval, par l'industriel Eugène Schneider dans les années trente. L'ensemble est tout à fait paisible et harmonieux. Il faut visiter le château, le musée de Calèches (dans les écuries), et le magnifique parc floral qui borde le village. Apremont est un site classé et fait partie de l'Association des plus beaux villages de France.

♦ 84 habitants, 179 m d'altitude ♦ **Accès :** (cartes 17-18) à 16,5 km S-O de Nevers par N 7, D 976 et D 45 ♦ **À voir :** le musée de Calèches ♦ **Aux alentours :** l'écluse ronde des Lorrains (1 km) ; le pont-canal du Guétin (5 km) ♦ **Foires, festivités :** exposition artisanale de mi-juin à mi-septembre ; brocante le 3e dimanche d'août ♦ **Hôtel :** à Bannegon (34 km S-O), *Auberge du Moulin-de-Chaméron* (tél. 02.48.61.83.80), hôtel de charme, 13 chambres, chambres 350-515 F, suites 680-765 F, restaurant ♦ **Restaurants :** *Restaurant du Parc-Floral* (tél. 02.48.80.41.52), ouvert de Pâques à fin septembre ; *Le Bistrot de l'Allier* (tél. 02.48.80.42.95) ♦ **Mairie** (tél. 02.48.80.40.17).

AUBIGNY-SUR-NÈRE
18700 (Cher)

Entre Sologne et Berry, Aubigny est une petite cité commerçante, enrichie autrefois par le cardage de la laine. Ignorons la ville nouvelle de la périphérie pour nous consacrer à la vieille cité enserrée jadis de remparts dont il ne reste que trois tours et quelques murs en ruine. Fondée à l'époque gallo-romaine, elle devint au XVe siècle la cité des Stuart, seigneurs écossais qui reçurent la ville des mains de Charles VII en remerciement de leur aide lors des guerres contre les Anglais. À l'intérieur des remparts, on découvre des maisons à colombage, la plupart rebâties au XVIe siècle. Admirez notamment les maisons François Ier, du Pont des Foulons (XVe s. la seule à avoir résisté à l'incendie de 1512), du Bailli, Saint-Jean. La mairie est installée dans le joli château des Stuart (XVe-XVIIe s.). Les Grands Jardins étaient autrefois le parc du château ; dessinés par un disciple de Le Nôtre, ils furent agrandis par la duchesse de Portsmouth. Mais le joyau d'Aubigny est sans conteste l'église Saint-Martin qui fut bâtie au XIIIe siècle et largement remaniée au XVIe après l'incendie. Il faut aussi aller voir l'ancien couvent des Augustins-Noirs (XVIe s.) et son cloître du XVIIe siècle. Aubigny est une petite ville à l'accent écossais, gaie et pittoresque.

♦ 6000 habitants, 168 m d'altitude ♦ **Accès :** (carte 17) à 28 km S-O de Gien par D 940 ♦ **À voir :** musée de l'Auld Alliance Franco Écosse ♦ **Aux alentours :** les châteaux (privés) sur la route Jacques-Cœur, qui se visitent tous ; le musée de la Sorcellerie ; à Oizon (6 km E), le château de la Verrerie ; Briare et son pont-canal ♦ **Foires, festivités :** marché le samedi ; fêtes Franco-Écossaises en juillet ; foire le dernier week-end de septembre ♦ **Hôtel :** à Oizon (6 km E), *Château de la Verrerie* (tél. 02.48.81.51.60), maison d'hôtes de charme, 11 chambres 880-1100 F, 1 suite 1300 F, table d'hôtes ♦ **Restaurants :** *La Chaumière*, *Les Fermaillets d'Or* ♦ **O. T.** (tél. 02.48.58.40.20).

SANCERRE
18300 (Cher)

La plus jolie manière de découvrir Sancerre consiste à passer par Chavignol, petit village célèbre pour ses fromages, et à emprunter la « route du Panorama » qui traverse un magnifique paysage de collines couvertes de vignes produisant un incomparable petit vin blanc. Sancerre est disposé en couronne sur l'une de ces collines dominant la rive gauche de la Loire, poste d'observation entre le Berry et le Nivernais. La cité, ayant embrassé la religion protestante, s'illustra par une résistance acharnée aux troupes royales lors d'un siège en 1573. Aujourd'hui, dans les rues de la vieille ville, on peut découvrir de belles maisons, certaines typiques de la Loire avec leurs toits d'ardoises et leurs façades en tuffeau, d'autres représentatives de l'architecture bourguignonne avec des toits de tuiles plates et des murs crépis. On admire une multitude de détails intéressants, joli portail, linteau sculpté, tourelle pointue... Par la rue des Juifs, on arrive à la place de la Halle, cœur de la cité avec ses boutiques d'artisanat et ses terrasses de cafés. Un peu plus loin, nichée dans la verdure, la tour des Fiefs, donjon du XIVe siècle, seul vestige de l'ancien château. Il faut terminer la balade par l'esplanade de la porte César, qui offre une très belle vue sur les vignes et la vallée de la Loire.

♦ 2059 habitants, 312 m d'altitude ♦ **Accès :** (carte 17) à 11 km S de Cosne-sur-Loire par D 955 ♦ **Aux alentours :** les villages de Saint-Satur, Léré, Chavignol ♦ **Restaurants :** *La Tour* (tél. 02.48.54.00.81) ; *L'Esplanade* (tél. 02.48.54.01.36) ; salon de thé *Adélaïse* ♦ **Mairie** (tél. 02.48.54.00.26) - **S. I.** (tél. 02.48.54.00.26 / 02.48.54.08.21).

GARGILESSE-DAMPIERRE
36190 (Indre)

Gargilesse se blottit dans la verdoyante et paisible vallée de la Creuse. Le village forme un ensemble harmonieux, avec ses vieilles maisons simples et fleuries, son château reconstruit au XVIIIe siècle et son église romane. Il faut entrer dans cette ravissante église pour y voir les fresques de la crypte et surtout les chapiteaux décorés. Très sensible au pittoresque de ce village et à la beauté de son environnement naturel, George Sand s'y installa et en fit le théâtre de nombreux romans. Sa maison, transformée en musée, se trouve dans le bas du bourg. Gargilesse accueillit aussi beaucoup de peintres, parmi lesquels Monet, Théodore Rousseau, Osterlind... Aujourd'hui, de nombreux artistes habitent le village. La municipalité organise des expositions en été.

♦ 343 habitants, 210 m d'altitude ♦ **Accès :** (carte 16) à 14 km S d' Argenton-sur-Creuse par N 20, D 48 et D 40 ♦ **À voir :** la maison de George Sand ♦ **Aux alentours :** circuit « George Sand en Berry » ; l'église de Dampierre ; le lac d'Éguzon (10 km) ♦ **Foires, festivités :** marché le dimanche matin de juin à septembre ; marché aux fleurs et aux produits fermiers le 3e dimanche de mai ; Festival de théâtre en juillet ; Festival de jazz le 2e week-end d'août ; Festival d'Été fin août ♦ **Hôtel :** (à 8 km N) *Manoir de Boisvillers* (tél. 02.54.24.13.88), hôtel de charme, 14 chambres 200-380 F ♦ **Restaurants :** *La Patache* (tél. 02.54.47.85.23) ; *Au Fil du Temps* (tél. 02.54.47.89.67) ; *George Sand* (tél 02.54.47.83.06) ♦ **Mairie** (tél. 02.54.47.03.11) - **O. T.** (tél. 02.54.47.85.06).

SAINT-BENOÎT-DU-SAULT
36170 (Indre)

Aux alentours de Saint-Benoît-du-Sault, le relief est paisible et vallonné. Cela ne laisse pas prévoir le haut rocher de granit sur lequel est perché le village. C'est probablement cette position défensive qui incita les moines bénédictins à choisir ce site pour implanter une abbaye en 974. Le village s'installa tout contre le prieuré, à l'intérieur de puissants remparts. Aujourd'hui, la promenade dans les rues du bourg est très agréable. Il faut visiter l'église en partie romane et, juste à côté, aller sur la terrasse où s'élevait l'ancien prieuré, pour admirer en contrebas la vallée et les eaux calmes du Portefeuille. En suivant le chemin de Ronde, on emprunte une rue très escarpée sur la gauche pour atteindre une double porte en ogive et l'ancien bourg ; c'est un ensemble harmonieux datant essentiellement du XVe siècle avec des rues étroites et des maisons en granit. Il faut aller voir le beffroi, la maison du Gouverneur et la maison de l'Argentier (XVe siècle), qui comporte une très belle porte cloutée.

♦ 870 habitants, 225 m d'altitude ♦ **Accès :** (carte 16) à 20 km S d'Argenton-sur-Creuse par N 20 et D 1 ♦ **Aux alentours :** la Chatille, la Roche, le château de Montgarnaud ; de nombreuses églises romanes ; le site gallo-romain d'Argentomagus ; les vallées de la Creuse et de l'Anglin ♦ **Foires, festivités :** marché fermier le samedi matin ; foire aux Vins des pays de Loire en avril ; expositions de photos en juillet-août ; foire aux béliers et fête du Mouton début août ; fête du village le 15 août ; foire aux Bovins le dernier samedi d'août ; marché au foie gras et truffes en décembre ♦ **Hôtel :** à 20 km N-E, *Manoir de Boisvillers* (tél.02.54.24.13.88), hôtel de charme, 14 chambres 200-380 F, restaurant ♦ **Mairie** (tél. 02.54.47.51.44) - **O. T.** (tél. 02.54.47.62.90).

CANDES-SAINT-MARTIN

37500 (Indre-et-Loire)

En gaulois « candate » signifie « confluent », et c'est au lieu de rencontre de la Vienne et de la Loire que s'est implanté le village. Celui-ci est d'une homogénéité rare, ses maisons sont superbes, certaines datant du XVe siècle. Construites en tuffeau blanc, leur décoration semble inspirée par les châteaux des alentours, leur empruntant mille détails. Avant de remonter jusqu'en haut du village pour découvrir les habitations troglodytes creusées dans la falaise, attardez-vous rue du Bas, c'est là qu'habitaient les mariniers de la Loire, lorsque Candes était un port de pêche et de batellerie actif. Admirez l'église collégiale des XIIe et XIIIe siècles, édifiée à l'endroit même où mourut saint Martin en l'an 397, événement qui fit de Candes un lieu de pèlerinage. Les rois de France et d'Angleterre y séjournèrent, rendant à cette occasion visite aux archevêques de Tours, dont vous pourrez voir la résidence (XVe siècle). Enfin, les adeptes de la marche pourront gravir le petit sentier de pierres de la colline surplombant le village ; la vue sur les toits d'ardoises et sur les deux rivières y est très représentative du charme de la « Douce France ».

♦ 300 habitants, 97 m d'altitude ♦ **Accès :** (carte 16) à 12 km E de Saumur par D 947 ♦ **À voir :** l'Atelier de céramiques de Francis Katchatourof ♦ **Aux alentours :** les châteaux de la Loire (Ussé, Langeais, Villandry) ; l'abbaye de Fontevraud ; la Devinière (maison natale de Rabelais) ♦ **Foires, festivités :** fête champêtre début août ♦ **Hôtels :** à 4 km S-E, *Le Domaine de Mestré* (tél. 02.41.51.72.32), maison d'hôtes de charme, 11 chambres 325 F, 1 suite 510 F, table d'hôtes ; à Parnay (10 km N-O), *Domaine du Marconnay* (tél. 02.41.67.60.46), maison d'hôtes de charme, 3 chambres et 1 suite 260-300 F ; à Chinon (16 km E), *Hôtel Diderot* (tél. 02.47.93.18.87), hôtel de charme, 28 chambres 250-400 F, restaurant ; *Agnès Sorel* (tél. 02.47.93.04.37), hôtel de charme, 6 chambres 180-450 F ♦ **Mairie** (tél. 02.47.95.90.61).

CRISSAY-SUR-MANSE
37220 (Indre-et-Loire)

Situé au cœur de la Touraine, dans la pittoresque vallée de la Manse, le village de Crissay est plein de charme. Les maisons sont magnifiques, notamment celles de la place des XVe et XVIe siècles. Construites en tuffeau, cette belle pierre blanche de Touraine, elles ont conservé des fenêtres à meneaux et de beaux toits d'ardoises agrémentés de lucarnes ouvragées. On peut ensuite, en passant sous la poterne, grimper jusqu'aux ruines du château (XVe siècle). À droite, l'église qui date de 1527. Crissay saura vous séduire avec le charmant désordre de ses rues, ses jardins, ses petits murs fleuris. C'est un adorable village campagnard qui a su garder toute son authenticité.

♦ 100 habitants, 60 m d'altitude ♦ **Accès :** (carte 16) à 16 km S d'Azay-le-Rideau par D 57 et D 457 ♦ **Aux alentours :** la pittoresque vallée de la Manse ; la route de Courtineau ; les anciennes fermes « La Fretonnière » et « La Boisselière » ; les villages de Saint-Épain et d'Avon-les-Roches ♦ **Hôtel :** à Azay-le-Rideau (16 km N), *Château du Gerfaut* (tél. 02.47.45.40.16), maison d'hôtes de charme, 7 chambres 400-620 F ♦ **Mairie** (tél 02.47.58.54.05).

MONTRÉSOR
37460 (Indre-et-Loire)

Dressé sur les bords de l'Indrois, Montrésor semble resté à l'écart de toute modernisation. En bas, les maisons en tuffeau blanc longent la rivière et remontent peu à peu le coteau. On y verra des demeures des XVe et XVIe siècles (dont une en bois) débouchant sur la collégiale et le château, tous deux Renaissance. L'ensemble est d'une très belle unité, avec ses toits de tuiles plates et tous ces détails pittoresques qui organisaient la vie d'autrefois : lavoir, fontaine, halle aux laines... Pourtant Montrésor n'eut pas toujours cet aspect bonhomme et raffiné ; au XIe siècle, Foulque Nerra, tirant profit de ce promontoire rocheux protégé au nord par un ravin et au sud par la rivière, en avait fait une puissante forteresse. C'est sur ses bases que fut édifié l'actuel château ; lui aussi était plus imposant, vous n'en voyez aujourd'hui que le corps principal. Le château appartient toujours à la famille polonaise descendante du comte Xavier Branicki, ami de Napoléon III, qui l'avait acquis en 1849.

♦ 381 habitants, 100 m d'altitude ♦ **Accès :** (carte 16) à 60 km S-E de Tours par N 10, D 17, N 143 et D 760 ♦ **À voir :** le château (tél. 02.47.92.60.04, visites de Pâques à la Toussaint : pièces du trésor des rois de Pologne, superbe collection de tableaux : Raphaël, Véronèse, Le Caravage...) ♦ **Aux alentours :** les villages de Chemillé (église romane et chapelle du XVIe siècle), Beaumont-Village, Novans-les-Fontaines et Villeloin-Coullangé (église du XIIe siècle), le château de Montpoupon ♦ **Foires, festivités :** fête de la Peinture le dimanche après le 14 juillet ♦ **Hôtel :** à Loches (20 km O), *Hôtel George-Sand* (tél. 02.47.59.39.74), hôtel de charme, 20 chambres 260-650 F, restaurant ♦ **Mairie - S. I.** (tél. 02.47.91.43.00).

RICHELIEU
37120 (Indre-et-Loire)

Étonnante, cette cité de Richelieu implantée au cœur de la douce France ! La Fontaine l'avait déclaré « le plus beau village de l'univers » ; c'est, en tout cas, l'un des rares ensembles de style classique construit au XVIIe siècle par la volonté d'un seul homme, le cardinal de Richelieu, qui voulut construire sa « ville idéale ». Installée sur la rive gauche du Mâble, la cité répond aux critères architecturaux de l'époque : ordre et symétrie. Elle est rectangulaire, entourée de fossés aujourd'hui transformés en jardins, et de murs dans lesquels s'ouvrent des portes. Les constructions s'organisent autour de la place du Marché. On y trouve la halle, l'église Notre-Dame, le presbytère et l'ancien hôtel de ville transformé en musée. La Grande-Rue bordée d'hôtels particuliers en pierre de taille, tous semblables, conduit à la place des Religieuses, symétrique de la place du Marché. Elle est entourée de l'hôtel du Receveur, du couvent et du collège. On revient ensuite par la rue de la Galère longée de maisons d'artisans très remaniées mais qui ont conservé leurs proportions d'origine. On sort de la ville par la porte de Châtellerault pour gagner le château, dont il ne reste aujourd'hui qu'un bâtiment surmonté d'un dôme, et l'on admire le parc, propriété de l'Université de Paris.

♦ 2296 habitants, 51 m d'altitude ♦ **Accès :** (carte 16) à 29 km N-O de Châtellerault par D 749♦ **À voir :** le Musée municipal (tableaux et documents sur l'histoire de Richelieu) ♦ **Aux alentours :** le château de la Grillère (tél. 02.47.95.66.06) ♦ **Foires, festivités :** marché le lundi et le vendredi matin ; Festival de la chasse fin août ♦ **Hôtel :** *Les Religieuses* (tél. 02.47.58.10.42), maison d'hôtes de charme, 4 chambres 240-340 F, 1 suite 340 F ♦ **Mairie** (tél. 02.47.58.10.13) - **S. I.** (tél. 02.47.58.13.62 en été).

CHAUMONT-SUR-THARONNE
41600 (Loir-et-Cher)

En Sologne, au milieu de vastes paysages de landes et de forêts, Chaumont-sur-Tharonne groupe ses maisons autour d'une jolie place gazonnée et de son église. Autrefois fortifié, le village se love à l'intérieur du tracé de ses anciens remparts. Il présente une belle unité d'architecture : ses demeures, certaines à colombage (notamment face à l'église, une belle maison XVIIIe) ont conservé leurs appareillages de brique claire, leurs toits d'ardoises ou de tuiles brunes. L'église Saint-Étienne a été remaniée au XVe et au XVIe siècle ; elle possède également d'épais murs de briques et un délicat clocher ouvragé. Chaumont est un village attachant, original par sa forme concentrique, rare dans ce pays solognot où l'on trouve surtout des villages-rue construits en longueur. Pour prolonger les plaisirs, vous pourrez visiter la maison de l'Artisanat, acheter les bons produits régionaux dans les fermes environnantes, pêcher en rivière ou dans les nombreux étangs des alentours et surtout, faire une halte de charme à la délicieuse auberge *La Croix-Blanche de Sologne*, l'une des plus anciennes hostellerie de France. De nombreux sentiers de randonnée balisés vous permettront de découvrir cette belle région, qui se pare à l'automne de couleurs chatoyantes.

♦ 1001 habitants, 126 m d'altitude ♦ **Accès :** (carte 17) à 9 km O de Lamotte-Beuvron par D 35 ♦ **Aux alentours :** la jolie cité de La Ferté-Saint-Aubin et son château ; La Ferté-Beauharnais ; les châteaux de Chambord et de Cheverny ♦ **Foires, festivités :** brocante et vide-greniers mi-juin ♦ **Hôtels :** *La Croix-Blanche de Sologne* (tél. 02.54.88.55.12), hôtel de charme, 12 chambres 250-500 F, 6 suites 580-680 F, restaurant ; *La Farge* (tél. 02.54.88.52.06), maison d'hôtes de charme, 1 chambre 350 F, 1 suite 500 F, 1 studio 450-550 F ♦ **Restaurant :** *La Grenouillère* (tél. 02.54.88.50.71) - **O. T.** (tél. 02.54.88.64.00).

LAVARDIN
41800 (Loir-et-Cher)

Enfoui dans la verdure au bord du Loir, Lavardin est blotti au pied des ruines impressionnantes de son château. Pour y accéder, on traverse un vieux pont gothique. Le village est vraiment pittoresque ! Il faut se balader dans les rues bordées de vieilles maisons aux beaux toits d'ardoises ou de tuiles ; certaines datent des XVe et XVIe siècles et ont gardé de jolies fenêtres à meneaux, des lucarnes pointues et de beaux colombages. Il faut aller admirer la mairie (belles salles du XIe siècle) et, tout près, l'église de style roman primitif au clocher-porche carré (à l'intérieur, très belles peintures murales et jolies colonnes). Vous verrez aussi des caves aux murs couverts de lierre, puis vous grimperez jusqu'au château. Ruiné par les troupes d'Henri IV, il conserve, malgré tout, une fière allure avec son donjon haut de 26 mètres (XIe siècle), ses courtines, ses vestiges de tours et d'enceintes. Que la vie semble douce dans ce joli village !

♦ 250 habitants, 80 m d'altitude ♦ **Accès :** (carte 16) à 20 km S-O de Vendôme par D 917 et D 108 ♦ **Aux alentours :** le village troglodyte de Troo ; la ravissante ville de Vendôme et la vallée du Loir ♦ **Foires, festivités :** Championnat du monde de la Chouine (jeu de cartes du XVIe siècle) le 1er dimanche de mars ; « Peintres au village » à l'Ascension ; concours hippique en juillet ♦ **Hôtel :** à Troo (8,5 km), *Château de la Voûte* (tél. 02.54.72.52.52), hôtel de charme, 5 chambres 380-600 F ♦ **Restaurants :** *Le Relais d'Antan* (tél. 02.54.86.61.33) ; à Montoire-sur-le-Loir (2 km), *Le Cheval Rouge* (tél. 02.54.85.07.05) ; à Troo (8,5 km 0), *Le Cheval Blanc* (tél. 02.54.72.58.22) ♦ **Mairie** (tél. 02.54.85.07.74).

BARBIZON

77630 (Seine-et-Marne)

Avant d'être adopté au XIXe siècle par quelques peintres paysagistes, Barbizon n'était qu'un petit hameau de bûcherons. Modeste mais merveilleusement situé, car c'est ici que la forêt de Fontainebleau vient rencontrer la plaine de Bière. L'unique rue du village en constitue la frontière. Elle permet de s'enfoncer immédiatement dans la forêt et conduit vers un site surélevé, bordé de rochers. C'est cette nature qui a inspiré Théodore Rousseau, Millet et tous les peintres qui formeront l'école de Barbizon. Préférant un travail en plein air, ces artistes rompirent avec l'obligation d'une représentation historique ou mythologique du paysage. L'histoire de Barbizon se confond avec celle de ses peintres. Dans la rue du village, chaque petite maison conserve le souvenir d'un artiste et, si les hôtels et les restaurants sont nombreux, l'endroit est encore tout à fait charmant. Il faut visiter l'auberge du père Ganne et le petit musée de l'école de Barbizon qui regroupe de nombreux souvenirs et quelques œuvres des peintres qui ont vécu dans le village.

♦ 1400 habitants ♦ **Accès :** (carte 9) à 10 km S-O de Melun par D 64 ♦ **À voir :** le musée de l'auberge Ganne (évocation des peintres paysagistes du XIXe siècle) ; l'atelier de J.-F. Millet ; le musée de l'École de Barbizon ; la maison de T. Rousseau ♦ **Aux alentours :** les châteaux de Fontainebleau et de Vaux-le-Vicomte ; la forêt de Fontainebleau ♦ **Foires, festivités :** concerts et fête des Peintres en été ♦ **Hôtel :** *Hostellerie Les Pléïades* (tél. 01.60.66.40.25), hôtel de charme, 23 chambres 320-550 F ♦ **Restaurants :** *Le Relais de Barbizon* (tél. 01.60.66.40.28) ; *L'Angélus* (tél. 01.60.66.40.30) ♦ **Mairie** (tél. 01.60.66.41.92) - **S. I.** (tél. 01.60.66.41.87).

LA ROCHE-GUYON
95780 (Val-d'Oise)

Lorsqu'on arrive à La Roche-Guyon, on est saisi par la beauté du site : un petit bourg enserré entre la Seine (large de 170 m à cet endroit) et une falaise abrupte, dominé par un imposant château. De la forteresse originale bâtie au XIIIe siècle, il ne reste que le donjon, perché en haut de la falaise. Le château, largement remanié au cours des siècles, appartient depuis 1659 à la famille de La Rochefoucauld (c'est au château que François de La Rochefoucauld écrira une partie de ses *Maximes*). Il a gardé toute sa majesté et se visite. On peut faire une jolie promenade en empruntant la route des Crêtes ; de là-haut, la vue sur le bourg et les boucles de la Seine est superbe. On redescend ensuite au village par une petite rue très escarpée, la Charrière des Bois, et l'on remarque des caves creusées dans la roche. Les maisons de La Roche-Guyon sont de qualité inégale, certaines, très belles, à colombage, et d'autres, plus simples ; mais elles ont toutes des murs clairs et des toits pentus de tuiles ou d'ardoises. L'église Saint-Samson (XVe s.) abrite le tombeau du premier duc de La Rochefoucauld. La belle maison de la Gabelle (l'ancien grenier à sel) date du XVIe siècle et accueille aujourd'hui l'office de tourisme. L'ensemble du village a beaucoup de charme, et le site est exceptionnel.

♦ 562 habitants, 14 m d'altitude ♦ **Accès :** (carte 9) à 70 km O de Paris par A 13, D 147 et D 913 ♦ **À voir :** les expositions organisées au château ♦ **Aux alentours :** les jardins de Villarceaux ; les jardins et la maison de Claude Monet à Giverny ; les églises de Haute-Isle et de Vétheuil ; la route des Crêtes ♦ **Foires, festivités :** marché le vendredi et le dimanche matin ; grande brocante à l'Ascension ♦ **Hôtel :** à Herbeville (24 km S-E), *Mont-au-Vent* (tél. 01.30.90.65.22), maison d'hôtes de charme, 5 chambres 350-450 F, 1 suite 700 F, table d'hôtes sur demande ♦ **Restaurant :** *Le Vieux Logis* (tél. 01.34.79.70.73) ♦ **Mairie** (tél. 01.34.79.70.55) - **O. T.** (tél. 01.34.79.72.84).

Située sur le tracé de voies commerciales maritimes décisives, disputée par de puissants voisins, la Corse a longtemps été « bousculée » par l'Histoire.
À la fin du siècle dernier, ce sont des Britanniques qui l'ont découverte comme lieu de villégiature hivernal. La douceur du climat côtier et un arrière-pays riche en paysages d'exception les séduisirent. Ajaccio, d'abord, puis Calvi... par-delà le mythe napoléonien, ils se laissèrent surprendre par cette autre Riviera, plus distante et plus âpre.
Géographiquement, la Corse est un fragment de l'ensemble alpin. Son altitude moyenne est élevée. Cette donnée physique et des rivages peu sûrs ont fait se concentrer la population insulaire à mi-pente, sur les coteaux. Elle s'organisait en unités de vallées – les *pievi* – et se consacrait aux cultures d'usage en Méditerranée occidentale. Les sites anciens montrent bien le discernement des Corses dans la maîtrise de leur cadre. Villages des hauteurs ou « marines » des bords de mer (dans les régions où l'on naviguait, comme dans le Cap), maisons de schiste ou de granit, c'est par ces accords heureux entre une nature splendide et des constructions en harmonie avec elle qu'une véritable magie des lieux se produit.

CENTURI
20238 (Haute-Corse)

À quelques encâblures de l'extrémité ouest du cap Corse, au pied du col de la Serra d'où le panorama sur la mer de Ligurie est à couper le souffle, se trouve la délicieuse marine de Centuri. À la fin du XVIIIe siècle, on y dénombrait plusieurs dizaines de commerces. On exportait du vin, du bois, de l'huile... On importait tout ce que nécessitait une région prospère. Les maisons qui bordent les quais, avec voûtes et escaliers, étaient conçues pour le négoce et le stockage. La population excellait ici dans la conservation des produits de la mer. Le corail était emmené vers Bastia et vers Gênes. Alors, on pêchait la langouste et on la pêche toujours dans ces eaux très limpides. La lumière est ici parfaite : elle met bien en valeur les nuances de gris et de vert des lauzes qui couvrent les toits, les bleus-verts de la mer apposés au bleu saphir du ciel. Un adorable et exceptionnel village à ne pas manquer ! La commune de Centuri compte aussi de nombreux hameaux qui sont à voir, l'Orche, Cannelle, Ortinola, bien blottis sur des sites pentus, avec des tours de guet ou des constructions nobles qui offrent autant de points de vue d'une grande harmonie.

♦ 202 habitants ♦ **Accès :** (carte 36) à 55 km N-O de Bastia par D 80 et D 35 ♦ **Aux alentours :** les hameaux de Cannelle, l'Orche, Ortinola et le château du général Cipriani ♦ **Hôtel :** *Le Vieux Moulin* (tél. 04.95.35.60.15), hôtel de charme, 14 chambres 280-330 F, restaurant ♦ **Mairie** (tél. 04.95.35.60.06).

CORBARA (CURBARA)
20256 (Haute-Corse)

À mi-distance entre Algaiola et L'Île-Rousse (*L'Isula Rossa*), Corbara s'est installé sur les pentes du Monte Guidu. Du rivage, on l'aperçoit à peine mais le village maîtrise du regard toute l'étendue de son territoire. Dans les circulations, les décrochements, les passages, on retrouve ici quelque chose de l'architecture mauresque et de l'art de construire dans la grande tradition de Méditerranée. Il y a aussi la végétation, avec ses oliviers et ses figuiers de Barbarie. De toute part, des terrasses, des banquettes de pierres sèches sont aménagées sur les collines et rappellent que la Balagne était le « jardin de la Corse ». En plein cœur du village, non loin de belles demeures à loggias, s'impose, surélevée de marches, la remarquable façade baroque de Santa Maria Assunta. Les marbres polychromes du maître-autel et de la clôture du chœur sont justement célèbres. Ces figures de saints sur fond or sont des œuvres précieuses entre toutes : il s'agit de primitifs siennois datant du XVe siècle. Ils appartenaient au trésor du couvent (d'origine franciscaine mais désormais dominicain) situé à quelques kilomètres de là. Guy de Maupassant, pertinent voyageur de Corse, l'a décrit au siècle dernier.

♦ 597 habitants, 300 m d'altitude ♦ **Accès :** (carte 36) à 5 km S de LÎle-Rousse par D 513 et D 313 ♦ **Aux alentours :** le beau village de Pigna ♦ **Foires, festivités :** fête du village le 15 août avec illumination ; concerts dans l'église en été ♦ **Hôtel :** à Monticello (7 km), *La Bergerie* (tél. 04.95.60.01.28), hôtel de charme, 19 chambres 260-420 F, restaurant ; à Pigna (5 km), *Casa Musicale* (tél. 04.95.61.77.31), hôtel de charme, 6 chambres 195-380 F, restaurant ♦ **Mairie** (tél. 04.95.60.06.51).

ERBALUNGA
20222 (Haute-Corse)

Sur une petite pointe rocheuse agrémentée d'une vieille tour génoise écroulée, Erbalunga disperse ses hautes maisons autour du minuscule port animé de quelques barques de pêche. Elles sont restées, dans l'ensemble, bien authentiques avec leurs toits de lauzes et leurs murs tout simples enduits de gris ou de couleurs délavées. Le village a un charme suranné et reste très calme en dehors des week-ends et de l'été : café tranquille, petits restaurants typiques sans oublier l'église Sant'Erasmu qui date du XVIIIe siècle. Erbalunga est fidèle à ses traditions et, tous les ans, le Jeudi et le Vendredi saints, a lieu la *Cerca* qui réunit les hommes du village et des alentours pour une procession solennelle. Vous prendrez peut-être le temps d'emprunter la route magnifique qui fait le tour du cap Corse pour rejoindre Nonza et Saint-Florent en passant par les jolis villages de Rogliano et de Centuri-Port.

♦ 55 habitants ♦ **Accès :** (carte 36) à 11 km N de Bastia par D 80 ♦ **Aux alentours :** Castello ; la chapelle Santa Maria Assunta (IXe siècle) ♦ **Foires, festivités :** « Cerca » le Jeudi et le Vendredi saints ; fête de la Saint-Érasme, patron des pêcheurs le 2 juin ; Festival de musique début juin ♦ **Hôtel :** *Hôtel Castel Brando* (tél. 04.95.30.10.30), hôtel de charme, 10 chambres 380-580 F, 6 suites 530-830 F ♦ **Restaurant :** *Le Pirate* (tél. 04.95.33.24.20) ♦ **Mairie** (tél. 04.95.33.20.84).

LUMIO

20260 (Haute-Corse)

Le village de Lumio s'étire en belvédère au-dessus du golfe de Calvi. Il domine son église baroque agrémentée d'un campanile à l'italienne, construite par les villageois au début du Second Empire pour remplacer l'église Saint-Antoine devenue trop petite. Plus bas, à l'entrée du village, on admire la belle chapelle Saint-Pierre et Saint-Paul (classée) bâtie en granit ocre au XIe siècle. Sa façade est ornée de deux lions sculptés rajoutés au XVIIIe siècle. Une procession s'y rend chaque année, fin juin. La promenade dans les rues tortueuses et pentues du village est agréable, les maisons sont simples, austères, comme pour mettre encore plus en valeur le luxe baroque de l'église. Des trouées entre les maisons offrent des vues magnifiques sur les environs, collines couvertes d'oliviers et mer bleue scintillant au loin. À admirer avant de quitter ce lieu magique : le « Carubbu » bâtisse en pierre à arcades, construite au XVIIIe siècle par l'abbé Colonna de Leca pour abriter les plus démunis. Vous pourrez aussi faire provision de vins *Domaine U Colombu* à la cave vinicole.

♦ 903 habitants, 220 m d'altitude ♦ **Accès :** (carte 36) à 10 km N-E de Calvi par N 197 ♦ **Aux alentours :** le village en ruines d'Occi (abandonné en 1852) ; les tours gênoises de Caldano et de Spano ; le site archéologique néolithique du Monte Ortu et le castello de Bragaggia ♦ **Foires, festivités :** la « Fiera di San Petru » du 12 au 14 juillet ♦ **Hôtels :** à Calvi, *Hôtel Balanéa* (tél. 04.95.65.94.94), hôtel de charme, 37 chambres 300-1200 F ; *Auberge Relais de la Signoria* (tél. 04.95.65.93.00), hôtel de charme, 10 chambres 500-1200 F, suites 1200-1600 F, très bon restaurant ♦ **Mairie** (tél. 04.95.60.89.00).

NONZA
20217 (Haute-Corse)

Lorsque l'on découvre le village de Nonza, perché sur son rocher, dominant la mer avec fierté, on a le souffle coupé ! Il est là depuis le Moyen Âge, serré autour de son église, protégé par la vieille tour édifiée en 1550, défiant le temps et les hommes. Les maisons aux toits de lauzes, de couleur gris délavé, bordent des ruelles pentues et s'agrippent jusqu'au rebord de la vertigineuse paroi en à-pic sur la mer. Il faut visiter l'église, dont l'autel baroque du XVIIe siècle et les orgues sont classés, aller voir les ruines de l'ancien couvent des Franciscains et surtout grimper jusqu'à la tour pour profiter du superbe panorama sur le golfe de Saint-Florent. Au pied de la falaise, une grande plage de sable noir fait un étonnant contraste avec le bleu du ciel, le rocher, la végétation et le petit village perché tout en haut. C'est à Nonza qu'est née sainte Julie, patronne de la Corse.

♦ 86 habitants, 80 m d'altitude ♦ **Accès :** (carte 36) à 20 km N de Saint-Florent par la D 81 et D 80 ♦ **Aux alentours :** de ravissants hameaux et villages tout au long de la D 80 ; le petit port de Saint-Florent ♦ **Foires, festivités :** « Paese in Luce » le 15 août avec procession et illumination du village et chants ♦ **Hôtels :** à Saint-Florent, *Hôtel Bellevue* (tél. 04.95.37.00.06) ; *Dolce Notte* (tél. 04.95.37.06.65) ♦ **Restaurant :** *Auberge Patrizzi* (tél. 04.95.37.82.16) ♦ **Mairie** (tél. 04.95.37.82.82).

PIGNA
20220 (Haute-Corse)

Perché sur une colline, Pigna, qui fut fondé en l'an 800, est un magnifique petit village surplombant la vallée du Lazio, plantée de chênes et d'oliviers. On arrive sur une place très joliment dallée de pierre où se trouve l'église à deux clochetons, bâtie au XVIIIe siècle à l'emplacement d'une chapelle romane. Les vieilles maisons se resserrent le long des ruelles piétonnes, étroites et caladées, parfois entrecoupées d'escaliers qui aboutissent à l'autre extrémité du village d'où l'on découvre une vue sublime sur la vallée et la mer au loin. Si vous le pouvez, allez aussi jusqu'à la mairie admirer, dans la salle des délibérations du conseil municipal, un très beau tableau du XVIe siècle faisant partie du legs Fesch. Pigna est un ravissant village authentique et très vivant. Il a été admirablement rénové dans le respect des techniques ancestrales. Partout des fleurs égaient les façades des maisons, des échoppes d'artisans, potiers, graveurs, facteurs d'instruments, animent les rues et proposent des objets de qualité. Pigna est aussi et surtout un important centre culturel, artisanal et musical dont le cœur bat à la *Casa musicale*, une auberge « musicale » où se retrouvent des musiciens et tous les passionnés de polyphonie, forme musicale qu'utilisent les chants et la musique traditionnels corses. Ce petit village préservé, fier et bien vivant vous charmera.

♦ 92 habitants, 200 m d'altitude ♦ **Accès :** (carte 36) à 7 km S-O de L'Île-Rousse par D 313 ♦ **À voir :** le site culturel de Vaccaguji ♦ **Aux alentours :** l'église de la Trinité d'Aregno ♦ **Foires, festivités :** Festivoce ou Paese in Festa 3-13 juillet ♦ **Hôtel :** *La Casa Musicale* (tél. 04.95.61.77.31), hôtel de charme, 7 chambres 195-400 F, restaurant ♦ **Mairie** (tél. 04.95.61.77.30).

LA PORTA (A PORTA)
20237 (Haute-Corse)

Entre Golu et Tavignanu, la Castagniccia, région plutôt secrète, développe sa succession de vallées profondes et de crêtes bien affirmées. Désormais inclus dans le périmètre du Parc naturel régional, ce vaste territoire se consacrait surtout à la culture du châtaignier : il lui doit son nom. Les multiples hameaux de schiste sont disposés sur les versants, à portée de voix les uns des autres. Ils survivent aujourd'hui dans une altière solitude. Chef-lieu traditionnel de la *pieve* de l'Ampugnani, La Porta est un beau village qui sait ménager ses effets : une grande place s'ouvre sur la vallée et les bois à perte de vue. Sur le côté, voici l'église San Ghjuvanbattistu et l'admirable campanile, chefs-d'œuvre indiscutés du baroque insulaire. Les fresques rococo et l'orgue de style italien (fin XVIIIe) sont de grande qualité. Depuis La Porta, on peut rallier les parages du San Petrone (1767 m) d'où le panorama s'étend jusqu'aux plus hauts sommets de l'île et jusqu'aux côtes de Toscane. Plus bas, la conque d'Orezza – avec ses sources et ses taillis, ses précieux sanctuaires baroques –, la vallée d'Alesani, ses nobles paysages et son couvent San Francescu. On peut y admirer le panneau dit « de la *Vierge à la cerise* », gracieuse réalisation siennoise du XVe siècle.

♦ 358 habitants, 530 m d'altitude ♦ **Accès :** (carte 36) à 60 km S de Bastia par N 193, N 198 et D 506 ♦ **Aux alentours :** le village de Piedicroce, ses églises et le couvent d'Orezza ; les hameaux de Stazzona et de Carcheto ♦ **Foires, festivités :** fête de la Saint-Jean-Baptiste le 29 août ; concerts d'orgue, chants lyriques dans l'église et expositions de peintures en été ; exposition-vente le 1er dimanche d'août ♦ **Hôtel :** à Piedicroce (6 km), *Le Refuge* (tél. 04.95.35.82.65), bon restaurant ♦ **Restaurant :** *Restaurant de l'Ampugnani* « *Chez Risavetta* » (tél. 04.95.39.22.00), délicieuse cuisine corse ♦ **Mairie** (tél. 04.95.39.21.48).

SANT'ANTONINO (SANT'ANTUNINU)
20220 (Haute-Corse)

Le village de Sant'Antonino, l'un des plus hauts de Balagne, est perché sur un piton de granit à près de 500 mètres d'altitude. L'origine du village remonterait au IXe siècle, d'après la légende d'Ugo Colonna et de ses compagnons. À cette époque apparaissent en Balagne des *castra* qui, situées sur des points stratégiques, permettaient à leurs occupants de surveiller les vallées. Aujourd'hui, le village a gardé son aspect d'acropole en nid d'aigle. Ses maisons de granit se confondent avec le rocher. Massives, elles s'élèvent en hauteur pour compenser le manque d'espace au sol. Les rues sont étroites, entrecoupées de passages voûtés et d'escaliers. Un peu en contrebas, la petite église paroissiale, toute simple, possède un clocher à trois étages. Le village a été restauré peu à peu, les toitures ont été réparées, les murs relevés, les maisons rénovées ; mais Sant'Antonino a su garder son charme sauvage et rustique. Depuis le haut du village, la vue sur la vallée du Reginu, sur la Balagne et sur la mer est superbe. On peut aussi faire de pittoresques promenades à dos d'âne pour découvrir la campagne environnante.

♦ 60 habitants, 500 m d'altitude ♦ **Accès :** (carte 36) à 15 km S-O de L'Île-Rousse par D 513, D 151 et D 413 ♦ **Aux alentours :** les villages de Pigna et de Lavatoggio ; la Balagne ; nombreux sentiers de randonnée ♦ **Foires, festivités :** fête de Saint-Antonin en juin ; fête de la Madone-des-Grâces le 2 juillet ; soirées musicales en juillet-août ♦ **Hôtel :** à Monticello, *La Bergerie* (tél. 04.95.60.01.28), hôtel de charme, 19 chambres 260-420 F, restaurant ♦ **Restaurants :** *La Taverne corse* (tél. 04.95.61.70.15) ; *Restaurant Bellevue* (tél. 04.95.61.73.91) ♦ **Mairie** (tél. 04.95.61.78.38).

BONIFACIO (BONIFAZIU)
20169 (Corse-du-Sud)

Place forte spectaculaire, Bonifacio est une cité vénérable qui surprendra les plus blasés. Depuis ses falaises, elle contrôle un détroit stratégique : passé l'archipel des Lavezzi, la Sardaigne est toute proche. Ici, l'audacieux Ulysse et ses compagnons ont eu à en découdre avec les géants Lestrygons. Quand *l'Odyssée* décrit un mouillage bien à l'abri de son rempart de roche, la coïncidence est des plus troublantes. Désormais, les quais de la Marine concentrent l'animation de la plaisance et de la pêche. Par une rampe très marquée, on accède à la Ville Haute, avec ses bastions, ses murailles, formidables témoins de l'architecture défensive génoise. Défiant le vertige et les flots, certaines des maisons sont carrément posées sur les surplombs calcaires. L'entrelac des ruelles pousse à la promenade. Elle s'organise autour de la maison des Podestats et de Santa Maria Maggiore (XIIIe s.), avec son fin clocher, sa loggia élégante. Dans la Citadelle, à l'écart, le sanctuaire de San Dumenicu est la démonstration, exceptionnelle dans l'île, d'un bâti gothique très raffiné. Un peu plus avant, le couvent San Francescu et son église du XIVe bordent l'un des plus admirables cimetières marins qu'on puisse imaginer. Site et cité extraordinaires, à visiter absolument.

♦ 2745 habitants ♦ **Accès :** (carte 36) à 27 km S de Porto-Vecchio par N 198 ♦ **Aux alentours :** les grottes marines des falaises ; le cap de Pertusato ; le golfe de Sant'Amanza et le petit port de Gurgazu ; les îles Lavezzi ♦ **Foires, festivités :** Semaine sainte avec procession ♦ **Hôtels :** *Hôtel Genovese* (tél. 04.95.73.12.34), hôtel de charme, 14 chambres 700-1500 F, suites 950-1700 F ; *Hôtel du Centre nautique* (tél. 04.95.73.02.11), 10 chambres 450-950 F, restaurant ♦ **Restaurants :** *La Caravelle* (tél. 04.95.73.06.47), très bon restaurant ; *Le Voilier* (tél. 04.95.73.07.06) ; *Stella d'Oro* (tél. 04.95.73.03.63) ; *La Cantina Doria* ; sur la plage de Tonnara, *Chez Marco* ♦ **S. I.** (tél. 04.95.73.11.88).

PIANA
20115 (Corse-du-Sud)

Le village de Piana est situé en surplomb sur le golfe de Porto, à proximité d'un lieu exceptionnel : les *calanche*, calanques d'une beauté somptueuse mariant le bleu de la mer à tous les tons de rose et de rouge des falaises de granit. C'est un site classé d'intérêt mondial par l'Unesco, et il est entièrement protégé. L'origine du village remonte à 1725. Il est dominé par son église, bâtie dans le style italien à la fin du XVIIIe siècle et agrémentée d'un très joli campanile. La promenade dans les ruelles étroites, bordées de maisons typiquement corses, est vraiment agréable. Partant de Piana, de nombreux circuits pédestres proposent de magnifiques randonnées dans tout le massif.

♦ 506 habitants, 438 m d'altitude ♦ **Accès :** (carte 36) à 12 km S-O de Porto par D 81 ♦ **Aux alentours :** nombreux sentiers de randonnée : circuit du Capu d'Ortu, de Mizzanu, de Palani ; le village d'Evisa (20 km E de Porto) ; la réserve naturelle de Scandola ♦ **Foires, festivités :** foire du Brocciu en avril ; fête patronale le 15 août avec procession à travers les rues du village ♦ **Hôtel :** *Capo Rosso* (tél. 04.95.27.82.40), hôtel de charme, 57 chambres 350-450 F, restaurant ♦ **Mairie** (tél. 04.95.27.80.28) - **S. I.** (tél. 04.95.27.84.42).

SAINTE-LUCIE-DE-TALLANO
(Santa Lucia Di Tallà)
20112 (Corse-du-Sud)

Voici les terres de l'Alta Rocca... Sainte-Lucie domine une vallée dont les pans successifs couverts de chênes-lièges et d'oliviers s'inscrivent dans la lumière. Des hameaux sont éparpillés, çà et là, dans la verdure près de rochers escarpés. L'architecture traditionnelle, ici, a la maîtrise du granit qui a servi à édifier de vastes maisons-blocs aux toits de tuiles rose éteint. Tout semble fait pour la défense et l'austérité, pour le repli et les secrets, l'intimité. Les ruelles sont très étroites et les façades des demeures, magnifiques. Certaines, avec mâchicoulis, affirment leur origine médiévale. Comme souvent en Corse, la grand-place ouvre sur le vaste panorama d'une nature magistrale. Le grand seigneur du lieu fut, à la fin du XVe siècle, Rinuccio della Rocca. Il a fondé le couvent San Francescu et l'a doté de deux splendides œuvres du maître de Castelsardo et de son atelier. Un peu plus loin dans les collines, au hameau de Poggio, on peut admirer une ravissante église romane du XVIIe siècle et son appareil raffiné de dalles de granit blond. Au-delà encore se trouvent les entassements de pierre du Castellu de Cucuruzzu, un oppidum torréen de l'Âge du bronze, puis Levie (Livia) et ses trésors d'archéologie, Carbini et son église romane à campanile fort admirée de Mérimée...

♦ 424 habitants, 450 m d'altitude ♦ **Accès :** (carte 36) à 18 km N de Sartene par N 196 et D 268 ♦ **À voir :** le musée de l'Huile d'olive (ouverture courant 1998) ♦ **Aux alentours :** la chapelle Saint-Jean-Baptiste ; Levie ; le hameau de Poggio ♦ **Foires, festivités :** « A Festa di l'Oli novu » en mars ; concert de chants polyphoniques au couvent San Francescu en été ; foire artisanale mi-juillet ♦ **Mairie** (tél. 04.95.78.80.54).

La région du Languedoc-Roussillon est pleine de contrastes ; les paysages les plus différents s'y succèdent, aussi magnifiques les uns que les autres.

Au nord, les plateaux calcaires des Causses, lieux rudes et solitaires, troués de vallées encaissées, enserrant les splendides gorges du Tarn. Puis, plus bas, on découvre les âpres Cévennes culminant à 1702 mètres d'altitude au mont Lozère. Leurs pentes sont boisées de châtaigniers ou couvertes de maigres pâturages à moutons. Plus au sud, la riante plaine du Languedoc couverte de vignes descend jusqu'à la Méditerranée.

Les villages perchés ou fortifiés, regroupés autour de leur château ou de leur abbaye, s'intègrent parfaitement au paysage qui les entoure : les maisons ont des toits de lauzes et de schiste, des murs de granit, de pierre grise ou dorée, de calcaire ; les couleurs sont plus austères au nord, plus vives au sud.

Partout, les vestiges du passé abondent : châteaux forts perchés à l'entrée des canyons et des vallées, églises romanes parfois fortifiées, demeures d'époque Renaissance.

ALET-LES-BAINS
11580 (Aude)

Alet est délicieusement située sur les rives de l'Aude, dans une petite vallée abritée des vents. C'est une station thermale qui était déjà connue et renommée dès l'Antiquité. Le comte de Razès aurait fondé l'abbaye au XIe siècle et le pape Jean XXII l'érigea en évêché en 1318. Malheureusement, l'abbaye – dont les bâtiments et l'église suivent le tracé des remparts – construite du XIIe au XIVe siècle, sera détruite en 1577 lors des luttes religieuses. Aujourd'hui, on peut contempler ses majestueuses ruines en grès ocre, l'abside romane et sa riche décoration, les vestiges du chœur gothique, les façades de la cathédrale, et l'on reste ébloui par tant de beauté ruinée. Un peu plus loin, l'église Saint-André, bâtie au XIVe siècle, et la chapelle Saint-Benoît décorée de délicates fresques gothiques. Mais n'oublions pas le village médiéval : cerné de remparts, ses rues étroites partent en étoile depuis la place centrale bordée de demeures Renaissance. Il présente de belles maisons anciennes à encorbellement, pans de bois, portes à linteau sculpté ou à arcades, fenêtres à meneaux, vieux toits... le charme préservé des villages d'antan. À voir notamment la maison Romane (XIIIe s.), rue Cadène et la maison Digeon rue Calvière, ces deux rues aboutissant aux anciennes portes des remparts.

♦ 471 habitants, 207 m d'altitude ♦ **Accès :** (carte 31) à 39 km S de Carcassonne par D 118 ♦ **Aux alentours :** les châteaux cathares, donjon d'Arques, château de Puyvert ; le hameau de St-Salvayre ♦ **Foires, festivités :** marché le mercredi ; Festival de théâtre et concerts en juillet ; foire aux Vins et produits régionaux début août ♦ **Hôtel :** à Cavanac (35 km N), *Château de Cavanac* (tél. 04.68.79.61.04), hôtel de charme, 15 chambres 320-525 F, restaurant ♦ **O. T.** (tél. 04.68.69.93.56).

CAUNES-MINERVOIS
11160 (Aude)

Niché au cœur de ce beau et riche pays de vignes qu'est le Minervois, au pied de la montagne Noire et des gorges de l'Argent-Double, Caunes-Minervois est un village médiéval qui a gardé tout son cachet. Il est célèbre pour son abbaye romane, mais a tiré sa richesse de ses importantes carrières de marbre (dont un superbe rouge veiné de gris), marbre qui fut utilisé pour la décoration du Grand et du Petit Trianon et pour de nombreux monuments français (à Paris, l'arc de triomphe du Carrousel, l'Opéra, le Palais de Chaillot). Aujourd'hui, ses cinq variétés sont exportées dans le monde entier. De son passé, Caunes a conservé des ruelles pittoresques et de magnifiques maisons dont certaines remontent aux XIVe et XVe siècles. Sur la place, on admire l'hôtel d'Alibert avec sa délicieuse cour Renaissance agrémentée d'un puits. Mais n'oublions pas l'ancienne abbaye et son église du XIe siècle dont l'intérieur, en marbre du pays, fut remanié au XVIIIe siècle. Ce village imprégné de paix et de noblesse vous laissera une impression inoubliable.

♦ 1547 habitants, 200 m d'altitude ♦ **Accès :** (carte 31) à 19 km N-E de Carcassonne par D 49 et D 620 ♦ **Aux alentours :** la chapelle du Crucifix ; l'ermitage Notre-Dame-du-Cros (2 km N) ; les gorges de l'Argent-Double ; l'église romane de Rieux-Minervois ; les villages de La Livinière (12 km E) et de Villalier (13 km S-O) ; le dolmen de Pépieux ♦ **Foires, festivités :** marché le mardi, jeudi, samedi matin ; pèlerinage à la chapelle du Crucifix le Vendredi saint ; foire du Marbre en juin ; Festival du Minervois et manifestations culturelles à l'abbaye en juillet-août ♦ **Hôtel :** *Hôtel d'Alibert* (tél. 04.68.78.00.54), restaurant ♦ **Mairie** (tél. 04.68.78.00.28).

LAGRASSE
11220 (Aude)

En pleines Corbières, Lagrasse s'inscrit dans un paysage de vignes et de collines. On suppose que c'est Charlemagne qui fit construire là une abbaye en 799. Dès le XIIe siècle, le village déborda sur la rive opposée de l'Orbieu, reliée par un pont qui est toujours là, et se protégea pendant la guerre de Cent-Ans avec des fortifications dont on peut voir de beaux vestiges. Ici, l'habitat est simple, les murs sont en pierre calcaire, les toits en tuiles canal, et l'on peut voir encore certaines maisons qui datent du XIVe siècle. Les demeures construites sur les remparts longeant la rivière sont de toute beauté. On peut se promener dans les ruelles étroites, découvrir un puits, des fenêtres à meneaux ou bien visiter l'église et admirer les halles du XIVe siècle. Lagrasse a toujours vécu de l'artisanat, mais aujourd'hui, son bon vin de Corbières et le tourisme qui sont ses principales sources de revenus.

♦ 725 habitants, 105 m d'altitude ♦ **Accès :** (carte 31) à 19 km S-O de Lézignan-Corbières par D 611 et D 212 ♦ **Aux alentours :** l'abbaye de Fontfroide ; l'église de Saint-Martin-des-Puits ; par la D 212, les sites impressionnants et les vestiges des châteaux de Termes et de Durfort (18 km environ) ; les magnifiques châteaux de Peyrepertuse et de Quéribus (50 km environ) ♦ **Foires, festivités :** marché des potiers, banquet du Livre début août ♦ **Mairie** (tél. 04.68.43.10.05) - **S. I.** (tél. 04.68.43.11.56).

AIGUÈZE
30760 (Gard)

Aiguèze est un minuscule village médiéval construit sur un éperon rocheux, en surplomb des gorges de l'Ardèche. On découvre de loin, depuis Saint-Martin-d'Ardèche, sur l'autre rive, son ancien donjon, sa tour sarrasine, son clocher et son chemin de ronde, vestige de l'ancienne forteresse. Plus on s'approche, et plus on est saisi par l'aspect doux et riant du site, par l'heureux mariage de la pierre des constructions et du rocher, par l'étonnante ampleur de la place pour un si petit village, par l'authenticité des maisons anciennes peu à peu restaurées, par le calme de ses ruelles entrecoupées d'arceaux. La Grand'Rue est pavée comme autrefois et quelques maisons montrent avec fierté leur façade Renaissance. L'église, accolée à la falaise, date du XVIe siècle ; elle a malheureusement été coiffée au XIXe siècle d'une lourde flèche qui écrase son clocher, mais elle a un joli portail. Des fortifications érigées sur ordre de Charles Martel, il ne reste que les deux tours crénelées défiant le temps. On peut descendre ensuite par un pittoresque escalier taillé dans le rocher jusqu'aux berges de l'Ardèche et admirer la vue superbe sur la garrigue, l'eau miroitante et les vieux murs couverts de vigne vierge, tout cela sur un fond de ciel très bleu. Un petit village hors des sentiers battus, à ne pas oublier !

♦ 215 habitants ♦ **Accès** : (carte 33) à 10 km O de Bollène par D 994, N 86, D 901 et D 180 à droite ♦ **Aux alentours** : les gorges de l'Ardèche ♦ **Hôtels** : *Le Rustic* (tél. 04.66.82.13.05) ; *Résidence Le Castellas* (tél. 04.66.82.18.76) ♦ **Restaurants** : *Auberge Sarrasine* (tél. 04.66.82.17.26) et un jazz-bar *Espace Soleil Bleu* (tél. 04.66.82.10.83) ♦ **Mairie** : (tél. 04.66.82.14.77).

CASTILLON-DU-GARD
30210 (Gard)

Perché sur un escarpement rocheux, face au merveilleux pont du Gard, le village médiéval de Castillon domine une plaine plantée de vignes et d'arbres fruitiers (cerisiers notamment). Les maisons moyenâgeuses de belle pierre dorée (la même pierre servit à la construction du pont du Gard en 35 av. J.-C.), aux toits de tuiles rondes à génoises, sont resserrées à l'intérieur des remparts. Les ruelles – rue des Marchands, rue de la Citernasse – parfois entrecoupées d'arcades et joliment fleuries permettent une agréable flânerie. Vous admirerez aussi le presbytère, ancienne église romane, avec sa tour carrée et son clocheton à balustres. Vous pourrez visiter les caves et les ateliers de tailleurs de pierre, faire une halte au bistrot du village, déjeuner ou dîner dans les restaurants réputés de Castillon. En bas, dans le vallon, il faut voir la chapelle romane Saint-Caprais, toute simple et tranquille. Castillon-du-Gard est un merveilleux village, restauré de manière très authentique (certaines maisons sont classées), qui a conservé tout le charme de son passé moyenâgeux.

♦ 904 habitants, 96 m d'altitude ♦ **Accès :** (carte 33) à 4 km N de Pont-du-Gard par D 19 et D 228 ♦ **Aux alentours :** le pont du Gard ; le village de Vers ; Uzès ; les gorges du Gardon ♦ **Foires, festivités :** expositions de peintures, sculptures, photos de mai à novembre ; fête votive le dernier week-end de juillet ♦ **Hôtels :** *Le Vieux Castillon* (tél. 04.66.37.00.77), restaurant gastronomique ; à Vers (3 km), *Le Grand Logis* (tél. 04.66.22.92.12), maison d'hôtes de charme, 3 chambres 350-400 F ♦ **Mairie** (tél. 04.66.37.12.74).

COLLIAS
30210 (Gard)

Collias étage ses maisons sur un plateau qui surplombe le Gardon à son confluent avec l'Alzon, là où la vallée s'élargit et forme une petite plaine plantée de cerisiers. La nature est splendide, c'est le paradis des amateurs d'eaux vives, de baignades ou de randonnées. Les maisons typiquement languedociennes ont des murs de pierre sèche et de beaux toits de tuiles roses ; elles se pressent autour de l'église bâtie au XIIe siècle. Le village est tout simple et a gardé sa vocation agricole malgré le développement du tourisme. Du pont qui enjambe le Gardon, vous pourrez jouir d'une très belle vue sur le village, le paysage de la rivière, les plages de sable et de galets. Aux alentours de Collias, dans toute la vallée du Gardon et dans l'arrière-pays, se trouvent de nombreuses grottes et plusieurs sites préhistoriques.

♦ 756 habitants, 65 m d'altitude ♦ **Accès :** (carte 33) à 7 km O de Pont-du-Gard par D 112 ♦ **À voir :** la chapelle de l'Hermitage ♦ **Aux alentours :** le pont du Gard (4 km) ; Uzès ; les gorges du Gardon ♦ **Foires, festivités :** marché le mercredi matin ; fête votive le 1er dimanche d'août ♦ **Hôtel :** *Hostellerie Le Castellas* (tél. 04.66.22.88.88), hôtel de charme, 15 chambres 400-590 F, 2 suites 800-1000 F, restaurant ♦ **Mairie** (tél. 04.66.22.80.91) - **S. I.** (tél. 04.66.37.22.34).

LUSSAN
30580 (Gard)

Isolé dans un paysage de garrigues, tout près des gorges de l'Aiguillon, Lussan est un village perché qui a gardé de son passé des vestiges d'enceintes, de vieilles maisons pittoresques et un château à quatre tours rondes. Le château que nous admirons aujourd'hui fut construit au XVe siècle sur les bases de la première forteresse du XIe siècle (à l'intérieur, statue de la source de Fan). Depuis l'esplanade, on découvre une très belle vue sur les environs. Dans les ruelles parfois entrecoupées de passages voûtés, on peut voir de vieilles maisons aux pierres jointives, ornées de vigne vierge ou de rosiers grimpants. Il y a aussi un temple, bâtisse rectangulaire toute simple. Autrefois, Lussan était un village prospère et animé (filatures pour la laine et la soie, nombreux artisans). Aujourd'hui, c'est un petit bourg tranquille, mais il a conservé tout son charme et la promenade y est bien agréable.

♦ 365 habitants, 300 m d'altitude ♦ **Accès :** (carte 32) à 29 km E d'Alès par D 6 et D 979 ; à 17 km N d'Uzès par D 979 ♦ **Aux alentours :** Uzès (17 km S) ; Nîmes, le pont du Gard ; de nombreux villages dans la vallée de la Cèze (Saint-André-de-Roquepertuis, Montclus) et près des gorges de l'Ardèche (Le Garn, Saint-Julien-de-Peyrola, Saint-Paulet-de-Caisson) ♦ **Foires, festivités :** fête votive le dernier week-end de juillet ; fête des Concluses le lundi de Pâques ; foire à la brocante le 15 août ♦ **Hôtels :** *Mas des Garrigues* (tél. 04.66.72.91.18), maison d'hôtes de charme, 4 chambres 260-320 F, table d'hôtes sur réservation ; à Uzès, *Hôtel Marie d'Agoult* (tél. 04.66.22.14.48), hôtel de charme, 29 chambres 400-850 F, suites 900-1150 F, restaurant ♦ **Restaurant :** *Auberge de la Treille* (tél. 04.66.72.90.26) ♦ **Mairie** (tél. 04.66.72.90.58).

LA ROQUE-SUR-CÈZE
30200 (Gard)

Pour atteindre le village de La Roque, on franchit la Cèze par un vieux pont moyenâgeux à douze arches. Le village apparaît alors dans toute sa beauté : sur un arrière-fond de garrigues, sur un roc dominant la rivière, les maisons dorées se détachent, harmonieuses et claires, protégées par le château du XIIe siècle et l'église romane, tout en haut. L'ensemble est parsemé de cyprès, ce qui lui donne l'aspect des villages de Toscane. Tout a été amoureusement restauré, tout est joli. Là encore, des maisons anciennes aux murs de pierres jointives, avec des arcades ou des galeries et de ravissants toits de tuiles beige rosé à génoises, des ruelles caladées (pavées de petits galets) et pentues, tout le charme des villages restés authentiques. En contrebas du bourg, une seconde église construite au XIXe siècle. Précieux village resté intact dans son écrin de garrigues.

♦ 154 habitants, 50-110 m d'altitude ♦ **Accès :** (carte 33) à 10 km O de Bagnols-sur-Cèze par D 980 et D 166 ♦ **Aux alentours :** les gorges de la Cèze ; les cascades du Sautadet ; les villages de Cornillon et de Goudargues ♦ **Hôtels :** *Le Moulin de Cors* (tél. 04.66.82.77.40), maison d'hôtes de charme, 4 maisons à louer, 7 jours minimum 2000-8000 F selon saison ; à Cornillon-du-Gard (10 km N-O), *La Vieille Fontaine* (tél. 04.66.82.20.56), hôtel de charme, 8 chambres 550-850 F, restaurant ♦ **Mairie** (tél. 04.66.82.77.46).

UZÈS
30700 (Gard)

Pittoresque cité au charme préservé, Uzès est implantée sur un plateau dominant la vallée de l'Alzon. Ville épiscopale dès le Ve siècle, consulaire et ducale, elle joua un rôle important de place forte et s'embellit aux XVIe-XVIIIe siècles d'hôtels particuliers admirablement préservés aujourd'hui. On commence la visite par la ravissante place aux Herbes, où se tient le marché, bordée de couverts et de belles maisons médiévales (hôtels d'Aigaliers, de la Rochette, de Trinquelagues, maison natale de la famille Gide). On continue la promenade par l'étroite rue Pélisserie (hôtel Dampmartin, XVIe s.) pour atteindre les tours du Roi et de l'Évêque (XIIe s.). Mais le joyau d'Uzès est, sans conteste, son Duché (propriété de la famille Crussol d'Uzès), constitué de bâtiments de diverses époques, dont une superbe façade XVIIIe s. dominée par l'imposante tour Bermonde (XIe s.). Tout à côté, l'hôtel de ville (XVIIIe s.), puis le bel hôtel de Castille (XVIIIe s.) et l'ancien évêché bordé de la cathédrale St-Théodorit (XVIIe s., orgue XVIIe s.) et de la gracieuse tour Fenestrelle (XIe-XIIe s.), rare exemple de campanile lombard. Il ne faut pas oublier la maison du Portalet (XVIe s.) et l'église Saint-Étienne (XVIIIe s., clocher du XIIIe s.). Une véritable cité de charme, une visite à ne pas manquer. Notre seul regret, les voitures qui stationnent place aux Herbes.

♦ 7955 habitants, 134 m d'altitude ♦ **Accès :** (carte 33) à 22 km S de Nîmes par D 979 ♦ **Foires, festivités :** marché le mercredi et le samedi matin, marché aux truffes de décembre à mars ; brocante le dimanche matin ; journée de la Truffe le 3e dimanche de janvier ; « Nuits musicales d'Uzès » en juillet ; foires à l'Ail le 24 juin, aux Vins en août ♦ **Hôtels :** à Arpaillargues (4,5 km O), *Hôtel Marie d'Agoult* (tél. 05.66. 22.14.48), hôtel de charme, 29 chambres 400-850 F, suites 900-1150 F, restaurant ; *Cruviers* (tél. 04.66.22.10.89), maison d'hôtes de charme, 4 chambres 300 F, table d'hôtes le soir ♦ **O. T.** (tél. 05.66.22.68.88).

MINERVE
34210 (Hérault)

À la sortie des gorges de la Cesse et du Briant, là où les eaux des deux rivières se rejoignent, Minerve apparaît, à l'extrémité d'un plateau calcaire bordé de falaises abruptes, dans un fantastique paysage minéral et tourmenté. Le site est fréquenté depuis le paléolithique ; quant au village, son origine semble antérieure à la forteresse des vicomtes du Minervois construite au XIe siècle. Reliée au causse par un pont-levis, celle-ci sera, en 1210, l'un des bastions cathares assiégés par Simon de Montfort. Outre les vestiges du château (XIIe et XIIIe siècles), il faut voir le puits Saint-Rustique, car c'est sa destruction qui provoqua la reddition de Minerve. Il faut aussi visiter l'église romane (dont certains vestiges datent du Ve siècle) et le musée archéologique, parcourir les ruelles du village bordées d'antiques maisons sobrement construites en pierre du causse et goûter le vin local, produit depuis des siècles par les vignerons minervois.

♦ 106 habitants, 150 m d'altitude ♦ **Accès :** (carte 31) à 45 km O de Béziers par D 11, D 607 - Aigues-Vives et D 907 ♦ **À voir :** le musée d'Archéologie (tél. 04.68.91.22.92), le musée Hurepel (reconstitution de l'épopée cathare en figurines miniatures) ♦ **Aux alentours :** les villages d'Aigne (XIe s.) et de Cessenas ♦ **Foires, festivités :** marché le mardi matin à Olonzac ; festival du Minervois la 1re semaine d'août ♦ **Hôtels :** *Relais Chantovent* (tél. 04.68.91.14.18), hôtel de charme, 7 chambres 200-260 F, restaurant ; à Siran (12 km S-O) *La Villa d'Éléis* (tél. 04.68.91.55.98), hôtel de charme, 12 chambres 300-700 F ♦ **Restaurant :** à Olonzac, *Le Minervois Bel* (tél. 04.68.91.20.73) ♦ **Mairie** (tél. 04.68.91.22.92) - **S. I.** (tél. 04.68.91.81.43).

OLARGUES
34390 (Hérault)

Le site d'Olargues était occupé dès l'époque romaine. Abrité contre un rocher au pied du massif de l'Espinousse, entouré de vergers et de vignes, le village est dominé par une tour du XIe siècle, vestige de l'ancien château médiéval, transformée en clocher au XVe siècle. On y accède par l'escalier couvert de la Commanderie dont chaque marche est taillée dans un seul bloc de pierre et on découvre l'église Saint-Laurent construite au XVIIe siècle avec les pierres des remparts dont on peut voir encore quelques vestiges. Les maisons s'étendent au sud du rocher jusqu'au bord de la rivière le Jaur, enjambée par le vieux pont du Diable (XIIIe s.). Elles sont bâties en pierres du pays, coiffées de tuiles canal (alors qu'autrefois c'était des lauzes) et se resserrent le long de ruelles pavées de galets, entrecoupées de pittoresques passages couverts. La végétation est partout présente, adoucissant l'éclat de la pierre. Tout autour, la nature est magnifique, les cerisiers, les pêchers, la vigne ont fait la richesse du village, mais les activités de plein air sont aussi nombreuses : pêche, escalade, randonnées feront le bonheur des sportifs.

♦ 525 habitants, 183 m d'altitude ♦ **Accès :** (carte 31) à 27 km O de Bédarieux par D 908 ♦ **Aux alentours :** le prieuré de St-Julien et son église romane ; les gorges d'Héric, le gouffre du Cerisier et le cirque de Farrières ; les lacs de l'Airette et de Vésoles ; les gorges de l'Orb ; le pic de Naudech ; le col de Fontfroide ♦ **Foires, festivités :** marché le dimanche matin ; foires le 11 mai et le 25 octobre ; foire à la brocante et produits du terroir en juillet ; concerts de musique sacrée au prieuré St-Julien à Pâques, Pentecôte, Noël et le samedi du 15 juillet au 15 août ; fête votive en août ; foire à la Châtaigne et au Vin nouveau en novembre ♦ **Hôtel :** *Domaine de Rieumégé* (tél. 04.67.97.73.99), hôtel de charme, 14 chambres 395-545 F, restaurant ♦ **S. I.** (tél. 04.67.97.71.26).

ROQUEBRUN
34460 (Hérault)

Situé dans le parc régional du Haut-Languedoc, Roquebrun étage ses maisons de pierres jusqu'aux bords de l'Orb. Ici, le paysage prend des allures méditerranéennes : oliviers, chênes, cyprès, figuiers et vignes (qui produisent de très bons vins AOC Saint-Chinian) poussent sans contrainte dans cette vallée bien abritée ; Roquebrun est fier de ses mimosas et de ses orangers qui s'épanouissent en pleine terre, lui donnant un petit air de Côte-d'Azur. Tout en haut du village, on peut admirer l'église du XVIIe siècle, qui a conservé des parties plus anciennes, et la vieille tour moyenâgeuse ruinée qui rappelle que le site fut autrefois fortifié.

♦ 600 habitants, 90 m d'altitude ♦ **Accès :** (cartes 31-32) à 30 km N de Béziers par D 14 et D 19 ♦ **À voir :** le jardin méditerranéen (tél. 04.67.89.55.29) ; le musée des Moulins ♦ **Aux alentours :** les gorges d'Héric ; les monts de l'Espinouse ; les villages moyenâgeux de Ceps (4 km) et Vieussan (9 km) ♦ **Foires, festivités :** marché le mardi et le vendredi matin ; fête du Mimosa et des Produits du terroir en février ; feria dernière semaine de juillet ; Festival de la vallée de l'Orb début août ; foire des Produits du terroir début août ♦ **Hôtel :** *Les Mimosas* (tél. 04.67.89.61.36) maison d'hôtes de charme, 4 chambres 300-385 F, table d'hôtes ♦ **Mairie** (tél. 04.67.89.64.54).

SAINT-GUILHEM-LE-DÉSERT
34150 (Hérault)

Saint-Guilhem occupe un site exceptionnel à l'entrée des gorges du Verdus. Le village est installé dans un petit vallon bordé de parois rocheuses. Guilhem était le petit-fils de Charles Martel et le compagnon de Charlemagne. Il accompagna l'empereur au cours de maintes expéditions, puis, lassé de la guerre et de la violence, il abandonna le monde pour se consacrer à Dieu. Il édifia un monastère dans cette vallée sauvage et isolée, et y déposa une précieuse relique offerte par Charlemagne : un morceau de la Vraie Croix (aujourd'hui exposée dans l'abside nord de l'église). Jusqu'au XIIIe siècle, forte de la renommée de son fondateur, l'abbaye eut un grand rayonnement et le village se développa. Aujourd'hui, il ne reste que la très belle église du XIe siècle, et les galeries nord et ouest du cloître (le cloître a été vendu et reconstitué au Cloister Museum de New York). Le village a conservé de magnifiques maisons à fenêtres géminées, linteaux gothiques, meneaux Renaissance et portes sculptées. Plus haut, à flanc de montagne, on peut marcher jusqu'aux ruines du château de Don Juan, d'où la vue sur les gorges et le cirque de l'Infernet est splendide. Le village de Saint-Guilhem a un charme magique.

♦ 194 habitants, 80 m d'altitude ♦ **Accès :** (carte 32) à 40 km N-O de Montpellier par N 109 - Gignac D 27 et D 4 ♦ **À voir :** le musée sur les métiers d'autrefois ♦ **Aux alentours :** le cirque de l'Infernet ; la grotte de Clamouse (tél. 04.67.57.72.01) ; les gorges de l'Hérault ; le pont du Diable (3 km S) ; le village de Saint-Jean-de-Buèges (20 km N-E) ♦ **Foires, festivités :** fête du Cuir à l'Ascension ; Festival de musique en juillet et août dans l'abbaye ; fête de l'Olive et du Vin le 1er dimanche de juillet ♦ **Hôtel :** à Popian (16 km S), *L'Impasse* (tél. 04.67.57.68.34), maison d'hôtes de charme, 4 chambres 280-350 F (2 nuits minimum) ♦ **Restaurants :** *Auberge sur le Chemin* (tél. 04.67.57.75.05) ; *Restaurant Fenzes* ♦ **O. T.** (tél. 04.67.57.44.33).

LA SALVETAT-SUR-AGOUT
34330 (Hérault)

En plein cœur du parc régional du Haut-Languedoc, La Salvetat est perchée sur un piton rocheux à plus de 600 mètres d'altitude au-dessus du confluent de la Vèbre et de l'Agout. Son origine remonte au XIe siècle lorsqu'une « sauveté » fut créée à côté d'une église et d'un prieuré. Le village constituait autrefois pour les pèlerins une étape sur le chemin de Saint-Jacques-de-Compostelle et un lieu de refuge. De son passé, La Salvetat a gardé des ruelles pentues entrecoupées de voûtes, des maisons coiffées d'ardoises et des vestiges de portes (la Portanelle) et de tours des anciens remparts. On admirera l'église Saint-Étienne-de-Cavall (XIe s.), qui renferme une statue de Vierge noire, Notre-Dame d'Entraygues, du XIe siècle. Aujourd'hui, la cité est une station touristique appréciée pour son superbe environnement, ses lacs et ses nombreuses possibilités sportives. Le village fait partie de l'Association des plus beaux villages de France.

♦ 1200 habitants, 700 m d'altitude ♦ **Accès :** (carte 31) à 56 km N-E de Mazamet par N 112, Saint-Pons, et D 907 ♦ **Aux alentours :** le village de Fraisse-sur-Agout (9 km E) ; les magnifiques lacs de Vézoles, La Raviièges et du Laouzas ♦ **Foires, festivités :** marché le jeudi et le dimanche matin ; foire le 19 de chaque mois ; foire aux Vins en juillet ; foire aux Produits du terroir en août ♦ **Hôtel :** près d'Olargues (23 km S-E), *Domaine de Rieumégé* (tél. 04.67.97.73.99), hôtel de charme, 14 chambres 395-545 F, restaurant ♦ **Mairie** (tél. 04.67.97.61.47) - **S. I.** (tél. 04.67.97.64.44).

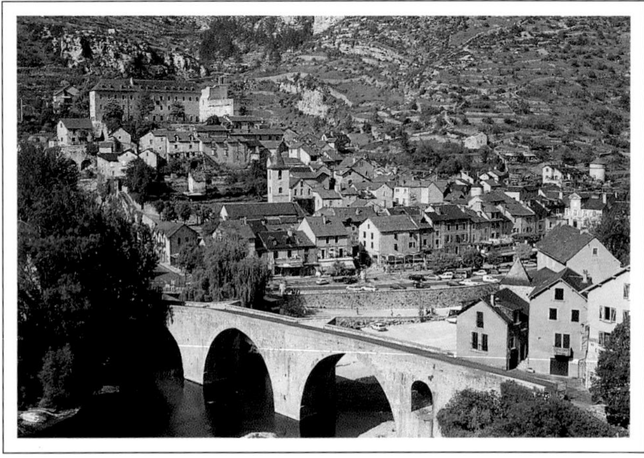

SAINTE-ÉNIMIE

48210 (Lozère)

Au cœur des gorges du Tarn, le village de Sainte-Énimie étage ses maisons sur les pentes verdoyantes d'un étroit canyon. Il doit son nom à la princesse Énimie, fille de Clotaire Ier et sœur de Dagobert. Atteinte de la lèpre, elle apprit qu'elle guérirait grâce à l'eau d'une source de la vallée du Gévaudan. Le miracle eut lieu, et Énimie fonda un monastère à cet emplacement. Le village s'est développé au pied de l'abbaye. Ses ruelles en pente, aux petits pavés, sont bordées de pittoresques maisons moyenâgeuses. La promenade est charmante ; sur la place, on peut voir une maison du XIe siècle admirablement restaurée. L'église du XIIe siècle a été plusieurs fois remaniée ; à l'intérieur, on peut voir de très belles statues des XIIe et XVe siècles. Tout en haut du village, l'abbaye, incendiée à la Révolution, a été en partie restaurée. Les bâtiments anciens comprennent trois salles, dont une salle capitulaire romane. Tout à côté, la chapelle Sainte-Madeleine. En souvenir d'Énimie, vous pourrez aller jusqu'à la source de Burle, ou monter jusqu'à l'Ermitage, d'où la vue sur la vallée et les gorges est superbe.

♦ 515 habitants, 450 m d'altitude ♦ **Accès :** (carte 32) à 25 km S de Mende par N 88 et D 986 ♦ **À voir :** le « Vieux Logis » (musée folklorique) ♦ **Aux alentours :** les gorges du Tarn ; sur la D 907bis, les villages de Saint-Chély, La Malène, Prades et Castelbouc ; la ferme des Baissets ♦ **Foires, festivités :** marché le jeudi en juillet-août ; fête médiévale en juin ; fête votive en octobre ♦ **Restaurant :** *Auberge du Moulin* (tél. 04.66.48.53.08) ♦ **Mairie** (tél. 04.66.48.50.09) - **S. I.** (tél. 04.66.48.53.44).

CASTELNOU
66300 (Pyrénées-Orientales)

Au centre d'un magnifique cirque de collines, sur les derniers contreforts du Canigou, Castelnou offre la vision superbe d'un petit village fortifié couronné par les tours crénelées de son château. Tout le village est merveilleusement conservé ; à l'intérieur des remparts, qui datent du XIIIe siècle, on trouve des ruelles escarpées, pavées, et des maisons de pierre ocre et dorée amoureusement restaurées, décorées d'escaliers inégaux et d'un joyeux fouillis de lauriers-roses, de figuiers et de lierre. Il y a des boutiques d'artisanat et des restaurants, juste ce qu'il faut pour rendre le village accueillant et gai. À l'extérieur de l'enceinte, l'église romane ombragée de cyprès et la tour de guet offrent un spectacle harmonieux et paisible. L'ensemble est d'une grande beauté et remarquablement intact. Castelnou est un village exceptionnel, l'un des plus beaux sites du Roussillon.

♦ 278 habitants, 350 m d'altitude ♦ **Accès :** (carte 31) à 17 km S-O de Perpignan par D 612A, Thuir, et D 48 ♦ **Aux alentours :** l'église de Fontcouverte ; L'Ille-sur-Têt (12 km N) ; le village de Bélesta (21 km N) ♦ **Foires, festivités :** foire au Miel en septembre ♦ **Hôtels :** à Thuir (5,5 km), *La Casa del Arte* (tél. 04.68.53.44.78), maison d'hôtes de charme, 5 chambres 420 F, 1 suite 650 F, table d'hôtes ; à Caïxas (8 km S), *Mas Saint-Jacques* (tél. 04.68.38.87.83), maison d'hôtes de charme, 4 chambres 295 F, 1 suite 550 F, table d'hôtes sur réservation ♦ **Restaurants :** *La Poterie* (tél. 04.68.53.45.75) ; *L'Hostal* (tél. 04.68.53.45.42) ♦ **Mairie** (tél. 04.68.53.45.72).

EUS

66500 (Pyrénées-Orientales)

Entre la vallée du Conflent et le mont Canigou coiffé de neiges éternelles, Eus (prononcez « Éousse»), fut construit dans un but défensif sur un mamelon jadis dominé par le château des comtes de Cerdagne. Le château fut remplacé au XVIIIe siècle par une imposante église, typique du style régional, qui contient des retables et des statues des XVIIe-XVIIIe siècles d'une exceptionnelle qualité. Pour sa construction, les ouvriers utilisèrent les pierres du château ainsi qu'en témoignent les pans de murs qui l'entourent. C'est de l'ancien chemin de ronde que l'on profite des plus beaux points de vue sur la région. Dans le village, les rues étroites et pentues sont pavées de galets ; elles sont bordées de maisons anciennes souvent bien restaurées par les actuels habitants, agriculteurs ou artisans. À la sortie du village, près du cimetière, se trouve une très belle chapelle romane, l'ancienne église, qui comporte deux nefs parallèles et un portail en marbre. Avant de quitter la vallée, un dernier regard permet d'embrasser l'ensemble homogène de ce très beau village, l'un des plus beaux de France.

♦ 363 habitants, 385 m d'altitude ♦ **Accès :** (carte 31) à 45 km O de Perpignan par N 116 et D 35 ♦ **À voir :** la maison du Patrimoine « La Solana » ♦ **Aux alentours :** le mont Canigou ; le village de Marcevol (10 km N-E) ; Saint-Michel-de-Cuxa ; Saint-Martin-du-Canigou ; les grottes des Canalettes ; fort Liberia ♦ **Foires, festivités :** fête de la Saint-Vincent le 22 janvier ; feux de la Saint-Jean en juin ♦ **Hôtel :** à Taurinya (18 km S), *Las Astrillas* (tél. 04.68.96.17.01), maison d'hôtes de charme, 5 chambres 250 F, table d'hôtes ♦ **Restaurants :** *Grangousier* (tél. 04.68.96.28.32) ; à Molitg-les-Bains (6 km O), *Château de Riell* (tél. 04.68.05.04.40), restaurant gastronomique ♦ **Mairie** (tél. 04.68.96.06.27).

PRATS-DE-MOLLO
66230 (Pyrénées-Orientales)

Ce sont des moines de l'abbaye d'Arles-sur-Tech, d'origine andalouse, qui s'installèrent dans ce cirque montagneux et construisirent sur les prats (les prés) une chapelle et une maison d'hôtes. Le village se développa sur la rive droite du torrent et s'entoura de remparts, en partie détruits par un tremblement de terre en 1428. Vauban les renforça en 1683 et fit construire un fort, le fort Lagarde, qui est toujours là. La ville basse se blottit autour de sa belle église du XVIIe siècle qui a gardé des éléments de l'église romane d'origine, notamment son clocher à créneaux (à l'intérieur, beau retable en bois doré). La ville haute offre des ruelles moyenâgeuses à caniveau central, bordées de hautes maisons aux toits de tuiles roses. Admirez la belle place del Rey, puis montez l'escalier en pierre sculptée pour voir la maison des rois d'Aragon et profiter du magnifique panorama. Vous pourrez ensuite sortir par la porte d'Espagne en contrebas et, de là, vous aurez un superbe point de vue sur la ville close.

♦ 1107 habitants, 750 m d'altitude ♦ **Accès :** (carte 31) à 60 km S-O de Perpignan par A 9 sortie Le Boulou et D 115 ♦ **À voir :** le musée Vauban au fort Lagarde (tél. 04.68.39.74.90) ♦ **Aux alentours :** la pittoresque route des cols de la Seille, de la Guille et d'Ares ; les tours de Cabrens à Serralongue ♦ **Foires, festivités :** marché le mercredi et le vendredi ; Carnaval et fête de l'Ours en février ; brocante en juin ♦ **Hotels :** *Les Touristes* (tél. 04.68.39.72.12) ; à La Preste, *Val du Tech* (tél. 04.68.39.71.12) ♦ **Mairie** (tél. 04.68.39.72.11) - **S. I.** (tél. 04.68.39.70.83).

VILLEFRANCHE-DE-CONFLENT
66500 Prades (Pyrénées-Orientales)

Au XIe siècle, le puissant comte de Cerdagne, opposé au comte de Roussillon, trouve en Villefranche un site stratégique permettant de verrouiller la vallée. La ville est en effet profondément encaissée au confluent des deux rivières. Aussitôt fortifiée, elle commence à jouer son rôle défensif et conservera longtemps cette vocation. À la fin de la guerre de Trente-Ans, la France gagne le Roussillon et la Cerdagne. Villefranche devient un poste clé, très vite modernisé par Vauban ; ce dernier revoit les fortifications, creuse un réseau de galeries et construit le fort Libéria qui, à flanc de montagne, domine et protège la cité. Entièrement édifiée à partir de marbre rose et de ses dérivés, Villefranche est d'une totale unité. Chaque époque, du XIe au XVIIe siècle, a contribué à son embellissement. Du haut Moyen Âge, il reste la tour d'« En Solenell », et l'enceinte sud avec son chemin de ronde voûté, pris dans l'épaisseur du mur. L'église Saint-Jacques, au superbe portail roman en marbre rose et au riche mobilier, date du XVIIe siècle, ainsi que les quatre tours rondes qui renforcent l'enceinte, le beffroi et plusieurs maisons de notables. Les six bastions d'angle ont été construits sous Vauban, la porte d'Espagne et la porte de France ont été édifiées sous Louis XVI. Un ensemble médiéval intact et exceptionnel.

♦ 264 habitants, 432 m d'altitude ♦ **Accès :** (carte 31) à 49 km S-O de Perpignan par N 116 ♦ **Aux alentours :** Vernet-les-Bains (5 km S) ; l'abbaye de Saint-Martin-du-Canigou (7 km S) et l'abbaye de Saint-Michel-de-Cuxa ♦ **Foires, festivités :** fête des Fleurs et des Gourmandises catalanes le lundi de Pâques ; fête de la Saint-Jacques fin juillet ; foire de la Saint-Luc en octobre ♦ **Hôtel :** à Mont-Louis (30 km S-O), *Lou Rouballou* (tél. 04.68.04.23.26), hôtel de charme, 14 chambres 160-350 F ♦ **Restaurants :** *Auberge Saint-Paul* (tél. 04.68.96.30.95) ; *Au Grill* (tél. 04.68.96.17.65) ♦ **S. I.** (tél. 04.68.96.22.96).

Les contreforts du Massif Central, les Pyrénées en toile de fond confèrent souvent aux paysages de la région Midi-Pyrénées un caractère plus rude, plus austère que ceux d'Aquitaine. Ici, les maisons se coiffent de lauzes brunes, d'ardoises ; parfois, elles s'en cuirassent pour se protéger des intempéries. Et la tuile romaine est souveraine dès que l'on aborde les sites plus ensoleillés si évocateurs de la douceur de vivre du Sud. Le bois, ici aussi, est très présent ; vertigineuses et artistiques constructions de toitures, colombages souvent prétexte à ornement, sculptures aux colonnes des cloîtres ou des couverts. L'imagination artistique est immense. La brique cuite, les galets de la Garonne sont assemblés en effets savants lorsque l'artiste n'a pas disposé de pierre de taille. Partout, l'Histoire s'impose à nous : remparts encore debout, puissants châteaux perchés en sentinelle, tout rappelle les temps dangereux. Pourtant, les seules invasions, souhaitées cette fois, sont celles de touristes amoureux de cette magnifique province.

CAMON
09500 (Ariège)

L'Hers court à l'abri de sa vallée dans un paysage de coteaux boisés, dans cette partie de l'Ariège à vocation mi-agricole, mi-forestière. Dès 778, le monastère de Camon est fondé dans une boucle de la vallée. L'abbaye deviendra au Xe siècle un simple prieuré. En 1279, Camon est détruit par une inondation et reconstruit à l'image des forteresses royales dès 1316. Il faut attendre l'avènement de Philippe de Lévis, évêque de Mirepoix, pour voir à nouveau une ère prospère. De grands travaux sont entrepris : un mur d'enceinte entoure le village, une puissante tour rectangulaire est édifiée. Ce sera le « château ». Les prieurs qui se succéderont aux XVIIe et XVIIIe siècles embelliront leur église et les bâtiments conventuels. Malheureusement, en 1791, le prieuré sera vendu comme bien national. On aborde le village par la porte voûtée de l'église. Il est charmant, coiffé de tuiles romanes, et encadre son château. Une promenade longe les remparts, où s'adosse la « maison haute », qui date du XVIe siècle, embellie au XVIIIe siècle. Sa façade, en pierre et bois, est percée d'une belle porte cloutée et de fenêtres à meneaux. À voir aussi, une tour ronde accolée aux remparts, sur ordre du cardinal Georges d'Armagnac. L'église renferme des peintures, des objets sacerdotaux et du mobilier, autant de trésors inscrits à l'inventaire des Monuments historiques.

♦ 127 habitants, 340 m d'altitude ♦ **Accès :** (carte 31) à 55 km S-O de Carcassonne par D 119, D 625 et D 7 ♦ **Foires, festivités :** fête du village 16-18 août ; « L'Abbaye en musique » (nombreux concerts en juillet et août, expositions d'art en été) ♦ **Hôtel :** *Château de Camon* (tél. 05.61.68.14.05), hôtel de charme, 7 chambres 600-1000 F, suites 1500 F, table d'hôtes sur réservation ♦ **Restaurants :** *La Table du Prieur* (tél. 05.61.68.21.40), *La Bergerie* (tél. 05.61.68.83.00) ♦ **Mairie** (tél. 05.61.68.12.07).

MIREPOIX
09500 (Ariège)

La petite ville de Mirepoix se trouve sur la route qui va de Carcassonne à Lourdes. Son histoire remonte aux Celtes, mais c'est au Moyen Âge, après la destruction de la cité par une inondation, que la ville abandonne les bords de l'Hers ; elle est rebâtie en des lieux plus sûrs, sur le modèle des villes modernes : axes perpendiculaires divisant le quadrilatère en vingt-huit îlots ou « moulons ». La beauté de Mirepoix se réclame surtout de l'époque fastueuse de son évêché, les plus belles maisons datent des XIVe et XVe siècles. Après le traité de Brétigny, des bandes de routiers dévastant le pays, des remparts seront édifiés (1364) pour assurer à la ville une meilleure protection. De nos jours, il n'en reste comme témoin que la porte d'Aval. La place est entièrement entourée de galeries de bois. Les couverts reposent sur de solides poteaux carrés en cœur de chêne. Sur le « grand couvert » sont édifiés la maison de Justice du Seigneur, devenue maison des Consuls, et l'hôtel de ville (1692). La cathédrale gothique fait, à juste titre, la fierté des habitants. Le porche et le clocher (fin XVe-début XVIe siècle) sont dus à Philippe de Lévis, évêque de Mirepoix qui fit également construire le palais épiscopal.

♦ 3000 habitants, 300 m d'altitude ♦ **Accès :** (carte 31) à 25 km E de Pamiers par D 119 ♦ **Aux alentours :** l'église de Vals ; les ruines du château de Lagarde ♦ **Foires, festivités :** marché le lundi matin ; foire à la brocante et Salon de la carte postale à la Pentecôte ; Semaine médiévale 2e quinzaine de juillet ; festival de marionnettes début août ♦ **Hôtels :** *La Maison des Consuls* (tél. 05.61.68.83.76), hôtel de charme, 8 chambres 420-680 F ; à Saint-Félix-de-Tournegat (12 km N-O), *Domaine de Montagnac* (tél. 05.61.68.72.75), maison d'hôtes de charme, 8 chambres 280-320 F, table d'hôtes ; à Camon (15 km S-E), *Château de Camon* (tél. 05.61.68.14.05), hôtel de charme, 7 chambres 600-1000 F, suites 1500 F, table d'hôtes sur réservation ♦ **S. I.** (tél. 05.61.68.83.76).

SAINT-LIZIER
09190 (Ariège)

Situé dans la vallée du Salat, Saint-Lizier apparaît, dominé par l'imposante silhouette du palais des Évêques (XIVe s.), face aux pics enneigés des Pyrénées. C'était autrefois la capitale religieuse du Couserans ; la cité a conservé deux églises, témoin de son importance passée. À l'extérieur des remparts, la magnifique cathédrale Saint-Lizier, construite entre le XIIe et le XVe siècle, présente un très beau portail de brique, à colonnes de marbre, un clocher octogonal et, à l'intérieur, une riche décoration (fresques du XIIe siècle, boiseries, trésor). Le cloître, exceptionnel, date du XIIe siècle. À côté de la cathédrale, il faut visiter l'Hôtel-Dieu et sa pharmacie du XVIIIe siècle. De la terrasse, très belle vue sur la montagne. Vous pénétrerez ensuite à l'intérieur de l'enceinte romaine par la tour de l'Horloge et flânerez dans les pittoresques petites rues bordées de vieilles maisons à colombage et encorbellement, aux belles portes cloutées, aux fenêtres cintrées, bâties entre le XVe et le XVIIIe siècle (notamment rue Notre-Dame et place des Étendes). L'ensemble est d'une grande homogénéité. Il faut également voir l'ancienne cathédrale Notre-Dame-de-la-Sède (XIIe-XVe s.) qui contient de superbes boiseries. Une visite guidée de la cité est organisée par le syndicat d'initiative.

♦ 1700 habitants, 384 m d'altitude ♦ **Accès :** (carte 30) à 44 km O de Foix par D 117 ♦ **À voir :** le musée d'Arts et Traditions populaires (collection Begouen) ♦ **Aux alentours :** le joli village de Montjoie (4 km) ♦ **Foires, festivités :** Festival de musique classique en août ; marché et animation (thème gallo-romain) en août ♦ **Hôtels :** à Saint-Girons, *Hôtel Eychenne* (tél. 05.61.66.20.55), très bon restaurant ; à Serres-sur-Arget (38 km E), *Le Poulsieu* (tél. 05.61.02.77.72), maison d'hôtes de charme, 4 chambres 170-220 F, table d'hôtes le soir ♦ **O. T.** (tél. 05.61.96.77.77).

BELCASTEL
12390 (Aveyron)

Ancienne étape sur la route du Sel et du pèlerinage de Saint-Jacques-de-Compostelle, Belcastel domine fièrement le paysage du haut des tours de son château, dans un site magnifique aux bords de l'Aveyron. Construite au XIe siècle, agrandie au XVe siècle, pillée au XIXe, sa forteresse fut remarquablement restaurée à la fin des années 1970 par l'architecte Fernand Pouillon, tombé sous le charme de ses ruines grandioses. Aujourd'hui, Belcastel est un très beau village inséré dans une nature heureusement préservée, avec de vieilles ruelles pavées, des maisons à galeries de bois, aux murs de schiste et aux toits de lauzes, avec une jolie fontaine, un ancien four à pain et un étroit pont moyenâgeux. Sur l'autre rive un vieux moulin et une église du XVe siècle qui renferme le monumental tombeau d'Alzias de Saunhac, seigneur de Belcastel. Toutes les maisons sont remarquablement entretenues et les habitants, amoureux de leur village, entretiennent soigneusement ses vieilles pierres. Pour ajouter encore aux plaisirs, on peut faire une étape gourmande au *Restaurant du Vieux-Pont* tenu par les sœurs Fagegaltier, qui savent merveilleusement utiliser tous les bons produits de la région. Et puis, si le cœur vous en dit, pourquoi ne pas prolonger le séjour puisqu'elles proposent aussi quelques jolies chambres, juste en face !

♦ 257 habitants, 407 m d'altitude ♦ **Accès :** (carte 31) à 25 km O de Rodez par D 994 et D 285 ♦ **À voir :** visite du château (sur RV, voir S.I.) ♦ **Aux alentours :** le fortin du Roc d'Anglars ; le château de Bournazel ; Rodez ♦ **Foires, festivités :** marché le vendredi ; feux de la Saint-Jean en juin ; concours de peinture fin juin ; fête votive de la Sainte-Madeleine fin juillet ; fête des villages en septembre ♦ **Hôtel :** *Hôtel du Vieux-Pont* (tél. 05.65.64.52.29), restaurant ♦ **Restaurants :** *Restaurant du Vieux-Pont, Restaurant Couderc, Auberge à la Ferme Rouquette* ♦ **S. I.** (tél. 05.65.64.46.11).

CONQUES
12320 (Aveyron)

Conques est un petit village tout simple, installé autour de son église sur le flanc ensoleillé d'une colline. Mais cette apparente simplicité cache un incroyable joyau, l'abbaye. Au IXe siècle, l'abbaye de Conques semble oubliée dans sa vallée, aussi son abbé, pour ramener les foules pieuses, fait dérober les reliques de sainte Foy, petite vierge miraculeuse vénérée à Agen, et les dépose dans son église. Dès lors, Conques devient un important lieu de pèlerinage. Il faut absolument visiter l'église abbatiale des XIe et XIIe siècles, dont le tympan, composé de 124 personnages intacts, est un chef-d'œuvre unique. Elle est décorée de vitraux de Pierre Soulages et renferme un exceptionnel trésor d'orfèvrerie. Le village a gardé dans l'ensemble sa belle unité médiévale. Les ruelles pentues ont conservé tout leur pittoresque : pavées de galets, entrecoupées d'escaliers, elles sont bordées de maisons de pierre dorée à toits de lauzes, agrémentées de petits jardins. Plus loin, le château des seigneurs d'Humières (XVIe s.), la porte de Vinzelle, une très pittoresque maison de torchis à pans de bois et la rue Charlemagne, rude à gravir. De la chapelle Saint-Roch (XVIe s.) tout en haut, on découvre, d'un côté Conques dans toute sa splendeur et, de l'autre, le Dourdou et le pont romain. Un inoubliable et incontournable village de charme.

♦ 362 habitants, 250 m d'altitude ♦ **Accès :** (carte 24) à 37 km N de Rodez par D 901 ♦ **À voir :** le Trésor d'orfèvrerie de l'église Sainte-Foy ; le musée du Dr Joseph Fau ; le Centre d'art et de civilisation médiévale ♦ **Aux alentours :** Rodez, sa cathédrale et ses musées ; la vallée du Lot ♦ **Foires, festivités :** marché à Saint-Cyprien (7 km S) le dimanche matin ; Festival de Conques (cinéma et musique) en juillet et août ♦ **Hôtel :** *Hostellerie de Sainte-Foy* (tél. 05.65.69.84.03), restaurant ♦ **Mairie** (tél. 05.65.69.85.11) - **O. T.** (tél. 05.65.72.85.00).

LA COUVERTOIRADE
12230 (Aveyron)

Sur le haut plateau du Larzac surgit soudain la masse fortifiée de La Couvertoirade. Cette étonnante silhouette découpée sur les étendues austères du paysage évoque irrésistiblement la vision des ksours bâtis en Orient par les seigneurs croisés. La petite cité, d'abord dépendance du prieuré de l'abbaye de Nant, doit son prestige passé à l'installation des Templiers au XIIe siècle, qui seront ses seigneurs temporels et spirituels jusqu'à la suppression de l'Ordre. Ils seront alors remplacés par les Chevaliers de Malte. On aborde la visite de La Couvertoirade par la tour carrée au nord. À l'intérieur des superbes remparts flanqués de sept tours, on voit, regroupés autour du château, l'église et le cimetière des Templiers. Le clocher est d'allure massive, avec huit ouvertures en son étage supérieur ; à l'intérieur, la croix de Malte orne les clefs de voûte, rappelant la longue présence des Hospitaliers. Quelques très belles demeures ont été construites au XVIIIe siècle, lors de l'apogée démographique et économique du village. Les habitants de La Couvertoirade, conscients de vivre dans un lieu à haut intérêt touristique, se sont mis à développer l'artisanat, à vendre les produits de leurs fermes. On pourra prolonger l'agréable souvenir d'une visite en achetant des fromages de brebis, des confitures, ou encore les gourmandises cuisinées à partir de volailles grasses.

♦ 151 habitants, 800 m d'altitude ♦ **Accès :** (carte 32) à 41 km S-E de Millau par N 9 et D 185 ♦ **À voir :** le musée d'Histoire ♦ **Aux alentours :** Le Caylar ; le cirque de Navacelles ; la vallée de la Dourbie ; Sainte-Eulalie-de-Cernon (21 km N-O) ; Roquefort ♦ **Foires, festivités :** marché le dimanche et le mercredi matin en saison ♦ **Hôtel :** à Saint-Jean-du-Bruel (19 km N), *Hôtel du Midi Papillon* (tél. 05.65.62.26.04), hôtel de charme, 19 chambres 81-200 F, restaurant ♦ **Restaurants :** *Auberge de La Couvertoirade* (tél. 05.65.62.21.43), *Le Médiéval* (tél. 05.65.62.27.01) ♦ **Mairie** (tél. 05.65.62.25.81).

ESTAING
12190 (Aveyron)

L'histoire d'Estaing est liée à celle d'une famille. Le premier dont on doit parler est Dieudonné d'Estaing ; il reçut le droit de porter sur ses armes les fleurs de lys royales pour avoir sauvé la vie du roi Philippe-Auguste à la bataille de Bouvines. Le plus attachant est l'amiral comte Charles d'Estaing, connu pour ses nombreuses expéditions aux Indes, en Amérique, aux Antilles ; il terminera cependant sa destinée sur l'échafaud. Le château d'Estaing date principalement des XIIIe et XVe siècles ; c'est un ensemble de constructions imbriquées les unes aux autres, qui se pressent autour du donjon. Construit de matériaux disparates, schiste, grès rouge, calcaire, galets du Lot, il s'élève au-dessus d'une belle terrasse à balustres de pierre. En face du château on trouve l'église qui abrite les reliques de saint Fleuret, patron d'Estaing et évêque de Rodez, à qui l'on doit la construction de l'admirable clocher. Le village se situe au confluent de la Caussanne, qui descend des monts d'Aubrac, et du Lot, non loin de ses gorges sauvages. Dans la vieille cité, plusieurs hôtels particuliers, témoins de l'époque prospère, sont à voir. Ils sont bâtis de schiste et ont d'étonnants toits de lauzes en forme d'écailles de poisson. Château, église, village, vieux pont (XVIe s.) aux arches harmonieuses, plan d'eau formé par un barrage du Lot en aval, tout le site est classé.

♦ 667 habitants, 320 m d'altitude ♦ **Accès :** (carte 24) à 37 km N-E de Rodez par D 988 et D 920 ♦ **Aux alentours :** la chapelle de l'Ouradou ; les églises romanes de Vinnac (4 km S-E) et de Sébrazac (7 km S) ; les villages de Coubisou, Sébrazac, la bastide de Villecomtal ♦ **Foires, festivités :** fête de Saint-Fleuret le 1er dimanche de juillet ; concerts ♦ **Hôtel :** *Aux Armes d'Estaing* (tél. 05.65.44.70.02) ♦ **S. I.** (tél. 05.65.44.03.22).

NAJAC
12270 (Aveyron)

Raimond IV, comte de Toulouse, achète la seigneurie de Najac à la fin du XIe siècle. La guerre de Cent-Ans épargne relativement le Rouergue, mais, après la défaite de Poitiers, Najac subira l'occupation anglaise jusqu'en 1368. Le bourg n'existe que par son château, perché sur une colline rocheuse, enserré par une boucle de l'Aveyron ; il est défendu par d'épaisses murailles et un système fortifié flanqué de grosses tours rondes. De là, la vue est stupéfiante : plongée sur l'Aveyron, les toits d'ardoises du bourg et l'édifice gothique de l'église, construite sur ordre des Inquisiteurs sur une arête rocheuse. La plupart des maisons du village datent du XVIe siècle ; une très belle maison du XIVe possède d'élégantes fenêtres à colonnettes. On peut admirer deux superbes fontaines, particulièrement celle de la rue du Bourguet, avec sa vasque de granit monolithique. Et puis le bourg s'étire, jusqu'au faubourg, les colombages se font plus humbles…

♦ 800 habitants, 300 à 400 m d'altitude ♦ **Accès :** (carte 31) à 83 km S de Figeac par D 922 et D 39 ♦ **Aux alentours :** les gorges de l'Aveyron ; la vallée du Lot ♦ **Foires, festivités :** marché le dimanche matin en juillet et août ; fête de la Saint-Barthélemy en août ♦ **Hôtels :** *Maison Authesserre* (tél. 05.65.29.73.47), maison d'hôtes de charme, 2 chambres 180-250 F, 1 suite 400 F ; à La Fouillade, *Oustal del Barry* (tél. 05.65.29.74.32), hôtel de charme, 21 chambres 220-450 F, restaurant ; *Hôtel Longcol* (tél. 05.65.29.63.36), hôtel de charme, 17 chambres 600-850 F, restaurant ♦ **Mairie** (tél. 05.65.29.71.34) - **S. I.** (tél. 05.65.29.72.05).

SAINT-CÔME-D'OLT
12500 (Aveyron)

Site classé, le bourg de Saint-Côme est situé au carrefour de routes qui relient Espalion à l'Aubrac, Saint-Geniez et Mende. Autant dire, en plein passage des grandes transhumances vers les plateaux aveyronnais et lozérien. C'est une belle petite ville fortifiée, dont le passé a dû être très florissant, à voir les demeures des XVe et XVIe siècles dont d'orgueilleux pignons dominent les étroites ruelles moyenâgeuses. Le tour de ville est circulaire, ancien emplacement des fossés. De vieilles portes à l'entrée des rues engagent à pénétrer le cœur de la ville. Le plus ancien monument de Saint-Côme est la chapelle de la Bouysse, bijou roman du Xe siècle. Le château date de la Renaissance, comme l'église, l'étonnant clocher en forme de « vrille », évoquant la montée d'une flamme vers le ciel. Le portail conserve ses vantaux sculptés. Près de l'église, on peut admirer un hôtel du XIIIe siècle : c'était l'ancienne demeure des seigneurs de Calmont et de Castelnau. Les environs de la ville sont riants ; Saint-Côme est bordé au nord par de verdoyants coteaux, au sud par la masse basaltique de Roquelaure et le pic de Vernus.

♦ 1198 habitants, 365 m d'altitude ♦ **Accès :** (carte 31) à 32 km N-E de Rodez par D 920 - Espalion et D 6 ♦ **Aux alentours :** la vallée du Lot ; la petite cité d'Espalion (3 km O) ; l'église romane de Perse ; Roquelaure (2 km S) ; les villages de Flaujac et Saulieux ♦ **Foires, festivités :** marché fermier le dimanche en juillet et août ; fête du village le 4e week-end d'août ♦ **Restaurant :** à Espalion (6 km O), *Le Méjane* (tél. 05.65.48.22.37) ♦ **S. I.** (tél. 05.65.48.24.46).

SAINT-LÉONS
12780 (Aveyron)

Au cœur de la douce vallée de la Muze, dans une région restée intacte, le minuscule village de Saint-Léons étage ses maisons sur les pentes d'un coteau qui descend jusqu'à la rivière. Le village s'est créé autour d'un monastère qui dépendait autrefois de l'abbaye de Saint-Victor de Marseille. Il ne reste, hélas, que quelques vestiges du monastère, mais l'on peut en retrouver des éléments (encadrement de porte, partie de chapiteau) incorporés dans les murs de certaines maisons. Il faut admirer le château du XVe siècle, couronnant majestueusement le bourg, que l'on peut visiter et qui offre quelques jolies chambres d'hôtes. C'est l'un des rares châteaux de l'Aveyron encore habité et ouvert toute l'année. On peut également emprunter le sentier botanique (1,5 km) sur la colline face au village ; il permet une ravissante promenade d'où l'on jouit d'une vue superbe sur Saint-Léons. Mais n'oublions pas la gloire locale du village, l'entomologiste Jean-Henri Fabre, enfant du pays, auquel les villageois ont élevé une statue et consacré un petit musée. Comme il est doux de « muzarder » sur les bords de la Muze !

♦ 290 habitants, 740 m d'altitude ♦ **Accès :** (carte 31) à 53 km S-E de Rodez par D 911 et D 529 ♦ **À voir :** le musée J.-H. Fabre (ouvert juillet-août-septembre et sur rendez-vous, tél. 05.65.58.80.54) ♦ **Aux alentours :** les très beaux villages de Saint-Beauzély (exposition d'instruments aratoires et reconstitution d'une salle de classe XIXe au château), Montjaux (25 km S sur les pittoresques D 30 et D 993) et de Castelnau-Pégayrols (17 km S sur la superbe route des gorges de la Muze) ♦ **Foires, festivités :** fête du village le 3e dimanche d'août ; fête de la Musique en juin ♦ **Mairie** (tél. 05.65.61.86.03).

SAINT-SATURNIN-DE-LENNE
12560 (Aveyron)

Entouré d'une magnifique nature vierge de toute construction moderne, Saint-Saturnin est posé bien sagement à la limite nord du Causse de Séverac. C'est un petit village surgi du passé, avec une placette adorable bordée de commerces à la mode d'autrefois, et des maisons paisibles encore habitées par des agriculteurs. Un château du XVIIe siècle et une superbe ferme fortifiée (qui mériteraient d'être classés) montrent que Saint-Saturnin était au cœur d'une riche région agricole et avait un seigneur. Le village abrite aussi un trésor : une église romane qui dépendait autrefois de l'évêché de Conques ; elle est bâtie en forme de croix latine et comporte une coupole et des fenêtres à chapiteaux sculptés ; le clocher a été rajouté à une époque ultérieure. Un village tranquille, loin de l'agitation et des flots de touristes.

♦ 384 habitants, 610 m d'altitude ♦ **Accès :** (cartes 31-32) à 46 km E de Rodez par N 88 et D 45 ♦ **Aux alentours :** Lestang (1 km S) et ses grottes où l'on affine le bleu des Causses ; Galinières (11 km E) ♦ **Foires, festivités :** foire-marché aux fleurs le dernier samedi de mai, fête d'été le 17 juillet ♦ **Mairie** (tél. 05.65.70.41.69).

SAINTE-EULALIE-D'OLT
12130 (Aveyron)

Le Lot, que l'on nommait autrefois « Olt », serpente difficilement entre les monts d'Aubrac et les contreforts du causse de Sauveterre. Et puis soudain sa vallée s'élargit, formant un joli bassin de verdure. Sainte-Eulalie s'y niche, à l'abri des collines boisées de chênes et de châtaigniers. La petite ville occupe la rive droite du Lot. Son ère de prospérité s'est prolongée jusqu'au XVIIIe siècle, ses habitants faisant fortune avec la fabrication du drap. Témoin de cette industrie, le vieux moulin à roue verticale qui servait à produire la poudre nécessaire aux tanneurs. Il a été restauré, fort bien, par son propriétaire. Le château de Curières de Castelnau, du XVe siècle, occupe le cœur du village. Il fut édifié à l'emplacement de la grande écurie de l'ancien château. L'église est un chef-d'œuvre d'art roman et gothique. Avec son déambulatoire et ses trois absidioles, elle est une copie réduite parfaite de l'abbatiale de Conques. La promenade dans les vieilles rues très fleuries est délicieuse, évocatrice d'un passé heureux, qui se serait endormi sans le dynamisme des habitants : Sainte-Eulalie est devenue « station verte de vacances ». Souhaitons-lui longue vie.

♦ 315 habitants, 420-850 m d'altitude ♦ **Accès :** (carte 31) à 40 km N-E de Rodez par D 920 - Bozouls et D 988 ♦ **À voir :** le musée Marcel-Boudou (peinture) ♦ **Aux alentours :** Saint-Geniez ; les monts d'Aubrac ; le lac de Lous ; le château de Galinières ; le panorama du Puy de Campech ♦ **Foires, festivités :** marché aux fleurs en mai ; fête de la Sainte-Épine le 2e dimanche de juillet ; marché des artisans d'art le 3e dimanche d'août ♦ **Mairie** (tél. 05.65.47.44.59) - **O. T.** (tél. 05.65.70.43.42).

SAUVETERRE-DE-ROUERGUE
12800 (Aveyron)

Magnifique village admirablement préservé, niché au cœur du Ségala, Sauveterre-de-Rouergue vaut vraiment le détour : ancienne bastide royale du XIIIe siècle, elle a conservé son plan en damier, sa grande place entourée d'arcades, ses maisons moyenâgeuses, des vestiges de remparts et son étonnante église-donjon. Créée par le sénéchal de Rouergue Guillaume de Mâcon en 1281, c'était une « Terre sauve », un lieu de liberté pour ses habitants. Rivale de sa voisine Naucelle dès le Moyen Âge, elle domina toute la région et devint une cité riche et prospère. Artisans et riches bourgeois construisirent les belles habitations que l'on peut encore admirer aujourd'hui : maisons moyenâgeuses à colombage ou aux murs crépis surmontant les couverts, demeures plus nobles en pierre cachant des jardins secrets. Il faut admirer notamment, place des Couverts, la très belle maison Dalmas-Rességuier du XVIIe siècle, où est installée la mairie. De nombreux détails architecturaux montrent la richesse et l'imagination des bâtisseurs de cette époque : cadrans solaires, sculptures incrustées dans les murs de pierre, cornières. L'ensemble du village a été admirablement restauré. Une visite à ne pas manquer, et à prolonger, si vous le souhaitez, dans la délicieuse *Auberge Le Sénéchal.*

♦ 888 habitants, 463 m d'altitude ♦ **Accès :** (carte 31) à 33 km S-O de Rodez ♦ **À voir :** le musée de l'Oustal Rouergat ♦ **Aux alentours :** le parc animalier de Pradiras ; le château du Bosc à Camjac ; l'église de Boussac ♦ **Foires, festivités :** Journées artisanales à la Pentecôte ; fête de la Saint-Christophe fin juillet ; fête de la Lumière en août ; fête de la Châtaigne et du Cidre doux à la Toussaint ♦ **Hôtel :** *Le Sénéchal* (tél. 05.65.71.29.00), hôtel de charme, 8 chambres et duplex 450-750 F, 3 suites 850-950 F, très bon restaurant ♦ **Mairie** (tél. 05.65.47.05.32) - **O. T.** (tél. 05.65.72.02.52).

VILLENEUVE-D'AVEYRON

12260 (Aveyron)

Située à la limite du Rouergue et du Quercy, la sauveté de Villeneuve fut fondée au XIe siècle autour d'un monastère bénédictin. Agrandie en bastide au XIIIe siècle par Raimond VII, comte de Toulouse, elle a conservé de cette époque une place à arcades bordée de maisons des XIVe et XVe siècles, dont la belle Maison du Prieur, des portes fortifiées – la Porte Haute et la tour Savignac – et des vestiges de remparts. Il faut flâner le long des rues pavées pour voir les demeures en belle pierre blonde du Causse, coiffées de tuiles canal, dont certaines ont conservé des fenêtres à meneaux et des portes cintrées. Il faut surtout visiter l'église du Saint-Sépulcre, bâtie au XIe siècle sur un plan en rosace, puis remaniée et agrandie au XIVe siècle ; son clocher roman de forme octogonale a également été surélevé à cette époque. Jouxtant l'église, la tour Savignac faisait autrefois partie des remparts. Villeneuve est un village bien vivant et animé, surtout le jour du pittoresque marché aux bestiaux mensuel.

♦ 1650 habitants, 420 m d'altitude ♦ **Accès :** (carte 31) à 10 km N de Villefranche-de-Rouergue par D 922 ♦ **Aux alentours :** Villefranche-de-Rouergue ; l'église fortifiée du village de Sainte-Croix (7 km O) ; les grottes de Foissac (10 km N) ♦ **Foires, festivités :** marché le dimanche matin en été ; foire aux bestiaux le 1er lundi du mois ; Fête médiévale fin juillet ; fête du village le 2e dimanche de septembre ♦ **Hôtel :** à Farrou (7 km S) *Le Relais de Farrou* (tél. 05.65.45.18.11), très bon restaurant ; ♦ **Restaurant :** *Auberge de la Bastide* (tél. 05.65.81.54.22) ♦ **Mairie** (tél. 05.65.81.60.38) - **S. I.** (tél. 05.65.81.79.61).

RIEUX-VOLVESTRE
31310 (Haute-Garonne)

Dans la région du Volvestre, Rieux se plaît dans la douce boucle de l'Arize, que deux ponts franchissent, l'un depuis le XVe siècle, l'autre bâti au XVIIIe siècle, en même temps que le palais épiscopal. En 1317, le pape Jean XXII crée l'évêché de Rieux. Au vieux sanctuaire du XIIe siècle est greffée la nef d'une nouvelle cathédrale. À cet ensemble sera ajouté le chœur des évêques orné de stalles. La tour-clocher est considérée comme un chef-d'œuvre du style toulousain. Octogonale, à trois étages ajourés, elle s'élance, gracieuse, signalant comme un phare la présence de la cathédrale loin au-delà de la vallée. À voir, le reliquaire de saint Cizi, héros des chansons de geste. Aujourd'hui, heureusement, demeurent les merveilles architecturales : maisons où la brique et le bois se joignent, porches de brique rose ornés de têtes d'homme en pierre, lourdes portes de chêne qui gardent les entrées des anciens hôtels particuliers, et, aux balcons, des guirlandes de fer forgé.

♦ 1750 habitants, 218 m d'altitude ♦ **Accès :** (carte 30) à 45 km S-O de Toulouse par N 117 et D 627 ♦ **À voir :** le musée d'Histoire locale ♦ **Aux alentours :** le site préhistorique de Mas-d'Azil ♦ **Foires, festivités :** fête du Papogay (tir à l'arc) le 1er dimanche de mai ; marché nocturne de produits fermiers et artisanaux mi-juillet ; fête de Saint-Cizi le 3e week-end d'août ♦ **Hôtel :** à Martres-Tolosane (18 km S-O), *Hôtel Castet* (tél. 05.61.98.80.20) ♦ **Mairie** (tél. 05.61.87.61.17) - **S. I.** (tél. 05.61.87.63.33).

SAINT-BERTRAND-DE-COMMINGES
31510 (Haute-Garonne)

Dressé sur son piédestal rocheux, le bloc de la cathédrale et de la ville se détache sur le fond des proches Pyrénées. En 72 av. J.-C., Pompée en fait une ville. Au IVe siècle apparaît le christianisme : une première basilique est édifiée près de la chapelle Saint-Julien-du-Plan. Ce ne sera qu'au XIe siècle, à l'arrivée de Bertrand de L'Isle, évêque de Comminges, que la ville prendra un nouvel essor. Sous un toit unique, le « vaisseau cathédral » abrite trois églises d'époques et de styles différents : l'église romane (XIIe siècle) bâtie par saint Bertrand, l'église gothique (XIVe siècle) édifiée par l'évêque Bertrand de Goth et l'église Renaissance de l'évêque Jean de Mauléon. Le cloître s'ouvre au sud, trois galeries sur quatre sont romanes, celle du nord est gothique. Dans la ville haute, les maisons se pressent autour du centre religieux : demeures nobles, vieilles demeures à colombage, humbles maisonnettes médiévales blotties derrière les remparts, leur barbacane et les solides portes d'entrée. Une fois l'évêché supprimé à la Révolution, la ville haute entre dans une somnolence qu'elle ne quittera plus, tandis qu'en bas, les constructions gagnent la plaine.

♦ 217 habitants, 500 m d'altitude ♦ **Accès :** (carte 30) à 60 km S-E de Tarbes par N 117, N 125 et D 26 ♦ **À voir :** le trésor de l'église Sainte-Marie ♦ **Aux alentours :** les thermes de Barbazan ; les grottes préhistoriques de Gargas (6 km N-O) ; la villa gallo-romaine de Montmaurin ♦ **Foires, festivités :** foire de printemps début mai ; Festival de Comminges de juin à septembre (concerts de musique classique) ♦ **Hôtel :** à Sauveterre-de-Comminges (8 km E), *Hostellerie des 7 Molles* (tél. 05. 61.88.30.87), hôtel de charme, 16 chambres 420-780 F, 3 suites 900-1100 F, très bon restaurant ♦ **Mairie** (tél. 05.61.88.33.12) - **S. I.** (tél. 05.61.88.37.07).

SAINT-FÉLIX-LAURAGAIS
31540 (Haute-Garonne)

Un conseil : découvrez le village à partir de la route qui monte de la plaine de Revel. Il se découpe en ombre chinoise, barré par l'énorme masse du château, ce qui reste des remparts, un très beau clocher occitan et ses moulins. Il en reste six, hélas désarmés : on dit que le bruit de leurs ailes faisait taire le vent d'autan, pourtant si fort... Saint-Félix eut le curieux privilège d'abriter le premier concile cathare (1167). Deux siècles plus tard naît ici Guillaume de Nogaret, conseiller de Philippe le Bel, célèbre pour ses démêlés avec le pape Boniface VIII. Autre enfant du pays, et bien plus proche de nous, le musicien Déodat de Séverac, dont la belle maison est sur la place centrale. Le village est beau, peu abîmé, les maisons à colombage sont restaurées ; artisans potiers, peintres, doreurs sur bois ont choisi d'y vivre. Le couvert, sur la place, a de très vieux piliers de bois. Un charmant bistrot, *Le Cocagne*, fait un clin d'œil au fastueux passé des temps du pastel. On quitte la place par une petite rue où s'élève l'imposante collégiale, jouxtée par la belle maison de la Commanderie. Entrez : la dimension de l'église (orgues du XVIIIe siècle) témoigne de l'époque où les chanoines tenaient chapitre à Saint-Félix. Au bout de la rue, après avoir franchi une porte des anciens remparts, on reprend la route vers Toulouse... à moins que l'on ne prenne le temps d'une halte de charme à la jolie *Auberge du Poids Public*.

♦ 1180 habitants, 340 m d'altitude ♦ **Accès :** (carte 31) à 42 km S-E de Toulouse par D 2 ♦ **Aux alentours :** Saint-Julia ; les châteaux de Montgey, de Montmaur, de St-Paulet ♦ **Foires, festivités :** marché le mardi matin ; foire à la cocagne à Pâques, Festival de Séverac (musique classique) en juillet ; fête de l'Image en août, marché potier en septembre ♦ **Hôtel :** *Auberge du Poids-Public* (tél. 05.61.83.00.20), hôtel de charme, 10 chambres 260-320 F, restaurant ♦ **Mairie** (tél. 05.61.83.01.71) - **S. I.** (tél. 05.62.18.96.99).

BASSOUES
32320 (Gers)

L'histoire de Bassoues commence lors de la fondation d'un monastère bénédictin (1020), sur les lieux d'un miracle que la mémoire collective nous transmet : Fris, neveu de Charles Martel, avait été atteint d'une flèche lors de la poursuite des guerriers d'Abd er-Rhaman. Son cheval l'amena au pied des coteaux de Bassoues, où il expira, et fut enseveli par ses compagnons. La tombe, longtemps ignorée, fut découverte par un paysan. Le chevalier, casqué et cuirassé, ses armes au côté, fut mis dans un sarcophage de grès, et transporté dans l'église construite en son honneur. À 300 mètres au levant, on voit la basilique restaurée où dort enfin en paix le chevalier chrétien. En 1279, l'archevêque d'Auch accorde à Bassoues charte et coutumes. La bastide gasconne est classique : place carrée, halle couverte que traverse la rue centrale. L'enceinte fortifiée a quatre tours d'angle, et s'appuie sur le château, hélas défiguré par de nombreux remaniements. L'église, édifiée à la même époque, fut restaurée aux XVIe et XIXe siècles. La plus spectaculaire image de Bassoues est son donjon, d'une architecture militaire imposante. La tour, appelée « masse », domine de sa hauteur la bastide et la protège de son flanc et de ses murs.

♦ 459 habitants, 223 m d'altitude ♦ **Accès :** (carte 30) à 35 km O d'Auch par D 943 ♦ **À voir :** l'exposition « Naissance et évolution des villages gascons » ♦ **Aux alentours :** les villages de Montesquiou et de Tillac, les églises de Marciac, Saint-Mammet à Peyrusse-Grande et de Saint-Christaud ♦ **Foires, festivités :** marché le dimanche matin ; foire aux produits régionaux et marché gascon le 1er dimanche d'août ♦ **Hôtel :** à Miélan (25 km S), *La Tannerie* (tél. 05.62.67.62.62), maison d'hôtes de charme, 3 chambres 265-285 F ♦ **Mairie** (tél. 05.62.70.90.47) - **S. I.** (tél. 05.62.70.97.34).

FOURCÈS
32250 (Gers)

Située dans la vallée de l'Auzoue, Fourcès fut d'abord bâtie autour d'un château au donjon de bois, sur la « motte vieille ». Parfaite bastide ronde, elle fut constituée autour des quelque vingt maisons rescapées de la démolition de 1488. La porte Ouest est intacte, dans l'ancienne tour du Pourtau, aujourd'hui tour de l'Horloge. Au sud de la tour, en haut du mur d'enceinte, se détache une tête d'homme en pierre : le chevalier qui veillera sur la cité jusqu'à la fin des temps, dit la légende. Le château actuel aurait été construit sous le règne de Louis XII et de François Ier, sur l'emplacement de l'ancienne place forte, démantelée par Édouard III Plantagenêt. Hors l'enceinte, l'église a conservé son clocher d'origine, carré, hélas flanqué d'une flèche pointue rajoutée en 1870. Le moulin fortifié ne garde qu'une très belle salle de meules. Fourcès fait actuellement de gros efforts de restauration.

♦ 327 habitants, 80 m d'altitude ♦ **Accès :** (carte 30) à 64 km N-O d'Auch par N 124, D 930 - Condom, D 15 et D 29 ♦ **À voir :** le musée des Vieux Métiers et des Vieux Outils ; l'atelier du crochet ; le cloître et la collégiale de La Romieu ; l'abbaye de Flavan ; la villa gallo-romaine de Séviac ♦ **Foires, festivités :** marché aux fleurs le dernier week-end d'avril ; vide-greniers et brocante le dernier dimanche de juin ; marché aux livres le dernier dimanche de juillet ; fête du village le week-end après le 15 août ♦ **Hôtel :** *Château de Fourcès* (tél. 05.62.29.49.53), hôtel de charme, 15 chambres 320-710 F, suites 760-930 F, très bon restaurant ♦ **Mairie** (tél. 05.62.29.40.13) - **S. I.** (tél. 05.62.29.48.69).

LARRESSINGLE
32100 (Gers)

À un saut de puce de Condom, par une route qui traverse coteaux et vignobles, on atteint Larressingle, ancienne propriété des abbayes d'Agen et de Condom aux XIIe et XIIIe siècles. C'est un merveilleux petit bourg fortifié du XIIIe siècle, aux murs d'enceinte à courtines et créneaux pratiquement intacts, entrecoupés de tours. On pénètre dans le village par une majestueuse porte fortifiée précédée de l'ancien pont-levis, aujourd'hui fixe. Sur la place, le château-donjon, (résidence des évêques de Condom jusqu'au XVIe s.) et l'église, étonnante avec ses deux chœurs et sa nef romane tronquée. Quelques maisons en pierre ocre ont conservé des fenêtres à meneaux, des portes arquées et de jolis toits de tuiles brunes. Larressingle est serti dans un écrin de verdure : gazons, fleurs et même un palmier témoignent de la douceur de vivre dans ce charmant village.

♦ 161 habitants, 135 m d'altitude ♦ **Accès :** (carte 30) à 45 km S-O de Condom par D 15 ♦ **À voir :** la Halte du pèlerin (musée de cire) ♦ **Aux alentours :** le pont romain de Lartigue ; l'abbaye de Flaran ; les châteaux de Busca-Maniban et de Cassaigne ; la villa gallo-romaine de Séviac ; les églises romanes de Mouchan et de Vopillon ♦ **Foires, festivités :** marché le mercredi matin à Condom ; Battage à l'ancienne en juillet ; foire aux produits régionaux en août ; concerts, théâtre et expositions en saison ♦ **Hôtel :** à Condom, *Hôtel des Trois Lys* (tél. 05.62.28.33.33), hôtel de charme, 10 chambres 260-560 F, restaurant ♦ **Mairie** (tél. 05.62.28.26.25).

MONTRÉAL-DU-GERS
32250 (Gers)

Un oppidum celtibère fut élevé à l'emplacement de cette très belle bastide, qui reçut sa charte en 1255, ce qui la classe parmi les plus anciennes. Nous sommes sur les coteaux de la Ténarèze, en plein pays Armagnac. Montréal, qui avait traversé sans trop de mal les pires moments de son histoire, fut malheureusement détruite à la Révolution. Des remparts, il ne reste qu'une porte fortifiée et l'église de Saint-Genens, au très beau portail roman, surmonté d'un chrisme des VIIe et VIIIe siècles. Une longue rue descend vers le centre, bordée de façades à colombage ; tout à côté d'elle, un pigeonnier. Les environs immédiats de Montréal-du-Gers témoignent aussi de l'importance de son histoire. À commencer, bien sûr, par la villa gallo-romaine de Séviac ; puis l'église gothique de Luzanet, le château de Balarin (XIIIe-XIVe siècles) ; enfin, de nombreux points de défense datant de la guerre de Cent-Ans : Labarrère, la tour de Luzan font face aux forteresses des Armagnacs (Lamothe, Lagraulet, Lauraet). Prenez vraiment le temps d'une longue promenade. Succombez à la tentation de l'armagnac, mais ne manquez pas, surtout, la merveilleuse « croustade », pâtisserie gasconne unique en son genre : un rare délice…

♦ 1235 habitants, 110 m d'altitude ♦ **Accès :** (carte 30) à 59 km N-O d'Auch par D 930 - Condom et D 15 ♦ **Aux alentours :** l'abbaye de Flaran (XIIe siècle) ♦ **Foires, festivités :** marché le vendredi matin ; foire à la brocante en juin ; foires médiévales en juillet et août ; fête de la Croustade début août ; course landaise le 2e dimanche d'août ; foire le vendredi avant Noël ♦ **Hôtel :** à Condom (15 km E), *Hôtel des Trois Lys* (tél. 05.62.28.33.33), hôtel de charme, 10 chambres 260-560 F, restaurant ♦ **Restaurants :** *Chez Simone* (tél. 05.62.29.44.40) ; *La Gare* (tél. 05.62.29.43.37) ♦ **Mairie** (tél. 05.62.29.43.10) - **S. I.** (tél. 05.62.29.42.85).

SAINT-CLAR-DE-LOMAGNE
32380 (Gers)

Au cœur de la Lomagne, dominant coteaux et vallons, voici Saint-Clar. Le village se divise en deux parties : la partie la plus ancienne autour du château et de l'église (XIIe-XIVe siècles, en cours de restauration) avec ses petites maisons à colombage et ses ruelles tortueuses ; la partie plus « récente », la bastide neuve fondée en 1289 par contrat entre le roi d'Angleterre, duc d'Aquitaine, et l'évêché de Lectoure. Sur la place à cornières, une magnifique halle du XIIIe siècle, bâtie sur des piliers de bois, s'appuie à la mairie décorée d'un délicat clocher. Elle est encadrée de couverts qui offrent fraîcheur et repos en été. Le long des rues étroites à angle droit, vous pourrez admirer les maisons anciennes bien rénovées, avec leurs murs en belle pierre de la région. À deux pas, une terrasse-jardin offre une superbe vue d'ensemble sur la vallée de l'Arrats. Saint-Clar est aussi le pays de l'ail blanc, que l'on vend le jeudi sous la halle en été.

♦ 972 habitants, 157 m d'altitude ♦ **Accès :** (carte 30) à 36 km E de Condom par D 7 - Lectoure et D 953 ♦ **À voir :** musée de l'École publique ♦ **Aux alentours :** les châteaux d'Avezan et de Gramont ; l'église de Saint-Créac ; la ferme aux Étoiles à Mauroux ♦ **Foires, festivités :** marché le jeudi matin, petit marché le samedi matin ; fête de l'Ail le 2e jeudi d'août ; concours d'ail le 4e jeudi d'août ♦ **Hôtels :** *Chez Nicole et Jean-François Cournot* (tél. 05.62.66.47.31), maison d'hôtes de charme, 3 chambres 250-290 F, table d'hôtes le soir sur réservation ; à Tournecoupe (6 km S), *En Bigorre* (tél. 05.62.66.42.47), maison d'hôtes de charme, 5 chambres 260 F, table d'hôtes le soir ♦ **Mairie** (tél. 05.62.66.40.45) - **S. I.** (tél. 05.62.66.34.45).

AUTOIRE
46400 (Lot)

Voici un village de caractère quercynois, si beau, si neuf que l'on a peine à croire qu'il est vieux d'au moins huit siècles. Au hasard des ruelles empruntées, on découvre, ébloui, une fontaine entourée de maisons à colombage ; plus loin, les encorbellements de vieilles demeures blanches à toits de tuiles brunes ; ailleurs une, deux, trois gentilhommières plus jolies les unes que les autres, toutes pimpantes et flanquées de tourelles. De l'église, on passe à une terrasse d'où la vue plonge sur le moulin de Limargue et sur le cirque rocheux qui abrite Autoire au sud-ouest. Les vicomtes de Turenne prirent soin de leurs cités vassales et durant la guerre de Cent-Ans, Saint-Céré comme Autoire eurent peu à souffrir, bien protégées par les puissants remparts de Saint-Laurent. Autoire aujourd'hui poursuit sa vie paisible, au cœur d'une magnifique région où tout est à voir : du haut, pour ses châteaux, jusqu'en bas, pour son cirque, et plus bas encore, pour les grottes de Presque et le gouffre de Padirac, avec sa mystérieuse rivière souterraine.

♦ 233 habitants, 300 m d'altitude ♦ **Accès :** (carte 24) à 55 km S de Tulle par D 940 - Saint-Céré et D 38 ♦ **Aux alentours :** le gouffre de Padirac ; les grottes de Presque ; Rocamadour ♦ **Hôtel :** à Saint-Céré (8 km E), *Hôtel Ric* (tél. 05.65.38.04.08), hôtel de charme, 6 chambres 300-400 F, restaurant ♦ **Mairie** (tél. 05.65.38.05.26).

CARDAILLAC
46100 (Lot)

Le village est fermement ancré sur son éperon rocheux en Haut-Quercy. Le nom de Cardaillac sonne clair, un peu « gascon » ; c'est que nous sommes à la porte sud du Ségala. Nombreux sont les seigneurs de Cardaillac qui ont fait parler d'eux au cours des temps : Guillaume V, fondateur de l'abbaye de Leyme ; Jean, évêque de Rodez au XIVe siècle ; Marques, qui défendit son Quercy pendant la guerre de Cent-Ans. L'« aujourd'hui » de Cardaillac, c'est l'orgueil de son site, paysage de bois entrecoupés de vallons secrets ; c'est son fort, véritable ville miniature, à trois tours, celles des Barons et de l'Horloge, massives, carrées, celle de Sagnes, ronde, un peu isolée des autres. Une fois franchie la porte qui donne accès au plateau, on se trouve en plein Moyen Âge. Des venelles à caniveau central serpentent entre les maisons ocre, bâties de grès. Elles ont des noms évocateurs : rue du Sénéchal, de la Magnanerie, de la Bataillerie. Beaucoup de détails d'architecture subsistent, ogives, enseignes sculptées. On tombe sur une maison en terrasse, défiant le vide, qui a été bien restaurée. D'autres, plus humbles, s'appuient les unes aux autres dans le silence des ruelles. Mais, heureusement, se dessine un regain d'intérêt pour la tradition : de vieux métiers revivent, des artisans créent. Un petit village d'autrefois, avec son épicerie-tabac-journaux et son restaurant *Chez Marcel* qui offre quelques chambres au charme désuet.

♦ 501 habitants ♦ **Accès :** (carte 24) à 10 km N de Figeac par N 140 et D 15 ♦ **À voir :** le « Musée éclaté » sur la vie d'autrefois ♦ **Aux alentours :** Rocamadour ; le gouffre de Padirac ♦ **Foires, festivités :** foire du Renouveau en mai ; fête de la Peinture le 14 juillet ; grande fête votive en août ; foire de la Saint-Martin en novembre ♦ **Hôtel :** *Chez Marcel* (tél. 05.65.40.11.16), hôtel de charme, 5 chambres (1 seule salle de douches) 150 F, restaurant ♦ **Mairie** (tél. 05.65.40.14.32).

CARENNAC
46110 (Lot)

La petite cité moyenâgeuse n'a conservé de ses remparts qu'une tour du XVe siècle et une porte fortifiée. Le village, fait de toits compliqués aux tuiles brunes, de terrasses en surplomb et de balcons fleuris, forme un ensemble de charme autour du prieuré-doyenné où vécut Fénelon, de 1681 à 1695. L'abbaye borde la Dordogne dont elle est protégée par un grand mur, ouvert d'une porte en ogive. Passée cette dernière, on trouve l'église, de pur art roman. Son tympan représente *les Apôtres aux pieds du Christ* et, à l'intérieur, on admirera une émouvante *Mise au Tombeau*, du XVIe siècle. Le cloître mi-roman, mi-gothique, a été bien restauré, il forme un carré harmonieux avec les bâtiments conventuels. Jouxtant l'église, un petit château dresse ses tourelles. Fénelon a, dit-on, écrit ici son *Télémaque*. Une petite île sur la Dordogne a été baptisée « île de Calypso », en son souvenir. Nul doute qu'après la visite de Carennac, nous trouvions plus de beauté à la petite ode composée à sa gloire par le grand Fénelon :

« En quelque climat que j'erre, Plus qu'en tout autre lieu,
Cet heureux coin de la terre Me plaît et rit à mes yeux. »

♦ 375 habitants, 115 m d'altitude ♦ **Accès :** (carte 24) à 40 km S-E de Brive-la-Gaillarde par D 38 et D 20 ♦ **À voir :** expositions sur la vallée de la Dordogne au château ♦ **Aux alentours :** le gouffre de Padirac (8 km S) ; Rocamadour ; les grottes de Lacave ; le château de Castelnau-Bretenoux ♦ **Foires, festivités :** fêtes magnagues début juillet ; fête patronale le dimanche après le 15 août ; brocante le lundi après le 15 août ♦ **Hôtel :** à Martel (17 km O), *Relais Sainte-Anne* (tél. 05.63.37.40.56), hôtel de charme, 12 chambres 220-780 F ♦ **Mairie** (tél. 05.65.10.94.62) - **S. I.** (tél. 05.65.10.97.01).

LACAPELLE-MARIVAL
46120 (Lot)

Lacapelle-Marival est situé dans un paysage qui a déjà un parfum méridional. Collines douces, bois et prés mêlés, environs paysans imprégnés de traditions gourmandes, et de qualité de vie. La couleur du grès des constructions est spécifique à la région. Un peu bigarré, du jaune à l'ocre, avec de petits cristaux de quartz qui font des clins d'œil au soleil. La petite ville se découvre sur une place ombragée de platanes. On y voit le château massif, carré, surmonté d'un toit à quatre pans, d'un chemin de ronde à mâchicoulis flanqué d'échauguettes. Ce fut le fief des Cardaillac, puissants seigneurs du Quercy. Après avoir contourné l'église face à la forteresse, on tombe sur les restes des remparts dont une porte monumentale débouche sur le quartier médiéval. Place resserrée, belle halle aux tuiles romanes, hautes maisons à armatures en ogive. En haut, un couvent édifié au XVIIIe siècle, bordé d'une vaste terrasse, domine le panorama de Lacapelle. L'endroit est très vivant, animé tout au long de l'année de festivités religieuses et païennes. L'enceinte du château est utilisée pour l'exposition « Marivalcis », qui regroupe sculptures, peintures, tapisseries, poteries et céramiques d'artistes, nombreux à avoir élu ce coin charmant pour enrichir leur inspiration.

♦ 1600 habitants, 400 m d'altitude ♦ **Accès :** (carte 24) à 20 km N-O de Figeac par N 140 et D 940 ♦ **À voir :** expositions au château en juillet-août ♦ **Aux alentours :** l'église romane du Bourg (3 km S) ; l'église (XIIIe s.) de Rudelle (5 km O) ; le château d'Aynac (11 km N-O) ♦ **Foires, festivités :** marché le 2e et 4e lundi du mois ; fête votive le 15 août ♦ **Hôtels :** à Cardaillac (12 km S-E), *Chez Marcel* (tél. 05.65.40.11.16), hôtel de charme, 5 chambres (1 seule salle de douches) 150 F, restaurant ; à Gramat (17 km O), *Moulin de Fresquet* (tél. 05.65.38.70.60), maison d'hôtes de charme, 5 chambres (non fumeurs) 270-390 F, table d'hôtes le soir ♦ **S. I.** (tél. 05.65.40.81.11).

LOUBRESSAC
46130 (Lot)

Le château, l'église et le village de Loubressac apparaissent cramponnés à un promontoire vertigineux, qui surplombe les vallées de la Dordogne, de la Cère et de la Bave. C'est en 1211 que le baron de Castelnau accorde sa première charte au village. Vers le XVe siècle, les Auvergnats et les Limousins repeuplent Loubressac qui avait été ruiné par la guerre de Cent-Ans. Aujourd'hui, son meilleur atout est la beauté de ses pierres ocre, son extraordinaire panorama, d'où l'on voit le château de Montal, les tours de Saint-Laurent et Saint-Céré, le puissant château de Castelnau... et le paysage agreste qui s'étend à ses pieds, tout blanc au printemps des fruitiers en fleurs. On rentre par une porte fortifiée, on passe devant la belle maison des Gardes (XVe siècle), dont le porche a des pans de bois ; on arrive à l'église Saint-Jean-Baptiste, commencée au XIIIe siècle, achevée en 1520. Son portail représente le *Christ en Majesté*. À l'intérieur, la nef est en ogive, avec quatre chapelles. La montée continue vers le château, manoir du XVe siècle, remanié au XVIIe siècle. Le donjon d'entrée est majestueux. En face du château se dresse la maison de l'Intendant, du XVe siècle. Passants, de cette jolie vallée, ne manquez pas de lever les yeux vers un nid d'aigle qui de loin cache sa beauté.

♦ 451 habitants, 320 m d'altitude ♦ **Accès :** (carte 24) à 65 km S-E de Brive par N 20, N 140, D 673 et D 38 ♦ **Aux alentours :** les châteaux de Montal (XVIe siècle) et de Castelnau (5 km N) ♦ **Foires, festivités :** foire aux Fleurs le 8 mai ; fête de la Saint-Jean fin juin ; brocante le 4e dimanche d'août ♦ **Hôtel :** à Saint-Céré (8 km E), *Hôtel Ric* (tél. 05.65.38.04.08), hôtel de charme, 6 chambres 300-400 F, restaurant ♦ **Restaurant :** *Lou Cantou* (tél. 05.65.38.20.58) ♦ **Mairie** (tél. 05.65.38.18.30) - **S. I.** (tél. 05.65.10.82.18).

MARTEL
46600 (Lot)

Fondée au XIIe siècle, juste à côté de l'église édifiée par Charles Martel après sa victoire contre les Arabes en 732, la cité prit le nom de Martel puis fut choisie par les vicomtes de Turenne comme capitale. Elle eut à résister aux assauts anglais, ce qu'elle fit courageusement, bien abritée derrière ses remparts, mais elle dut se soumettre après le traité de Brétigny en 1360. La fin du XIIIe siècle et le XIVe siècle seront des périodes prospères pour Martel : constructions civiles et militaires fleurissent, massives et élégantes, édifiées dans la belle pierre blanche du causse. Aujourd'hui encore, on peut contempler toutes ces merveilles ; vous admirerez la tour de Tournemire, seul vestige des anciens remparts, l'église gothique Saint-Maur avec sa tour-clocher de 48 mètres formant donjon, et la place des Consuls avec ses halles du XVIIIe siècle et ses jolies maisons. Il faut voir aussi le très bel hôtel de la Raymondie (actuel hôtel de ville), qui date de 1330, avec son beffroi crénelé et sa jolie cour intérieure, la maison Fabri et toutes les pittoresques maisons de la rue de Tournemire. La promenade dans ce délicieux village vous laissera une douce impression de paix et de sérénité.

♦ 1515 habitants, 216 m d'altitude ♦ **Accès :** (carte 24) à 30 km S de Brive-la-Gaillarde par N 20 et N 140 ♦ **À voir :** le petit Musée gallo-romain dans l'hôtel de la Raymondie ♦ **Aux alentours :** le Puy d'Issolud (14 km E) ; les église de Vayrac, de Saint-Michel-de-Bannières et de Mézels ; le village de Gignac ♦ **Foires, festivités :** marché le mercredi et samedi matin ; foire de la Laine et brocante fin juillet ♦ **Hôtel :** *Relais Sainte-Anne* (tél. 05.65.37.40.56), hôtel de charme,12 chambres 220-780 F ♦ **Restaurants :** *Le Quercy* (tél. 05.65.37.30.30) ; *Ferme-Auberge des Landes* (tél. 05.65.37.30.69) ♦ **Mairie** (tél. 05.65.37.30.03) - **S. I.** (tél. 05.65.37.43.44).

SAINT-CÉRÉ
46400 (Lot)

L'imposant ensemble de Saint-Laurent dresse ses tours et ses remparts au carrefour du Limousin, de l'Auvergne et du Quercy. Au VIe siècle, à ce même emplacement, est érigé le château de Saint-Serenus. La petite ville qui se blottit dans la vallée de la Bave, à deux kilomètres, lui doit son nom, Saint-Céré. C'est au XIIIe siècle que les habitants obtiennent leurs franchises des comtes de Turenne, leurs suzerains. Saint-Céré s'enrichit vite, grâce à l'administration habile de ses consuls et au génie commercial de la cité. Dans la vieille ville, on peut admirer maints beaux hôtels des XVe, XVIe et XVIIe siècles. Ils sont coiffés de jolies tuiles brunes, certains ont conservé leurs façades à pans de bois à encorbellement. La place du « Mercadial », place du marché, a elle aussi gardé tout son cachet : elle est entourée de maisons à colombage. À l'angle de la « maison de Jean de Séguier », du XVe siècle, on verra le « taoulié », un banc de pierre qui servait d'étal aux pêcheurs. La flânerie dans la vieille ville promet de bien jolies découvertes. L'église Sainte-Spérie, gothique, a été restaurée au XVIIIe siècle. Sur la place, se trouve l'hôtel de Puymule (XVe s.) flanqué d'une tour ronde. À voir aussi, l'hôtel Ambert, et, derrière le presbytère, un bel ensemble de maisons des XVe et XVIe siècles.

♦ 3802 habitants, 150 m d'altitude ♦ **Accès :** (carte 24) à 55 km S-E de Brive-la-Gaillarde par D 38, D 20 et D 940 ♦ **À voir :** l'Atelier-musée Jean-Lurçat ♦ **Aux alentours :** les châteaux de Montal, St-Laurent-les-Tours, Assier et de Castelnau ; le village de Sousceyrac ; les grottes de Presque ; le gouffre de Padirac ♦ **Foires, festivités :** marché le samedi matin ; foires les 1er et 2e mercredis du mois ; Festival de musique et d'art lyrique en août ; nombreuses animations en été ♦ **Hôtel :** à 2 km S, *Hôtel Ric* (tél. 05.65.38.04.08), hôtel de charme, 6 chambres 300-400 F, restaurant ♦ **S. I.** (tél. 05.65.38.11.85).

SAINT-CIRQ-LAPOPIE
46330 (Lot)

Le village de Saint-Cirq « Situé au détour de ces falaises qui, dans la vallée du Lot, jalonnent les catacombes de la préhistoire », a quelque chose de magique et illustre tout le mystère médiéval. Il est en majeure partie classé monument historique. Saint-Cirq s'étend le long d'une rue principale : rue Pelissaria (des pelletiers) à son commencement, elle devient Peyroleria (des chaudronniers) ensuite. Elle est coupée de venelles pittoresques, très fleuries, de « carriérous » ou d'escaliers reliant des maisons. Toutes les places sont merveilleuses. En dessous du Carol, on aperçoit le mirador de la maison du peintre Henri Martin, et une très belle maison à tour-pigeonnier (XIIIe siècle), « l'auberge des mariniers ». Du château de la Gardette, fait de deux corps de bâtiments flanqués d'une échauguette et réunis par une tour, on domine le Lot, dans de délicieux jardins. Du Sombral, perché sur le rocher de Lapopie, on domine tout le village. Un des plus beaux villages de France.

♦ 187 habitants, 295 m d'altitude ♦ **Accès :** (carte 31) à 30 km E de Cahors par D 653 et D 662 ♦ **À voir :** le musée Rignault (sculptures des XVe et XVIe siècles, ouvert d'avril à la Toussaint) ♦ **Aux alentours :** promenades en bateau sur le Lot à Bouziès (5 km) ; le château de Cénevières (7 km) ; les grottes préhistoriques du Pech-Merle (12 km) ; le musée en plein air du Quercy au Domaine de Cuzalès (12 km) ; les villages de Calvignac et de Larnagol, la vallée du Lot ♦ **Foires, festivités :** marché le mercredi matin en juillet-août ; théâtre en été ; fête du village avec feux d'artifice le 3e dimanche de juillet ♦ **Hôtels :** *Hôtel de la Pelissaria* (tél. 05.65.31.25.14), hôtel de charme, 10 chambres et suites 400-650 F, restaurant ; *Auberge du Sombral* (tél. 05.65.31.26.08), hôtel de charme, 8 chambres 300-400 F, restaurant ♦ **Mairie** (tél. 05.65.31.24.14) - **O. T.** (tél. 05.65.31.29.06).

ARREAU
65240 (Hautes-Pyrénées)

Site alluvionnaire et donc fertile, la vallée d'Aure fut occupée aux époques les plus reculées. Les villas romaines sont à l'origine de la plupart des villages de la vallée. Le sol et le sous-sol, riches en fer, en cuivre, en argent et en or, furent exploités par les Romains. Arreau se présente comme une petite ville plutôt qu'un village, très groupée, coiffée d'ardoises. L'église Saint-Exupère date du XIIIe siècle ; son portail à colonnettes, fait de marbre des Pyrénées, témoigne de l'art roman : tout près d'Arreau se trouvent les carrières de marbre rouge, veiné de jaune ou de gris. La cité est regroupée le long du torrent qui scintille et rebondit sur les galets. Les maisons d'architecture montagnarde, ont des galeries de bois qui marquent les étages. À admirer, la maison du Lys, construite au XVIe siècle, qui s'élève en encorbellement au-dessus d'un rez-de-chaussée de pierre (ses colombages sont une véritable œuvre d'art) et la mairie, avec des colombages elle aussi qui abrite à l'étage une belle halle au couvert en anse de panier.

♦ 1000 habitants, 700 m d'altitude ♦ **Accès :** (carte 30) à 22 km S de Lannemezan par D 929♦ **À voir :** le musée des « Cagots » (art et traditions de la vallée de l'Aure) ♦ **Aux alentours :** Sarrancolin (carrières de marbre et église du XIIIe s.) ; les églises peintes du Louron ; la maison de l'Ours à Saint-Lary ; le parc national des Pyrénées ; le col d'Aspin ♦ **Foires, festivités :** marché le jeudi ; festival en juillet ; marché gascon et animations médiévales en août ♦ **Hôtels :** *Hôtel d'Angleterre* (tél. 05.62.98.63.30) ; à Pinas (28 km N), *Domaine de Jean-Pierre* (tél. 05.62.98.15.08), maison d'hôtes de charme, 3 chambres 210-250 F ♦ **Mairie** (tél. 05.62.40.75.60) - **S. I.** (tél. 05.62.98.63.15).

SAINT-SAVIN
65400 (Hautes-Pyrénées)

Saint-Savin se situe dans une magnifique vallée, à 3 kilomètres au sud d'Argelès. On atteint le village par une petite route de montagne qui permet d'admirer les merveilles des Pyrénées. Le site fut occupé dès l'époque gallo-romaine, et un premier monastère édifié pour recueillir le corps de saint Savin. Les comtes de Bigorre l'enrichirent et donnèrent toute la vallée aux moines au Xe siècle. Aujourd'hui, la place principale du village a gardé en grande partie son aspect moyenâgeux avec ses couverts reposant sur des piliers de bois. L'imposante église (XIe-XIIe s.) fut fortifiée au XIVe siècle (à l'intérieur bénitier roman, très beau Christ en bois polychrome, orgue du XVIe s.) ; elle rappelle l'important rôle religieux de Saint-Savin. De la terrasse qui borde la place, on découvre un panorama grandiose sur toute la vallée d'Argelès et les petits hameaux environnants.

♦ 316 habitants, 580 m d'altitude ♦ **Accès :** (carte 29) à 35 km S de Tarbes par N 21- Argelès-Gazost et D 101 ♦ **Aux alentours :** la chapelle de Pietat, le petit village d'Uz ♦ **Foires, festivités :** marché le mardi matin à Argelès-Gazost (2,5 km) ♦ **Hôtel :** *Le Viscos* (tél. 05.62.97.02.28), restaurant ♦ **Mairie** (tél. 05.62.97.02.29).

CASTELNAU-DE-MONTMIRAL
81140 (Tarn)

Castelnau-de-Montmiral est un petit chef-d'œuvre médiéval, cerné de remparts, dominant la vallée de la Vère. Comme son nom l'indique, le village fait partie des « castelnaux », agglomérations construites par des seigneurs dans la dépendance de leur château, et fut construit vers 1222. Des six portes ouvertes dans les remparts, il n'en reste que trois aujourd'hui ; quant au château érigé au XIIIe siècle, il fut détruit pendant la Révolution. Cependant, la promenade à l'intérieur de l'enceinte est charmante. La pittoresque place de la Mairie est bordée de maisons aux façades variées, pierre de taille, pans de bois, brique, appuyées sur des couverts de pierre ou de bois ; l'hôtel de ville et la maison Bozat remontent au XVIIe siècle. L'église, profondément remaniée, date essentiellement des XVe et XVIe siècles. Tout autour, les petites rues sont animées et le village est vraiment charmant et accueillant.

♦ 910 habitants, 289 m d'altitude ♦ **Accès :** (carte 31) à 35 km O d'Albi par N 88, Gaillac et D 964 ♦ **À voir :** le musée « Les Verriers de Grésigne » (en été) ♦ **Aux alentours :** Albi, sa vieille ville, sa superbe cathédrale et son musée Toulouse-Lautrec ♦ **Foires, festivités :** marché le dimanche matin ; foire au Miel et produits du terroir le 15 août ♦ **Hôtel :** à Larroque (15 km), *Meilhouret* (tél. 05.63.33.11.18), maison d'hôtes de charme, 2 chambres 250-275 F (2 nuits minimum en juillet-août) ♦ **Mairie** (tél. 05.63.33.10.18) - **S. I.** (tél. 05.63.33.15.11).

CORDES-SUR-CIEL
81170 (Tarn)

En 1222, le comte de Toulouse Raimond VII choisit le roc de Mordagne pour bâtir Cordes, bastide de défense campée sur son piton, dominant la plaine. C'est un siècle plus tard que s'érigea la bastide que nous pouvons voir aujourd'hui, magnifique architecture italienne, pur joyau de la Renaissance. Résidence de chasse des seigneurs du Languedoc, Cordes connut un temps fastueux de fêtes et de culture. La cité fut épargnée par les guerres de Religion et, plus tard, par la Révolution. La chasse est partout présente dans le souvenir : maison du Grand-Veneur, du Grand-Fauconnier, du Grand-Écuyer... Larges façades, fenêtres à ogives et colonnettes groupées par deux ou trois, étages ouverts en galeries. Les tours qui ornaient les maisons nobles ont malheureusement été rasées ; il n'en subsiste que de beaux escaliers à vis, tronqués au ras des toits. Cordes doit être parcourue à pied, au long de ses rues pavées : Grand'Rue, rues Chaude, Barry, Bourysset, Fourmiguier. Les maisons populaires de brique ou de torchis forment un ensemble très pittoresque. Seule fausse note, un bâtiment moderne enlaidit la vision d'ensemble de ce merveilleux village.

♦ 961 habitants, 291 m d'altitude ♦ **Accès :** (carte 31) à 25 km N d'Albi par D 600 ♦ **À voir :** le Musée archéologique ; le musée de la Broderie ♦ **Aux alentours :** la commanderie des Templiers à Vaour (18 km O) ; le village de Penne (24 km O) ♦ **Foires, festivités :** marché le samedi matin ; fêtes du Grand Fauconnier en juillet ; festival « Musiques sur Ciel » (musique classique) fin juillet-début août ; fresque historique « Mémoire des pierres » en juillet-août ; fêtes de la Bonne Vie le 3e ou 4e dimanche de septembre ♦ **Hôtels :** *Hostellerie du Vieux Cordes* (tél. 05.63.56.00.12), restaurant ; *Le Grand Écuyer* (tél. 05.63.56.01.03), restaurant gastronomique ; *Aurifat* (tél. 05.63.56.07.03), maison d'hôtes de charme, 2 chambres 260 F, 1 suite 480 F ♦ **S. I.** (tél. 05.63.56.00.52).

LAUTREC
81440 (Tarn)

Albi, sa splendeur architecturale et son beau musée, fait naturellement partie des visites incontournables de la région. Un peu excentré par rapport aux routes principales qui y mènent, se trouve Lautrec. L'ancienne place forte doit son nom à ses vicomtes, les lointains ancêtres de Toulouse-Lautrec, peintre de génie qui a donné une gloire de plus à sa ville. De tous côtés le panorama est splendide. Le village n'est pas à une grande altitude, mais situé de telle sorte qu'il plonge sur toute la plaine de Castres, face à la ligne de la Montagne Noire. Des restes de murailles entourent encore la ville ; on y pénètre par une porte étroite : à l'angle de la place, deux magnifiques maisons à colombage, dont les toits se frôlent, laissent à peine passer la rue dallée de La Caussade, qui descend à la porte fortifiée du même nom. Cette dernière date du XIIIe siècle, seule rescapée des remparts qui en comptaient huit auparavant. La place centrale est entourée de gracieuses maisons en encorbellement du XIVe siècle, sur piliers de bois. Un grand porche donne accès à la place des Marronniers et à la petite rue de l'église, où se trouve la belle collégiale dédiée à saint Rémy. Du calvaire, juché en haut du village, on peut embrasser la vue sur les monts de Lacaune, la montagne Noire et la riante plaine castraise.

♦ 1500 habitants, 300 m d'altitude ♦ **Accès :** (carte 31) à 30 km S d'Albi par N 112 et D 92 ♦ **À voir :** le Musée archéologique ♦ **Aux alentours :** le château de Malvignol ♦ **Foires, festivités :** marché le vendredi matin (vente d'ail de juillet à avril) ; fête des Arts le dernier week-end de mai ; vide-greniers le 3e samedi de juillet ; fête de l'Ail le 1er vendredi d'août ; fête du Pain le 15 août ; fête du village le 3e week-end de septembre ♦ **Hôtels :** *Château de Montcuquet* (tél. 05.63.75.90.07), maison d'hôtes de charme, 3 chambres 300 F, table d'hôtes le soir ; *Chez M. et Mme Audouy* (tél. 05.63.75.95.11), maison d'hôtes de charme 3 chambres 250 F, 1 suite 400 F ♦ **S. I.** (tél. 05.63.75.31.40).

MONESTIÉS
81640 (Tarn)

Implanté au creux d'un vallon, au bord du Cérou, Monestiés est un tout petit village oublié, très joli et pittoresque qui a gardé de sa splendeur passée une atmosphère de douce noblesse. Il fut autrefois le chef-lieu de la baronnie des archevêques d'Albi, qui ont enrichi la chapelle Saint-Jacques (XIe-XVIe siècles) de belles statues du XVIIIe siècle, d'une magnifique *pietà* du XVe siècle et d'une exceptionnelle *Mise au tombeau* composée de onze personnages en calcaire polychrome, datant également du XVe siècle. Un vieux pont de pierre enjambe la rivière et, en suivant la berge, on atteint l'ancienne porte fortifiée. Une fontaine, une vieille tour du XVIIe siècle et l'église Saint-Pierre – dont on admire le clocher et qui contient un magnifique retable du XVIIe siècle et un important tableau du XVIIIe siècle – constituent les autres richesses du village. La balade dans les rues aux maisons anciennes, qui ont gardé leur belle unité, dégage un charme discret ; on évoque avec nostalgie l'époque où le moindre petit village renfermait avec simplicité des trésors.

♦ 1361 habitants, 214 m d'altitude ♦ **Accès :** (carte 31) à 25 km N d'Albi par N 88 - Carmaux et D 91 ♦ **Aux alentours :** le château de Combefa ; le village de Salles ; le lac de Roucarié ; Albi et ses musées ♦ **Foires, festivités :** marché le dimanche matin en juillet-août ; fête de Canitrot en juillet ; « Chansons d'en France » première quinzaine de juillet ; fête du village début août ♦ **Hôtels :** *L'Orée des Bois* (tél. 05.63.76.11.72) ; à Albi, *Hostellerie Saint-Antoine* (tél. 05.63.54.04.04), hôtel de charme, 48 chambres 360-750 F, suites 850-950 F, restaurant ♦ **Restaurants :** *Le Petit Don Camillo* ; *L'Auberge Occitane* ♦ **Mairie** (tél. 05.63.76.11.78) - **S. I.** (tél. 05.63.76.12.77).

PUYCELSI
81140 (Tarn)

Émergeant de la forêt de la Grésigne, entre Gaillac et Caussade, le bourg est dressé en position de forteresse sur une roche plate, et domine la vallée de la Vère. Il ne reste du château que les salles basses, dont une a servi de collecteur de pluies. La chapelle Saint-Roch fut construite par les habitants, après la peste de 1705. Les remparts suivent la table de roc, pour s'arrêter sur l'à-pic de 85 mètres de haut qui les rend inutiles. Le château des capitaines-gouverneurs est flanqué de deux tours ; leurs fenêtres géminées laissent passer des armes à feu par leurs orifices. La place du Fus rappelle qu'ici l'on fabriquait rouets et fuseaux. Une rue très pentue amène à la belle maison des Gardes et à la porte de l'Irissou. Le chemin de ronde tourne jusqu'à la tour de la Prison. La place de la Mairie est l'endroit le plus séduisant du village. La maison commune, restée telle qu'au XVIe siècle, a été fort bien restaurée. En face, la maison Féral présente une belle façade du XVIe siècle. L'endroit mérite de revivre… Il reste d'admirables maisons, hélas ruinées, qui réclament un maître.

♦ 453 habitants, 300 m d'altitude ♦ **Accès :** (carte 31) à 22 km N-O de Gaillac par D 964 et D 8 ♦ **Aux alentours :** la forêt de Grésigne ♦ **Foires, festivités :** fête du village le 3e dimanche d'août ♦ **Hôtel :** à Larroque (2 km), *Meilhouret* (tél. 05.63.33.11.18), maison d'hôtes de charme, 2 chambres 250-275 F (2 nuits minimum en juillet-août) ♦ **Mairie** (tél. 05.63.33.11.14) - **S. I.** (tél. 05.63.33.19.25).

AUVILLAR
82340 (Tarn-et-Garonne)

Auvillar « Alta Villa » au temps des Gallo-Romains, descend de sa colline pour essaimer au bord de la Garonne puis, plus tard, l'installation d'un port fait sa fortune. Au XIIIe siècle, les habitants se séparent des comtes de Toulouse, et seront les premiers à accueillir un monastère dominicain (1275). La guerre de Cent-Ans n'épargne pas la cité, pas plus qu'en 1562 et 1574, les huguenots : la ville, la tour Saint-Pierre et le château sont détruits. Dans le bourg d'en-haut, rue Obscure, on admire la tourelle de briques polygonales, et de belles maisons à pans de bois. L'église Saint-Pierre a été restaurée au XIXe siècle dans son style initial (XIVe siècle). La place de la Halle a des cornières en plein cintre et anses de panier. En son milieu, une très jolie halle aux grains, ronde, à colonnades toscanes. Rue des Nobles, la maison de Bertrand de Goth, futur Clément V. De la promenade du château, le panorama sur la Garonne et le port est grandiose. Au port, il faut voir l'église Sainte-Catherine (monogramme du Christ de l'époque carolingienne).

♦ 1014 habitants, 120 m d'altitude ♦ **Accès :** (carte 30) à 30 km S-E d'Agen par A 62 sortie Valence-d'Agen et D 11 ♦ **À voir :** le musée d'Art et Traditions populaires (faïences d'Auvillar des XVIIIe-XIXe s.) et la salle annexe consacrée à la batellerie ♦ **Aux alentours :** l'abbatiale et le cloître de Moissac ; le château Saint-Roch ; les villages de Flamarens, Gramont, Lachapelle et Saint-Cirice ♦ **Foires, festivités :** marché le dimanche matin ; fête de la Saint-Noé le dimanche de la Trinité ; fête de la Saint-Pierre le 1er dimanche de juillet ; brocante le 14 juillet ; foire-exposition canine le 2e dimanche d'août ; fête du Port le 15 août ; marché potier début octobre ♦ **Hôtel :** *Hôtel de l'Horloge* (tél. 05.63.39.57.55), restaurant ♦ **Restaurant :** *Le Bacchus* (tél. 05.63.29.12.20) ♦ **Mairie** (tél. 05.63.39.57.33) - **O. T.** (tél. 05.63.39.89.82).

BRUNIQUEL

82800 (Tarn-et-Garonne)

L'histoire de Bruniquel commence avec Bertrand de Bruniquel, son seigneur. Au XVIe siècle, la ville est une des premières à se libérer du joug catholique. Bientôt « place de sécurité », c'est l'une des quinze églises protestantes du Haut-Languedoc. Les jalons du passé de la cité sont nombreux : la fontaine des Malades, l'église, hélas remaniée, reconstruite avec les pierres mêmes du temple protestant, après la révocation de l'édit de Nantes. La promenade du Ravelin part de l'église, vers le Rocas. Les remparts ont été démantelés après la paix de Montpellier en 1622. La place du Rocas s'étend au pied du mur Vieilh, et communique vers la campagne par la porte basse. La rue droite traverse la cité, et presque toutes les rues convergent vers la place du Mazel. Du château, il ne reste que l'ancien donjon, de construction romane. Le castel Biel évoque un autre temps, avec sa galerie Renaissance et sa tour octogone. Le château Jeune (fin XVe siècle) est né d'un partage familial. Dans le village, un peu partout, les maisons conservent la mémoire du Moyen Âge : arcades et étals de pierre d'une boutique, fenêtre géminée d'une maison de notable. Séduits par l'authenticité de Bruniquel, de nombreux artistes y ont séjourné.

♦ 469 habitants, 300 m d'altitude ♦ **Accès :** (carte 31) à 28 km E de Montauban par D 115 ♦ **À voir :** le Musée historique à la maison Payrol ♦ **Aux alentours :** le très beau village médiéval de Penne (6 km) ; le château de Montricoux ; la grotte de la Madeleine ; la forêt de Grésigne ♦ **Foires, festivités :** foire aux Fleurs en mai ; fête de Bruniquel et foire à la brocante en août ♦ **Hôtel :** à Larroque (7 km S), *Meilhouret* (tél. 05.63.33.11.18), maison d'hôtes de charme, 2 chambres 250-275 F ♦ **Mairie** (tél. 05.63.67.24.91) - **O. T.** (tél. 05.63.67.29.84).

LAUZERTE
82110 (Tarn-et-Garonne)

Entre les vallées du Lendou et de la Barguelonne, au milieu d'un paysage vallonné, voici Lauzerte, la « Tolède quercynoise ». C'est une bastide construite en 1176 par Raimond V, comte de Toulouse, mais elle n'en a pas la forme classique car elle a dû se plier aux configurations étroites du terrain. Malgré ses remparts et sa position perchée, Lauzerte connut l'occupation anglaise et eut à souffrir des guerres de Religion. Aujourd'hui, on peut admirer la place centrale avec son magnifique pavage (hélas bizarrement soulevé à un coin) ; elle est bordée de couverts et de vieilles maisons en pierre blanche aux toits de tuiles brunes. Mais la plus belle est peut-être la petite maison à colombage, toute fleurie, « coincée » entre les autres, plus massives. Une halte au charmant café, puis on continue la visite en admirant au passage les fenêtres gothiques et Renaissance, les jolies portes. On oubliera bien vite quelques laideurs de notre époque, en contrebas, pour ne retenir de ce délicieux village que la douceur de la promenade.

♦ 1560 habitants, 224 m d'altitude ♦ **Accès :** (carte 30) à 23 km N de Moissac par D 957 ♦ **À voir :** le musée d'Archéologie de Lauzerte et du pays de Serres ♦ **Aux alentours :** la région du Quercy blanc ; le village de Montcuq (13 km N) ♦ **Foires, festivités :** marché le mercredi matin et le samedi matin ; Floralies le 3e dimanche d'avril ; fête de Vignals du 12 au 14 juillet ; concerts chaque semaine en été ; fête de Saint-Jacques à St-Sernin le 27 juillet ; foire à la brocante le 15 août ; journée de l'Arbre le 23 novembre ♦ **Hôtel :** à Lascabanes-Montcuq, *La Petite Auberge* (tél. 05.65.31.82.51), maison d'hôtes de charme, 5 chambres 400-500 F, 1 suite 680 F, table d'hôtes ♦ **Restaurant :** *Le Luzerta* (tél. 05.63.94.64.43) ♦ **Mairie** (tél. 05.63.94.65.14) - **O. T.** (tél. 05.63.94.61.94).

SAINT-ANTONIN-NOBLE-VAL
82140 (Tarn-et-Garonne)

Noble-Val, situé dans un cirque à la sortie des gorges sauvages de l'Aveyron, est dominé par une impressionnante falaise, le roc d'Anglars. On franchit un pont de trois arches, qui conduit à la ville médiévale, lacis de ruelles tortueuses et pittoresques. Saint-Antonin a eu à souffrir de terribles inondations. Cela explique les époques et styles divers des vieilles demeures : une maison ayant été construite à la place d'une autre, on passe, dans la même rue, du XIIe au XVIIIe siècle. Lors de l'édit de Nantes, la cité se constitue en république protestante et les troupes royales viennent l'assiéger. À la révocation de l'édit de Nantes, Saint-Antonin aura à subir les dragonnades. La visite de la ville médiévale est bien guidée. Son joyau est l'hôtel de ville, du XIIe siècle, dont la façade est portée par trois arcades à arc brisé, la quatrième supportant la tour. Sur la même place, plusieurs autres belles demeures, du XIIe au XIVe siècle. La halle, ravissante, date seulement du XIXe siècle.

♦ 1867 habitants, 127 m d'altitude ♦ **Accès :** (carte 31) à 47 km E de Montauban par N 20, D 926 et D 5 ♦ **À voir :** le Musée municipal (préhistoire, archéologie, ethnographie) et le musée du Machinisme ♦ **Aux alentours :** les villages de Penne, Montricoux, Caylus ; l'abbaye de Beaulieu ; les grottes du Bosc ♦ **Foires, festivités :** marché le dimanche matin ; foire à la brocante le dernier samedi du mois de mai à août ; foire biologique en juillet ; fête des Moissons le 2e dimanche de juillet ; fête des Battages le 1er dimanche d'août ♦ **Hôtel :** *Le Lys Bleu* (tél. 05.63.30.65.06), hôtel de charme, 11 chambres 360-490 F, restaurant ♦ **Mairie** (tél. 05.63.30.60.23) - **O. T.** (tél. 05.63.30.63.47).

La région Nord-Picardie est riche de contrastes : paysages de plateaux, de vallées verdoyantes, de forêts, de rivières, d'étangs et de marais, champs à perte de vue, beauté sauvage de la baie de Somme et du parc naturel régional du Marquenterre. Les villages sont très différents selon les régions : de briques et d'ardoises au nord-est, ils ont des maisons basses, blanchies à la chaux avec des portes et des fenêtres gaiement colorées, en Artois et sur la côte, puis ils deviennent presque normands au sud-ouest.

Malgré les guerres que cette région eut à subir au cours des siècles, de nombreux témoignages du passé ont subsisté : les cathédrales d'Amiens, de Beauvais, joyaux de l'art gothique, ou le château de Pierrefonds de Viollet-le-Duc, chef-d'œuvre du gothique flamboyant. Vous serez émerveillés par la beauté tranquille de la région Nord-Picardie où la nature, l'art et l'histoire se mêlent si agréablement.

MONTREUIL-SUR-MER
62170 (Pas-de-Calais)

Ceinturée de remparts, la petite cité de Montreuil surplombe la vallée de la Canche. Le bourg fut autrefois un port de mer. C'est en l'an 900 que le comte de Ponthieu éleva la première citadelle ; cinq siècles plus tard, la ville fut assiégée et rasée par les troupes de Charles Quint (1532). La citadelle qu'on peut voir aujourd'hui date de 1550 ; elle mêle des vestiges de tours du XIIIe siècle à des éléments fortifiés des XVIe et XVIIe siècles (certains dus à Vauban). Le tour des remparts constitue une agréable promenade. On se balade le long des rues pavées, la Cavée Saint-Firmin, la rue du Clape-en-Bas, qui sont très pittoresques avec leurs petites maisons blanchies à la chaux, aux vieux toits de tuiles. On admire l'église Saint-Saulve, ancienne abbatiale des Bénédictins, datant du XIe siècle, remaniée au XIIIe et au XVIe siècle(à l'intérieur, très beaux tableaux du XVIIIe s.). Un peu plus loin, sur la place, vous pourrez admirer la chapelle de l'Hôtel-Dieu, de style flamboyant. Ce sont ces rues et le ciel du Nord aux lumières changeantes qui séduisirent de nombreux peintres de la fin du siècle dernier ; ils formèrent la fameuse « École de Montreuil », illustrée par Thaulow, Cazin, Gorre...

♦ 2450 habitants, 40 m d'altitude ♦ **Accès :** (carte 1) à 50 km N d'Abbeville par N 1 ♦ **À voir :** le musée Roger-Rodière ♦ **Aux alentours :** la vallée de la Course ; le village de Montcravel, l'abbaye de Valloires ♦ **Foires, festivités :** marché le samedi matin ; grande brocante le 14 juillet ; festival « Malins Plaisirs » (théâtre, opéra, danse) 2e quinzaine d'août ; « Interbourgs Quilles » fin septembre-octobre ; foire d'hiver fin novembre ♦ **Hôtel :** à 15 km S, *Abbaye de Valloires* (tél. 03.22.29.62.33), maison d'hôtes de charme, 6 chambres 370-440 F ♦ **Restaurants :** *Château de Montreuil* (tél. 03.21.81.53.04), restaurant gastronomique ; *Les Hauts de Montreuil* (tél. 03.21.81.95.92) ; à 2,5 km, *Auberge La Grenouillère* (tél. 03.21.06.07.22) ♦ **O. T.** (tél. 03.21.06.04.27).

LONGPONT
02600 (Aisne)

C'est à l'endroit où la voie romaine Meaux-Soissons traversait la rivière « Savière » que fut édifié le village, dans un paysage de marais en bordure de la forêt de Retz. Un lieu célèbre depuis 1131, quand saint Bernard vint y fonder un monastère. L'église abbatiale sera consacrée en 1227 en présence de Saint Louis et de Blanche de Castille. L'abbaye sera prospère et cette richesse ne manquera pas d'attirer les pillards : Longpont verra ainsi se succéder Anglais, Bourguignons, protestants… Pour leur faire face, les moines avaient construit une enceinte dont il reste la porte, du XIVe siècle, et ses quatre tourelles. L'abbaye et ses terres seront vendues à la Révolution. Aujourd'hui, de l'immense église il ne reste que la façade principale se dressant, tel un décor de théâtre, derrière lequel vous découvrirez quelques piliers au milieu de la verdure. Vous verrez aussi les bâtiments conventuels : le chauffoir (XIIIe siècle), l'aile ouest remaniée au XVIIIe siècle avec le vaste hall et le cellier (devenu salle d'accueil), ainsi qu'une partie du cloître, le reste étant occupé par l'église paroissiale. Quant au village, malgré une destruction quasi totale en 1918, il conserve beaucoup de charme grâce à une très habile restauration.

♦ 298 habitants, 85 m d'altitude ♦ **Accès :** (carte 10) à 20 km S de Soissons par N 2 et D 2 ♦ **Aux alentours :** la forêt de Retz ; le château de Villers-Cotterêts ; le château de Montgobert et son musée du Bois et de l'Outil ; le château fort de Pierrefonds ♦ **Foires, festivités :** brocante à l'Ascension ; fête communale le 2e dimanche de juin ♦ **Hôtel :** *Hôtel de l'Abbaye* (tél. 03.23.96.02.44), hôtel de charme, 12 chambres 180-300 F, restaurant.

GERBEROY
60380 (Oise)

Perché sur une butte du pays de Bray, Gerberoy est le pays des roses, mais aussi des glycines, des clématites, des marguerites qui débordent de vieux murs, envahissent les ruelles et occupent les pavés. Sur cette hauteur, à la frontière du royaume de France et du duché de Normandie, Normands et Anglais croisèrent et recroisèrent le fer avec les Français. Guillaume le Conquérant y affronta même son fils, en 1079, quand Robert Courteheuse eut des vues sur la Normandie. Le village fut encore mis à mal par Jean sans Terre, par les Bourguignons, les Ligueurs, avant que la peste et l'incendie ne le dévastent au XVIe et au XVIIe siècle. Classé parmi les plus beaux villages de France, Gerberoy est très photogénique avec ses remparts, ses jardins qui s'étagent en terrasses sur l'emplacement de l'ancien château (bâti en 922), ses rues pavées, sa halle ancienne, la petite collégiale Saint-Pierre et le puits communal restauré. Avec encore, dans la Grande Rue, le logis qui aurait accueilli, en 1592, Henri IV blessé à Aumale, et cette maison normande au bois bleu qui a fait de la figuration dans de nombreux films.

♦ 136 habitants, 188 m d'altitude ♦ **Accès :** (cartes 1-9) à 63 km E de Rouen par N 31 et D 930 ♦ **À voir :** le Musée municipal ; la Maison Bleue ; la Galerie de Gerberoy ♦ **Aux alentours :** Saint-Germer-de-Fly (route 915 direction Gisors) ♦ **Foires, festivités :** marché au foie gras le dernier dimanche de novembre ; fête des Roses le 3e dimanche de juin ♦ **Hôtel :** pas d'hôtel confortable dans le village et les environs ♦ **Restaurants :** *Ambassade de la République de Montmartre* (tél. 03.44.82.16.50) ; *Hostellerie du Vieux Logis* (tél. 03.44.82.71.66) ♦ **Mairie** (tél. 03.44.82.33.63) - **S. I.** (tél. 03.44.82.38.06).

N O R M A N D I E

Un clocher pointu, quelques maisons à colombage autour d'une place, des vaches sous les pommiers et de verts pâturages. Telle est la Normandie, côté terre. Côté mer, c'est une petite plage encaissée dans la falaise, avec des barques de pêcheurs, bordée de villas baroques construites au début du siècle dernier, quand la capitale découvrit les bains de mer. En Normandie, les clichés ont la vie dure, mais ils sont si charmants !

Quelques ruines viennent troubler cette paisible apparence. La Normandie a connu bien des batailles, bien des conquêtes depuis les fiers Northmen, pillards vikings, déjà appelés Normands, qui ont construit, à l'aube du premier millénaire, le plus puissant des duchés. Forteresses, châteaux, abbayes témoignent d'un passé aussi prestigieux qu'agité. Les villageois s'en souviennent, qui les racontent volontiers autour d'un verre de cidre, à moins qu'ils ne vous content une des légendes qui peuplent cette si douce région.

BALLEROY
14490 (Calvados)

À la frontière du Calvados et de la Manche, les maisons toutes simples, toutes semblables du village de Balleroy sont alignées le long de la grande rue (qui est en fait l'allée menant au château) et semblent lui faire, comme à la parade, une haie d'honneur. Le terrain se prête au jeu en se creusant un peu à l'approche de la magnifique demeure. Le château de Balleroy fut construit par François Mansart de 1626 à 1636 pour Jean de Choisy conseiller de Louis XIII. Vous remarquerez l'harmonieuse utilisation de la pierre blanche de Caen et du schiste rouge du pays. S'inscrivant dans une suite de très beaux jardins à la française dessinés par Le Nôtre – jeu de balustrade et de douves, parterres et broderies de buis – il est encadré de pavillons et de dépendances. Ce château (privé) se visite et vous pourrez admirer la richesse de sa décoration intérieure, notamment le plafond du salon peint par Mignard et la rare série de portraits royaux. Le petit bourg fait la révérence devant tant de beauté et de majesté ; il se range sagement sur les flancs du château, vers la petite vallée de la Drôme. Au-delà de la Drôme, très poissonneuse, commence la forêt des Briards, l'une des plus belles de Normandie, composée de hêtres et de chênes.

♦ 1000 habitants, 100 m d'altitude ♦ **Accès :** (carte 7) à 15 km S-O de Bayeux par D 572 ♦ **À voir :** le château et les jardins (tél. 02.31.21.60.61) ; le musée des Montgolfières (tél. 02.31.21.62.19)) ♦ **Foires, festivités :** marché le mardi matin ; fête des Ballons en juin ; foire à l'Oignon le 1er mardi d'octobre ♦ **Hôtel :** au Breuil-en-Bessin (10 km N) *Hostellerie du Château de Goville* (tél. 02.31.22.19.28), hôtel de charme, 12 chambres 495-695 F, restaurant ♦ **Restaurant :** *Manoir de la Drôme* (tél. 02.31.21.60.94), restaurant gastronomique ♦ **Mairie** (tél. 02.31.21.60.26).

BEAUMONT-EN-AUGE
14950 (Calvados)

Dans le pays d'Auge, c'est du promontoire de Beaumont-en-Auge, village haut perché, que la vallée de la Touques se laisse le mieux découvrir. Au loin, on entrevoit Canapville et ses vieilles demeures. Plus près, l'église de Saint-Étienne-La-Thuie dresse son fin clocher. Un beau panorama que l'on contemple en compagnie de Pierre-Simon Laplace, astronome, mathématicien et physicien, dont la statue se dresse près de sa maison natale. L'école militaire où il fit ses études est en face. Une grande bâtisse, qui fut auparavant un collège royal (fondé par Louis XV) et, plus tôt encore, un prieuré bénédictin construit en 1060 par Robert Bertran, vicomte de Beaumont. De son riche passé, Beaumont garde de belles demeures du XIXe siècle aux façades de pierre et de brique, aux balcons finement décorés, qui viennent rompre l'alignement des maisons à colombage plus anciennes. Les trois rues montent rapidement vers la place et l'église, qui a gardé sa tour centrale d'origine.

♦ 472 habitants, 94 m d'altitude ♦ **Accès :** (carte 8) à 37 km N-E de Caen par N 175 et D 275 ♦ **À voir :** le musée (à la mairie, peintures et astronomie) ♦ **Aux alentours :** à Saint-Hymer (8 km S-E), l'église du XIVe siècle et les vestiges romans du prieuré ♦ **Foires, festivités :** marché le samedi matin ; fête du village 19-20 juillet ; foire aux greniers le 24 août ♦ **Hôtels :** à Saint-Aubin-Lebizay (14 km S-O), *Cour l'Épée* (tél. 02.31.65.09.15), maison d'hôtes de charme, 3 chambres 400 F ; à Saint-Philibert-des-Champs (20 km S-E), *La Ferme des Poiriers Roses* (tél. 02.31.64.72.14), maison d'hôtes de charme, 6 chambres, 1 suite 350-500 F ♦ **Restaurant :** *Auberge de l'Abbaye* (tél. 02.31.64.82.31) ♦ **Mairie** (tél. 02.31.64.85.41).

BEUVRON-EN-AUGE
14430 (Calvados)

C'est le plus augeron des villages : une véritable carte postale, avec ses maisons à pans de bois, sa place centrale ornée de halles, sa petite rivière et ses manoirs disséminés dans la campagne ; c'est presque trop beau pour être vrai... Le village possède de lointaines origines et il a été un fief de la famille d'Harcourt jusqu'à la Révolution, mais le Beuvron d'aujourd'hui est beaucoup plus neuf : les halles ont été construites voilà une petite trentaine d'années avec des vieux bois, et un programme de restauration des façades a été soigneusement mené. Beuvron-en-Auge affiche fièrement tout un jeu de colombages – verticaux, obliques, croisés, comblés au torchis, parés de tuilots ou de briques – sur ses maisons des siècles passés... et prend aussi le soin d'ajouter, outre les fleurs, des échoppes d'artisans et de brocanteurs. Le tour de Beuvron-en-Auge effectué, allez donc vous perdre dans la campagne. Après être passé devant le manoir de la Hogue, vous monterez, par un petit chemin, à la chapelle Saint-Michel-de-Clermont.

♦ 274 habitants ♦ **Accès :** (carte 7) à 28 km E de Caen par N 175 et D 49 ♦ **Aux alentours :** le manoir de Crèvecœur-en-Auge ; le haras de Victot-Pontfol ; la route du cidre ♦ **Foires, festivités :** foire aux Géraniums le 1er dimanche de mai ; fête des Métiers du bois en juin ; brocante en août ; fête du Cidre en octobre ♦ **Hôtel :** *Chez Mme Hamelin* (tél. 02.31.39.00.62), maison d'hôtes de charme, 2 chambres 260 F ♦ **Restaurants :** *Le Pavé d'Auge* (tél. 02.31.79.26.71) ; *La Boule d'Or* ; *La Forge* ♦ **Mairie** (tél. 02.31.79.23.31).

HONFLEUR
14600 (Calvados)

Port de commerce maritime et fluvial situé à l'embouchure de la Seine, Honfleur est resté en son cœur un vrai village. Commencez la promenade par le Vieux-Bassin, avec ses bateaux de pêche, et admirez les maisons du quai Sainte-Catherine qui se coiffent et même s'habillent d'ardoises. La Lieutenance reste le seul vestige des fortifications détruites par Louis XIV pour permettre l'agrandissement de la cité. Continuez la flânerie par les petites rues aux noms pittoresques, bordées de vieilles maisons des XVe et XVIe siècles ou de nobles demeures d'armateurs en pierre de taille, visitez les Greniers à sel créés par Colbert et le Manoir vigneron qui abrite le musée d'Art populaire. N'oubliez pas les deux églises de Honfleur : Sainte-Catherine à nef double, construite entièrement en bois aux XVe et XVIe siècles, et Saint-Étienne, au clocher recouvert d'essences de châtaignier, qui accueille le musée de la Marine. Vous ne pourrez que succomber au charme délicieux de cette cité, ville natale du peintre Eugène Boudin, qui a su immortaliser avec tant de bonheur ses ciels changeants.

♦ 8500 habitants ♦ **Accès :** (carte 8) à 76 km O de Rouen par N 175 et D 180 ♦ **À voir :** les musées Eugène Boudin, du Vieux Honfleur, de la Marine ♦ **Aux alentours :** la Côte de Grâce (1 km) et sa chapelle ; le château et la route du Mont-Joli ♦ **Foires, festivités :** marché le samedi matin, marché bio le mercredi ; fête des Marins le dimanche de Pentecôte, bénédiction de la Mer et pèlerinage des Marins à N.-D.-de-Grâce le lundi de Pentecôte ; Salon des artistes honfleurais et festival de Musique en juillet-août ♦ **Hôtels :** *L'Absinthe* (tél. 02.31.89.39.00), hôtel de charme, 6 chambres 500-700 F, 1 suite 1200 F, restaurant ; *Hôtel L'Écrin* (tél. 02.31.14.43.45), hôtel de charme, 22 chambres 380-950 F ; *Le Manoir de Butin* (tél. 02.31.81.63.00), hôtel de charme, 9 chambres 640-1970 F, restaurant ♦ **Restaurants :** *L'Hostellerie Lechat*, *La Taverne de la Mer* et des restaurants gastronomiques, *L'Assiette Gourmande* et *La Ferme Saint-Siméon* ♦ **O. T.** (tél. 02.31.89.23.30).

HOULGATE
14510 (Calvados)

Entre Seine et Orne, nichée dans le petit vallon du Drochon, Houlgate, « le chemin du trou », appartient au chapelet des plages chics qui s'égrènent le long de la côte normande. En 1854, à la belle époque de la découverte des bains de mer, Houlgate a attiré la plus sérieuse des clientèles du monde des affaires. C'était l'époque de la construction des grandes villas, de l'édification du *Grand Hôtel* (1870) ; sa rotonde d'angle couronnée d'un dôme couvert faisait l'admiration générale. Sa plage de sable très fin attira des touristes célèbres, le prince Napoléon, l'impératrice Alexandra Fédorovna de Russie, le roi de Naples. Camille Saint-Saëns y écouta la mer, comme Claude Debussy. Et Zola vint y passer des vacances très bourgeoises. Houlgate conserve toujours le charme de cette époque, avec sa digue-promenade, ses parcs fleuris et ses maisons typiques de l'architecture du XIXe siècle.

♦ 1784 habitants ♦ **Accès :** (carte 7) à 27 km N-E de Caen par D 513 ♦ **Aux alentours :** la falaise des Vaches-Noires ♦ **Foires, festivités :** marché fermier le jeudi matin ♦ **Hôtels :** à Gonneville-sur-Mer (3 km) *Château de Dramard* (tél. 02.31.24.63.41), maison d'hôtes de charme, 4 suites 700-1200 F, table d'hôtes ; à Bavent (11 km S-O), *Hostellerie du Moulin du Pré* (tél. 02.31.78.83.68), hôtel de charme, 10 chambres 225-350 F, restaurant ♦ **Mairie** (tél. 02.31.91.06.28) - **S. I.** (tél. 02.31.91.33.09).

LE BEC-HELLOUIN
27800 (Eure)

Entre Seine et Risle s'étend le plateau du Roumois. Il y a plus de neuf siècles, le chevalier Herluin de Brionne, qui avait fondé une petite communauté religieuse dans le voisinage, décida de s'installer dans ce vallon baigné par une petite rivière, Le Bec. La première église abbatiale fut consacrée en 1041. Plusieurs fois détruite et reconstruite, l'abbaye fut ruinée sous la Révolution et l'Empire. L'église abbatiale fut transformée en carrière de pierre et le reste des bâtiments, en dépôt de remonte pour la cavalerie. C'est sur une intervention de Mendès-France que les militaires quittèrent Le Bec, laissant la place aux moines qui, depuis septembre 1948, restaurent l'abbaye. On peut aujourd'hui faire le tour des sévères bâtiments conventuels, flâner dans le parc et admirer la bibliothèque dans l'ancien réfectoire mauriste du XVIIIe siècle, ensemble dominé par la puissante tour Saint-Nicolas (XVe s.), seul vestige de la grande église abbatiale. Le village aux maisons à colombage et pans de bois sagement restaurées et repeintes, aux fenêtres et balcons abondamment fleuris, se masse autour de son église paroissiale et de sa place gazonnée.

♦ 439 habitants, 140 m d'altitude ♦ **Accès :** (carte 8) à 45 km N-E de Lisieux par N 13, N 138 et D 130 ♦ **À voir :** le musée de la Musique mécanique ♦ **Aux alentours :** le château d'Harcourt et son arboretum (12 km S-E) ; le château du Livet-sur-Authan ♦ **Hôtel :** *Auberge de l'Abbaye* (tél. 02.32.44.86.02), restaurant ♦ **Mairie** (tél. 02.32.44.00.40).

LYONS-LA-FORÊT
27480 (Eure)

Près de Rouen, entourant Lyons-la-Forêt, s'étend, sur dix mille hectares, la plus belle hêtraie de France. Le village s'édifia naturellement autour des remparts dont quelques éléments de murailles apparaissent encore. Sur la place, la halle, superbe construction du XVIIe siècle avec un toit immense, abrite toujours le marché. Tout autour, les maisons anciennes aux linteaux incroyablement bombés accueillent de nombreux antiquaires. Au fil des rues, vous pourrez admirer la sergenterie et le prieuré, le couvent des Cordeliers, reconverti en manufactures d'indiennes sous la Révolution, et le couvent des Bénédictins devenu école. Dans la rue de l'Enfer, la demeure de Maurice Ravel, qui venait chercher ici calme et inspiration ! Dans le vieux quartier du Bout-du-Bas se trouve la belle église Saint-Denis, aux murs décorés d'un damier de grès et de silex.

♦ 703 habitants, 95 m d'altitude ♦ **Accès :** (cartes 1-8) à 36 km E de Rouen par N 31 et D 321♦ **Aux alentours :** la forêt de Lyons ; l'abbaye de Mortemer ; le château de Vascœuil ; le château de Fleury-la-Forêt ♦ **Foires, festivités :** marché les jeudi, samedi et dimanche matin ; journées artisanales à la Pentecôte ; grand feu de la Saint-Jean le dernier samedi de juin ; foire de la Saint-Denys début octobre ♦ **Hôtels :** *La Licorne* (tél. 02.32.49.62.02), hôtel de charme, 19 chambres et suites 420-850 F, restaurant ♦ **O. T.** (tél. 02.32.49.31.65).

AUDERVILLE
50440 (Manche)

Le Finistère normand, ultime promontoire, fut jadis une falaise. Les maisons basses d'Auderville, faites de moellons de grès et de granit, couvertes d'épaisses ardoises de schiste, se blottissent les unes contre les autres pour échapper à l'emprise du vent. Même l'église, à la puissante ossature de granit, ne s'élève que d'un logement à claire-voie abritant les cloches. Des cloches qui, prétendent les vieux, se mettent d'elles-mêmes en branle pour sonner l'alarme lors des grandes tempêtes. Au bout de la route, après avoir traversé un paysage de champs entourés de murets, on atteint le petit port de Goury, station de sauvetage, à double cale de lancement, pour répondre à toutes les éventualités. Car nous sommes juste en face du terrible raz Blanchard. La croix Vendémiaire, plantée face à la mer, rappelle la disparition en juin 1912 de l'un des premiers sous-marins français. Auderville abrite sans doute l'un des plus grands cimetières marins de France. Nombre des charpentes des maisons les plus anciennes furent faites avec les mâts, retaillés à l'épinette, des bateaux rejetés sur les grèves après les naufrages. Derrière l'église d'Auderville, un chemin mène au hameau de Roche, qui doit son appellation à Gargantua.

♦ 257 habitants, 65 m d'altitude ♦ **Accès :** (carte 6) à 28 km N-O de Cherbourg par D 901 ♦ **Aux alentours :** le sentier des Douaniers ♦ **Foires, festivités :** fête du village le 1er dimanche de septembre ♦ **Hôtel :** à Saint-Germain-de-Tournebu (40 km S-E), *Château de la Brisette* (tél. 02.33.41.11.78), maison d'hôtes de charme, 3 chambres 375-500 F ♦ **Restaurant :** à 1 km N, *Auberge de Goury* (tél. 02.33.52.77.01) ♦ **Mairie** (tél. 02.33.52.85.92).

BARFLEUR
50760 (Manche)

À la pointe nord-est de la presqu'île du Cotentin, Barfleur est la plus petite commune du département de la Manche. Pas plus de sept cents habitants y occupent un peu moins d'une centaine d'hectares. Port romain, puis viking, avant d'être le premier havre normand au temps de Guillaume le Conquérant, Barfleur n'est plus qu'un petit village marin. Mais s'il a perdu ses ambitions défensives de l'époque normande, à la suite d'une riposte sanglante d'Édouard III d'Angleterre, il reste un petit port terriblement photogénique, qui attire chaque année de nombreux peintres. Les maisons, sagement rangées le long du quai et de la rue principale, construites dans le granit gris du pays, couvertes de schiste, ont comme particularité d'être ornées de curieuses crêtes de toit dentelées, terminées sur les pignons et les lucarnes par des éléments en terre cuite en forme d'animaux ou de personnages stylisés. La grande rue conduit à l'église Saint-Nicolas (XVIIe-XIXe siècles) ; juchée sur un éperon rocheux, entourée d'un petit cimetière marin, elle domine la mer. Vous pourrez aussi, avant de repartir, aller boire un verre au charmant *Café de France*, sur le port.

♦ 600 habitants ♦ **Accès :** (carte 7) à 27 km E de Cherbourg par D 116 (touristique) ou D 901 ♦ **Aux alentours :** le phare de la pointe de Barfleur (4 km N par D 10) ; l'île de Tatihou ; l'église de Montfarville (fresques) ♦ **Foires, festivités :** marché le samedi ; expositions de peintures en juillet-août ; régates le 2e dimanche d'août ; Salon des antiquaires avant-dernier week-end d'août ♦ **Hôtels :** *Hôtel Le Conquérant* (tél. 02.33.54.00.82), hôtel de charme, 16 chambres 200-360 F, crêperie ; à Sainte-Geneviève (3 km O), *La Févrerie* (tél. 02.33.54.33.53), maison d'hôtes de charme, 3 chambres 280-320 F ; à Montfarville (1 km), *Le Manoir* (tél. 02.33.23.14.21), maison d'hôtes de charme, 2 chambres 230-280 F ♦ **Mairie** (tél. 02.33.23.43.00) - **S. I.** (tél. 02.33.54.02.48).

GENÊTS
50530 (Manche)

Jamais, de la côte du Cotentin, le mont Saint-Michel n'apparaît aussi proche. Il est vrai que deux lieues seulement séparent le village de l'abbaye. Ces deux lieues-là étaient empruntées à pied, aux XVe et XVIe siècles, par des milliers d'enfants qui se rendaient au Mont lors du pèlerinage des pastoureaux. Après une ultime étape dans l'église romane de Genêts, ils passaient au pied du rocher de Tombelaine, avant de marcher tout droit sur le Mont. À cette époque, Genêts était un port très actif. Édifié autour d'un prieuré aujourd'hui disparu, Genêts est fait de petites maisons aux murs de grès et de schiste, aux encadrements de portes et de fenêtres en granit taillé, aux toits d'ardoises ; l'ensemble, d'une grande harmonie, d'une sobriété rare, est desservi par un réseau de petites rues qui viennent déboucher dans les voies plus importantes menant au port, désormais ensablé et recouvert d'une vaste pelouse d'herbue.

♦ 493 habitants ♦ **Accès :** (carte 7) à 9 km O d'Avranches par D 911 ♦ **Aux alentours :** le mont Saint-Michel à 8 km S (traversées des grèves à pied vers Tombelaine et le Mont Saint-Michel en suivant le guide du bec d'Andaine d'avril à octobre) ♦ **Foires, festivités :** marché le dimanche matin en juillet-août ; courses hippiques le 2e dimanche de juillet ; Retraite aux flambeaux à Tombelaine en août ♦ **Mairie** (tél. 02.33.70.83.42) - Maison de la Baie (tél. 02.33.70.94.30)

LE MONT-SAINT-MICHEL
50116 (Manche)

L'origine de l'abbaye remonte au VIIIe siècle, lorsque l'archange saint Michel apparut en songe à l'évêque d'Avranches, Aubert, et lui ordonna de construire un sanctuaire sur le mont Tombe. Elle ne cessa ensuite d'être agrandie, fortifiée et embellie jusqu'au XVIe siècle. Aujourd'hui, la « Merveille de l'Occident » apparaît superbement restaurée dans toute sa majesté. On découvre d'abord la Grand-Rue, bordée de boutiques de souvenirs, mais surtout les superbes maisons de granit gris s'agrippant au rocher qui cachent de petites cours et de ravissants jardins ; puis, par les remparts, on arrive au « vrai » mont Saint-Michel : l'abbaye, merveille du XIIIe siècle, qui s'étage sur trois niveaux : le magnifique et élégant cloître et le réfectoire (3e étage), la salle des Hôtes et la salle des Chevaliers (2e étage), le cellier et l'aumônerie (1er étage). Un classement tardif comme Monument historique par décret de Napoléon III a sauvé le Mont. Aujourd'hui, il doit faire face à un autre péril, l'ensablement. Essayez de visiter le mont Saint-Michel tôt le matin, tard le soir ou, mieux encore, hors saison, lorsque, abandonné par les foules de touristes, il retrouve le calme et tout son charme.

♦ 72 habitants ♦ **Accès :** (carte 6) à 131 km S-O de Caen par N 175, D 43 et D 75 ♦ **À voir :** le musée de la Mer, le Logis Tiphaine (maison de Du Guesclin, XIVe s.), le Musée historique ♦ **Foires, festivités :** Saint-Michel de printemps (fêtes religieuses et folkloriques) en mai ; « Les Imaginaires » de juin à septembre ; Saint-Michel d'automne le dimanche le plus proche du 29 septembre ♦ **Hôtel :** à Saint-Quentin-sur-le-Homme (20 km E) *Le Gué du Holme* (tél. 02.33.60.63.76), hôtel de charme, 10 chambres 400-490 F, restaurant ♦ **Restaurant :** *Croix-Blanche* (tél. 02.33.60.14.04) ♦ **S. I.** (tél. 02.33.60.14.30).

EXMES

61310 (Orne)

Sur sa butte, Exmes semble monter la garde. Il est vrai qu'au temps des rois de Neustrie, cette cité était une petite capitale, résidence d'un gouverneur, et qu'au Moyen Âge, le seigneur d'Exmes, dont le château fortifié était perché sur un promontoire, tenait toute la région sous sa coupe. Aujourd'hui, le village se souvient de son passé glorieux. L'église Saint-André, bel édifice à trois nefs du XIe siècle et chœur du XVe, possède le riche mobilier de l'abbaye bénédictine disparue. Tout proche d'Exmes, le Haras-du-Pin, avec ses bâtiments de Mansart et ses jardins de Le Nôtre fondé par Colbert en 1665, est un véritable « Versailles du cheval » ; 82 étalons y vivent « royalement ». Toute la campagne environnante se consacre à l'élevage du cheval. Quelques manoirs apparaissent ici et là, comme le manoir d'Argentelles, avec ses quatre tourelles d'angle et sa tour escalier qui se reflète dans un plan d'eau voisin.

♦ 343 habitants, 310 m d'altitude ♦ **Accès :** (carte 8) à 17 km E d'Argentan par N 26 et D 14♦ **Aux alentours :** le manoir d'Argentelles ; le château d'O ; le Haras-du-Pin ♦ **Foires, festivités :** brocante en mai ♦ **Hôtel :** à Crouttes (25 km N) *Le Prieuré Saint-Michel* (tél. 02.33.39.15.15), maison d'hôtes de charme, 2 chambres 400-500 F, table d'hôtes le soir en été (très beau jardin) ♦ **Mairie** (tél. 02.33.39.95.56).

MOUTIERS-AU-PERCHE
61110 (Orne)

Entre les forêts de Saussay et de Logny, dans le vallon de la Corbionne, se niche le village de Moutiers-au-Perche où saint Lhomer, venant de Chartres, construisit un monastère qui prospéra sous le règne de saint Benoît. Mais les invasions normandes lui furent fatales ; seule la tour du prieuré témoigne aujourd'hui de ce passé. L'essentiel du village semble avoir voulu monter à l'assaut de la colline située au nord, à la recherche du soleil, dans un jeu de maisons étagées, aux murs de pierre recouverts d'enduits de sable et de chaux, avec les premiers appareillages de brique autour des fenêtres et des portes. En haut de la rue principale, qui se termine en raidillon sur un beau panorama sur la Corbionne, l'église se distingue par son clocher qui porte un dôme en ardoises. À l'intérieur, les piliers sont décorés de curieux retables en pierre peinte. Au-delà commence le royaume des chênes et des hêtres qui, avec le pin sylvestre, peuplent les forêts du Perche, forêts déjà protégées par Colbert.

♦ 510 habitants, 236 m d'altitude ♦ **Accès :** (carte 8) à 66 km E d'Alençon, par N 12, D 912, D 8 et D 918 ♦ **Aux alentours :** à Mortagne-au-Perche, le musée Alain et le musée Percheron ♦ **Foires, festivités :** vide-greniers en juin ; fête du village le 2e dimanche de juillet ; exposition artistique en juillet ♦ **Hôtel :** à Villeray (18 km S), *Moulin de Villeray* (tél. 02.33.73.30.22), hôtel de charme, 16 chambres 390-950 F, 2 suites 950-1200 F, très bon restaurant ♦ **Mairie** (tél. 02.33.73.91.45).

SAINT-CÉNERI-LE-GEREI
61250 (Orne)

Dans la région des Alpes mancelles, à l'intérieur d'une boucle de la Sarthe, Saint-Céneri-le-Gerei s'est logé sur une petite crête. L'humble village, composé de maisons toutes simples, faites de moellons d'un grès gris rosé et recouvertes de petites tuiles ocre, s'organise autour de l'église romane, perchée sur un promontoire granitique, au clocher à baies géminées et à toiture en batière. À l'intérieur, des fresques du XIVe siècle, très belles, ont été malheureusement mal restaurées. À l'entrée du village, on peut encore apercevoir quelques traces du château fortifié, construit à l'époque du duché de Normandie, qui barrait l'éperon rocheux. En empruntant le petit pont de pierre qui enjambe la Sarthe, les promeneurs peuvent se rendre à la chapelle de Saint-Céneri, où l'ermite Céneri, d'origine italienne, décida de s'installer en 669, pour y fonder un oratoire, puis un monastère qui fut incendié par les envahisseurs normands.

♦ 152 habitants, 104 m d'altitude ♦ **Accès :** (carte 7) à 13 km S-O d'Alençon par D 1 et D 101 ♦ **Aux alentours :** le musée des Beaux-Arts et de la Dentelle à Alençon ; Bagnoles-de-l'Orne ; la forêt d'Écouves ; les Alpes mancelles ; Saint-Léonard-des-Bois ; le château de Fresnay-sur-Sarthe ♦ **Foires, festivités :** exposition de peinture à la Pentecôte ; foire à la brocante en juillet ♦ **Hôtels :** à Champfleur (18 km E), *Garencière* (tél. 02.33.31.75.84), maison d'hôtes de charme, 6 chambres 190-260 F, table d'hôtes ; à Saint-Paterne (17 km N-E) *Château de Saint-Paterne* (tél. 02.33.27.54.71), maison d'hôtes de charme, 3 chambres et 3 suites 550-800 F, table d'hôtes le soir sur réservation ♦ **Mairie** (tél. 02.33.26.60.00).

LA BOUILLE

76530 (Seine-Maritime)

Au siècle dernier, aux beaux jours et les dimanches, La Bouille était prise d'assaut par les Rouennais venus par le fleuve pour y déjeuner dans les bonnes auberges. Le village s'étire le long de la Seine, sous la falaise. Les vieilles ruelles étroites, bordées de maisons à colombage, entourent l'église (XVe s.) et le Grenier à sel (XVIe s.). On y flâne agréablement en s'arrêtant devant les devantures des antiquaires et des galeries de peintures. À ne pas manquer, la place Saint-Michel et sa maison du XVe siècle ornée d'une statue de l'archange. Les plus belles demeures font face au fleuve. L'une d'elles abrita Hector Malot, l'auteur de « Sans famille », quand il n'était que le fils du maire de La Bouille. La place centrale, ouverte elle aussi sur la Seine, s'appelle « place du Bateau ». Elle rappelle que La Bouille fut un port où passait tout le trafic de marchandises vers la Basse-Normandie et la Bretagne. Au XVIe siècle, le bateau de La Bouille était un coche d'eau, tiré par des chevaux depuis le chemin de halage, qui effectuait le voyage entre La Bouille et Rouen en quatre heures ! Aujourd'hui, c'est un simple bac qui vous emmenera sur l'eau pour une traversée tranquille du fleuve.

♦ 860 habitants ♦ **Accès :** (cartes 1-8) à 18 km S-O de Rouen par A 13 sortie Maison-Brûlée ♦ **Aux alentours :** le château de Robert-le-Diable à Moulineaux ; les manoirs de Marbeuf et de Villers ; l'abbaye Saint-Georges à St-Martin-de-Boscherville ♦ **Foires, festivités :** marché le mercredi matin ; journée peinture en avril ; Salon de mai (peinture) ; fête de la Sainte-Madeleine et retraite aux parapluies en juillet ♦ **Hôtel :** Le Saint-Pierre (tél. 02.35.18.01.01), hôtel de charme, 6 chambres 280-350 F, restaurant ♦ **Restaurants :** *Les Gastronomes* (tél. 02.35.18.02.07) ; *La Maison Blanche* (tél. 02.35.18.01.90) ; *La Poste* (tél. 02.35.18.03.90) ♦ **Mairie** (tél. 02.35.18.01.48).

CLÈRES
76690 (Seine-Maritime)

À Clères, près de Rouen, les maisons de brique rouge semblent faire une haie d'honneur à la Clérette, une petite rivière qui fait chanter de nombreuses fontaines taillées dans la craie blanche du pays. Des petits ponts en passerelles, on aboutit à la place centrale où trône une ancienne halle à pans de bois du XVIIIe siècle. Son château, construit sur les ruines d'un ancien château fort, constamment remanié au cours des siècles, arbore finalement un décor gothique. Au début du siècle, Jean Delacour, naturaliste, décida d'acclimater de nombreuses espèces animales dans son parc normand. Aujourd'hui, on y rencontre des kangourous, des antilopes, des paons et quelques autres mammifères exotiques. Clères s'enorgueillit aussi d'un superbe musée de l'Automobile.

♦ 1200 habitants, 130 m d'altitude ♦ **Accès :** (cartes 1-8) à 20 km N de Rouen par N 27 ♦ **À voir :** le parc zoologique et le musée de l'Automobile (tél. 02.35.33.23.02) ♦ **Aux alentours :** les chapelles des hameaux du Tôt et de Cordelleville ; le château de Fontaine-le-Bourg ; la ferme Raimbourg (3 km) ; le musée des Sapeurs-Pompiers à Montville (7 km) ♦ **Foires, festivités :** marché le vendredi ; fête de Saint-Vaast le 1er ou 2e dimanche de juillet ♦ **Hôtels :** *Chalet du Parc* (tél. 02.35.33.23.14) ; à Croix-Mare (30 km O), *Auberge du Val au Cesne* (tél. 02.35.56.63.06), hôtel de charme, 5 chambres 400 F, restaurant ♦ **Mairie** (tél. 02.35.33.23.31) - **O. T.** (tél. 02.35.33.38.64).

ÉTRETAT

76790 (Seine-Maritime)

À la fin du siècle dernier, oubliant son passé de simple bourgade de pêcheurs, Étretat recevait le Tout-Paris : Maupassant s'installait à La Guillette, Offenbach tenait salon à la villa Orphée, Hermine Lecomte du Noüy se croyait dans un décor d'opéra-comique. Maurice Leblanc avait placé le repaire d'Arsène Lupin dans l'Aiguille d'Étretat, rebaptisée « l'Aiguille creuse ». Étretat et ses falaises restent aujourd'hui l'un des sites les plus visités de la Normandie. Entre ses deux portes naturelles, la porte d'aval à l'arche naturelle ponctuée de son aiguille, et la porte d'amont avec, à son sommet, la chapelle Notre-Dame-de-la-Garde et le monument dédié à Nungesser et Coli, le village d'Étretat s'est agrandi de part et d'autre du casino. Sa vieille halle normande, surmontée d'un fin clocheton, fait office de cœur stratégique à partir duquel les nombreux touristes s'égaillent pour admirer les villas à tourelles, ou pour se balader le long de la digue-promenade dédiée à Claude Monet.

♦ 1579 habitants ♦ **Accès :** (carte 8) à 17 km S-O de Fécamp par D 940 ♦ **À voir :** le musée Nungesser et Coli (souvenirs des deux aviateurs) ♦ **Aux alentours :** le château de Cuverville ; la côte d'Albâtre ♦ **Foires, festivités :** marché le jeudi matin ; Bénédiction de la mer à l'Ascension ; fêtes normandes début mai ♦ **Mairie** (tél. 02.35.27.01.23) - **O. T.** (tél. 02.35.27.05.21).

JUMIÈGES
76480 (Seine-Maritime)

Ici, la Seine forme sa seconde boucle en aval de Rouen, encerclant presque le village. Jumièges, ce sont avant tout des ruines, celles de la plus puissante des abbayes normandes, fondée en 654 par saint Philibert, saccagée et incendiée en 851 par Oskar le Viking, relevée puis achevée sous Guillaume le Conquérant, qui revint d'Angleterre pour sa consécration en 1067. La Révolution mit fin à son rayonnement. Mais Notre-Dame-de-Jumièges, mutilée, est encore plus spectaculaire avec ses arcs romans, au milieu de l'herbe et des arbres. Le village semble se blottir contre son abbaye, avec sa petite place, sa mairie, ses quelques maisons bourgeoises et son bureau de poste qui ressemble à un petit manoir de carte postale ! Les moines avaient fort sagement fait construire l'église un peu à l'écart, au XIIe siècle, en hauteur pour qu'elle ne fût pas arasée, mais elle ne fut jamais terminée.

♦ 1644 habitants, 150 m d'altitude ♦ **Accès :** (cartes 1-8) à 28 km E de Rouen par D 982 et D 143 ♦ **Aux alentours :** le manoir d'Agnès Sorel à Mesnil-sous-Jumièges : le Parc naturel régional de Brotonne ; le pont de Normandie ; la vallée de la Seine ♦ **Foires, festivités :** marché aux fruits un dimanche par mois en saison ; fête de la Saint-Pierre en juin ♦ **Restaurants :** *Auberge des Ruines* (tél. 02.35.37.20.45) ; *Restaurant du Bac* (tél. 02.35.37.24.16) ♦ **Mairie** (tél. 02.35.37.24.15).

RY

76116 (Seine-Maritime)

Un simple fait divers, les mésaventures conjugales de l'officier de santé Eugène Delamare et de son épouse Delphine, née Couturier, a fait la gloire de Ry, petit village proche de Rouen, niché dans la petite vallée du Crevon. Cela aurait pu n'émouvoir que les seuls habitants de ce petit village paisible, mais Gustave Flaubert écrivit *Madame Bovary* et Ry devint célèbre. C'est donc à une rêverie littéraire que nous invite ce petit village-rue avec son auberge, sa mairie aux trois colonnes ioniques, ses maisons à colombage. L'église du XIIe siècle a un joli porche Renaissance en bois sculpté et une tour-lanterne à corniche. Il faut aussi prendre la direction du pavillon de chasse du château de la Huchette, près du hameau de Villers, où Emma avait ses rendez-vous galants avec Rodolphe.

♦ 615 habitants, 130 m d'altitude ♦ **Accès :** (cartes 1-8) à 17 km E de Rouen par D 61 ou N 31 - Martainville et D 13 ♦ **À voir :** le musée d'Automates, galerie Bovary (500 automates dans un ancien pressoir du XVIIIe siècle) ; le château de Martainville ♦ **Aux alentours :** la forêt de Lyons (abbaye de Mortemer et château de Fleury-la-Forêt) ; le château de Vascœuil ♦ **Foires, festivités :** marché le samedi matin ; foire avicole le 1er mai ; « foire à tout » le dernier dimanche d'août ♦ **Hôtel :** à Amfreville-sous-les-Monts (30 km S), *Le Moulin de Connelles* (tél. 02.32.59.53.33), hôtel de charme, 7 chambres 600-800 F, 6 suites 800-950 F, restaurant ♦ **Mairie** (tél. 02.35.23.60.61) - **S. I.** (tél. 02.35.23.19.90).

VARENGEVILLE-SUR-MER
76119 (Seine-Maritime)

Près de Dieppe, Varengeville, enfoui sous une verdure débordante, est perché sur une falaise, à une petite centaine de mètres au-dessus de la mer. Varengeville ressemble à un jardin, avec ses chemins creux bordés de talus fleuris, avec ses petites maisons basses entourées d'une végétation au désordre très ordonné, avec ses somptueux parcs comme ceux de la famille Mallet et de la princesse Sturdza, où l'on pratique l'art de la botanique. La plus belle des allées conduit au manoir de Jean Ango (XVIe siècle), armateur dieppois, qui a découvert le site de New York aux côtés de Jean Verrazano, avant d'être le banquier de François Ier. Sa résidence secondaire allie le traditionnel normand de l'époque à la première Renaissance italienne ; admirez aussi le splendide pigeonnier. L'église du XIIIe siècle aurait été, selon une légende, maintenue au bord de la falaise par la volonté de saint Valéry. Dans le fameux cimetière marin qui l'entoure repose le peintre Georges Braque (dont un vitrail décore l'église).

♦ 1048 habitants, 80 m d'altitude ♦ **Accès :** (carte 1) à 7 km O de Dieppe par D 75 ♦ **À voir :** le parc des Moutiers ; la chapelle Saint-Dominique ♦ **Aux alentours :** le phare d'Ailly ; le château de Miromesnil ; les jardins de la princesse de Sturdza à Sainte-Marguerite-sur-Mer ♦ **Foires, festivités :** fête des Produits régionaux le 1er dimanche de juin ; concert le 14 juillet ♦ **Hôtel :** *Hôtel de la Terrasse* (tél. 02.35.85.12.54), restaurant ♦ **Mairie** (tél. 02.35.85.12.46) - **S. I.** (tél. 02.35.84.71.06 en été).

VEULES-LES-ROSES
76980 (Seine-Maritime)

Longtemps bourg de pêcheurs et de tisserands, Veules, sur la Côte d'Albâtre, est devenue une station balnéaire au siècle dernier grâce à Anaïs Aubert, sociétaire de la Comédie-Française, qui y entraîna ses amis. Le littérateur Paul Meurice y reçut Victor Hugo, la station était lancée. Les peintres, les musiciens, compositeurs et acteurs qui la fréquentèrent ajoutèrent « les Roses » à son nom, tandis que les villas fleurissaient sur ses pentes. Veules, c'est aussi « le plus petit fleuve de France », qui prend sa source en bordure du plateau cauchois pour emprunter le chemin des Champs-Élysées. C'est lui qu'il faut prendre comme guide, plutôt que de se rendre sur la plage, aujourd'hui encadrée de pavillons modernes. Il vous conduira derrière l'église au solide clocher carré ou sous le beau calvaire en grès, décoré de petits personnages du jardin Saint-Nicolas.

♦ 760 habitants ♦ **Accès :** (carte 1) à 24 km O de Dieppe par D 925 ou D 75 et D 68 ♦ **Aux alentours :** l'église de Blosseville (3 km S, clocher XIIe siècle, beaux vitraux Renaissance) ; le hameau de Mesnil-Durdent (7 km S) ; Saint-Valéry-en-Caux ♦ **Foires, festivités :** marché le mercredi matin ; fête de la Mer le 15 août (messe, procession et bénédiction de la mer) ; « Foué au Va » foire aux Chevaux et aux Moutons le 1er dimanche d'octobre ♦ **Restaurants :** *Les Galets* (tél. 02.35.97.61.33), restaurant gastronomique ♦ **Mairie** (tél. 02.35.97.64.11) - **S. I.** (tél. 02.35.97.63.05).

VILLEQUIER
76490 (Seine-Maritime)

Là où la Seine dessine son méandre le plus large, à mi-chemin entre Rouen et la mer, s'effectuait le changement entre les pilotes de Seine, les « margats », et ceux de l'estuaire, les « perroquets ». C'est là, le 4 septembre 1843, que Charles Vacquerie et sa jeune épouse Léopoldine, fille de Victor Hugo, se noyèrent en Seine. À l'entrée du village, face à l'endroit du naufrage, se dresse la statue de Victor Hugo affligé. Tournant le dos à la route départementale, s'ouvrant sur le fleuve, la belle demeure de la famille Vacquerie est devenue musée Victor-Hugo. Toutes les demeures, en pierre, en brique, en silex, du village font de même, donnant au quai en bord de Seine le rôle de rue principale. Charles et Léopoldine reposent dans le petit cimetière qui entoure l'église, au-dessus du village. En entrant à l'intérieur du sanctuaire, on découvre une belle nef couverte d'un lambris en berceau et ornée de têtes d'animaux fantastiques.

♦ 831 habitants, 115 m d'altitude ♦ **Accès :** (cartes 1-8) à 45 km N-O de Rouen par D 982 et D 81 ♦ **À voir :** le musée Victor-Hugo ; la Maison Blanche (XVe s.) ♦ **Aux alentours :** la chapelle de Barre-y-Va ; l'église (XVIe s.) du hameau de Bibus ; les châteaux de Villequier, du hameau de La Guerche, de Caumont, d'Ételan ; le parc de Brotonne ♦ **Foires, festivités :** fête de la Moisson et des Battages à l'ancienne le 15 août ♦ **Hôtel :** *Auberge du Grand-Sapin* (tél. 02.35.56.78.73), restaurant ♦ **S. I.** (tél. 02.35.56.78.25).

YPORT

76111 (Seine-Maritime)

Encaissé dans cette muraille de craie que le pays de Caux dresse face à la mer, sur la Côte d'Albâtre, Yport prend des allures de modèle réduit qui séduisirent de nombreux peintres, des impressionnistes aux fauves. Sur la plage, des galets. Ils ont envahi le village, on les retrouve dans les murs des maisons et de l'église au clocher-porche, flanquée de tourelles, construite par les pêcheurs d'Yport pour affirmer leur indépendance par rapport au village voisin de Criquebeuf-en-Caux. Sur la plage, on prend le soleil à l'abri de la pointe Chicart qui coupe les vents d'ouest ; et au jusant, on y vient chercher étrilles et bouquets entre les rochers tapissés de varech. On ramasse aussi les galets, comme jadis, quand c'était un petit métier. Au bois de Hogue, on raconte qu'une dame séduisait tous les voyageurs qui passaient sur ses terres, puis les jetait à la mer.

♦ 1147 habitants ♦ **Accès :** (carte 8) à 7 km S-O de Fécamp par D 940 et D 211 ♦ **Aux alentours :** Fécamp et ses musées ♦ **Foires, festivités :** marché le mercredi matin ; fête de la Mer et de la Peinture le 15 août ♦ **Restaurants :** à Saint-Léonard (4 km E), *Auberge de la Rouge* (tél. 02.35.28.07.59), avec chambres ; à Fécamp (8 km), *Le Maritime* (tél. 02.35.28. 21.71) ; *La Plaisance* (tél. 02.35.29.38.14) ♦ **Mairie** (tél. 02.35.27.30.24) - **O. T.** (tél. 02.35.29.77.31).

Ce pays, fait de terre et d'eau, comporte des paysages variés, recouverts de la même douce lumière dorée. Plages de sable fin des bords de l'océan, large plaine du Poitou, humide et étonnant Marais poitevin (classé parc naturel régional), collines vallonnées couvertes de vignes et de blé de la Charente, tout dans cette région respire la paix et la douceur de vivre.
Au fil des ans, les hommes ont marqué ce paysage de leur empreinte : églises et abbayes romanes, forteresses féodales, villages fortifiés et châteaux Renaissance jalonnent les chemins.
Terre tranquille, elle a su préserver son authenticité et son art de vivre. Il faut partir à la découverte de la région Poitou-Charentes, de son passé et des trésors toujours vivants que constituent ses villages.

AUBETERRE-SUR-DRONNE

16390 (Charente)

Il y a mille raisons pour visiter Aubeterre. On y découvre le charme d'un village ancien avec ses ruelles en pente, pavées de galets, parsemées de jardins fleuris. Certaines maisons aux façades de craie blanche sont ornées de galeries en bois ou de balcons débordant de fleurs. Le village domine la verdoyante vallée de la Dronne et descend jusqu'à la rivière, enfouie dans la verdure. Au centre du bourg, sur la place, une statue veille sur les citoyens : c'est Ludovic Trarieux, natif d'Aubeterre et fondateur de la Ligue des Droits de l'Homme. Tout en haut du village, la ravissante église Saint-Jacques conserve une très belle façade romane. Mais le véritable joyau, c'est l'église monolithe Saint-Jean, datant du XIIe siècle : située tout en bas du bourg, elle est entièrement creusée dans le roc et haute de plus de vingt mètres. Elle abrite une crypte du VIe siècle. Aubeterre est resté un village vivant et animé. La promenade y est délicieuse et charmante. On y trouve des galeries d'art, de jolies boutiques, un salon de thé et, sur les bords de la Dronne, une belle plage de sable blanc pour des baignades en rivière. C'est déjà la douceur de vivre du Sud.

♦ 392 habitants, 100 m d'altitude ♦ **Accès :** (carte 23) à 50 km O de Périgueux par D 710 - Ribérac et D 20 ♦ **À voir :** les musées de l'École publique, des Marionnettes, des Papillons, de la Poupée ♦ **Aux alentours :** les villages de Bonnes (5km S) et de Lusignac (15 km N-E) ; le manoir de Maine-Giraud, demeure d'Alfred de Vigny (25 km) ♦ **Foires, festivités :** marché le jeudi et le dimanche matin ; foire aux produits régionaux en mai ; fête de la St-Jacques les 26-27 juillet ♦ **Hôtel :** à Bouteille-Saint-Sébastien (17 km N), *La Bernerie* (tél. 05.53.91.51.40), maison d'hôtes de charme, 3 chambres 350 F ♦ **Restaurants :** *Hostellerie du Château* (tél. 05.45.98.50.46), *Le Passé Simple* (tél. 05.45.98.50.64) ♦ **Mairie** (tél. 05.45.98.50.33) - **O. T.** (tél. 05.45.98.57.18).

TUSSON
16140 (Charente)

Le site de Tusson fut occupé en des temps très anciens, mais le village lui-même s'est constitué autour de l'abbaye construite au XIIe siècle puis fortifiée pendant la guerre de Cent-Ans. Au Moyen Âge, Tusson est un important lieu culturel, spirituel et économique. À la fin du XVIIIe siècle, le village se consacre essentiellement à l'agriculture, et ses foires sont réputées dans toute la région ; Tusson est riche et prospère, et ses habitants font construire de belles maisons qui s'ajoutent aux demeures Renaissance. Mais l'activité déclinera lentement et, au XIXe siècle avec la disparition de la vigne due au phylloxéra, le bourg se dépeuplera inexorablement. Aujourd'hui, grâce à l'énergie de nombreux bénévoles, notamment le Club Marpen, Tusson retrouve son visage d'autrefois et l'on peut voir, au cours de la visite, les vestiges de l'abbaye (XIIe-XVe s.), l'église du XIIIe siècle et ses fresques contemporaines, les vieilles maisons restaurées, les ateliers d'artisans et les différents chantiers de rénovation. On peut également admirer le Logis de Marguerite d'Angoulême (XVIe s.). Le village est sauvé, le site est protégé ; l'ensemble constitue un merveilleux exemple d'architecture charentaise.

♦ 350 habitants, 100 m d'altitude ♦ **Accès :** (carte 22) à 35 km N d'Angoulême par N 10, Mansle, D 361 et D 61 ♦ **À voir :** le musée de la Vie rurale ; la Maison du Patrimoine et le Jardin monastique médiéval (visite groupée) ♦ **Aux alentours :** les villages de Nanteuil-en-Vallée (22 km N-E) et d'Empuré (11 km N) ♦ **Foires, festivités :** Fête du Patrimoine le 3e week-end de septembre (animation des rues et des différents sites), expositions ♦ **Hôtel :** à Oyer (22 km N-E), *La Grande Métairie* (tél. 05.45.31.15.67), maison d'hôtes de charme, 1 chambre et 1 suite 180-225 F ♦ **Restaurant :** *Café du Commerce* (tél. 05.45.30.30.92) ♦ **Mairie** (tél. 05.45.31.70.49) - Club Marpen (tél. 05.45.31.71.55).

VILLEBOIS-LAVALETTE

16320 (Charente)

Niché sur une hauteur, le château puissamment fortifié de Villebois-Lavalette domine et protège le village. Son histoire se rattache à celle des Lusignan, qui édifièrent une première forteresse au XIIe siècle. Démantelée par la suite, il n'en subsiste que les ouvrages défensifs et la chapelle. Le corps central fut remplacé par l'édifice actuel datant du XVIIe siècle. De nombreux hôtes illustres y séjournèrent, mais c'est le duc d'Épernon, mignon d'Henri II et propriétaire du château, qui laissa le plus vif souvenir à Villebois-Lavalette. Contrepoint populaire à l'édifice seigneurial, les très belles halles furent également construites au XVIIe siècle ; elles accueillent, aujourd'hui encore, le marché du village. C'est de là que part la rue principale, typique de l'architecture charentaise avec ses petites maisons en moellons taillés dans le calcaire et couvertes de tuiles creuses. Le style Renaissance y domine, donnant à Villebois-Lavalette une élégance harmonieuse, son architecture étant influencée par le Périgord tout proche.

♦ 786 habitants, 149 m d'altitude ♦ **Accès :** (carte 23) à 28 km S-E d'Angoulême par D 939 et D 16 ♦ **Aux alentours :** le château de la Mercerie (4 km N-O) ; les villages de Gardes-le-Pontaroux (5 km N-E, église romane), de La Rochebeaucourt (8 km E, église du XIIIe siècle), de Charras (15 km N-E, église romane fortifiée au XIVe siècle, château du XVIIe siècle), de Lusignac (26 km S) ♦ **Foires, festivités :** marché le samedi matin ; foire le 2e samedi de chaque mois ; fête historique le 30 juillet ♦ **Restaurants :** *Auberge du Château* (tél. 05.45.64.74.08) ; *Le Commerce* (tél. 05.45.64.90.30) ♦ **Mairie** (tél 05.45.64.90.04) - **S. I.** (tél. 05.45.64.71.58).

ÎLE DE RÉ
17630 (Charente-Maritime)

Désormais reliée au continent par un pont à péage, l'île de Ré a conservé, malgré tout, son caractère insulaire et tout son charme. Longue de 30 kilomètres, l'« île blanche » est le paradis des amoureux de la nature. Le village de La Flotte est charmant avec son petit port de pêche, ses rues piétonnes, ses maisons blanches aux volets verts, fleuries de roses trémières et de belles-de-nuit, et les accueillantes terrasses de ses cafés. Allez visiter l'église Sainte-Catherine (XVIe-XVIIIe siècles), puis partez à la découverte des autres villages et beautés de l'île : le magnifique fort de La Prée, les vestiges de l'abbaye des Chateliers (XIIe s.), Saint-Martin, la capitale de l'île magnifiquement fortifiée par Vauban, Ars avec ses pittoresques ruelles et son célèbre clocher, Les Portes, son petit bois de Trousse-Chemise et sa réserve ornithologique, sans oublier les marais salants et le phare des Baleines. Le vélo est idéal pour visiter l'île, des circuits sont organisés et vous pourrez ainsi profiter en toute tranquillité des beautés et des parfums de la nature.

♦ 15000 habitants ♦ **Accès :** (carte 14) par pont-viaduc à partir de La Rochelle ♦ **À voir :** l'écomusée la Maison du Platin ♦ **Foires, festivités :** marché tous les matins en été ; braderie le dernier jeudi de juillet et août ♦ **Hôtels :** à Saint-Clément, *Hôtel Le Chat Botté* (tél. 05.46.29.42.09), hôtel de charme, 19 chambres 320-600 F ; à Bois-Plage, *Hôtel de l'Océan* (tél. 05.46.09.23.07), hôtel de charme, 24 chambres 350-450 F, restaurant ; à La Flotte, *Le Clos Bel Ébat* (tél. 05.46.09.61.49), maison d'hôtes de charme, 3 chambres 300-400 F (2 nuits minimum, 1 semaine en été) ; à St-Martin, Domaine de la Baronnie (tél. 05.46.09.21.29), maison d'hôtes de charme, 2 chambres et 2 suites 500-600 F 2 nuits minimum) ♦ **Restaurants :** *Le Richelieu* (tél. 05.46.09.60.70) ; *L'Écailler* (tél. 05.46.09.56.40) ; *La Baleine Bleue* (tél. 05.46.09.03.30) ♦ **Mairie** (La Flotte, tél. 05.46.09.60.13) - **O. T.** (La Flotte, tél. 05.46.09.60.38).

MORNAC-SUR-SEUDRE
17113 (Charente-Maritime)

Repaire de naufrageurs, avant d'être village fortifié affrontant avec succès la guerre de Cent-Ans puis les guerres de Religion, Mornac est aujourd'hui un joli bourg charentais planté sur les marais de la Seudre. Ses habitants ont vécu tout d'abord de la pêche et du sel, et ce n'est qu'au cours du XIXe siècle qu'ils découvrent l'élevage des huîtres de Marennes. Le long des chenaux on rencontre les petites cabanes colorées des ostréiculteurs. À la tombée du jour, on ne peut détacher son regard de ce paysage à la lumière magique. Depuis le port, les ruelles étroites et pittoresques partent rejoindre le cœur du village. Les vieilles maisons basses en pierre blanche et aux petits volets verts et bleus s'alignent maladroitement, leurs murs ont oublié de se tenir droit ! On visite l'église fortifiée du XIIe siècle (remaniée au XVe siècle), et l'on passe devant de nombreuses boutiques d'artisans, ainsi que devant la grande halle qui abrite encore le marché et la foire aux Huîtres du 15 août.

♦ 641 habitants ♦ **Accès :** (carte 22) à 8 km N de Royan par D 733 et D 140 ♦ **Foires, festivités :** marché le mercredi et le samedi ; « Fêtes romanes » en avril ; brocante à Pâques, Pentecôte et mi-août ; rassemblement de vieux gréements mi-juillet ♦ **Hôtel :** à Vaux-sur-Mer (8 km S), *Résidence de Rohan* (tél. 05.46.39.00.75), hôtel de charme, 41 chambres 300-700 F ♦ **Restaurants :** *La Gratienne* (tél. 05.46.22.73.90) ; *La Colombière* (tél. 05.46.22.62.22) ♦ **Mairie** (tél. 05.46.22.75.13) - **S. I.** (tél. 05.46.22.61.68).

SAINT-SAUVANT
17610 (Charente-Maritime)

À mi-chemin entre Saintes et Cognac, Saint-Sauvant est un tout petit village, « monté sur un talon de galoche ». La « galoche », c'est un piton rocheux émergeant de la verdoyante vallée du Coran. Typiquement charentais, il nous séduit avec ses maisons basses aux volets clairs et ses toits couverts de tuiles canal. Ici, les teintes sont douces, rehaussées par la vivacité des fleurs. Dès les beaux jours, les roses trémières bordent les ruelles et les impasses. Le village s'articule autour d'une artère qui s'enlace le long de la butte, avant d'aller rejoindre le sommet et son église fortifiée du XIIe siècle. Ce bel exemple du riche patrimoine de la Saintonge romane nous rappelle qu'au Moyen Âge, les pèlerins en route pour Saint-Jacques-de-Compostelle préféraient éviter Saintes pour s'arrêter ici. Autre témoignage, la tour sarrasine (également du XIIe s.), qui surveillait la voie romaine reliant Saintes à Lyon. Le village a su garder confidentiels son authenticité et son charme.

♦ 501 habitants ♦ **Accès :** (carte 22) à 13 km O de Cognac par N 141 et D 233 ♦ **À voir :** le musée de Saint-Césaire ; la Poterie (à la sortie du village sur N 141) ♦ **Aux alentours :** Cognac (Château François Ier, visite des chais) ; Saintes (arènes romaines, crypte de Saint-Eutrope, cathédrale Saint-Pierre, abbaye aux Dames) ; Saint-Bris-des-Bois (6 km, abbaye de Fontdouce) ♦ **Foires, festivités :** Festival du Val-de-Charente en juin ; Festival de musique ancienne à Saintes en juillet ; foire à la brocante le dernier dimanche d'octobre ♦ **Restaurants :** *Café Le Saint-Sylvain* ; à 6 km sur les bords de la Charente, *Auberge du Relais d'Orlac* (tél. 05.46.91.00.77) ♦ **Mairie** (tél. 05.46.91.50.10).

SAINT-SAVINIEN
17350 (Charente-Maritime)

Saint-Savinien s'est établi dans une boucle de la Charente, au cœur de la douce Saintonge romane. Les premiers habitants s'y étaient installés dès l'époque romaine. Aujourd'hui, ses vieilles maisons bordées de petits jardins qui dévalent jusqu'à la rivière se reflètent paisiblement dans l'eau. Elles sont construites en belle pierre blonde, cette pierre qui, extraite des carrières proches du village, était transportée jadis sur des gabares (barques à fond plat) le long de la Charente puis acheminée dans toute l'Europe. Saint-Savinien fut un port actif dès le XVIIIe siècle et le resta jusqu'aux années 30 : pierre de taille, bois, vins, eaux de vie de Cognac et de Saintonge, produits agricoles et sel de mer ; tous ces produits transitaient par son port. La balade dans le village est plaisante, on peut admirer l'église (XIIe-XIVe s.), dont la façade romane est surmontée d'un massif clocher à échauguette, le château de la Cave (jadis entouré d'eau), en partie ruiné, édifié pour résister aux assauts normands, et les vestiges de l'ancienne abbaye des Augustins (XIIIe-XVIe s.). La rivière et la nature environnante donnent au village un charme bucolique.

♦ 2483 habitants, 6 à 67 m d'altitude ♦ **Accès :** (carte 22) à 15 km S-O de St-Jean-d'Angély par D 18 ♦ **À voir :** les carrières ; le port miniature sur l'île de la Grenouillette ♦ **Aux alentours :** le château et les jardins de la Roche-Courbon (10 km S-O) ; l'abbaye royale de St-Jean d'Angély ; Saintes ; les châteaux de Crazannes (XVe s., chapelle romane) et de Panloy (XVIIIe s., ne se visite pas) ; les églises romanes du val de Saintonge ♦ **Foires, festivités :** marché le samedi matin ; foire aux vins et au Pineau le 1er week-end d'août ; Festival d'été en Saintonge (musique) en juillet-août ♦ **Hôtel :** à Plassay (9,5 km S-O), *Le Logis de l'Épine* (tél. 05.46.93.91.66), maison d'hôtes de charme, 4 chambres 280-320 F ♦ **O. T.** (tél. 05.46.90.21.07).

TALMONT-SUR-GIRONDE
17120 (Charente-Maritime)

Talmont est posé comme une perle rare sur une presqu'île dominant l'estuaire de la Gironde. Le lieu est surtout connu pour la magnifique église Sainte-Radegonde. Ce sont des moines bénédictins qui, à la fin du XIIe siècle, la bâtirent en à-pic au-dessus des flots. À marée basse, on peut descendre au pied de la falaise et admirer encore mieux le style roman saintongeais de l'édifice. On passe devant un petit cimetière marin avant de retrouver le village et ses ruelles entretenues avec amour, qui offrent, à la belle saison, des trottoirs fleuris de roses trémières, la fleur emblème de la région. Les petites maisons sont blanches avec des volets bleus ou roses. La place de la mairie, avec son immense tilleul bientôt centenaire, est un vrai plaisir. Les boutiques sont là elles aussi car Talmont attire de nombreux visiteurs. Il faut également découvrir le petit port et se promener sur les remparts le long de la falaise pour profiter de la jolie vue sur la baie et sur le village.

♦ 83 habitants, 6 m d'altitude ♦ **Accès :** (carte 22) à 16 km S-E de Royan par D 25 ♦ **À voir :** le musée « Les Amis de Talmont » ♦ **Aux alentours :** les grottes de Meschers-sur-Gironde (5 km N-O) ♦ **Foires, festivités :** fête du village le 13 juillet ; foire à la brocante le 3e dimanche de juillet ; Frairie le 1er dimanche d'août ♦ **Hôtel :** à Vaux-sur-Mer (18 km N-O), *Résidence de Rohan* (tél. 05.46.39.00.75), hôtel de charme, 41 chambres 300-700 F ♦ **Mairie** (tél. 05.46.90.43.87).

COULON
79510 (Deux-Sèvres)

Au cœur de la Venise verte, Coulon est un très pittoresque village de pêcheurs et de paysans, traversé par la Sèvre. Le long du quai, de nombreuses barques amarrées constituent des touches colorées que l'on retrouve sur les volets peints des petites maisons. Les noms des rues du village rappellent le Moyen Âge et les activités des habitants : « rue du Port-aux-Moules », « rue du Four », « place du Pêchoir »... Au hasard de sa marche, le promeneur s'arrêtera pour admirer quelques beaux édifices, comme la maison Renaissance des seigneurs de Coulon et l'église, avec son puissant clocher roman attaché à une délicate nef gothique. Mais il lui faudra aussi emprunter une « plate » pour naviguer le long de la Sèvre et sur les nombreux canaux couverts de lentilles d'eau. Véritables routes du Marais poitevin, ils sont le fruit des efforts constants d'une population désireuse de domestiquer l'eau, qui gorgeait les terres et les rendait inutilisables. Une pratique très ancienne, initiée au XIe siècle par les moines de l'abbaye de Maillezais.

♦ 2124 habitants, 7 m d'altitude ♦ **Accès :** (carte 15) à 10 km O de Niort par D 9 et D 1 ♦ **À voir :** l'écomusée de la maison des Marais mouillés ♦ **Aux alentours :** promenades en barque dans le marais ; les villages de Magné et de la Garette ♦ **Foires, festivités :** marché les vendredi et dimanche matin ; soirées musicales en juillet ; fête maraîchine en juin et en août ; nombreux concours de pêche à la ligne ♦ **Hôtel :** *Au Marais* (tél. 05.49.35.90.43), hôtel de charme, 18 chambres 250-600 F, restaurant ♦ **Restaurant :** *Le Central* (tél. 05.49.35.90.20) ♦ **Mairie** (tél. 05.49.35.90.26) - **S. I.** (tél. 05.49.35.99.29).

ANGLES-SUR-L'ANGLIN

86260 (Vienne)

Angles-sur-l'Anglin occupe un promontoire rocheux. La ville haute s'organise autour d'une belle place moyenâgeuse ; à proximité, une église romane et les vestiges du château édifié au XIIe siècle par les comtes de Lusignan à l'aplomb de la falaise. Les maisons présentent des façades Renaissance et des toits à quatre pentes, couverts de tuiles plates ou d'ardoises, rappelant l'architecture de la Touraine toute proche. C'est dans cette partie du village que se trouve la maison natale du cardinal Jean Baluc, emprisonné par Louis XI. De la place, une rue pavée descend vers l'Anglin et son vieux moulin à roue, passe le pont, et rejoint la ville basse située sur la rive opposée. C'est là que trône l'abbatiale Sainte-Croix avec son portail du XIIIe siècle ; tout autour sont rassemblées plusieurs maisons du XVe siècle, encore bien préservées, avec des escaliers de pierre accolés à la façade. Le village était très connu au début du siècle pour ses brodeuses, les « jours d'Angles » ornaient le linge de gens raffinés ou celui de paquebot comme le *Normandie*. Aujourd'hui, seulement deux brodeuses perpétuent ce délicat savoir-faire et quelques boutiques vendent leurs ouvrages. À noter : un délicieux hôtel, *Le Relais du Lyon d'Or*, permet de prolonger le séjour dans ce beau village.

♦ 350 habitants ♦ **Accès :** (carte 16) à 35 km S-E de Châtellerault par D 14 ♦ **À voir :** l'atelier de broderie « Les Jours d'Angles » (ouvert tlj en été) ♦ **Aux alentours :** à La Puye, le Jardin des Rosiers (tél. 05.49.46.99.96) ; le parc naturel de la Brenne ♦ **Foires, festivités :** marché le dimanche ; journées artisanales du 12 au 14 juillet ; expositions à la chapelle Saint-Pierre en été ; fête du village le 1er dimanche d'août ; fête des Peupliers en août ; foire aux livres mi-août ♦ **Hôtels :** *Relais du Lyon d'Or* (tél. 05.49.48.32.53), restaurant ; à Vicq-sur-Gartempe (3,5 km N), *La Malle Poste* (tél. 05.49.86.21.04), maison d'hôtes de charme, 2 chambres 230 F, table d'hôtes le soir sur réservation ♦ **O. T.** (tél. 05.49.48.86.87).

La Provence est une terre magique. Magie de la lumière qui transfigure chaque paysage, chaque village en tableau merveilleux, magie bleue de la mer Méditerranée, magie folle du vent lorsque le fameux mistral est en furie, magie de l'accent qui anime chaque phrase ! Terre imprégnée d'histoire, elle a gardé de nombreuses richesses de son passé : vestiges de la civilisation romaine, églises et abbayes romanes, monuments et hôtels particuliers des XVIIe et XVIIIe siècles. Vous découvrirez en Provence des villages splendides, villages de plaine ou, le plus souvent, villages perchés sur une colline ou sur un roc presque inaccessible (Peillon, Gourdon) pour assurer la défense des habitants et la surveillance de la vallée. Ils portent en eux toutes les traces de ces civilisations anciennes et toute la joie de vivre de ce lumineux pays.

COLMARS-LES-ALPES
04470 (Alpes-de-Haute-Provence)

Situé à 1250 mètres d'altitude, sur les rives du Haut-Verdon, au milieu d'une nature préservée (le parc du Mercantour est tout proche), ce village fortifié est un lieu de détente et de sport idéal : les sentiers de randonnée sont nombreux et bien balisés, le Verdon fougueux attire les passionnés de kayak, les stations de ski sont à proximité. À l'intérieur des remparts admirablement préservés, on découvre des rues étroites, des placettes avec des fontaines ainsi qu'une église composite, à la fois romane et gothique adossée au mur d'enceinte. Au XVIIe siècle, sur instructions de Vauban, les doubles fortifications de la cité furent améliorées : en aval, le fort de France, en amont, le fort de Savoie gardaient efficacement la cité et la frontière provençale. On peut encore les admirer aujourd'hui ; ils donnent à Colmars un aspect imposant et exceptionnel. Enserré dans un écrin de montagnes et baigné d'une lumière éclatante, ce village semble surgi du passé.

♦ 370 habitants, 1250 m d'altitude ♦ **Accès :** (carte 34) à 44 km S de Barcelonnette par D 908 ♦ **À voir :** le fort de Savoie (XVIIe siècle) ♦ **Aux alentours :** la cascade de la Lance ; le panorama de la Colette ; l'oratoire Saint-Jean à Chabannier ; le parc national du Mercantour ; nombreux sentiers de randonnée ; le train des Pignes (de Digne à Nice) ♦ **Foires, festivités :** marché le mardi et le vendredi matin ; fête de la Saint-Jean-Baptiste (du 23 au 25 juin) ; expositions dans le fort de Savoie ; Fête Internationale folklorique et fête médiévale en juillet-août ; « Oralies de Haute-Provence » en octobre ; crèche vivante à Noël ♦ **Hôtel :** *Le Chamois* (tél. 04.92.83.43.29) ♦ **Mairie** (tél. 04.92.83.43.21) - **O. T.** (tél. 04.92.83.41.92).

ENTREVAUX
04320 (Alpes-de-Haute-Provence)

Situé sur la rive gauche du Var, Entrevaux offre le spectacle magnifique de ses hautes maisons aux toits de tuiles roses bien abritées derrière les remparts et resserrées au pied d'un imposant roc sur lequel s'agrippe le château. Évêché depuis le Vᵉ siècle, la cité s'appelait Glanate et occupait l'autre rive du Var. Pour fuir les dangers d'inondations et d'invasions, les habitants s'installèrent sur la rive actuelle entre le Xᵉ et le XIVᵉ siècle. C'est au XVIIᵉ siècle que seront construites les fortifications dues à Vauban, la cathédrale et la plupart des maisons que l'on peut encore admirer aujourd'hui. La promenade à l'intérieur des petites rues est très agréable. Vous admirerez les enceintes avec leurs tours et leurs échauguettes, les trois portes fortifiées à pont-levis et surtout la cathédrale, avec son étonnant clocher crénelé du XVIIᵉ siècle qui présente à la fois un caractère militaire et raffiné ; à l'intérieur, bel ensemble de retables et de tableaux du XVIIᵉ siècle, petit musée dans la sacristie. Puis il faut avoir le courage de grimper jusqu'au château par le chemin fortifié à neuf rampes : de là-haut, la vue sur la cité et toute la vallée du Haut-Var est grandiose. Il existe aussi un pittoresque moyen de transport pour atteindre Entrevaux : le « Train des Pignes » qui sillonne la vallée de Nice à Digne.

♦ 785 habitants, 475 m d'altitude ♦ **Accès :** (carte 34) 80 km N-O de Nice par N 202 ♦ **À voir :** le musée de la Moto (à la mairie) ♦ **Aux alentours :** le hameau d'Enriez ; les villages de Castellet-les-Sausses, d'Annot, de Puget-Théniers et de Touët-sur-Var ; les gorges du Cians et de Daluis ♦ **Foires, festivités :** marché le vendredi matin ; fête de la Saint-Jean fin juin ♦ **Hôtel :** *Hôtel Vauban* (tél. 04.93.05.42.40) ♦ **Restaurants :** *L'Échauguette* (tél. 04.93.05.46.89) ; à Touët-sur-Var, *Auberge des Chasseurs* ♦ **S. I.** (tél. 04.93.05.46.73).

LURS

04700 (Alpes-de-Haute-Provence)

Le village occupe un site perché au-dessus de la vallée de la Durance. Au Moyen Âge, Lurs était un gros bourg, propriété de l'évêché de Sisteron qui y fonda un séminaire au XVIIIe siècle (sur la route de Forcalquier). Sauvé de l'abandon au début du siècle par Maximilien Vox, un graphiste-imprimeur ami de Jean Giono, le village fut restauré avec authenticité. Il est superbe aujourd'hui, avec son beffroi à campanile qui enjambe la petite rue d'accès au village, ses maisons à encorbellement, ses portes anciennes, sa place « en balcon » au-dessus du pays de *Regain*. Un peu plus loin, le château et la promenade des Évêques bordée d'oratoires, qui mène à la chapelle Notre-Dame-de-Vie. Tous les étés, depuis 1955, se tiennent à Lurs les Rencontres internationales d'Art graphique.

♦ 320 habitants, 620 m d'altitude ♦ **Accès :** (carte 34) à 14 km E de Forcalquier par D 12 et D 462 ♦ **Aux alentours :** le prieuré de Ganagobie, le village de Dauphin ♦ **Foires, festivités :** fête votive le dernier week-end de juillet ; pèlerinage à Notre-Dame-des-Anges le lundi de Pentecôte et le 2 août ; « Rencontres internationales de Lurs » (arts graphiques) la dernière semaine d'août ♦ **Hôtels :** à Forcalquier, *Auberge Charembeau* (tél. 04.92.75.05.69), hôtel de charme, 14 chambres 290-470 F, restaurant ; *La Fare* (tél. 04.92.70.75.40), hôtel de charme, 3 chambres et suites 800-950 F, table d'hôtes ♦ **Restaurant :** *Bello Visto* (tél. 04.92.79.95.09) ♦ **Mairie** (tél. 04.92.79.95.24) - **S. I.** (tél. 04.92.79.10.20).

MOUSTIERS-SAINTE-MARIE
04360 (Alpes-de-Haute-Provence)

Ce sont des moines venus de l'abbaye de Lérins qui fondent Moustiers au Ve siècle. Le site où est « serti » le village est magnifique : deux à-pics montagneux reliés entre eux par une chaîne en métal (ce serait, d'après la légende, l'exploit du chevalier de Blacas au XIIe s.) dominent les maisons et la petite église. Dès le XVIIe siècle, les ressources naturelles de cette région permettent la création d'ateliers de faïence dont celui de Pierre Clérissy ; les productions de Moustiers sont alors célèbres. Mais le déclin arrive au XIXe siècle, les fours ne se rallumeront qu'en 1925 sous l'impulsion de Marcel Provence. On emploie souvent le mot crèche pour caractériser Moustiers. Le charmant désordre des maisons s'organise autour de placettes ombragées ou de rues animées. L'église a un joli clocher roman à trois étages, orné de baies à l'italienne, et un chœur gothique à trois nefs. Vous pourrez vous attarder dans les jolies boutiques d'artisanat ou déjeuner en été sous la treille de la délicieuse terrasse des *Santons* pour profiter de la vue magnifique sur les alentours. Et tout là-haut, au bord du ravin, la chapelle Notre-Dame-de-Beauvoir (XIIe-XVIe s.) que l'on rejoint par un chemin caladé.

♦ 580 habitants, 630 m d'altitude ♦ **Accès :** (carte 34) à 50 km E de Manosque par D 6 - Riez et D 952 ♦ **À voir :** le musée de la Faïence ♦ **Aux alentours :** le lac de Sainte-Croix ; les gorges du Verdon ; Riez ♦ **Foires, festivités :** marché le vendredi matin ; fête de la Cité de la Faïence le week-end après la Pentecôte (tous les 2 ans, aura lieu en 1998) ; fête de la Diane du 31 août au 8 septembre ♦ **Hôtels :** *La Bastide de Moustiers* (tél. 04.92.70.47.47), hôtel de charme, 7 chambres 800-1300 F, délicieux restaurant ; *La Ferme Rose* (tél. 04.92.74.69.47), hôtel de charme, 7 chambres 390-430 F ♦ **Restaurants :** *Les Santons* (tél. 04.92.74.66.48) ; *La Treille Muscate* (tél. 04.92.74.64.31) ♦ **O. T.** (tél. 04.92.74.67.84).

SIMIANE-LA-ROTONDE
04150 (Alpes-de-Haute-Provence)

Le village se dresse au sommet d'une butte verdoyante, et ses maisons « partent à l'assaut » de la célèbre rotonde, perchée tout en haut. Cette rotonde du XIIe siècle est un vestige du château fort qui appartenait à la famille des Simiane-Agoult. Une fois votre véhicule garé tout près de l'entrée du village, vous commencerez la visite par le portail de la cité ; près de là se trouve la maison de Ponson du Terrail, l'auteur de *Rocambole*. Vous grimperez ensuite dans des ruelles étroites bordées de maisons anciennes bien restaurées aux belles portes de bois sculpté. Vous admirerez la halle couverte et l'église Sainte-Victoire, rare exemple de gothique flamboyant provençal. Vous terminerez par la rotonde-donjon, dont l'intérieur est divisé en deux étages. Visitez Simiane en été lorsque les lavandes sont en fleur ; le village est alors dans un véritable écrin violet et il connaît alors sa période la plus animée.

♦ 430 habitants, 650 m d'altitude ♦ **Accès :** (carte 33) à 24 km N-E d'Apt par D 22 et D 51 ♦ **À voir :** la chapelle Notre-Dame-de-Pitié et les anciens moulins à vent ♦ **Aux alentours :** Dauphin ; le prieuré de Salagon ; Saint-Michel-l'Observatoire ; les gorges d'Oppedette et le Colorado de Rustrel ♦ **Foires, festivités :** marché le mardi à Banon et le samedi à Apt ; fête du village le 1er mai ; Festival de musique ancienne « Les Riches Heures musicales de la Rotonde » de mi-juillet à mi-août ♦ **Hôtel :** à Forcalquier (4 km E), *Auberge Charembeau* (tél. 04.92.75.05.60), hôtel de charme, 14 chambres 290-470 F, restaurant ♦ **Restaurants :** *Restaurant de la Rotonde* (tél. 04.92.75.95.44) ; *Restaurant Saint-Hubert* ♦ **Mairie** (tél. 04.92.75.91.40) - Point-accueil (tél. 04.92.75.90.14 en saison).

LA GRAVE
05320 (Hautes-Alpes)

Face à l'imposant pic de La Meije et de ses glaciers, le village de La Grave s'est implanté au cœur du massif des Écrins, sur les pentes d'un versant abrupt et ensoleillé. C'est l'une des plus anciennes et des plus importantes stations d'alpinisme français. Le sommet de La Meije (3983 m) fut vaincu pour la première fois en 1877 par les guides Gaspard père et fils et M. Boileau de Castelnau. La partie ancienne du village est restée authentique, avec d'austères maisons du XVIIe siècle, bâties en pierre, coiffées d'ardoises ou de bardeaux et des ruelles qui grimpent jusqu'à la ravissante église romane, de style lombard. Elle est entourée d'un petit cimetière où reposent guides et victimes de la montagne. En bas, le village moderne, avec ses grosses maisons abritant hôtels et commerces en bordure de route. Tout est abondamment fleuri en été, gai, animé. Le site est grandiose et, grâce au téléphérique qui monte jusqu'au pied du sommet (3200 m), on peut admirer le splendide panorama ou descendre les pentes à ski en hiver.

♦ 452 habitants, 1450 m d'altitude, station de sports d'hiver ♦ **Accès :** (carte 27) à 35 km N-O de Briançon par N 91 ♦ **Aux alentours :** l'oratoire du Chazelet ; le Jardin alpin du Lautaret (en été) ; le parc national des Écrins (tél. 04.92.21.08.49) ♦ **Foires, festivités :** marché le jeudi matin ; Derby de la Meije en mars ; fête des Narcisses à la Pentecôte ; fête des Guides et de la Montagne le 15 août ; à Villar d'Arène (2 km), fête du Pain le 13 juillet ; fête de la Chasse le 1er week-end d'août ♦ **Hôtel :** *La Meijette* (tél. 04.76.79.90.34) ♦ **Mairie** (tél. 04.76.79.90.29) - **O.T.** (tél. 04.76.79.90.05) - **Bureau des guides** (tél. 04.76.79.94.14 et 04.76.79.90.21 en été) - **E.S.F.** (École de ski français tél. 04.76.79.92.86).

SAINT-VÉRAN
05350 (Hautes-Alpes)

Saint-Véran, le plus haut village du Queyras, est également le plus haut village d'Europe : il est perché entre 1990 et 2040 mètres d'altitude. On pénètre dans le village par le bas, et l'on découvre ses constructions les plus anciennes : des chalets de bois et de belles galeries de greniers à fourrage. Les maisons sont isolées les unes des autres ; cela permettait autrefois d'éviter que les incendies ne se propagent à tout le hameau. L'église présente un très beau porche à colonnes portées par des lions : il est dû à des artistes italiens, dits lombards. On peut aussi monter jusqu'à la chapelle Notre-Dame-de-Clausis où a lieu chaque année en juillet un pèlerinage franco-italien. Tout autour, la nature est magnifique ! Pendant l'été, le bon ensoleillement favorise l'épanouissement des anémones, de la gentiane, des renoncules. Le village est interdit à la circulation automobile en juillet et en août. Les sentiers de randonnée sont très nombreux et, l'hiver, on peut se livrer à toutes les joies du ski.

♦ 275 habitants, 2042 m d'altitude, station de sports d'hiver. ♦ **Accès :** (carte 27) à 58 km S-E de Briançon par N 94, D 902 et D 5 ♦ **À voir :** les Musées ethnologiques ♦ **Aux alentours :** le parc régional du Queyras (tél. 04.92.46.80.46) ; le fort de Château-Queyras ; le village d'Arvieux (jouets en bois) ; la route du col d'Izoard ♦ **Foires, festivités :** pèlerinage de Notre-Dame-de-Clausis en juillet et septembre ♦ **Hôtel :** *Les Chalets du Villard* (tél. 04.92.45.82.08) ♦ **O. T.** (tél. 04.92.45.82.21).

BIOT

06410 (Alpes-Maritimes)

Son nom se prononce « Biotte » ; le village est construit sur une butte toute proche de la mer. Malgré les flots de touristes qui se déversent l'été dans les rues, le village a gardé beaucoup de charme. Au centre du bourg il y a la fameuse place des Arcades, dont les galeries en plein cintre et en ogive sont principalement occupées par des cafés et des magasins d'antiquités. Lorsqu'on a franchi les deux portes du XVIe siècle – la porte des Migraniers et la porte des Tines –, on peut flâner au cœur de ruelles pentues et contempler les maisons qui sont accolées les unes aux autres. Il faut admirer l'église à trois nefs qui renferme deux retables de Louis Bréa. On peut boire un verre au *Café de la Poste* et aller ensuite visiter le musée Fernand-Léger et la verrerie. Plus bas dans le vallon, on peut se promener plus au calme, loin des magasins de potiers et de verres soufflés. Comme pour tous les villages très touristiques de cette région, nous vous conseillons de le visiter en dehors des mois de plein été ou en début de matinée.

♦ 6500 habitants, 80 m d'altitude ♦ **Accès :** (carte 34) à 22 km S-O de Nice par N 98 ♦ **À voir :** le musée Fernand-Léger ; le Musée d'histoire locale ♦ **Aux alentours :** Marineland, le parc de la mer ♦ **Foires, festivités :** marché les mardi et vendredi matin ; Festival « Les Heures musicales » en mai-juin ; fête de Saint-Éloi le 1er dimanche de juin ; Fête de la Saint-Julien en août ; fête des Vendanges le 3e dimanche de septembre ♦ **Hôtel :** *Domaine du Jas* (tél. 04.93.65.05.85) ♦ **Restaurants :** *Les Terraillers* (tél. 04.93.65.01.59) ; *Auberge du Jarrier* (tél. 04.93.65.11.68) ; *Chez Odile* (tél. 04.93.65.15.63) ; *Le Plat d'Étain* (tél. 04.93.65.09.37) ♦ **O. T.** (tél. 04.93.65.05.85).

COARAZE
06390 (Alpes-Maritimes)

Coaraze étage ses maisons à plus de 600 mètres d'altitude dans la haute vallée du Paillon, non loin du parc du Mercantour. Véritable nid d'aigle, le village profite d'un ensoleillement et d'une lumière exceptionnels. Les ruelles pentues, pavées de galets sont agrémentées de maisons médiévales au bel appareillage de pierre ou enduites à la manière italienne, d'escaliers tortueux, d'arcades, de passages couverts. Partout une exubérante végétation anime la beauté simple des murs. On continue la montée jusqu'à l'église du XVIIIe siècle (à l'intérieur, décor baroque et très belle Vierge du XVIIe siècle) et, sur la place, on admire les cadrans solaires en céramique dessinés par Cocteau, Goetz, Ponce de Leon. De plusieurs points du village, la vue sur tous les environs est splendide : oliviers, mimosas et, au loin, la cime de Rocca Seira. Le village a été restauré avec intelligence et authenticité ; il accueille de nombreux artistes et vous pourrez passer un séjour plein de charme à la délicieuse *Auberge du Soleil.*

♦ 550 habitants, 650 m d'altitude ♦ **Accès :** (carte 35) à 25 km N de Nice par A 8 sortie Nice-Est puis D 2204 et D 15 ♦ **À voir :** le musée des Outils et Instruments anciens ♦ **Aux alentours :** la chapelle Notre-Dame-des-Sept-Douleurs, les ruines du village de Roccasparvièra ; le parc national du Mercantour ; la vallée des Merveilles ; Berre-les-Alpes ; le hameau de l'Engardin ♦ **Foires, festivités :** marché le dimanche matin ; brocante le 1er mai ; Journées médiévales le dernier week-end d'août ♦ **Hôtel :** *Auberge du Soleil* (tél. 04.93.79.08.11), hôtel de charme, 8 chambres 330-495 F, 2 suites 495-940 F, restaurant ♦ **Mairie** (tél. 04.93.79.34.80) - **S. I.** (tél. 04.93.79.37.47).

ÈZE

06360 (Alpes-Maritimes)

Èze est un magnifique village perché sur un piton rocheux occupé à l'origine par un oppidum ligure. On y pénètre par une porte fortifiée du XIVe siècle et l'on se promène dans des ruelles étroites bordées de maisons parfaitement rénovées, de boutiques d'artisans et de restaurants. Tout le long de la promenade, par des trouées entre les maisons, on peut apercevoir la mer et les couleurs éblouissantes de la côte. On grimpe ensuite jusqu'au sommet du village, couronné par les vestiges de l'ancien château (XIVe siècle) détruit en 1706 sur ordre de Louis XIV, pour admirer le jardin exotique créé en 1949. Il offre un assortiment de belles plantes rares (aloès, agaves, etc.) et un sublime panorama sur toute la baie au pied de la falaise, le cap Ferrat, la baie de Villefranche. En redescendant, il faut s'arrêter pour visiter la chapelle des Pénitents-Blancs (XIVe siècle) et surtout l'église reconstruite au XVIIIe siècle dans un beau style baroquisant (à l'intérieur, fonts baptismaux du XVe siècle). On peut aussi descendre vers le bord de mer par la corniche inférieure, en prenant le sentier fléché que Nietzsche aimait emprunter autrefois. Èze est très touristique en été mais il fait partie des villages incontournables.

♦ 2064 habitants, 400 m d'altitude ♦ **Accès :** (carte 35) à 8 km N-E de Nice par N 7 ♦ **À voir :** le jardin exotique ♦ **Foires, festivités :** festival du Cerf-volant en mars ; procession aux Limaces début juin ; fête historique « Èze d'antan » le dernier week-end de juin ; fêtes patronales 14-15 août ; « Tremplin du rire » mi-août ♦ **Hôtels :** à Villefranche (3 km S-O), *Hôtel Welcome* (tél. 04.93.76.76.93), hôtel de charme, 32 chambres 400-950 F, restaurant ; à Saint-Jean-Cap-Ferrat (5 km S-O), *Hôtel Brise Marine* (tél. 04.93.76.04.36), hôtel de charme, 16 chambres 670-730 F ♦ **Restaurants :** *La Chèvre d'Or* (tél. 04.92.10.66.66) ; *Château Èza* (tél. 04.93.41.12.24) ; *Richard Borfiga* (tél. 04.93.41.05.23) ; *Le Troubadour* (tél. 04.93.41.19.03) ♦ **O. T.** (tél. 04.93.41.26.00).

GOURDON
06620 (Alpes-Maritimes)

Gourdon est accroché au sommet d'une falaise vertigineuse qui domine les sauvages et splendides gorges du Loup. L'origine du village remonte à la plus haute Antiquité. Il doit subir différents assauts au cours des siècles ; presque entièrement détruit au XVe siècle, il sera reconstruit au XVIe siècle. Aujourd'hui, Gourdon est un village vivant et très animé. Les maisons anciennes, bien restaurées, sont resserrées derrière le château, bâti au XIIe siècle sur les soubassements d'une forteresse sarrasine du IXe siècle ; il sera reconstruit au XVIIe siècle. C'est un imposant bâtiment orné de tours, coiffé de tuiles, qui abrite un musée d'histoire et de peintures naïves. Les jardins qui l'entourent (dessinés par Le Nôtre) permettent de se reposer agréablement. Il faut flâner dans les ruelles bordées de boutiques d'artisans qui proposent des objets en bois sculpté, en verre, un miel délicieux, des savons parfumés... Il faut s'attarder sur la petite place de l'église d'où la vue sur la vallée et la mer est somptueuse et ne pas oublier de pénétrer dans l'église d'époque romane qui a été remaniée à la fin du XVIe et au début du XVIIe siècle.

♦ 294 habitants, 758 m d'altitude ♦ **Accès :** (carte 34) à 14 km N-E de Grasse par D 2085 et D 3 ♦ **À voir :** le jardin et le musée au château (meubles et armes des XVe-XVIIe siècles, peintures naïves contemporaines) ♦ **Aux alentours :** la chapelle Saint-Ambroise (6 km N-O) ; la chapelle Saint-Juste à Pont-du-Loup ♦ **Foires, festivités :** fête de la Saint-Vincent fin juillet-début août ♦ **Hôtels :** à Vence (13 km E) *Auberge des Seigneurs et du Lion d'Or* (tél. 04.93.58.04.24), hôtel de charme, 10 chambres 290-374 F, restaurant ; *Hôtel Villa La Roseraie* (tél. 04.93.58.02.20), hôtel de charme, 14 chambres 395-630 F ♦ **Restaurants :** *Le Nid d'Aigle* (tél. 04.93.42.74.87) ; *L'Auberge de Gourdon* (tél. 04.93.09.69.69) ♦ **Mairie** (tél. 04.93.42.54.83).

LE HAUT-DE-CAGNES

06800 Cagnes-sur-Mer (Alpes-Maritimes)

La vieille cité est bâtie dans un merveilleux paysage de collines plantées de cyprès, palmiers, mimosas, figuiers, végétation ébouriffée et parfumée qui forme un véritable écrin au magnifique château construit au XIVe siècle par Rainier Ier Grimaldi. Délaissez la ville moderne et sa foule en bas, pour vous promener dans les rues charmantes, pavées de galets, coupées d'escaliers, ornées de maisons des XVe et XVIIe siècles. Vous admirerez les remparts percés de portes, l'église Saint-Pierre à nef gothique et baroque (portail de 1762) et vous grimperez jusqu'au château. Construit en 1309, il fut remodelé en 1620 par Henri Grimaldi. D'aspect sévère et féodal à l'extérieur, la forteresse est toute grâce et élégance à l'intérieur : portail de marbre, ravissant patio, galeries à arcades, plafonds peints, la visite est vraiment superbe. Un peu en contrebas de la place du château, la chapelle Notre-Dame-de-Protection date des XIVe-XVIIe siècles. De nombreux artistes ont séjourné à Cagnes. Renoir passa les douze dernières années de sa vie au domaine des Collettes tout proche, aujourd'hui transformé en musée du souvenir.

♦ 350 habitants dans le vieux village, 110 m d'altitude ♦ **Accès :** (carte 35) à 13 km O de Nice par N 7 et D 36 ♦ **À voir :** le château-musée (art moderne méditerranéen, musée de l'Olivier, donation Suzy Solidor) ; le musée Renoir, domaine des Collettes ♦ **Foires, festivités :** exposition Métiers d'art en avril-mai ; fête des Mais le 1er mai ; nuits musicales en juillet (jazz, musiques cubaines) ; fêtes médiévales début août ; fête de la Saint-Roch le 15 août ♦ **Hôtel :** à Saint-Paul-de-Vence (6 km N), *Hôtel Le Hameau* (tél. 04.93.32.80.24), hôtel de charme, 14 chambres 410-640 F, 3 suites 740 F ♦ **Restaurants :** *Le Cagnard* (tél. 04.93.20.73.21) ; *Josy-Jo* (tél. 04.93.20.68.76) ; *Les Peintres* (tél. 04.93.20.83.08) ♦ **S. I.** (tél. 04.93.20.61.64).

LUCÉRAM

06440 (Alpes-Maritimes)

Le village médiéval se dresse fièrement sur un rocher calcaire dans un environnement de montagnes et de ravins. Occupé à l'origine par une tribu ligure, le site fut construit à l'époque romaine et se développa grâce à son emplacement privilégié sur la route du sel. Les villageois se constituèrent en république et leurs privilèges furent reconnus par la reine Jeanne en 1349. Des remparts construits par les Templiers au XIVe siècle, il ne reste aujourd'hui que des vestiges de murs et une tour. La promenade s'effectue par de petites rues en escaliers parsemées de voûtes et de maisons anciennes, certaines datant du XVe siècle. L'église Sainte-Marguerite, construite à la fin du XVe siècle, a été agrandie et richement décorée au XVIIIe siècle. Elle possède de beaux retables de Louis Bréa et un magnifique trésor (pièces d'orfèvrerie et statue en argent et vermeil des XVe-XVIe siècles). De la terrasse de l'église, superbe vue sur le village et toute la vallée du Paillon.

♦ 1032 habitants, 700-1500 m d'altitude ♦ **Accès :** (carte 35) à 25 km N-E de Nice par D 2204 - L'Escarène et D 2566 ♦ **Aux alentours :** la chapelle Saint-Grat (1 km S) ; la chapelle Notre-Dame-de-Bon-Cœur (2 km N-O) ; la station de ski de Peira-Cava ; le col de Turini ♦ **Foires, festivités :** Carnaval avec « polenta et fricassée » pour Mardi-Gras, Pastorale de Noël (messe de minuit avec offrande des bergers) ♦ **Mairie** (tél. 04.93.79.51.83).

MOUGINS
06250 (Alpes-Maritimes)

Mougins est situé sur une colline, dans un environnement merveilleusement fleuri mais un peu trop urbanisé. Le village a conservé des vestiges de remparts ; témoin la porte Sarrasine qui date du XIVe siècle, époque où Mougins appartenait à l'abbaye de Lérins. Vous pourrez parcourir la spirale de ses rues bordées de belles maisons impeccablement restaurées, aux façades garnies de bougainvillées ou de lierre. Des fontaines, des voûtes, des escaliers agrémentent la balade. Vous arriverez sur la place de la Mairie pour admirer son bel hôtel de ville installé dans l'ancienne chapelle des Pénitents-Blancs. Du sommet du village, la vue sur les îles de Lérins est très belle. Mougins est envahi de touristes à la belle saison, mais, si vous le visitez en dehors des périodes de plein été, vous retrouverez tout le charme d'un vieux village de la Côte-d'Azur.

♦ 284 habitants dans le vieux village, 260 m d'altitude ♦ **Accès :** (carte 34) à 6 km N de Cannes par N 85 ♦ **À voir :** le musée de la Photographie, le musée de l'Automobile ♦ **Aux alentours :** les chapelles Notre-Dame-de-Vie (2 km S-E), Saint-Barthélemy et Notre-Dame-du-Brusc ; l'abbaye de Valbonne ; Grasse ♦ **Foires, festivités :** fête de la Sainte-Innocence en juillet ; « Arts dans la rue » en juillet ; fête de la Saint-Barthélemy en août ; concerts de jazz en août ; « L'Art et le Livre » en septembre ; marché de Noël en décembre ♦ **Hôtel :** *Le Manoir de l'Étang* (tél. 04.93.90.01.07), hôtel de charme, 15 chambres 650-1000 F, 2 suites 1300-1500 F, restaurant ♦ **Restaurants :** *Le Moulin de Mougins* (tél. 04.93.75.78.24) restaurant gastronomique ; *Les Muscadins* (tél. 04.93.90.00.43) restaurant gastronomique ; *Le Bistrot de Mougins* (tél. 04.93.75.78.34) restaurant gastronomique ; *Feu Follet* (tél. 04.93.90.15.78) ♦ **O. T.** (tél. 04.93.75.87.67).

PEILLON

06440 (Alpes-Maritimes)

Saisissant village accroché au sommet d'une falaise et dont les maisons enchevêtrées se confondent avec le rocher qui leur sert d'appui. Le village a gardé sa beauté pure : la même pierre a servi pour la construction des maisons médiévales, le pavage des escaliers et des rues. Partout des passages voûtés enjambent les ruelles permettant d'accéder aux maisons posées les unes sur les autres comme dans un jeu de construction. Et, bien sûr, pas de circulation automobile ! Paix et sérénité garanties. Une végétation désordonnée adoucit l'aspect minéral du village. À voir absolument : la chapelle des Pénitents-Blancs avec ses très belles fresques du XVe siècle et, tout en haut du village, l'église Saint-Sauveur, du XVIIIe siècle. Village à ne pas manquer !

♦ 1142 habitants, 376 m d'altitude ♦ **Accès :** (carte 35) à 15 km N-E de Nice par D 2204 - Sospel et D 21 ♦ **Aux alentours :** un sentier de randonnée relie Peillon à Peille (2 heures de marche environ) ; le monastère de Laguet ♦ **Foires, festivités :** Foire à la brocante en septembre ♦ **Hôtel :** *Auberge de la Madone* (tél. 04.93.79.91.17), hôtel de charme, 20 chambres 450-780 F, suites 850-1100 F, restaurant ♦ **Mairie** (tél. 04.93.79.91.04) - **O. T.** (tél. 04.93.79.91.04).

SAINT-PAUL-DE-VENCE
06570 (Alpes-Maritimes)

Saint-Paul-de-Vence apparaît de loin comme une couronne posée au sommet d'une colline parsemée de cyprès, palmiers, orangers, une véritable vision de rêve ! Le village a conservé ses remparts du Moyen Âge, renforcés par François Ier en 1537. On pénètre dans la cité par la porte de Vence, on admire le canon de 1544, puis la jolie fontaine et le lavoir. Dans la rue Grande, qui traverse le village de part en part, des ateliers d'artisans, des boutiques de souvenirs occupent les rez-de-chaussée des belles maisons XVIe et XVIIe siècles. On monte jusqu'à l'église des XIIe-XIIIe siècles (à l'intérieur, magnifiques chapelles, belles statues et tableaux du XVIIe siècle). Il faut terminer la balade par un tour le long des remparts, d'où l'on jouit d'une vue splendide sur les environs. Le village de Saint-Paul fut « découvert » dans les années 20 par des peintres (Modigliani, Soutine...) qui avaient pris pension dans une petite auberge tranquille, *La Colombe d'Or*. Aujourd'hui, *La Colombe*, devenue célèbre, a vu passer de nombreux artistes, Jacques Prévert, Simone Signoret, Yves Montand, dont elle garde de nombreux souvenirs. Ne quittez surtout pas Saint-Paul sans avoir visité le parc et les salles de la Fondation Maeght, situés tout près, sur la colline des Gardettes.

♦ 3000 habitants, 182 m d'altitude ♦ **Accès :** (carte 34) à 7 km N de Cagnes par D 2 ♦ **À voir :** la Fondation Maeght ; le Musée municipal ; le musée d'Histoire locale ♦ **Aux alentours :** Coursegoules et Bézaudun-les-Alpes ♦ **Foires, festivités :** nombreux concerts toute l'année ; théâtre en août ; fête de la Sainte-Claire en août ♦ **Hôtels :** *La Colombe d'Or* (tél. 04.93.32.80.02), restaurant ; *Le Hameau* (tél. 04.93.32.80.24), hôtel de charme, 14 chambres 410-640 F, 3 suites 740 F ♦ **Restaurants :** *Le Saint-Paul* (tél. 04.93.32.65.25), restaurant gastronomique ; *La Couleur Pourpre* (tél. 04.93.32.60.14) ♦ **O. T.** (tél. 04.93.32.86.95).

SAINTE-AGNÈS
06500 (Alpes-Maritimes)

Le village littoral le plus haut d'Europe est situé à 780 mètres d'altitude, à proximité de Menton ; on y parvient par les lacets d'une route étroite qui traverse un paysage en terrasses plantées d'oliviers et de mimosas. Cette localité, merveilleusement ensoleillée, offre des maisons anciennes aux toits de tuiles rondes, des ruelles pavées entrecoupées de voûtes et des boutiques d'artisans. Dans l'église Notre-Dame-des-Neiges, qui date du XVIe siècle et comporte une nef et des chapelles latérales, on découvre des tableaux religieux, des fonts baptismaux anciens et un tabernacle en bois doré. Au terme de quinze minutes de marche, on peut atteindre les ruines du château au sommet d'une rude paroi de calcaire rose. De là, on admire un panorama magnifique sur la baie de Menton. La légende veut que les premiers habitants de Sainte-Agnès se soient logés dans les grottes de cette falaise, où l'on trouvait une chapelle fondée par une princesse romaine convertie au christianisme. Aujourd'hui, le village est bien vivant : des concerts, des expositions, une fête de la Lavande et des concours de boules sont organisés dès l'approche de l'été.

♦ 945 habitants, 750 m d'altitude ♦ **Accès :** (carte 35) à 10 km N de Menton par D 22 ♦ **À voir :** le fort de la ligne Maginot (musée militaire) ; le musée du Temps passé ♦ **Aux alentours :** nombreuses promenades pédestres, notamment jusqu'au village de Gorbio ♦ **Foires, festivités :** fête patronale de la Sainte-Agnès le 25 janvier ; brocante en mai ; concerts classiques en été ; fête de la Lavande et du Temps passé 25-26 juillet ; fête de l'Automne 10-11 octobre ; fête de la Sainte-Lucie le 13 décembre ♦ **Hôtel :** à Roquebrune (8 km) *Hôtel Les Deux Frères* (tél. 04.93.28.99.00), hôtel de charme, 10 chambres 385-495 F, restaurant ♦ **O. T.** (tél. 04.93.35.87.35).

SAORGE
06540 (Alpes-Maritimes)

Dans un site grandiose, le village de Saorge s'accroche sur les pentes dominant la vallée de la Roya. Le vieux village se visite à pied et l'on découvre avec ravissement ses ruelles pavées entrecoupées d'escaliers, ses maisons anciennes aux toits de lauzes, ses terrasses d'où la vue, plongeant sur la vallée, est magnifique. L'église Saint-Sauveur, construite au XVe siècle, fut incendiée et restaurée au XVIIIe siècle. Elle a une très belle porte sculptée surmontée d'une ogive à pilastres cannelés. À l'intérieur : fonts baptismaux du XVe siècle, tabernacle en marbre du XVIe siècle, autel et retables du XVIIe siècle, très belle Vierge en bois doré du XVIIIe siècle. À 800 mètres au sud-est, au milieu des oliviers, le couvent des Franciscains est de style italien du XVIIe siècle. Il comporte un petit cloître orné de peintures murales rustiques. Le village est animé et accueillant. Un peu plus loin, il faut visiter l'église de la Madonna-del-Poggio, chef-d'œuvre de l'art roman primitif. De style lombard, son clocher de six étages mesure près de trente mètres de hauteur. Dans la nef, on admirera des chapiteaux au décor végétal, des retables et surtout des peintures murales de la fin du XVe siècle, attribuées à Giovanni Baleison. L'ensemble du village de Saorge est classé.

♦ 363 habitants, 510 m d'altitude ♦ **Accès :** (carte 35) à 75 km N-E de Nice par D 2204 - Sospel et N 204 ♦ **Aux alentours :** les chapelles Sainte-Anne (2 km E), Sainte-Croix (2 km N-E), de Paspus (2 km S-O) ; le hameau de Maurion ♦ **Foires, festivités :** foires en avril et octobre ; fête de la Saint-Roch en août ; fête des Châtaignes en novembre ♦ **Hôtel :** à Breil-sur-Roya (9 km S), *Le Castel du Roy* (tél. 04.93.04.43.66), restaurant ♦ **Restaurant :** *Lou Pountin* (tél. 04.93.04.54.90) ♦ **Mairie** (tél. 04.93.04.51.23).

SOSPEL

06380 (Alpes-Maritimes)

Magnifique village situé dans un vallon planté d'oliviers et cerné de montagnes, Sospel étale ses hautes maisons au confluent de la Bévéra et du Merlanson. Ici, on a déjà un petit air d'Italie. Sur la rive droite, la plus anciennement bâtie, on peut admirer la place Saint-Michel, avec sa magnifique église et ses demeures médiévales à arcades dont la plus vieille est le palais Ricci. L'église Saint-Michel, bâtie au XIIe siècle, fut reconstruite au XVIIIe siècle dans un style baroque italien ; de l'édifice original, il ne subsiste que le clocher. À l'intérieur, on peut admirer deux très beaux retables (dont l'un est attribué à Louis Bréa), des sculptures et des bas-reliefs. Un pont fortifié datant du XIe siècle, le Pont-Vieux, permet de rejoindre la rive gauche. Là, on admire encore la très belle place Saint-Nicolas, avec son ancien palais communal, son vieux pavage et sa délicate fontaine. Le village est heureusement resté bien authentique, il n'y a pas eu de rénovations abusives ; les maisons ont gardé leurs couleurs délavées rose, ocre, jaune, leurs volets verts à persiennes, leurs vieux balcons et leur linge flottant aux fenêtres ; les boutiques ont le charme suranné des années d'avant-guerre. Souhaitons que rien ne change !

♦ 2800 habitants, 365 m d'altitude ♦ **Accès :** (carte 35) à 15 km N de Menton par D 2566 ♦ **À voir :** le musée des Fortifications au Fort Saint-Roch (ouvert tous les jours en saison de 14h à 18h) ♦ **Foires, festivités :** marché le jeudi, marché des producteurs le dimanche matin ; concerts, théâtre et animations en été ; Festival des Épouvantails en juillet ; fête patronale et festin le 15 août ; foires agricoles le 29 septembre et le 25 octobre ; exposition de champignons en octobre ♦ **Mairie** (tél. 04.93.04.33.00) - **O. T.** (tél. 04.93.04.15.80).

TOURRETTES-SUR-LOUP

06140 Vence (Alpes-Maritimes)

Tourrettes est perché sur un éperon rocheux entre deux profonds ravins, au débouché des gorges du Loup. Il offre l'extraordinaire vision de ses maisons en surplomb à flanc de colline. Fief de la famille de Villeneuve, le village est fondé à l'époque médiévale. C'est Antoine de Villeneuve qui fait construire le château en 1437. La visite de Tourrettes commence par la grande place de la Libération, plantée d'arbres, où se dresse l'église Saint-Grégoire-le-Grand (XIIIe-XVIe siècles) qui renferme tableaux et retables. Pour continuer jusqu'au vieux village, on passe sous l'une des deux portes fortifiées, vestiges des anciens remparts et l'on se promène dans la Grand-Rue. Tout le long, des boutiques d'artisans montrent la vitalité de ce joli village, et, là encore, on admire les belles maisons de pierres apparentes, les toits et leurs génoises, les petits escaliers fleuris. Enfin, le château un peu massif comporte un donjon crénelé du XIIIe siècle, reste de la première forteresse, englobé dans un bâtiment du XVe siècle.Tout autour de Tourrettes, on cultive des violettes sur les restanques plantées d'oliviers : au printemps l'aspect est vraiment féerique.

♦ 3459 habitants, 400 m d'altitude ♦ **Accès :** (carte 34) à 26 km N-O de Nice par D 36 - Vence et D 2210 ♦ **Foires, festivités :** marché le mercredi et le samedi matin ; fête des Violettes en mars ; fête de Marie-Madeleine en juillet ; marché de Noël en décembre ♦ **Hôtels :** à Vence (5 km E), *Auberge des Seigneurs et du Lion d'Or* (tél. 04.93.58.04.24), hôtel de charme, 10 chambres 290-374 F, restaurant ; *Hôtel Villa La Roseraie* (tél. 04.93.58.02.20), hôtel de charme, 14 chambres 395-630 F ♦ **Restaurants :** *Le Petit Manoir* (tél. 04.93.24.19.19) ; *Le Médiéval* (tél. 04.93.59.31.63), *Chantecler* (tél. 04.93.59.34.22) ♦ **S. I.** (tél. 04.93.24.18.93).

LES BAUX-DE-PROVENCE
13520 (Bouches-du-Rhône)

Élu comme lieu d'habitation et de refuge dès l'époque néolithique, ce magnifique éperon rocheux constituait une plate-forme inexpugnable sur laquelle, au XIe siècle, une famille féodale construisit une forteresse et, de là, étendit sa domination sur toute la région. Jusqu'au XVe siècle, la vie des Baux et de leurs seigneurs fut troublée par de nombreux épisodes guerriers et sanglants. Au XVIe siècle, la cité connut une courte période de paix, un renouveau grâce au connétable Anne de Montmorency et à la famille de Manville : de nombreux hôtels particuliers furent bâtis, le château restauré. Mais au XVIIe siècle, Louis XIII et Richelieu ordonnèrent la destruction de la forteresse qu'ils considéraient comme un foyer d'insubordination. Aujourd'hui encore, on est impressionné par les ruines du château féodal défiant le vide ; on peut ensuite flâner sur la charmante place, visiter l'église Saint-Vincent (XIIe siècle) et admirer les maisons anciennes un peu trop bien restaurées. Ce somptueux et incontournable village-musée est très touristique ; il est préférable de le découvrir hors saison, lorsque ses ruelles médiévales et ses magnifiques hôtels Renaissance offrent un aspect fier et solitaire.

♦ 458 habitants, 305 m d'altitude ♦ **Accès :** (carte 33) à 18 km S-O d'Arles par D 17 ♦ **À voir :** le musée Yves-Brayer ; le musée d'Histoire ; le musée de l'Olivier (chapelle Saint-Blaise) ; la Fondation Louis-Jou ♦ **Aux alentours :** le Pavillon de la Reine-Jeanne, le val d'Enfer ; Arles ; Saint-Rémy ; l'abbaye de Montmajour ♦ **Foires, festivités :** fête de la Saint-Jean en juin ; « Cathédrale d'images » de mars à novembre ; « Pères Noël du monde » de novembre au 10 janvier ; animation « Provence prestige » en novembre ; messe de minuit avec pastrage à Noël ♦ **Hôtel :** *Hôtel La Benvengudo* (tél. 04.90.54.32.54), hôtel de charme, 17 chambres 600-700 F, 3 suites 930 F, restaurant ♦ **S. I.** (tél. 04.90.54.34.39).

CASSIS
13260 (Bouches-du-Rhône)

Cassis est un ravissant petit port, bordé par la falaise du cap Canaille à l'est, par les superbes calanques à l'ouest, avec comme toile de fond des collines plantées d'oliviers, de figuiers et de vignes qui donnent un vin blanc très réputé. Le quartier du port a été tracé aux XVIIe et XVIIIe siècles, quand les Cassidains ont abandonné le vieux village perché près du château (privé) qui les protégeait. Vous pourrez flâner le long des ruelles bordées de maisons aux crépis colorés, vous attarder sur les bancs des petites places ombragées de platanes ou de mûriers de Chine, visiter l'église, admirer le bel hôtel de ville du XVIIe siècle. Ensuite il sera temps d'aller boire un verre au *Bar de la Marine* ! La proximité de Marseille en ayant fait un lieu de promenade très fréquenté les week-ends et en été, nous vous conseillons de visiter ce village hors saison ou le matin, pour apprécier son charme et son éclat lumineux. Manger des oursins au soleil en hiver à la terrasse de *Chez Brun* ou au *Canaille* est un plaisir incomparable.

♦ 3000 habitants dans le vieux village ♦ **Accès :** (carte 33) à 23 km S-E de Marseille par D 559 ♦ **À voir :** le musée d' Arts et Traditions populaires ♦ **Aux alentours :** les calanques ; le Cap Canaille ; la route des Crêtes ; le vignoble ♦ **Foires, festivités :** marché les mercredi et vendredi matin ; brocante le 4e dimanche de chaque mois ; Fête de la Mer (Saint-Pierre) 27-28-29 juin ; Fête des Vendanges le 1er week-end de septembre ; marché des potiers, du cuir et des tisserands tous les week-ends de septembre ♦ **Hôtels :** *Le Clos des Arômes* (tél. 04.42.01.71.84), hôtel de charme, 8 chambres 295-570 F, restaurant ; *Le Jardin d'Émile* (tél. 04.42.01.80.55), hôtel de charme, 6 chambres 300-600 F, restaurant ; *Les Roches Blanches* (tél. 04.42.01.09.30), hôtel de charme, 20 chambres 450-900 F, 5 suites 1150 F, restaurant ♦ **Restaurants :** *Nino* (tél. 04.42.01.74.32) ; *Romano* (tél. 04.42.01.08.16) ; *La Presqu'île* (tél. 04.42.01.03.77) ♦ **O. T.** (tél. 04.42.01.71.17).

EYGALIÈRES
13810 (Bouches-du-Rhône)

Situé au cœur des Alpilles, dans ce paysage sauvage et lumineux qui évoque la Grèce avec ses vallons plantés de cyprès et d'oliviers, voici Eygalières. Le site fut occupé dès le Néolithique. En bas, le village moderne, avec ses maisons du XIXe siècle, sa place ombragée de platanes et son bistrot-tabac ; en haut, le village ancien couronné par le vieux donjon, seul vestige de l'ancien château. Pour y parvenir, on emprunte une ravissante rue caladée, bordée de maisons presque toutes bien rénovées, certaines fleuries de lauriers-roses, de romarins ou de pytosporums qui embaument l'air. En haut de la colline, on admire les ruines du château, la tour de l'Horloge (XVIIe s.) et la splendide vue sur le village, la plaine et les Alpilles. L'endroit est magique, on ressent une impression de paix et de sérénité, à l'ombre des grands pins. On peut ensuite visiter l'église Saint-Laurent datant du XIIe siècle (son clocher est du XIXe s.), la chapelle des Pénitents (XVIIe s.) qui abrite le musée du Vieil-Eygalières et, à un kilomètre du village sur la route d'Orgon, la très jolie chapelle Saint-Sixte (XIIe siècle).

♦ 1596 habitants, 150 m d'altitude ♦ **Accès :** (carte 33) à 10 km S-E de Saint-Rémy-de-Provence par D 99 et D 74 ♦ **À voir :** le musée du Vieil-Eygalières ♦ **Aux alentours :** St-Rémy-de-Provence ♦ **Foires, festivités :** marché le vendredi matin ; fête de la Saint-Laurent début août ; pèlerinage à la chapelle Saint-Sixte le mardi de Pâques ♦ **Hôtels :** *Auberge Provençale* (tél. 04.90.95.91.00), hôtel de charme, 7 chambres 285-500 F, restaurant ; *Mas doù Pastré* (tél. 04.90.95.92.61), hôtel de charme, 11 chambres 350-690 F ♦ **Restaurants :** *Auberge Provençale* (tél. 04.90.95.91.00) ; *Le Bistrot d'Eygalières* (tél. 04.90.90.60.34) ♦ **Mairie** (tél. 04.90.95.91.01).

VENTABREN
13122 (Bouches-du-Rhône)

Petit village perché sur sa colline, Ventabren domine toute la plaine d'Aix. Le dédale des ruelles mène aux ruines de l'ancien château de la Reine-Jeanne (XIIe s.), d'où l'on jouit d'une vue superbe sur les environs, la chaîne de l'Étoile et l'étang de Berre. La pittoresque Grand-Rue en escalier est bordée de maisons anciennes aux murs couverts de vigne vierge ou fleuris de lavande et de géraniums. Dans l'église, on peut admirer un beau tableau (XVe s.) de l'école d'Avignon représentant la Vierge. Le bourg possède aussi un moulin à vent, un ancien lavoir, une fontaine, et ses environs sont parsemés de nombreux vestiges préhistoriques et celto-ligures. Un village pimpant et gai où il fait bon flâner et prendre le temps de vivre.

♦ 4500 habitants, 218 m d'altitude ♦ **Accès :** (carte 33) à 15 km O d'Aix-en-Provence par D10 ♦ **À voir :** le Musée archéologique ouvert samedi-dimanche 14h-19h ♦ **Aux alentours :** Aix-en-Provence et ses nombreux musées ♦ **Foires, festivités :** marché le mardi matin et le vendredi après-midi ; marché potier fin septembre ; fête de la Saint-Denis les 8 et 9 octobre ; Salon des antiquaires les 11 et 12 novembre ; fête de la Sainte-Barbe les 2 et 3 décembre ; pastorale à Noël ♦ **Hôtel :** *Le Mistral* (tél. 04.42.28.87.27), maison d'hôtes de charme, 4 chambres 380-580 F, table d'hôtes sur demande ♦ **Restaurants :** *La Petite Auberge* (tél. 04.42.28.80.01) ; *La Table de Ventabren* (tél. 04.42.28.79.33) ♦ **Mairie** (tél. 04.42.28.80.14).

BARGÈME
83840 (Var)

À 1097 mètres d'altitude, au sommet d'un piton rocheux, on découvre Bargème, le plus haut village du Var, dominé par les tours de son château médiéval. On pénètre dans la cité par la porte de Garde qui s'ouvre dans les remparts, puis on découvre les petites rues anciennes, les voûtes, les venelles bordées de maisons souvent fleuries. Dans l'église romane du village se trouve un très beau retable représentant le *Martyre de saint Sébastien*. Sur l'esplanade du château, la chapelle dédiée à Notre-Dame-des-Sept-Douleurs fut achevée en 1608. Elle rappelle le jour de fâcheuse mémoire, en 1595, où le seigneur du lieu, Antoine de Pontevès, fut égorgé par les villageois au cours d'une messe. Pour préserver le silence et le charme de ce merveilleux village, la municipalité a eu la bonne idée d'interdire la circulation automobile. Pendant l'été, Bargème organise des soirées de musique ancienne. L'ensemble du site est classé.

♦ 86 habitants, 1100 m d'altitude ♦ **Accès :** (carte 34) à 40 km N-E de Draguignan par D 955 - Comps, D 21 et D 37 ♦ **Aux alentours :** les chapelles de Notre-Dame-des-Sept-Douleurs, de Sainte-Pétronille, Saint-Laurent, Saint-Antoine ♦ **Foires, festivités :** fête de la Saint-Laurent le 2e dimanche d'août ; « Été musical » 15 juillet-15 août ♦ **Hôtel :** à Trigance (17 km O), *Château de Trigance* (tél. 04.94.76.91.18), hôtel de charme, 8 chambres 600-700 F, 2 suites 900 F, restaurant ♦ **Mairie** (tél. 04.94.76.81.25).

BORMES-LES-MIMOSAS

83230 (Var)

Bormes-les-Mimosas est un pittoresque village perché, construit au XIIe siècle à la limite de la forêt du Dom, à quelques kilomètres de la mer, dans un merveilleux cadre de collines couvertes de cyprès, d'oliviers et de mimosas. On flâne dans des ruelles dallées, entrecoupées de « cuberts » (passages couverts) et d'escaliers, longées de maisons construites en pierre de Bormes ou crépies de couleurs ensoleillées. Partout la végétation est présente et embaume. On atteint l'église Saint-Trophime (XVIIIe s.) dont la façade est ornée d'un cadran solaire ; à l'intérieur, deux retables et des bustes en bois doré également du XVIIIe siècle. Tout en haut de la colline, le vieux château (privé) des XIIe-XVIe siècles appartenait jadis aux seigneurs de Fos. De la terrasse, on peut admirer un magnifique panorama sur la baie et les îles. Il faut visiter aussi la chapelle Saint-François-de-Paule, bâtie en 1519 par les habitants pour remercier le saint de les avoir protégés de la peste, et voir l'ancien cimetière enfoui dans la verdure. Ce village est plein de charme hors saison, mais très touristique en été.

♦ 5112 habitants, 104 m d'altitude ♦ **Accès :** (carte 34) à 40 km E de Toulon par A 570 - Hyères, N 98 et D 559 ♦ **À voir :** le musée d'Art et d'Histoire ♦ **Aux alentours :** le fort de Brégançon (XVIe s., résidence du P^t de la République) ; le sentier littoral du cap Bénat ; la route forestière des Crêtes ♦ **Foires, festivités :** marché les mardi et mercredi matin ; « Mimosalia » le 1er week-end de février ; Corso fleuri le 3e dimanche de février ; fête populaire de la Pentecôte ; concerts et animations en été ; foire aux Santons en décembre ♦ **Hôtels :** *Hostellerie de la Reine Jeanne* (tél. 04.94.15.00.83), hôtel de charme, 8 chambres 500-700 F, restaurant ; *La Bastide Rose* (tél. 04.94.71.35.77), maison d'hôtes de charme, 2 chambres 500-700 F, 1 suite 600-900 F, table d'hôtes ♦ **Restaurants :** *Chez Sylvia* (tél. 04.94.71.14.10) ; *L'Escoundudo* (tél. 04.94.71.15.53) ; *Lou Portaou* (tél. 04.94.64.86.37) ; *Le Jardin de Perlefleurs* (tél. 04.94.64.99.23) ♦ **O. T.** (tél. 04.94.71.15.17).

LA CADIÈRE-D'AZUR
83740 (Var)

Bien installé sur le haut d'une colline, La Cadière domine un agréable paysage de vignobles, de bastides, de cyprès et d'oliviers. C'est le pays de l'huile, du vin et de la douceur de vivre. D'abord possession des comtes de Provence, la cité revint dès le Xe siècle à l'abbaye de Saint-Victor de Marseille. De l'enceinte qui la protégeait au Moyen Âge, il ne reste aujourd'hui que trois portes, dont la porte Mazarine (1657). Il faut flâner dans les ruelles bordées de maisons aux pierres jointives bien rénovées, de murets et de jardinets débordants de fleurs, glycines, lauriers-roses, lierre, de passages voûtés (notamment la rue Paradis, la bien-nommée). L'église Saint-André, du XVIe siècle, a été agrandie aux XVIIe et XVIIIe siècles (à l'intérieur, très bel autel en marbre polychrome). Ne manquez pas d'aller visiter la chapelle des Pénitents-Blancs, bâtie en 1507 sur l'emplacement de l'ancien château féodal, et la chapelle des Pénitents-Noirs de 1634. D'autres très belles choses sont encore à admirer comme la porte en bois clouté de l'hôtel de ville, le campanile du XVIe siècle sur la tour de l'Horloge, certaines façades Renaissance, place des Consuls. De plusieurs points du village, on découvre une vue magnifique sur le paysage environnant.

♦ 3900 habitants, 144 m d'altitude ♦ **Accès :** (carte 34) à 44 km E de Marseille par A 50 ♦ **Aux alentours :** les routes des Vins de Bandol, des Oratoires, des Vieux-Moulins. ♦ **Foires, festivités :** marché le jeudi matin ; fête du Livre le 1er week-end de mai ; Fête de la Saint-Jean le 24 juin ; concerts (musique classique) fin juillet ; fête des Vendanges le 1er dimanche de septembre ; fête de la Saint-André avec messe en provençal le 30 novembre ; Festival de théâtre en novembre : « Défilé des Santons » la semaine avant Noël ♦ **Hôtel :** *Hostellerie Bérard* (tél. 04.94.90.11.43) hôtel de charme, 40 chambres 440-760 F, 4 suites 900-1200 F, très bon restaurant ♦ **S. I.** (tél. 04.94.90.12.56).

CALLIAN
83440 (Var)

Le village primitif était construit dans la plaine, mais, détruit en 1391, il fut rebâti sur le sommet d'une colline escarpée, à l'endroit où il se trouve actuellement. On le voit de loin, ses maisons roses étant dominées par les tours de son vieux château des XIIe-XVIe siècles. La rue principale mène à une jolie place à fontaine où sont installées d'agréables terrasses de cafés à l'ombre des platanes ; on s'y presse à l'heure de la pétanque ou du pastis pour écouter les derniers potins. Une petite boutique désuète fait office de tabac et de maison de la presse. D'autres ruelles dallées et fleuries partent en colimaçon jusqu'au château (privé) de style Renaissance provençale et jusqu'à la chapelle des Pénitents-Blancs construite au XIIe siècle. N'oubliez pas l'église Notre-Dame ! De grandes dimensions et surmontée d'un clocher aux tuiles vernies de couleurs vives, elle fut bâtie au XVIIe siècle. Callian est un village gai et vivant où l'on peut séjourner agréablement. Le village a conservé son art de vivre d'autrefois, son charme et la convivialité traditionnelle des villages provençaux. En bas, dans la plaine, nombreux vestiges romains.

♦ 1800 habitants, 325 m d'altitude ♦ **Accès :** (carte 34) à 40 km N-E de Draguignan par D 562 et D 56 ♦ **Aux alentours :** Fayence ; le lac de Saint-Cassien ; les gorges de la Siagne ; les chapelles de Notre-Dame-de-la-Rose et de Saint-Donat ♦ **Foires, festivités :** marché le vendredi matin ; brocante le dernier dimanche de chaque mois ; fête de la Sainte-Maxime le 16 mai ; foire artisanale le dernier dimanche de juin ; Greniers dans la rue le dernier dimanche de juillet ; fête de la Saint-Donat le 7 août ; expositions et concerts en juillet-août à la chapelle des Pénitents ; foire de Noël en décembre ♦ **Hôtel :** *Auberge du Puits Jaubert* (tél. 04.94.76.44.48), restaurant ♦ **Mairie** (tél. 04.94.76.40.15) - **S. I.** (tél. 04.94.47.75.77).

LE CASTELLET
83330 (Var)

Installé sur une butte rocheuse qui domine une plaine plantée de vignobles, de cyprès et d'oliviers, Le Castellet fut autrefois propriété des seigneurs des Baux. Deux portes ouvertes dans les anciens remparts Le Portail, au sud, et Le Portalet, permettent l'accès au village. Vous emprunterez des petites rues pavées et fleuries, bordées de maisons des XVIIe et XVIIIe siècles, pour accéder à la place du Champ-de-Bataille où se trouvent le château (du XIe siècle, rebâti au XVe siècle) et l'église du XIIe siècle. De l'esplanade, la vue sur la plaine et le massif de la Sainte-Baume au loin est superbe. Ce beau village, bien restauré, est très touristique en été ; les boutiques d'artisanat et de souvenirs y sont nombreuses. Plusieurs films y ont été tournés, notamment *La Femme du boulanger* de Marcel Pagnol, en 1939.

♦ 3091 habitants, 280 m d'altitude ♦ **Accès :** (carte 34) à 50 km S-E de Marseille par A 50 et D 626 ♦ **Aux alentours :** la chapelle romane Notre-Dame-du-Vieux-Beausset (6 km S) ; les villages du Vieux-Beausset, d'Évenos, de Broussan ; le circuit Paul Ricard ♦ **Foires, festivités :** messe de minuit provençale ♦ **Hôtels :** à La Cadière, *Hostellerie Bérard* (tél. 04.94.90.11.43), hôtel de charme, 40 chambres 440-760 F, 4 suites 900-1200 F, très bon restaurant ; au Beausset, *Les Cancades* (tél. 04.94.98.70.93), maison d'hôtes de charme, 4 chambres 300-400 F ♦ **Mairie** (tél. 04.94.32.60.10).

COTIGNAC
83570 (Var)

Le village est construit au pied d'une haute falaise de tuf percée de grottes, sur laquelle on peut voir les ruines de l'ancien château fort des seigneurs de Castellane. Cotignac est le vrai gros bourg provençal, avec son cours et sa place ombragés de platanes, ses cafés, ses boutiques à la mode d'autrefois, ses vieilles maisons ocre (certaines des XVIIe-XVIIIe siècles) coiffées de tuiles roses et brunes, ses nombreuses fontaines à mascarons. Il y a aussi la jolie place de la Mairie (hôtel du XVIIIe siècle) et l'église, construite au XVIe siècle, qui fut remaniée au XVIIIe siècle. Vous pourrez boire un verre au Café du Cours ou séjourner au charmant hôtel Lou Calen pour savourer tout le charme de Cotignac et la douceur de vivre provençale.

♦ 1794 habitants, 230 m d'altitude ♦ **Accès :** (carte 34) à 20 km N-E de Brignoles par D 562 - Carcès et D 13 ♦ **Aux alentours :** la chapelle romane Notre-Dame-des-Grâces (1 km S-O) ; l'abbaye du Thoronet du XIIe siècle (15 km S-E) ; les jolis villages de Fox-Amphoux (11 km N) et Saint-Antonin ; les cascades de Sillans (6 km) ♦ **Foires, festivités :** marché le mardi matin ; foire artisanale le 3e dimanche de juillet ; fête locale le dernier dimanche d'août ; foire de la Saint-Martin en novembre ♦ **Hôtel :** *Hostellerie Lou Calen* (tél. 04.94.04.60.40), restaurant ♦ **S. I.** (tél. 04.94.04.61.87).

ENTRECASTEAUX
83570 (Var)

En surplomb sur la verdoyante vallée de la Bresque, dominé par son majestueux château, Entrecasteaux fut successivement fief des seigneurs de Castellane puis des comtes de Grignan (au XVIe s.), avant de revenir à l'amiral Bruny d'Entrecasteaux. Le village a gardé tout le charme de son passé : des rues ombragées de platanes, des maisons anciennes, des fontaines, un joli lavoir, une église fortifiée et le magnifique château, forteresse du XIe siècle reconstruite au XIIIe siècle, puis agrandie et embellie aux XVIIe et XVIIIe siècles. Superbement restauré, il présente une haute et belle façade, très simple ; on peut visiter le rez-de-chaussée, où sont organisées des expositions (salles de garde et magnifique cuisine). Au pied du château, son jardin (aujourd'hui parc public) planté de buis, de micocouliers, d'arbres de Judée et de magnolias. Dessiné par Le Nôtre, on en admirera le bel ordonnancement.

♦ 750 habitants, 150 m d'altitude ♦ **Accès :** (carte 34) à 13 km O de Lorgues par D 50 ♦ **Aux alentours :** les chapelles Notre-Dame-de-l'Aube (XIIe s.) et Sainte-Anne (XVIIIe s.), l'abbaye du Thoronet (XIIe s.) ♦ **Foires, festivités :** foire à la brocante en juillet ; fête de la Saint-Sauveur début août ; Festival de musique de chambre 2e quinzaine d'août ♦ **Hôtel :** à 4 km, *La Bastide de Peyrolles* (tél. 04.94.04.40.06), maison d'hôtes de charme, 2 chambres 500-550 F ♦ **Restaurants :** *Lou Picatéou*, *La Fourchette* ; à Lorgues, *Bruno* (tél. 04.94.73.92.19) très bon restaurant ♦ **Mairie** (tél. 04.94.04.42.86) - **S. I.** (tél. 04.94.04.42.86).

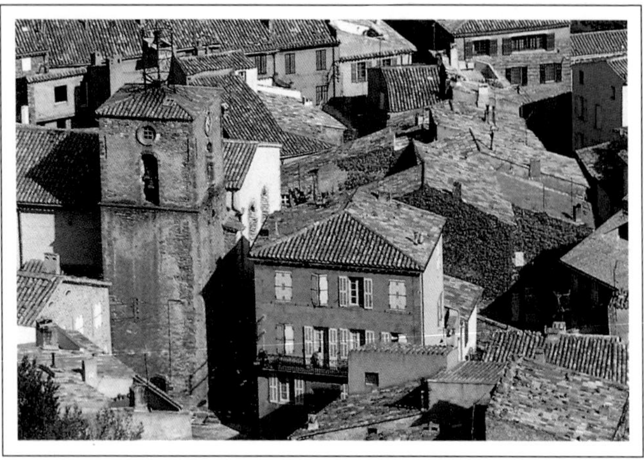

LA GARDE-FREINET
83680 (Var)

Le village est superbement situé en pleine forêt des Maures, à mi-chemin entre la vallée de l'Argens et la côte de Saint-Tropez. La légende raconte que les Sarrasins avaient construit une forteresse-camp retranché à l'emplacement du village ancien ; de là, ils partaient écumer et piller tous les villages environnants, jusqu'à ce que le comte Guillaume le Libérateur les chasse en 973. Aujourd'hui, les maisons du bourg, aux beaux murs de pierre ou joliment crépies de rose ou d'ocre, se pressent autour de l'église. Végétation touffue, escaliers, fontaines, petite place avec son café de village, ici encore que de charme et de plaisir ! Un sentier de randonnée vous conduira – si vous en avez le courage – jusqu'aux ruines de l'ancien château fort ; vous serez récompensé de vos efforts par l'extraordinaire panorama que vous découvrirez sur toute la vallée couverte de chênes-lièges et l'étincelante mer bleue en fond. Les amoureux de la nature pourront faire de nombreuses randonnées dans toute la région.

♦ 1460 habitants, 360 m d'altitude ♦ **Accès :** (carte 34) à 102 km E d'Aix-en-Provence par A 8 sortie Le Luc et D 558 ♦ **À voir :** le Fort-Freinet ♦ **Aux alentours :** l'abbaye du Thoronet ; la chartreuse de la Verne ♦ **Foires, festivités :** marché les mercredi et dimanche matin ; brocante tous les mois ; Bravade de Saint-Clément le 1er dimanche de mai ; « Soirées musicales » en juillet-août ; fête de la Mourre en août ; marché potier et brocante en septembre ; fête de la Châtaigne fin octobre ; foire aux Santons en décembre ♦ **Hôtels :** sur la route de Collobrières, *La Boulangerie* (tél. 04.94.43.23.16), hôtel de charme, 10 chambres 560-690 F, 1 suite 780-1520 F, restaurant ; *Le Verger* (tél. 04.94.43.25.93), hôtel de charme, 9 chambres 550-850 F, restaurant ♦ **Mairie** (tél. 04.94.43.60.01) - **O. T.** (tél. 04.94.43.67.41).

GASSIN
83990 (Var)

Construit sur le sommet d'une colline à 201 mètres d'altitude, Gassin est un ravissant village qui a gardé tout son charme et sa tranquillité, à quelques kilomètres de la cohue de la côte et de Saint-Tropez. Il avait autrefois un rôle de vigie car, de sa position dominante et fortifiée, il surveillait toute la côte et pouvait donner l'alerte en cas d'invasion des pirates barbaresques. Aujourd'hui, après avoir garé votre voiture en contrebas du village, vous pourrez monter par les ruelles jusqu'à la ravissante place des Barrys. Là, vous contemplerez un paysage grandiose : des forêts de chênes-lièges sur les collines à perte de vue, les vignobles et, en fond, le bleu azur de la Méditerranée ! La délicieuse terrasse de l'auberge *Bello-Visto* vous accueillera pour boire un verre à l'ombre des micocouliers. Il vous restera à visiter la petite église romane, toute simple. Vous quitterez à regret ce village vraiment magique.

♦ 2017 habitants, 201 m d'altitude ♦ **Accès :** (carte 34) à 7,5 km S-O de Saint-Tropez par D 98^{A} et D 89 ♦ **Aux alentours :** les moulins de Paillas (3,5 km) ; le golfe de Saint-Tropez ♦ **Foires, festivités :** brocante le samedi ; fête de la Saint-Laurent le 1er dimanche d'août ♦ **Hôtel :** *Hôtel Bello-Visto* (tél. 04.94.56.17.30), restaurant ♦ **Restaurant :** *Le Micocoulier* (tél. 04.94.56.14.01) ♦ **Mairie** (tél. 04.94.56.62.00) **S. I.** (tél 04.94.43.42.10).

GRIMAUD
83310 (Var)

Ce sont des Phocéens qui s'établirent sur le site de Grimaud vers 600 avant J.-C. La petite cité se construisit dans la plaine, mais les incessantes attaques des Sarrasins contraignirent ses habitants à se réfugier sur les hauteurs pour se protéger. Au Xe siècle, les terres furent données à Gibelin Grimal pour le remercier de sa bravoure. C'est son successeur Grimaldus qui éleva le château-forteresse pour protéger le village. Aujourd'hui, les ruines du château (démantelé au XVIIe s. sur ordre du roi) dominent toujours magnifiquement les maisons et l'entrelacs des rues. Le village est fleuri, la végétation est partout présente : bougainvillées, palmiers, lauriers-roses, cactus animent les vieilles pierres. Dans la rue des Templiers, vous pourrez admirer des arcades de basalte et des encadrements de portes en serpentine. Ne partez pas sans avoir vu l'église romane Saint-Michel qui contient un très beau bénitier en marbre. Dans la plaine, Grimaud a retrouvé sa vocation maritime grâce à la construction très réussie de Port-Grimaud de l'architecte François Spoerry.

♦ 3300 habitants, 100 m d'altitude ♦ **Accès :** (carte 34) à 10 km O de Saint-Tropez par D 98A, D 61 et D 14 ♦ **À voir :** le musée des Arts et Traditions populaires ♦ **Aux alentours :** les chapelles des Pénitents-Blancs, de Saint-Roch, de N.-D.-de-la-Queste ; le moulin de Grimaud ; le pont des Fées ; Port-Grimaud ; la Chartreuse de la Verne ♦ **Foires, festivités :** marché le jeudi matin ; fête de la Laine à l'Ascension ; fête du Moulin en juin ; fête du village en août ; fête des Vendanges et fête de la Saint-Hubert en septembre ♦ **Hôtels :** *La Boulangerie* (tél. 04.94.43.23.16), hôtel de charme, 10 chambres 560-690 F, 1 suite 780-1520 F, restaurant ; *Le Verger* (tél. 04.94.43.25.93), hôtel de charme, 9 chambres 550-850 F, restaurant ; *Le Mazet des Mûres* (tél. 04.94.56.44.45), maison d'hôtes de charme, 5 studios 380 F ♦ **Restaurants :** *Le Café de France* ; *La Spaghetta* ♦ **O. T.** (tél. 04.94.43.26.98).

MONS
83440 (Var)

Dans un site sauvage et magnifique, le village de Mons est perché tout en haut d'un promontoire rocheux d'où l'on découvre un panorama grandiose, qui à couper le souffle. Le village fut fondé au Moyen Âge par une colonie ligure, mais le site fut occupé dès l'Antiquité, puisque les Romains avaient capté à cet endroit les sources de la Siagnole pour alimenter en eau la ville de Fréjus. Décimé par la peste au XIVe siècle, le village fut repeuplé au XVe siècle par des familles également ligures. Mons a gardé un aspect authentique. Les rues sont longées de maisons au bel appareillage de pierres aux portes de bois sculpté ; la plupart d'entre elles sont bien restaurées. La place Saint-Sébastien est ornée d'une belle fontaine du XVIIIe siècle. Depuis l'esplanade, par temps clair, on a un très beau point de vue sur les Alpes et les îles de Lérins. Tout à côté, l'ancienne chapelle des Pénitents-Blancs (XVIIe siècle) contient un très beau retable du XVIIIe siècle. Il faut voir aussi l'église romane Notre-Dame, remaniée plusieurs fois ; à l'intérieur, on peut admirer un rare ensemble de retables baroques. À partir du village, de très nombreux sentiers de randonnée permettent de parcourir cette très belle région.

♦ 564 habitants, 810 m d'altitude ♦ **Accès :** (carte 34) à 40 km N-E de Draguignan par D 562 et D 563 ♦ **À voir :** le musée Marine et Montagne (maquettes de navires, artisanat rural) ♦ **Aux alentours :** la chapelle Notre-Dame (route de Callian) ; les gorges de la Siagne ♦ **Foires, festivités :** marché le samedi ; fête de Ste-Agathe le 2e dimanche de février ; fête de Ste-Maxime le 16 mai ; fête des Marins le 29 juin ; fête du village le 15 août ♦ **Hôtel :** à Fayence (15 km S), *Le Moulin de la Camandoule* (tél. 04.94.76.00.84), hôtel de charme, 11 chambres 500-675 F, suites 750-950 F, restaurant ♦ **Restaurant :** *L'Auberge Provençale* (tél. 04.94.76.38.39) ♦ **S. I.** (tél. 04.94.76.39.54).

MONTFERRAT

83131 (Var)

Il faut emprunter la route qui va de Draguignan à Comps-sur-Artuby et traverser les superbes gorges de Châteaudouble pour découvrir l'adorable village de Montferrat. Cette petite bourgade est constituée de quelques maisons provençales pimpantes, qui se partagent de petits jardins de curé en pente douce jusqu'à la rivière, et d'une pittoresque place où se trouvent le café et l'épicerie du village. Il y a une vieille boulangerie qui fleure le bon pain, des cascades pour la fraîcheur, et une douceur de vivre que l'on ne trouve qu'ici ! Deux ponts enjambent l'Artuby (c'est le nom de la rivière) et permettent l'accès au terrain de boules ombragé de platanes, lieu de réunion des villageois le soir, à l'heure sacrée de la pétanque. Resté à l'écart des grandes voies et donc des flots touristiques, Montferrat est authentique et paisible, il a gardé le charme discret de la Provence « d'avant » quand jeunes et vieux vivaient et travaillaient au village en parfaite harmonie.

♦ 503 habitants, 460 m d'altitude ♦ **Accès :** (carte 34) à 14 km N de Draguignan par D 955 ♦ **Foires, festivités :** marché le vendredi matin ; fête de la Saint-Roch vers le 15 août ; fête de Notre-Dame-de-Beauvoir (avec chants provençaux) le 1er dimanche de septembre ♦ **Mairie** (tél. 04.94.70.91.10).

ÎLE DE PORQUEROLLES

83400 Hyères (Var)

Située face à la presqu'île de Giens, Porquerolles est la plus grande des îles de la rade d'Hyères, avec 1 257 hectares. La végétation est superbe : pins d'Alep, palmiers, chênes verts, myrtes et bruyères y poussent à profusion, plages de sable blanc côté Nord, petites calanques aux eaux limpides côté Sud... le rêve ! Afin de mettre fin à différents projets de spéculation immobilière, l'État s'est porté acquéreur en 1971 des huit dixièmes de sa surface. La faune et la flore de l'île sont protégées. Le port est le point de débarquement de l'île, dans laquelle on circule à bicyclette. Les maisons toutes simples, abondamment fleuries, entourent la place d'Armes, bordée d'eucalyptus. Tout au fond, l'église Sainte-Anne, dédiée à la patronne de l'île, a été bâtie au XIXe siècle. Ce qui fait le charme de Porquerolles, c'est aussi la vie îlienne : pique-niquer sur la plage de Notre-Dame, jouer aux boules sur la place, prendre un verre à *L'Escale*, dîner au *Restaurant de la Plage-d'Argent*. Comment résister à la magie de cette île qui, malgré les énormes vedettes qui déversent en été leurs flots de visiteurs débraillés, reste un vrai paradis ?

♦ 250 habitants ♦ **Accès :** (carte 34) par bateau depuis la Tour Fondue (tél. 04.94.58.21.81) ; durée de la traversée : 20 mn ♦ **À voir :** l'exposition d'archéologie sous-marine au fort Sainte-Agathe ; le Conservatoire botanique (tél. 04.94.58.31.16) ♦ **Foires, festivités :** fête de la Sainte-Anne le 26 juillet ; fête du village le 15 août ♦ **Hôtels :** *Auberge des Glycines* (tél. 04.94.58.30.36), hôtel de charme, 12 chambres 550-650 F par personne en demi-pension ; *L'Oustaou* (tél. 04.94.58.30.13), hôtel de charme 5 chambres 450-800 F ; *Le Café Porquerollais* (tél. 04.94.12.32.70) 6 chambres 495-695 F ♦ **Restaurants :** *Restaurant de la Plage-d'Argent* (tél. 04.94.58.32.48, ouvert en été) ; *L'Oustaou* (tél. 04.94.58.30.13) ; *Le Café Porquerollais* (tél. 04.94.12.32.70) ♦ **Mairie** (tél. 04.94.58.30.19) - **Port** (tél. 04.94.58.30.72).

RAMATUELLE
83350 (Var)

Lorsque l'on quitte Saint-Tropez et les plages de Pampelonne, on aperçoit un fier village qui se détache au-dessus des vignobles, sur un fond de collines plantées de chênes-lièges et de pins, c'est Ramatuelle. On le rejoint par une petite route en lacets qui grimpe le long des anciens remparts pour arriver au cœur du village sur la très jolie place de l'Ormeau. L'ormeau n'est plus là, il a été remplacé par un bel olivier, symbole de la Provence, mais la petite place est charmante avec ses terrasses de cafés. Tout à côté, l'église présente un portail en serpentine (XVIIe siècle) et une tour vestige des anciens remparts (XIIIe siècle). La balade dans les rues du village est un ravissement : maisons débordantes de géraniums, jasmins et chèvrefeuilles, escaliers en pierre, petits restaurants et nombreux points de vue sur toute la plaine de Pampelonne. Ramatuelle est un merveilleux village qui représente toute la douceur de vivre de la Provence. Le comédien Gérard Philipe y repose dans le petit cimetière.

♦ 1942 habitants, 146 m d'altitude ♦ **Accès :** (carte 34) à 12 km S de Saint-Tropez par D 93 ♦ **Foires, festivités :** marché le jeudi et le dimanche matin ; « Traditions et Santons » en avril ; fête du Vin le 1er week-end de juillet ; Festival de jazz et de musique classique en juillet ; Festival de théâtre la 1re quinzaine d'août ♦ **Hôtels :** *La Ferme d'Augustin* (tél. 04.94.97.23.83), hôtel de charme, 31 chambres 580-1600 F, 15 suites 1800 F, restaurant ; *La Ferme d'Hermès* (tél. 04.94.79.27.80), hôtel de charme, 8 chambres 600-880 F, 1 suite 1100 F ; *La Figuière* (tél. 04.94.97.18.21), hôtel de charme, 42 chambres 500-950 F, 3 duplex 1300-1400 F, restaurant ♦ **Restaurant :** *L'Auberge de l'Oumède* (tél. 04.94.79.81.24) ♦ **Mairie** (tél. 04.94.56.70.80) - **O. T.** (tél. 04.94.79.26.04).

SAINT-TROPEZ

83990 (Var)

Saint-Tropez est un merveilleux village ancré dans un golfe de toute beauté où la mer reflète le bleu du ciel et les couleurs rosées des façades des maisons de pêcheurs. Mais hélas ce coin de paradis est invivable en été. Allez-y hors saison, lorsque les vrais Tropéziens reprennent possession de leur village et que la plupart des boutiques sont fermées. Vous découvrirez alors le petit port tranquille et authentique, bordé de hautes maisons aux crépis colorés, le petit marché et les étals des pêcheurs derrière le café *Sénéquier*, le quartier de la Ponche, qui a gardé tout son charme, la jolie place de l'Ormeau et l'église de style baroque italien. Le long des ruelles pavées, les maisons sont ornées de bougainvillées, de figuiers sauvages ou de merveilleux massifs d'hortensias. On comprend alors pourquoi Maupassant, Signac, Matisse, Colette et bien d'autres ont pu tomber amoureux de ce ravissant village incontournable. En fin d'après-midi, ne manquez pas les joueurs de boules et le pastis sur la place des Lices.

♦ 5700 habitants ♦ **Accès :** (carte 34) à 37 km S du Muy par D 25 et D 98 ♦ **À voir :** le musée de l'Annonciade ; le musée de la Citadelle ; la chapelle Ste-Anne (XVIIe s.) ; la Maison des papillons ♦ **Foires, festivités :** marché le mardi et le samedi matin ; Bravade de Saint-Tropez du 16 au 18 mai ; Printemps des antiquaires en mai ; Bravade des Espagnols en juin ; salon des Antiquaires en septembre ; « Noël à Saint-Tropez » en décembre ♦ **Hôtels :** *Le Yaca* (tél. 04.94.97.58.50), hôtel de charme, 23 chambres 1250-2300 F ; *La Ponche* (tél. 04.94.97.02.53), hôtel de charme, 18 chambres 750-1680 F, 3 suites 750-2300 F, restaurant ; *Le Pré de la Mer* (tél. 04.94.97.12.23) hôtel de charme, 3 chambres 510-695 F, 8 studios 660-950 F ♦ **Restaurants :** *La Renaissance* (tél. 04.94.97.02.00) ; *Chez Fuchs* (tél. 04.94.97.01.25) ; *Café Sud* (tél. 04.94.97.42.52) ♦ **O. T.** (tél. 04.94.55.98.55).

SEILLANS
83440 (Var)

Situé à quelques kilomètres de Fayence, Seillans – dont l'origine remonte à l'occupation romaine (IIe siècle) – s'est implanté sur les pentes du mont Auzière. C'est un charmant village perché, aux maisons ocre, aux ruelles fleuries et pavées de galets qui montent vers le château et les remparts en partie conservés. Dans la rue des Remparts, on peut voir une tour du XVIIe siècle percée de meurtrières puis, un peu plus loin, l'église à nef romane qui fut reconstruite en 1477. Tout en haut du bourg, le château offre un ensemble de bâtiments de différentes époques : une tour, un donjon et une bâtisse du XVIIe siècle. Mais l'endroit le plus charmant du village est sans doute la petite place ombragée et ornée d'une fontaine, à côté de l'*Hôtel des Deux-Rocs*. De là, la vue sur la campagne environnante est superbe ! Seillans est aussi très connu pour sa production de fleurs aromatiques et pour son excellent miel. Le peintre Max Ernst y vécut les dernières années de sa vie ; Gounod et Alphonse Karr y séjournèrent.

♦ 1820 habitants, 400-500 m d'altitude ♦ **Accès :** (carte 34) à 35 km N-E de Draguignan par D 562, D 563 et D 19 ♦ **Aux alentours :** la chapelle de Notre-Dame-de-l'Ormeau (retable du XVIe siècle) ; le village de Bargemon ; le lac de Saint-Cassien ; les gorges du Verdon ♦ **Foires, festivités :** marché le mercredi matin ; fête des Fleurs à la Pentecôte (tous les 2 ans, aura lieu en 1998) ; fête de Saint-Cyr le dernier dimanche de juillet ; fête de Notre-Dame-des-Selves (fête provençale) le 1er week-end de juillet ; marché potier le 15 août ; veillée traditionnelle et messe de minuit à Noël ♦ **Hôtel :** *Hôtel des Deux-Rocs* (tél. 04.94.76.87.32), hôtel de charme, 15 chambres 280-550 F, restaurant ♦ **Restaurant :** *Auberge de Mestre Cornille* (tél. 04.94.76.87.31) ♦ **S. I.** (tél. 04.94.76.85.91).

TOURTOUR
83690 (Var)

Situé à plus de 600 mètres d'altitude, entre les Préalpes du sud et la plaine du Var, Tourtour est entouré de sources et de forêts. Le village a conservé son aspect médiéval, avec ses rues coupées d'escaliers ou traversées d'arcades, ses fontaines, ses maisons anciennes. La place des Ormeaux, typique de tout village provençal (les deux ormeaux plantés en 1638 ont été remplacés par des oliviers), est ornée d'une jolie fontaine ; vous pourrez prendre un verre à la charmante terrasse de *La Farigoulette* ou au *Café des Ormeaux* en vous laissant bercer par le murmure de l'eau ; un peu à l'écart se trouve le château avec ses quatre tours coiffées de toits pointus. À l'extérieur du village et le dominant, l'église Saint-Denis d'époque romane a, hélas, été très rénovée au XIXe siècle. De l'esplanade, on découvre un panorama magnifique sur le golfe de Saint-Raphaël et les montagnes environnantes.

♦ 472 habitants, 635 m d'altitude ♦ **Accès :** (carte 34) à 10 km N-E de Salernes par D 77 ♦ **À voir :** le musée des Fossiles (tél. 04.94.70.54.74) ♦ **Aux alentours :** le village de Villecroze ; la route du Haut-Var ♦ **Foires, festivités :** marché les mercredi et samedi matin ; fête de l'Œuf à Pâques ; fête du village le 1er week-end d'août (messe provençale, danses folkloriques, concours de boules « à la longue » et aïoli) ; fête de la Saint-Denis en octobre ♦ **Hôtel :** *La Bastide de Tourtour* (tél. 04.94.70.57.30), restaurant ♦ **Restaurant :** *Les Chênes Verts* (tél. 04.94.70.55.06) ♦ **Mairie** (tél. 04.94.70.57.20) - **O. T.** (tél. 04.94.70.54.36).

TRIGANCE
83840 (Var)

Bâti au cœur de la Haute-Provence, à la limite des gorges du Verdon, dans un paysage sauvage de restanques à 800 mètres d'altitude, Trigance présente une forteresse flanquée de tours rondes crénelées qui s'agrippe au rocher et domine des maisons de pierre formant rempart. L'ensemble est d'une grande homogénéité, car le même matériau a été utilisé pour la construction des maisons et du château fort. Le village fut, au IXe siècle, la propriété de l'abbaye de Saint-Victor de Marseille avant de devenir le fief du comte de Provence au XIe siècle. La flânerie dans les rues du village est vraiment agréable ; vous découvrirez des passages voûtés, des rues en calades entrecoupées d'escaliers de pierre, de vieux puits, des maisons aux toits de tuiles roses, l'église romane Saint-Michel et un joli campanile du XVIIe siècle. Vous monterez ensuite jusqu'à l'imposante forteresse, transformée en hôtel de charme, d'où la vue depuis la terrasse est époustouflante. Des représentations théâtrales ont lieu sur l'esplanade du château en été.

♦ 125 habitants, 780 m d'altitude ♦ **Accès :** (carte 34) à 40 km N de Draguignan par D 955 ♦ **À voir :** le musée d'Histoire et du Patrimoine ♦ **Aux alentours :** les gorges du Verdon, le lac de Sainte-Croix, nombreux sentiers de randonnée (GR 9) ♦ **Foires, festivités :** Festival de théâtre mi-juillet-mi-août ; fête patronale de la Saint-Roch du 14 au 16 août ♦ **Hôtel :** *Château de Trigance* (tél. 04.94.76.91.18), hôtel de charme, 8 chambres 600-700 F, 2 suites 900 F, restaurant ♦ **Restaurant :** *Le Vieil Amandier* (tél. 04.94.76.92.92) ♦ **Mairie** (tél. 04.94.76.91.01) - **S. I.** (tél. 04.94.85.68.40).

ANSOUIS

84240 (Vaucluse)

En plein cœur du pays d'Aigues, Ansouis occupait au Moyen Âge une place idéale pour contrôler la route entre Aix-en-Provence et Apt. Aujourd'hui, ce village merveilleusement conservé est toujours dominé par son magnifique château, ancienne possession de la famille de Sabran. Avant de l'atteindre, on traverse la grande place et on parcourt les ruelles aux maisons joliment restaurées. Les plus anciennes datent des XVe et XVIIe siècles. L'église paroissiale Saint-Martin est encore plus ancienne ; à l'intérieur on peut admirer des bustes reliquaires, des panneaux de bois et un retable du XVIIe siècle. Le château, à la fois place forte médiévale et bastide du XVIIe siècle, a conservé un donjon et des tourelles de forteresse, ainsi que des remparts dotés de créneaux et de mâchicoulis. Le grand corps de logis de la façade méridionale a été remanié après les guerres de Religion, dans le style des hôtels aixois du XVIIe siècle. La visite permet d'admirer de beaux meubles, des tapisseries, des plafonds à caissons et une cuisine voûtée. Les jardins sont magnifiques, décorés de buis taillés et remarquablement entretenus. De la terrasse la vue sur la montagne Sainte-Victoire est superbe.

♦ 888 habitants, 295 m d'altitude ♦ **Accès :** (carte 33) à 25 km N d'Aix-en-Provence par A 51 sortie Pertuis et D 56 ♦ **À voir :** le Musée extraordinaire de Georges Mazoyer ♦ **Aux alentours :** La Tour d'Aigues ; l'abbaye de Silvacane ♦ **Foires, festivités :** marché le jeudi matin ; foire artisanale en juillet ; « Musicales du Château » la 1re semaine d'août ; exposition de peinture en été ♦ **Hôtel :** *Le Jardin d'Ansouis* (tél. 04.90.09.89.27), maison d'hôtes de charme, 2 chambres 240-330 F, table d'hôtes le soir sur réservation ♦ **Restaurant :** Les Moissines (salon de thé, tél. 04.90.09.85.90) ♦ **S. I.** (tél. 04.90.09.86.98).

LE BARROUX
84330 (Vaucluse)

Le Barroux est un magnifique village perché, dominé par un imposant et élégant château fort du XIIe siècle. La forteresse appartenait à l'origine aux seigneurs des Baux, puis elle fut reconstruite au XVIe siècle par la famille de Roviglasc qui, s'inspirant de l'architecture italienne, la dota de fenêtres à meneaux, de galeries et de grilles ouvragées. Le village a été soigneusement restauré, les rues repavées, les toits refaits, les maisons ravalées. La belle pierre dorée des murs donne une belle unité à toutes les constructions. De la terrasse du château on a, comme dans tous les villages perchés, une vue superbe sur la plaine, le mont Ventoux et les Dentelles de Montmirail. Vous pourrez aussi acheter du pain cuit comme autrefois au prieuré de la Madeleine tout proche.

♦ 579 habitants, 347 m d'altitude ♦ **Accès :** (carte 33) à 10 km N de Carpentras par D 938 et D 78 ♦ **Aux alentours** : le joli village de Bédoin (12 km S-E) ; Avignon, Vaison-la-Romaine ♦ **Foires, festivités :** fête de l'Abricot le 14 juillet ; foire artisanale, brocante et fête votive le 15 août ♦ **Hôtels :** *Les Géraniums* (tél. 04.90.62.41.08), hôtel de charme, 22 chambres 240-270 F, restaurant ; *Mas de la Lause* (tél. 04.90.62.32.77), maison d'hôtes de charme, 3 chambres 260-280 F, 1 suite 340 F, table d'hôtes le soir sur réservation ♦ **Mairie** (tél. 04.90.62.43.11).

LE BEAUCET
84210 (Vaucluse)

Au cœur du Comtat Venaissin, un très beau village, perché à flanc de colline au milieu de cyprès et de grands pins, dominé par les ruines de son château fort qui se confondent avec la pierre dorée du rocher. Le Beaucet est resté merveilleusement préservé et authentique : des remparts et des restes de tours du XIVe siècle, des maisons de pierre aux toits de tuiles roses enfouies dans la verdure et une jolie petite église du XIIe siècle, toute simple, qui montre fièrement son clocher. On dirait un village de crèche, surtout lors du pèlerinage que les villageois font chaque année, depuis le XVe siècle, jusqu'à l'ermitage de Saint-Gens pour obtenir la pluie, le samedi le plus proche du 16 mai. Un adorable village qui, en outre, offre le charme d'une délicieuse auberge où l'on peut se régaler d'une très, très bonne cuisine provençale !

♦ 152 habitants, 300 m d'altitude ♦ **Accès :** (carte 33) à 10 km S-E de Carpentras par D 4 et D 39 ♦ **Aux alentours :** l'ermitage de Saint-Gens (XIIe s.) ; La Roque-sur-Pernes ♦ **Foires, festivités :** pèlerinage de Saint-Gens le samedi le plus proche du 16 mai ; fête votive les 17 et 18 juillet ; « Festival avec l'accent » en août ♦ **Hôtels :** à Venasque (5 km), *Auberge de la Fontaine* (tél. 04.90.66.02.96), hôtel de charme, 5 suites 800 F ; *La Maison aux Volets Bleus* (tél. 04.90.66.03.04), maison d'hôtes de charme, 5 chambres 350-420 F, table d'hôtes ♦ **Restaurant :** *Auberge du Beaucet* (tél. 04.90.66.10.82) ♦ **Mairie** (tél. 04.90.66.00.23).

BONNIEUX
84480 (Vaucluse)

Le village s'enroule au pied de l'église couronnée de cèdres qui le domine de son clocher pointu. On peut voir encore les vestiges des anciens remparts qui protégeaient le village. Les maisons et hôtels particuliers des XVIe, XVIIe et XVIIIe siècles témoignent de l'ancienne richesse de cette cité qui appartint à la papauté jusqu'à la Révolution. Linteaux sculptés, arches de pierre, portes de bois cloutées, armoiries enchâssées dans la pierre, de nombreux détails suscitent l'admiration. Il faut visiter le musée de la Boulangerie installé dans de belles caves voûtées (joli escalier du XVIIIe s.), voir l'hôtel de Rouville (XVIIe s.) où se trouve la mairie, admirer les très beaux tableaux du XVe siècle dans l'église Neuve puis monter jusqu'à l'église Vieille par un escalier assez raide, taillé dans la pierre. On atteint le tertre et l'église romane, remaniée et agrandie au XVe siècle, ombragée de cyprès et de cèdres magnifiques ; à l'intérieur, un superbe retable en bois doré du XVe siècle. Un village magnifique, à visiter absolument.

♦ 1433 habitants, 400 m d'altitude ♦ **Accès :** (carte 33) à 12 km S-O d'Apt par D 943 et D 232 ♦ **À voir :** le musée de la Boulangerie ♦ **Aux alentours :** Sivergues et Saignon ; le pont Julien ; le prieuré de St-Symphorien ; la forêt de cèdres ♦ **Foires, festivités :** marché le vendredi, marché paysan le mercredi de mai à septembre ; marché potier à Pâques ; « Duo Bonnieux » en juillet ; semaine musicale en août ; fête votive en août ♦ **Hôtels :** *Bastide de Capelongue* (tél. 04.90.75.89.78), hôtel de charme, 17 chambres 500-1400 F, suites 1200-1800 F, restaurant ; *Hostellerie du Prieuré* (tél. 04.90.75.80.78), hôtel de charme, 10 chambres 350-640 F, restaurant ; *Relais de la Rivière* (tél. 04.90.04.47.00), hôtel de charme, 12 chambres 600-660 F, suites 800-920 F, restaurant ; *La Bouquière* (tél. 04.90.75.87.17), maison d'hôtes de charme, 4 chambres 385-450 F (2 nuits minimum) ♦ **Restaurant :** *Le Fournil* (tél. 04.90.75.83.62) ♦ **Mairie** (tél. 04.90.75.80.06) - **O. T.** (tél. 04.90.75.91.90).

BRANTES
84390 (Vaucluse)

Il faut prendre la peine de découvrir ce minuscule village fortifié, perché sur son rocher au-dessus du Toulourenc. Il paraît bien fragile, perdu dans ce paysage immense, ses toits rosés émergeant entre rocs et végétation. Brantes est resté complètement à l'abri des touristes et l'on y trouve des petites rues tranquilles, caladées (pavées de petits galets arrondis) et bordées de belles maisons anciennes en pierre sèche, des passages voûtés, des escaliers aux vieilles pierres polies, une petite église à clocher carré et, tout en haut, les ruines du château. De là, la vue est à couper le souffle : on découvre toute la plaine du Toulourenc et le mont Ventoux. Brantes aujourd'hui revit grâce à la présence d'artisans inspirés par la magnificence du paysage.

♦ 63 habitants, 546 m d'altitude ♦ **Accès :** (carte 33) à 30 km E de Malaucène par D 164 ♦ **Aux alentours :** le col du Comte, le mont Serein ♦ **Foires, festivités :** fête votive le week-end après le 15 août ♦ **Hôtel :** à Aurel (16 km O), *Richarnau* (tél. 04.90.64.03.62), maison d'hôtes de charme, 3 chambres 300-390 F, 2 suites 350-450 F, table d'hôtes sur réservation ♦ **Mairie** (tél. 04.75.28.09.46).

LE CRESTET
84110 (Vaucluse)

Peut-être un des seuls villages encore secret et authentique de cette belle région de Vaison-la-Romaine et des Dentelles de Montmirail ! Le Crestet s'étale sur une crête (comme son nom l'indique) sous la protection de son château (on ne visite pas), ancienne propriété des évêques de Vaison. Les rues escarpées ont gardé un charme rustique. Elles sont caladées, entrecoupées d'escaliers et agrémentées d'une végétation sauvage : figuiers, lierre ou vigne vierge poussent en liberté. Sur la petite place de l'église, une ravissante fontaine offre une halte rafraîchissante. Lavoir et vieux puits témoignent encore de la vie quotidienne d'autrefois. Quant à l'église, dédiée à saint Sauveur, elle fut bâtie au XIe siècle puis remaniée au XVIIIe siècle. Du haut du village, au pied du château, la vue s'étend sur la vaste plaine de l'Ouvèze plantée de vignobles et cernée, au loin, de montagnes.

♦ 404 habitants, 300 m d'altitude ♦ **Accès :** (carte 33) à 4 km S de Vaison-la-Romaine par D 938 et D 238 ♦ **À voir :** le Centre d'art contemporain (tél. 04.90.36.34.85) ♦ **Aux alentours :** Vaison-la-Romaine ; les ruines de l'abbaye de Prébayon ; nombreuses randonnées à faire dans les Dentelles de Montmirail ♦ **Foires, festivités :** fête votive le dernier week-end de juin ; « Artistes dans la rue » en septembre ♦ **Hôtel :** *La Ribaude* (tél. 04.90.36.36.11), maison d'hôtes de charme, 7 suites 850 F ♦ **Restaurants :** *La Garenne* (tél. 04.90.36.05.01), *La Loupiote* (tél. 04.90.36.29.50) ; à Vaison, *Le Brin d'Olivier* (tél. 04.90.28.74.79) ♦ **Mairie** (tél. 04.90.36.06.72).

CRILLON-LE-BRAVE
84410 (Vaucluse)

C'est grâce à un compagnon d'Henri IV, Berton de Balbe, que le village a gagné sa réputation de bravoure et son surnom de « Brave ». Fièrement campé sur son rocher, Crillon étage ses habitations au pied de son château, haute et belle demeure du XVe siècle, et de son église des XII-XIVe siècles. Les maisons, très bien restaurées, présentent une agréable harmonie de matières et de couleurs – pierres dorées ou crépis ocre clair se mariant aux tuiles rosées des toits à génoises. La balade dans les ruelles du village est charmante : arceaux, portes de bois, beaux encadrements de pierre apportent une touche de raffinement aux plus simples maisons. Autrefois entouré de remparts, Crillon n'en conserve aujourd'hui que des vestiges, dont une porte du XVIe siècle. Il faut voir la jolie chapelle Saint-Michel qui date du XIe siècle ; elle est décorée de rares fresques du XIVe siècle, hélas très fanées par le temps. Et puis, si vous ne vous résignez pas à quitter ce lieu attachant, vous pourrez prolonger le plaisir en séjournant au château, transformé en merveilleux hôtel de charme. Du haut du village et des jardins du château, on a une vue splendide sur les toits, la vallée et le mont Ventoux au loin.

♦ 400 habitants, 300 m d'altitude ♦ **Accès :** (carte 33) à 12 km N de Carpentras par D 974 et D 138 ♦ **À voir :** le musée de la Musique mécanique ♦ **Aux alentours :** les villages de Caromb (4 km S-O) et de Bédoin (4 km E) ♦ **Foires, festivités :** Festival du Livre et de la BD dernier dimanche de juin ; brocante et vide-greniers le 3e dimanche de juillet ; fête votive le 1er week-end d'août ♦ **Hôtels :** *Hostellerie de Crillon-le-Brave* (tél. 04.90.65.61.61), hôtel de charme, 19 chambres 890-1650 F, 4 suites 1450-2500 F, restaurant ; *Clos Saint-Vincent* (tél. 04.90.65.93.36), maison d'hôtes de charme, 5 chambres 430-480 F, 1 mazet 770-970 F, table d'hôtes ♦ **Mairie** (tél. 04.90.65.60.61).

GORDES
84220 (Vaucluse)

Magnifique village perché, couronné par un château et une église massive, Gordes étage ses maisons jusqu'au sommet d'une falaise escarpée. Site défensif, Gordes avait dès le XIe siècle son seigneur et son château. Témoin de cette époque, en contrebas de l'église (XVIIIe s.), une bâtisse du XIIIe siècle présente une salle à voûtes d'arêtes et à piliers-colonnes. Quant au château médiéval, il a été renforcé au XIVe siècle puis rebâti au XVIe siècle par Bertrand de Simiane. Aujourd'hui, on peut l'admirer dans toute sa splendeur grâce à la restauration parfaite réalisée par le peintre Victor Vasarely. La balade le long des ruelles en calade, coupées d'escaliers et bordées de maisons anciennes bien rénovées, est très pittoresque. Des rues en surplomb offrent des points de vue magnifiques sur toute la vallée. Très touristique en été, Gordes est un merveilleux village qui garde tout son charme hors saison. Vous pourrez aussi faire de ravissantes promenades dans la région, visiter les jolis villages de Goult, Murs, Joucas… mais surtout ne manquez pas le marché à la brocante de L'Isle-sur-la-Sorgue le samedi et le dimanche.

♦ 2031 habitants, 373 m d'altitude ♦ **Accès :** (carte 33) à 17 km N-E de Cavaillon par D 2 ♦ **À voir :** le musée du Vitrail (au village des Bouillons) ♦ **Aux alentours :** le village des Bories ; l'abbaye de Sénanque (XIIe s.) ♦ **Foires, festivités :** marché le mardi matin ; marché aux fleurs en avril ; Festival de musique et théâtre en juillet-août ♦ **Hôtels :** *La Ferme de la Huppe* (tél. 04.90.72.12.25), hôtel de charme, 8 chambres 400-700 F, restaurant ; *La Badelle* (tél. 04.90.72.33.19), maison d'hôtes de charme, 4 chambres 350-380 F, 1 suite 460 F ♦ **Restaurants :** *Le Renaissance* (tél. 04.90.72.02.02) ; *Le Comptoir du Victuaillier* (tél. 04.90.72.01.31) ; *le Mas Tourteron* (tél. 04.90.72.00.16) ♦ **O. T.** (tél. 04.90.72.02.75).

GOULT
84220 (Vaucluse)

Ancienne possession de la famille d'Agoult, à laquelle il doit son nom, Goult est un ravissant village qui a conservé deux portes vestiges des remparts du XIVe siècle qui le protégeaient autrefois. Au XVIIIe siècle, le village était prospère, des artisans faïenciers en faisaient la renommée. Aujourd'hui, Goult présente toujours une belle homogénéité architecturale ; ses maisons des XVIe et XVIIIe siècles, bien rénovées, ont d'épais murs de pierre blonde, des fenêtres encadrées de pierre, des pièces voûtées et des toits de tuiles provençales. Certaines demeures, les plus anciennes, ont gardé des détails intéressants, portes en arceau, linteaux sculptés. Le village s'enorgueillit aussi d'une bien jolie église romane à portail ouvragé, d'une placette agrémentée du charmant *Café de la Poste* à l'ombre des micocouliers et d'un château (privé) très restauré qui le domine paisiblement.

♦ 1280 habitants, 240 m d'altitude ♦ **Accès :** (carte 33) à 18 km E de Cavaillon ♦ **Foires, festivités :** marché le lundi après-midi ; fête votive au hameau de Lumières le dernier week-end de juin ; brocante au hameau de Lumières le 1er dimanche d'août ; « Un Été à Goult » en août ; pèlerinage à Notre-Dame-de-Lumières le 8 septembre ; fête votive le 3e dimanche de septembre ♦ **Restaurants :** *Auberge de la Bartavelle* (tél. 04.90.72.33.72) ; *Café de la Poste* (tél. 04.90.72.23.23) ; *Le Tonneau* (tél. 04.90.72.22.35) ♦ **Mairie** (tél. 04.90.72.20.16).

LACOSTE
84480 (Vaucluse)

Lacoste occupe un site escarpé occupé par l'homme dès l'époque néolithique. Rivale protestante de Bonnieux la catholique, la petite cité connut des moments dramatiques lors des répressions contre les Vaudois, au XVIe siècle. Au XVIIIe siècle, le château revint en héritage à François-Gaspard de Sade, grand-père du « Divin marquis » qui s'y retira en 1771. La magnifique demeure fut pillée lors de la Révolution et servit de carrière aux habitants du village. Son propriétaire actuel relève courageusement le château de ses ruines et organise des visites. Les maisons, les vestiges des anciens remparts, le pavage des ruelles et les ruines du château sont faits de la même pierre calcaire blonde : vous serez saisi par la beauté minérale du village. De nombreux artistes ont été séduits par l'aspect sauvage de Lacoste, où séjournèrent l'écrivain André Breton et le peintre Jacques Hérold.

♦ 360 habitants, 330 m d'altitude ♦ **Accès :** (carte 33) à 15 km S-O d'Apt par N 100 et D 108 ♦ **Aux alentours :** l'ancienne abbaye Saint-Hilaire, chapelle XIIe-XIIIe siècles (2 km O par D 109) ♦ **Foires, festivités :** marché le mardi matin ♦ **Hôtels :** *Bonne Terre* (tél. 04.90.75.85.53), maison d'hôtes de charme, 5 chambres 390-550 F ; à La Valmasque (3 km), *L'Herbier* (tél. 04.90.75.88.98), maison d'hôtes de charme, 4 chambres 250-320 F ♦ **Restaurant :** *Le Simiane* (tél. 04.90.75.83.31) ♦ **Mairie** (tél. 04.90.75.82.04).

LOURMARIN
84160 (Vaucluse)

Lourmarin est situé au pied de la combe de l'Aiguebrun, dans un très bel environnement de vignes et d'oliviers. Les habitants du village protestant furent massacré au XVIe siècle par Maynier d'Oppède. Aujourd'hui, Lourmarin dispose paisiblement ses maisons des XVIIe et XVIIIe siècles un peu à l'écart de la délicate église romane et du magnifique château ; ce dernier, construit par la famille d'Agoult au XVe siècle, devint le refuge de gitans au XIXe siècle et fut très endommagé. Par bonheur, en 1921, un industriel lyonnais, Robert Laurent-Vuibert, le racheta et le restaura complètement avant d'en faire don à l'académie d'Aix. Le château est constitué de deux parties : le château vieux, du XVe siècle, avec sa tour crénelée, et le château neuf, Renaissance, avec ses fenêtres à meneaux et ses galeries à l'italienne. À l'intérieur, très beaux meubles et tableaux. N'oubliez pas de flâner dans les pittoresques rues du village, d'admirer les jolies fontaines et le vieux beffroi. Dans le petit cimetière de Lourmarin reposent Albert Camus et Henri Bosco.

♦ 1112 habitants, 150 m d'altitude ♦ **Accès :** (carte 33) à 19 km S d'Apt par D 943 ♦ **À voir :** le musée Philippe-de-Girard ; le musée des Compagnons du devoir ♦ **Aux alentours :** l'abbaye de Silvacane (cloître du XIIIe s.) ; le village de Cucuron ♦ **Foires, festivités :** marché le vendredi matin ; « Rencontres Méditerranéennes » (littérature et théâtre) en août ; concerts du 15 juin au 15 septembre ; foire des Artisans d'art en juin et août ; foire artisanale le 3e dimanche de juillet ; « Décade des Arts » en octobre ♦ **Hôtels :** *Auberge La Fenière* (tél. 04.90.68.11.79), hôtel de charme, 6 chambres 500-750 F, 1 suite 950 F, restaurant gastronomique ; *Villa Saint Louis* (tél. 04.90.68.39.18), maison d'hôtes de charme, 5 chambres 300-400 F ♦ **Restaurants :** *L'Agneau Gourmand* (tél. 04.90.68.21.04) ; *La Louche à Beurre* (tél. 04.90.68.00.33) ; *L'Oustalet de Georges* (tél. 04.90.68.07.33) ♦ **S. I.** (tél. 04.90.68.10.77).

MÉNERBES
84560 (Vaucluse)

Le village s'allonge sur un éperon rocheux, un peu comme un magnifique navire échoué entre la Citadelle et le Castellet. Lors des guerres de Religion, au XVIe siècle, la cité fut investie par surprise par les calvinistes qui, de ce promontoire, résistèrent aux troupes catholiques pendant plus de quinze mois. La Citadelle (XIIe-XVIe s.) comporte encore aujourd'hui une partie de ses défenses (tours et mâchicoulis). Le village offre un entrelacs de petites rues bordées de belles demeures anciennes, dont l'hôtel de Tingry (XVIe-XVIIe s.). Vous admirerez la place de l'Hôtel-de-Ville avec son beffroi à campanile du XVIIe siècle, la chapelle Saint-Blaise (XVIIIe siècle) puis, plus loin, l'église du XIVe siècle richement décorée. En contrebas, depuis le cimetière abandonné, très belle vue sur la vallée du Coulon et les villages de Gordes et Roussillon. Ménerbes est un village magnifique ; juste un regret : la construction du groupe scolaire, qui gâche un peu la vue d'ensemble.

♦ 1120 habitants, 230 m d'altitude ♦ **Accès :** (carte 33) à 16 km E de Cavaillon par D 2, N 100 et D 103 ♦ **À voir :** le musée du Tire-Bouchon au Domaine de la Citadelle (tél. 04.90.72.41.58) ♦ **Aux alentours :** l'abbaye de Saint-Hilaire (3 km O par D 109) ♦ **Foires, festivités :** foire artisanale et foire au Miel en juillet ; fête votive le 25 août ; fête des Vendanges en septembre ♦ **Hôtels :** à Oppède (5 km) *Mas des Capelans* (tél. 04.90.76.99.04), hôtel de charme, 7 chambres 400-900 F, 2 suites 600-1000 F, restaurant ; *Le Domaine du Petit Crui* (tél. 04.90.76.80.89), maison d'hôtes de charme, 4 chambres 380-500 F, 2 suites 550 F (3 jours minimum en juillet-août) ♦ **Mairie - S. I.** (tél. 04.90.72.22.05).

OPPÈDE-LE-VIEUX
84580 (Vaucluse)

Bâti sur un roc à pic couronné de pins, le fier village d'Oppède présente un étagement de maisons et d'hôtels Renaissance dominés par les ruines d'un château féodal construit par les comtes de Toulouse. Déserté au début du siècle par ses habitants, qui s'installèrent dans la plaine plus facile d'accès, le village retrouva vie et beauté dans les années cinquante-soixante, sous l'impulsion d'artistes et d'écrivains tombés amoureux du vieux bourg abandonné. Aujourd'hui bien vivant et heureusement préservé de toute rénovation abusive, Oppède offre à nos regards émerveillés son décor d'arches sculptées, de passages voûtés, d'escaliers envahis de lierre. Autour de la belle place carrée, les maisons nobles s'alignent harmonieusement. Puis, tout en haut, on atteint le vieux château et l'église (XIIIe s. remaniée aux XVIe et XIXe siècles). De là, on peut admirer toute la vallée du Calavon.

♦ 1136 habitants, 320 m d'altitude ♦ **Accès :** (carte 33) à 12 km E de Cavaillon par D 2, D 29 et D 178 ♦ **Aux alentours :** le parc naturel régional du Lubéron ; Apt ♦ **Foires, festivités :** marché le samedi matin ; Festival de musique en juillet-août ; fête de la Saint-Laurent le 10 août ♦ **Hôtels :** *Mas des Capelans* (tél. 04.90.76.99.04), hôtel de charme, 7 chambres 400-900 F, 2 suites 600-1000 F, restaurant ; *Le Domaine du Petit Crui* (tél. 04.90.76.80.89), maison d'hôtes de charme, 4 chambres 380-500 F, 2 suites 550 F (3 jours minimum en juillet-août) ♦ **Restaurant :** *L'Oppidum* (tél. 04.90.76.84.15) ♦ **Mairie** (tél. 04.90.76.90.06).

ROUSSILLON
84220 (Vaucluse)

Ce village est célèbre dans le monde entier, grâce aux dix-huit nuances d'ocre rouge de son « vallon des Fées » et au relief tourmenté de ses anciennes carrières, falaises que l'érosion et le mistral continuent de raviner. Samuel Beckett y vécut en réfugié pendant deux ans durant la Seconde Guerre mondiale. Cet épisode est confirmé par un passage de sa pièce *En attendant Godot* : « Nous avons fait les vendanges, tiens, tiens, chez un nommé Bonnelly, à Roussillon... Là-bas, tout est rouge ! » Sous le beffroi de la belle tour de l'Horloge, un passage voûté permet d'entrer dans la partie ancienne du village, qui présente une unité exceptionnelle. La promenade est vraiment jolie, presque toutes les maisons sont bien restaurées et leurs hautes façades, enduites dans les tons d'ocre allant du jaune au rouge foncé, s'intègrent remarquablement au site. La mairie et la demeure qui lui fait face, très belles, sont du XVIIIe siècle. L'église romane, très remaniée au XVIe siècle, contient de rares fonts baptismaux du XVIIe siècle. Sur la place, d'agréables terrasses de cafés permettent de s'attarder un peu plus longtemps dans ce village au charme magique.

♦ 1175 habitants, 343 m d'altitude ♦ **Accès :** (carte 33) à 10 km N-O d'Apt par N 100, D 201, D 4 et D 104 ♦ **À voir :** promenade jusqu'à la Chaussée des Géants et circuit de l'Ocre ♦ **Aux alentours :** les villages de Gargas (7 km E) et de Saint-Saturnin-lès-Apt (12 km N-E) ♦ **Foires, festivités :** marché le jeudi matin ; Festival international de quatuors à cordes de juin à septembre ; « Peintres dans la rue » en juin ; Festival de musique latine 22-26 juillet ; marché potier en septembre ♦ **Hôtels :** *Le Mas de Garrigon* (tél. 04.90.05.63.22), hôtel de charme, 8 chambres 650-820 F, 1 suite 1080 F, restaurant ; *Mamaison* (tél. 04.90.05.74.17), maison d'hôtes de charme, 4 chambres 450-650 F, 2 suites 850 F ♦ **Restaurant :** *Le Bistrot de Roussillon* (tél. 04.90.05.74.45) ♦ **O. T.** (tél. 04.90.05.60.25).

SÉGURET
84110 (Vaucluse)

Des maisons étagées au pied d'une butte calcaire aux crêtes découpées, la tour de l'ancien château médiéval émergeant des pins en haut de la colline, voici le joli village de Séguret. Un circuit fléché vous invite à la visite, qui commence par un passage voûté, la porte Reynier (XIIe s.), pour se poursuivre par des rues au pavage de pierre qui montent jusqu'à la ravissante fontaine des Mascarons (XVIIe s.), le lavoir et le beffroi (XIVe s.). Enfin, l'église Saint-Denis (Xe s.) comporte une belle nef romane. De la place, le panorama s'étend sur la plaine du Comtat et sur les Dentelles de Montmirail. De jolies boutiques d'artisans (potiers, santonniers) égaient la promenade, et, si vous êtes courageux, vous pourrez emprunter le sentier escarpé qui monte jusqu'aux ruines de l'ancien château. Ensuite, vous pourrez peut-être déjeuner sur la terrasse du charmant restaurant *Le Mesclun* dans la pittoresque rue des Poternes.

♦ 803 habitants, 270 m d'altitude ♦ **Accès :** (carte 33) à 9 km S de Vaison-la-Romaine par D 977 et D 88 ♦ **Aux alentours :** les villages de Sablet, Gigondas, Beaumes-de-Venise ♦ **Foires, festivités :** fête votive le dernier week-end de juillet ; Festival provençal et fête vigneronne le 3e week-end d'août ; marché des potiers le 4e dimanche d'août ; expositions de crèches et de santons en août et décembre-janvier ; journée des traditions et du bon goût le dimanche avant Noël ; « Li Bergié de Séguret » représentation de la Nativité et messe de minuit en provençal le 24 décembre ♦ **Hôtels :** *Saint-Jean* (tél. 04.90.46.91.76), maison d'hôtes de charme, 1 chambre et 2 suites 400-550 F ; à Gigondas (7 km S), *Les Florets* (tél. 04.90.65.85.01), hôtel de charme, 13 chambres 350-410 F, restaurant ♦ **Restaurant :** *Le Mesclun* (tél. 04.90.46.93.43) ♦ **Mairie** (tél. 04.90.46.91.06).

VAISON-LA-ROMAINE
84110 (Vaucluse)

Il est dit que Vaison-la-Romaine se joue des siècles... et des catastrophes. Tandis que la ville moderne se prélasse dans le soleil estival autour des vestiges du théâtre et des villas romaines, il suffit de traverser l'Ouvèze pour vivre au Moyen Âge, « il suffit de passer le pont » pour se retrouver dans un monde de fraîcheur et de romantisme : les calades de la Haute-Ville, joyau médiéval de la rive gauche de l'Ouvèze. Alors le temps s'arrête et vous projette dans une ville de calme, de culture et d'histoire. La création du bourg de la Haute-Ville remonte au XIIe siècle. La migration de la population à l'abri du château perché (XIIe-XVe s.) a pour origine les nombreux conflits qui opposèrent le comte de Toulouse à l'archevêque de Vaison. Ce dernier régnait en seigneur sur la ville, qui devint État pontifical en 1274. Elle le reste jusqu'à la Révolution, ce qui explique la richesse et le nombre important de ses édifices des XVIe et XVIIe siècles, que l'on peut encore admirer aujourd'hui. Portes fortifiées, vestiges de remparts, placettes avec fontaines, hautes maisons forment un décor unique et pittoresque. La cité médiévale est aujourd'hui le fief d'artistes et d'artisans pour le plus grand bonheur des visiteurs, qui n'ont pas fini de lustrer de leurs pas les galets des calades.

♦ 5700 habitants (300 dans la cité médiévale), 210 m d'altitude ♦ **Accès :** (carte 33) à 47 km N-E d'Avignon par D 942 et D 938 ♦ **À voir :** les vestiges romains ; le théâtre antique ; le Musée archéologique ; la cathédrale N-D-de-Nazareth ; le cloître ♦ **Foires, festivités :** marché le mardi matin, le dimanche matin de juin à septembre ; Festival de Vaison (danse, concerts, théâtre) en juillet-août ♦ **Hôtels :** *Le Beffroi* (tél. 04.90.36.04.71), hôtel de charme, 22 chambres 330-655 F, restaurant ; *L'Évêché* (tél. 04.90.36.13.46), maison d'hôtes de charme, 4 chambres 330-420 F ♦ **Restaurants :** *Le Brin d'Olivier* ; *La Fête en Provence* ♦ **O. T.** (tél. 04.90.36.02.11).

VENASQUE
84210 (Vaucluse)

Venasque est accroché à un rocher abrupt, en surplomb sur les vallées de Carpentras et de la Nesque. Le site fut occupé dès les temps anciens, de nombreux vestiges celtes et romains y ont été retrouvés. De son passé, le village conserve des ruines de remparts et trois tours dentelées dont les pierres ont servi en partie à la construction des maisons du village. Ces maisons en belle pierre dorée, du XIVe au XVIIe siècle, bordent de ravissantes petites rues en pente qui conduisent à la jolie place avec son ancien hospice (XVIIe s.), transformé en hostellerie de charme, et sa fontaine du XVIIIe siècle. La mairie se situe dans l'ancienne chapelle des Pénitents-Blancs. Mais il y a aussi un trésor ! L'exceptionnel baptistère du VIe siècle, remanié au XIe siècle, qui se compose d'une salle carrée entourée de quatre demi-cercles. Les absides sont en ogive, chaque arcature reposant sur des colonnes ornées de chapiteaux sculptés de feuilles d'acanthe, de motifs entrelacés ou de cannelages. C'est très simple et très beau. Le baptistère est relié à l'église Notre-Dame, édifice du XIe siècle plusieurs fois remanié entre le XVe et le XVIIIe siècle. À l'intérieur, retable en bois sculpté et magnifique *Crucifixion* (de 1498) de l'école d'Avignon. Ce très beau village médiéval est resté bien authentique.

♦ 789 habitants, 320 m d'altitude ♦ **Accès** : (carto 33) à 12 km S-E de Carpentras par D 4 ♦ **Aux alentours :** la chapelle Notre-Dame-de-Vie (XVIIe s.) ; Pernes-les-Fontaines ; La Roque-sur-Pernes ; l'abbaye de Sénanque ; les gorges de la Nesque ♦ **Foires, festivités :** « Artisans dans la rue » le 15 août ♦ **Hôtels :** *Auberge de la Fontaine* (tél. 04.90.66.02.96), hôtel de charme, 5 suites 800 F, restaurant ; *La Maison aux Volets Bleus* (tél. 04.90.66.03.04), maison d'hôtes de charme, 5 chambres 350-420 F ♦ **Restaurant :** *Bistrot de la Fontaine* (tél. 04.90.66.02.96) ♦ **O. T.** (tél. 04.90.66.11.66).

Terre d'émigration jusqu'au début du siècle, la région Rhône-Alpes est maintenant un pôle d'attraction pour une population venue des quatre coins de la France, attirée par le dynamisme et l'attrait du cadre de vie de ses départements. Les villages et l'habitat ancien ont été fortement affectés par ces transformations, mais il serait exagéré de dire que le village d'autrefois, défiguré, est en voie de disparition. Il est temps d'en sauver et d'en admirer les vestiges intacts qui subsistent, dans leur charme authentique.

Les villages sont un étonnant patrimoine et un conservatoire où chacun trouve un plaisir toujours renouvelé. Le fervent du passé y déchiffre les traits de l'archéologie du paysage et le touriste s'enchante de la subtile harmonie avec laquelle la demeure des hommes s'intègre au milieu environnant. Ces valeurs sont, heureusement, de mieux en mieux perçues et la préservation de l'architecture rurale devient la préoccupation des administrateurs et des habitants.

PÉROUGES
01800 (Ain)

Encerclée de remparts, déployée sur une colline, Pérouges offre une magnifique vision. La cité aurait été fondée, bien avant l'occupation romaine, par une colonie venue de Perugia, en Italie. Au début du Moyen Âge, elle subit les assauts des souverains du Dauphiné et des princes de Savoie. Puis elle devient française en 1601, connaît la paix et démantèle sa forteresse. Pérouges devient alors riche et active, de nombreux tisserands y prospèrent. Mais, au début du XIXe siècle, la ville, isolée des grandes voies de communication, décline, ses habitants détruisent une partie des maisons anciennes. Le massacre est heureusement arrêté en 1911 grâce à la création du comité du Vieux-Pérouges : des artistes, des notables et l'administration des Beaux-Arts participent à l'effort de sauvetage et de reconstruction. Aujourd'hui, on admire ses magnifiques vieilles maisons, la plupart du XVe et du XVIe siècle, bordant des rues étroites, aux pavés inégaux. Elles forment un ensemble unique et exceptionnel. Il faut voir la place de la Halle, entourée de superbes demeures, notamment l'Ostellerie de Pérouges, du XIIIe siècle, la rue des Princes (c'était la rue commerçante de la ville), la rue des Rondes et la porte d'En-Haut. Sachez encore que le célèbre grammairien Vaugelas naquit dans la ville en 1585. Un seul regret, les voitures qui stationnent place de la Halle, gâchant la jolie vue.

♦ 856 habitants, 290 m d'altitude ♦ **Accès :** (carte 26) à 30 km N-E de Lyon par N 84 et D 4 ♦ **À voir :** le musée du Vieux-Pérouges (histoire locale) ♦ **Aux alentours :** l'église de Saint-Maurice-de-Gourdans (14 km S) ; les châteaux de Richemont et de Genoud ♦ **Foires, festivités :** foire à la brocante le 1er mai ♦ **Hôtel :** *Ostellerie du Vieux Pérouges* (tél. 04.74.61.00.88), hôtel de charme, 28 chambres 450-980 F, suites 1050 F, restaurant ♦ **S. I.** (tél. 04.74.61.01.14).

ALBA-LA-ROMAINE
07400 (Ardèche)

Capitale des Helviens, « Alba Augusta Helviorum », était une belle cité gallo-romaine qui a connu ses plus riches heures sous l'empereur Auguste. On peut encore voir au pied de l'actuel village, sur la rive gauche de l'Escoutay, de nombreux vestiges : les thermes, le forum, le théâtre, etc. Puis, entre le Ve et le VIe siècle, la ville disparaît peu à peu, pour renaître au Xe siècle sous l'impulsion des seigneurs d'Aps. C'est alors un nouveau village fortifié qui se construit. Aujourd'hui, depuis la mise au jour en 1964 des premiers éléments gallo-romains, Alba-la-Romaine connaît un regain d'activité. Constituée de deux hameaux, Alba et La Roche, distants de 500 mètres, la petite agglomération s'étend au pied d'un piton volcanique, ce qui explique la couleur noire des murs des maisons. Il faut arpenter à pied les petites rues pavées de basalte, qui ont gardé tout le charme pittoresque de l'époque médiévale : passages voûtés, petites places, maisons souvent agrémentées d'escaliers extérieurs, de terrasses ou de jolies portes, tout contribue au plaisir de la promenade. Pour finir, on peut aller voir les expositions de peinture organisées au château (XIIe-XVIe siècles), qui domine le village et la rivière.

♦ 1006 habitants, 200 m d'altitude ♦ **Accès :** (cartes 26- 33) à 17 km O de Montélimar par N 102 ♦ **À voir :** la chapelle de la Roche (XVIIe s.) ♦ **Foires, festivités :** marché le dimanche matin ; foire à la brocante le dernier dimanche de juillet ♦ **Hôtel :** *Le Jeu du Mail* (tél. 04.75.52.41.59), maison d'hôtes de charme, 4 chambres 280-330 F, 1 suite 600 F ♦ **Mairie** (tél. 04.75.52.43.52).

ANTRAIGUES-SUR-VOLANE
07530 (Ardèche)

L'éruption de deux volcans est à l'origine du rocher de basalte qui sert de piédestal à Antraigues, et donne au village sa position dominante (470 mètres d'altitude). C'est au détour d'une petite route sinueuse qu'il vous apparaîtra dans toute sa splendeur. Nous sommes ici en pleine Cévenne ardéchoise. Les eaux de la Volane (que l'on peut descendre l'hiver en kayak), de la Bise et du Mas se rencontrent là, un peu plus bas. Les restes du château nous rappellent l'importance passée du village, ancien fief des comtes d'Antraigues, dont un descendant, Emmanuel de Launay, défraya la chronique politique de la Révolution et de l'Empire. Tout comme le château, les murs des maisons sont en granit. Les tuiles canal et les ruelles escarpées donnent à l'endroit un petit air méridionnal. Enfin, la jolie place avec sa fontaine et surtout les activités variées font d'Antraigues un lieu plein de vie : restaurants, marché aux puces, foire à la brocante, marché aux châtaignes, mais aussi de nombreuses possibilités sportives.

♦ 500 habitants, 470 m d'altitude ♦ **Accès :** (carte 25) à 14 km N d'Aubenas par D 104 et D 578 ♦ **Aux alentours :** la vallée de la Volane ; les villages de Mézilhac (15 km N) et de Burzet (17 km O) ; la cascade du Ray-Pic (D 215) ; Saint-Julien-d'Aizac ; le château de Craux ; l'église de Saint-Andéol-de-Vals ♦ **Foires, festivités :** marché aux châtaignes le mercredi matin d'octobre à décembre ; marché aux puces le lundi de Pâques et le 15 août ; foire artisanale le 2e dimanche d'août ♦ **Hôtel :** à Asperjoc (5 km S), *Domaine de Combelle* (tél. 04.75.37.62.77), maison d'hôtes de charme, 4 chambres 320-460 F ♦ **Restaurants :** *La Remise* (tél. 04.75.38.70.74) ; *Lo Podello* (tél. 04.75.38.71.48) ♦ **Mairie** (tél. 04.75.38.70.10) - **S. I.** (tél. 04.75.88.23.06).

BALAZUC
07120 (Ardèche)

Depuis les bords de l'Ardèche, Balazuc apparaît accroché à la roche calcaire de la falaise. Il faut rejoindre la rive opposée pour avoir le recul suffisant et découvrir ce superbe village dans son ensemble. Balazuc fut occupé aux VIIIe et IXe siècles par les Maures, mais son architecture actuelle se compose d'éléments allant du XIIIe au XVIIIe siècle. Autrefois protégées par des fortifications, les maisons se sont groupées autour du château féodal, plusieurs fois remanié, mais conservant néanmoins une portion de tour du Xe siècle. À côté, une église romane dresse son clocher à arcades surmonté d'un clocheton. Pour la rejoindre, il faudra suivre des petites rues tortueuses et escarpées, bordées par endroits d'anciennes échoppes d'artisans. Merveilleux cheminement où se succèdent arcs-boutants, passages voûtés, portions d'escaliers... Après le pont, au pied du village, on peut aller jusqu'au hameau du Vieil-Audon, actuellement reconstruit et restauré par une association.

♦ 280 habitants, 150 m d'altitude ♦ **Accès :** (carte 32) à 14 km S d'Aubenas par D 104 et D 294 ♦ **Aux alentours :** les gorges de la Ligne ; les gorges de La Beaume ; le village féodal de Rochecolombe ♦ **Foires, festivités :** foire le dimanche de la Pentecôte ♦ **Hôtel :** à Beaulieu (30 km S), *Hôtel de la Santoline* (tél. 04.75.39.01.91), hôtel de charme, 7 chambres 340-480 F, suites 580 F, restaurant ♦ **Mairie** (tél. 04.75.37.75.08).

LABEAUME
07120 (Ardèche)

Le village est magnifiquement situé au pied des gorges de la Beaume et ses maisons se confondent de loin avec la falaise et les rochers qui l'entourent. Ici, la rivière torrentueuse offre de larges berges propices aux baignades en été. La vaste place ombragée de platanes est le lieu favori des touristes ; la flânerie dans Labeaume est charmante : on découvre des ruelles empierrées, de vieilles maisons pittoresques, des arcades, des passages voûtés, de belles portes à linteaux ; l'église a un curieux portail-clocher agrémenté de colonnes. On atteint le haut du village par une rue pavée de petits galets, assez raide ; peu à peu, les constructions laissent place à la végétation et la rue se transforme en chemin de terre. D'en haut, la vue sur les toits des maisons ramassées au bord de la rivière aux eaux transparentes est très jolie. Les deux rives sont reliées par un magnifique et robuste pont de pierre, sans parapet. Le village a conservé l'attrait simple et paisible des villages d'autrefois. On peut seulement regretter la présence de pavillons modernes le long de la route menant au village.

♦ 346 habitants, 119 m d'altitude ♦ **Accès :** (carte 32) à 30 km S d'Aubenas par D 579 et D 245 ♦ **Aux alentours :** les gorges de la Beaume, les gorges de l'Ardèche ♦ **Foires, festivités :** marché le dimanche matin ♦ **Hôtel :** à Beaulieu (20 km S), *Hôtel de la Santoline* (tél. 04.75.39.01.91) hôtel de charme, 7 chambres 340-480 F, suites 580 F, restaurant ♦ **Restaurant :** *Le Petit Moulin* (tél. 04.75.93.97.55) ♦ **Mairie** (tél. 04.75.39.64.23).

LAGORCE
07150 (Ardèche)

Dans cette région de l'Ardèche, le paysage est sauvage et éclatant. La blancheur de la pierre calcaire partout présente (murs des maisons, murets des enclos, banquettes de soutènement des terrasses cultivables), se marie au vert olive de la végétation et au bleu lumineux du ciel. Lagorce est un village haut perché qui ressemble aux villages de Provence : ruelles pentues coupées d'arceaux et d'escaliers, maisons de pierres jointives, beaux encadrements de fenêtres, portes cintrées, toits de tuiles canal rosées, murs couverts de vigne vierge, géraniums sur le pas des portes et figuiers sauvages poussant un peu partout. Certaines maisons sont reliées entre elles au niveau du premier étage par des passages couverts. Ces « couradous », comme on les appelle ici, étaient utilisés autrefois pendant le décoconnage des cocons de soie, lorsque cette industrie était florissante dans la région. Aujourd'hui, on les utilise toujours, mais pour se protéger du soleil ou faire sécher les fromages de chèvre ! Sur la place, le beau beffroi du XIIIe siècle est orné d'un cadran solaire. Le village est heureux et animé (juste ce qu'il faut) ; avant de repartir, on peut faire provision de vins de pays ou de délicieux fromages de chèvre.

♦ 719 habitants, 116 m d'altitude ♦ **Accès :** (carte 33) à 5,5 km N de Vallon-Pont-d'Arc par D 1 ♦ **Aux alentours :** les gorges de l'Ibie ; les gorges de l'Ardèche ; le village médiéval de Rochecolombe (9 km N) ; l'église romane de Sauveplantade (12 km N) ♦ **Foires, festivités :** marché le mardi matin en juillet-août ; fête de la peinture le 1er samedi ou dimanche de juillet ; concerts au Temple en juillet et août ; fête du Livre le 1er dimanche d'août ; fête votive le 15 août ♦ **Mairie** (tél. 04.75.88.00.25).

MIRABEL
07170 (Ardèche)

Nous sommes ici dans le Coiron, plateau basaltique de l'Ardèche parsemé de villages isolés. Mirabel se trouve au sud du plateau et domine un paysage de plaines, de petits plateaux, de failles rocheuses avec, en arrière-plan, les crêtes du Tanargue. Cette position stratégique lui donna autrefois un rôle de place forte contrôlant la route entre Rhône et Cévennes. Son château fut démoli lors des guerres de Religion : il n'en reste qu'un donjon carré aux pierres de basalte et des vestiges de fondations. De là-haut, la vue est saisissante : un panorama à 180° sur les alentours ! Le village lui, est tout petit, superbement austère et d'une grande unité de construction. Pour accéder à la rue de la Tour, on passe sous le porche d'une grosse maison rose, mais la plupart des constructions sont en basalte volcanique, une sévère pierre gris-noir, rehaussées parfois de calcaire blanc. Quelques habitations en ruine, des ruelles pentues et dallées, entrecoupées de passages voûtés, donnent à l'ensemble un cachet d'une émouvante simplicité.

♦ 300 habitants, 600 m d'altitude ♦ **Accès :** (carte 26) à 14 km E d'Aubenas par N 104 et D 259 ♦ **Aux alentours :** la promenade du Bomier ♦ **Foires, festivités :** fête du village le 1er week-end de septembre ♦ **Hôtel :** à Alba-la-Romaine (20 km S-E) *Le Jeu du Mail* (tél. 04.75.52.41.59), maison d'hôtes de charme, 4 chambres 280-330 F, 1 suite 600 F ♦ **Mairie** (tél. 04.75.36.72.02).

SAINT-MONTAN
07220 (Ardèche)

Dans les splendides gorges arides et pierreuses de la Sainte-Baume, à un détour de la route en lacet, Saint-Montan nous apparaît, perché sur un piton rocheux au bord d'un ravin. La vision est magnifique : sauvage et médiéval petit village, écrasé par les ruines impressionnantes de son château, resté à l'abri du temps et des déprédations de la vie moderne ! C'est un ermite, Montanus, qui serait venu au Ve siècle chercher la solitude et le recueillement dans ce val perdu. Le château, construit entre le XIe et le XIIIe siècle, et le village étaient entourés d'une triple enceinte ; la forteresse sera détruite au cours des guerres de Religion par l'amiral de Coligny, mais le bourg sera heureusement préservé. Aujourd'hui, nous pouvons admirer les maisons anciennes aux murs de pierre dorée et aux toits de tuiles roses qui s'étagent le long de ruelles pavées, entrecoupées de passages voûtés et d'escaliers. Le village est bien vivant, un petit café, des fleurs un peu partout. Enfin, vous admirerez les deux belles églises romanes de San Samonta et de Saint-André-de-Mitroys, très bien restaurées. Tout ce beau patrimoine fait de Saint-Montan l'ensemble médiéval le plus intéressant du Bas-Vivarais.

♦ 1412 habitants, 60 à 400 m d'altitude ♦ **Accès :** (carte 33) à 8 km N de Bourg-Saint-Andéol par N 86 et D 262 ♦ **Aux alentours :** les gorges de la Sainte-Baume, le défilé des Lieux ♦ **Foires, festivités :** fête du Rhône du 18 au 20 juillet ; marché africain le dernier week-end de juillet ♦ **Hôtel :** à Alba-la-Romaine (19 km N), *Le Jeu du Mail* (tél. 04.75.52.41.59), maison d'hôtes de charme, 4 chambres 280-330 F, 1 suite 600 F ♦ **Mairie** (tél. 04.75.52.62.09).

SAINT-THOMÉ
07220 (Ardèche)

Saint-Thomé est perché sur une butte et, de là-haut, il contemple de loin l'agitation du monde. Il est resté isolé, à l'abri du tourisme, dans ce pays tranquille de l'Ardèche. L'histoire du village se perd dans la nuit des temps ; une inscription sur l'église indique que le site était déjà habité en 487. La rue principale monte et fait le tour du bourg jusqu'à la place où se trouvent l'église Saint-Thomas, reconstruite au XIIe siècle sur des fondations du VIe siècle, et la chapelle Saint-Sébastien, du XIIe siècle. Un peu en contrebas, le château présente des toits de tuiles canal et des tourelles tronquées. De là part un joyeux désordre de ruelles en terre ou pavées de galets, bordées de maisons des XVIIe et XVIIIe siècles, au bel appareillage de pierre ou aux murs crépis de tons clairs. Elles sont souvent agrémentées de petits jardins potagers ou fleuris. Quelques habitations en ruine, envahies par la végétation, figuiers, fleurs sauvages, attendent qu'un amoureux des vieilles pierres viennent les relever. Saint-Thomé a conservé sa beauté et le charme nostalgique des villages oubliés.

♦ 290 habitants, 245 m d'altitude ♦ **Accès :** (carte 33) à 6 km N-O de Viviers par D 107 ♦ **Aux alentours :** le village médiéval de Valvignères ♦ **Foires, festivités :** fête votive le dimanche après Pâques ♦ **Hôtel :** à Alba-la-Romaine (8 km N), *Le Jeu du Mail* (tél. 04.75.52.41.59), maison d'hôtes de charme, 4 chambres 280-330 F, 1 suite 600 F ♦ **Mairie** (tél. 04.75.52.74.89).

VOGÜÉ
07200 (Ardèche)

L'Ardèche s'étire sur son lit de graviers, irrigue Vogüé, puis s'engouffre plus loin dans les célèbres gorges qui font la joie des amateurs de canoë-kayak. Les pieds dans l'eau, la petite cité médiévale s'adosse à une falaise calcaire aux reflets dorés. Dans les premiers temps, un donjon dominait les toits du village. Aujourd'hui, c'est un château du XVIe siècle que l'on trouve à sa place. Avec ses quatre tours rondes et ses alignements de fenêtres à meneaux, il est à mi-chemin entre la forteresse et la demeure d'agrément. Les maisons du village datent souvent du Moyen Âge ou, parfois, lui sont antérieures. Des arcades et des escaliers extérieurs habillent les ruelles. La pierre se retrouve de toutes parts et fait de Vogüé un ensemble très homogène aux douces tonalités méridionales.

♦ 640 habitants, 150 m d'altitude ♦ **Accès :** (carte 26) à 10 km S d'Aubenas par D 579 ♦ **Aux alentours :** le village féodal de Rochecolombe (5,5 km S) ; le village de Sauveplantade (4 km S-E), les gorges de l'Ardèche ♦ **Foires, festivités :** marché le lundi matin en juillet-août ; brocante le 1er samedi d'août ♦ **Hôtel :** *Hôtel des Voyageurs* (tél. 04.75.37.71.13) ♦ **Restaurants :** *Pizzeria du Pont-Neuf* (tél. 04.75.37.75.44) ; *Crêperie La Voguette* (tél. 04.75.37.76.84) ♦ **Mairie** (tél. 04.75.37.72.48) - **S. I.** (en été : tél. 04.75.37.01.17).

LA GARDE-ADHÉMAR
26700 (Drôme)

Ce village perché domine un magnifique paysage cerné au loin par les monts du Vivarais. Très anciennes, ses maisons offrent une belle unité de construction : pierre du pays, toits de tuiles romaines à génoises. Elles s'alignent le long de charmantes ruelles pavées, surmontées de passages voûtés, d'arcades, ou, parfois, entrecoupées de quelques marches. De nombreux détails d'architecture attirent le regard : dates gravées dans la pierre, encadrements de portes... La rue principale emprunte le tracé des anciens remparts – il n'en reste que la porte Nord – et grimpe jusqu'aux vestiges d'un château Renaissance bâti par Antoine Escalin, baron de La Garde. En bordure du village, à la limite de la falaise, se dresse une exceptionnelle église romane à clocher octogonal. En contrebas on peut flâner dans le ravissant « Jardin des Herbes » où 175 variétés régionales sont répertoriées (visite guidée sur demande). Non loin, la chapelle des Pénitents (XVIIIe s.) faisait, jadis, partie intégrante du château. À l'intérieur, une fresque représente deux pénitents agenouillés. Village resté authentique et préservé, La Garde-Adhémar offre au visiteur de merveilleux instants de calme et de bonheur.

♦ 1120 habitants, 165 m d'altitude ♦ **Accès :** (carte 33) à 23 km S de Montélimar par N 7, D 541 et D 572 ♦ **À voir :** l'exposition sur le patrimoine local à la chapelle des Pénitents ♦ **Aux alentours :** la chapelle du Val des-Nymphes (2 km) ; Suze-la-Rousse (16 km S) ♦ **Foires, festivités :** marché le mercredi matin ; fête du Cuir et du Bois début mai ; foire à la trouvaille le 3e dimanche de juin ; fête du Miel et Festival de jazz fin juin ; messe de minuit provençale à Noël ♦ **Hôtels :** à Solérieux (11 km S-E), *La Ferme Saint-Michel* (tél. 04.75.98.10.66), hôtel de charme, 14 chambres 300-350 F, restaurant ; à Réauville (14 km N), *Mas de Pantaï* (tél. 04.75.98.51.10), maison d'hôtes de charme, 3 chambres et 1 suite 430 F ♦ **S. I.** (tél. 04.75.04.40.10).

GRIGNAN
26230 (Drôme)

Grignan est un ravissant village de la Drôme provençale, avec de jolies maisons en cascade, des ruelles escarpées et surtout un superbe château des XVIe et XVIIe siècles, l'un des plus beaux exemples de la Renaissance française dans le Sud-Est. Le château et le village sont d'autant plus célèbres qu'ils furent le lieu de séjour privilégié de madame de Sévigné lorsqu'elle venait voir sa fille, la comtesse de Grignan. L'intérieur du château, superbement meublé, mérite absolument d'être visité. Ensuite, vous pourrez admirer de la terrasse une vue splendide : au loin le mont Ventoux, les Dentelles de Montmirail et les Alpilles au sud-ouest. Le village est charmant et animé, de nombreuses boutiques proposent du miel, de la lavande, tous les bons produits de la région ; un ravissant parcours botanique, fleuri de plusieurs centaines de variétés de roses anciennes, est organisé dans les rues, transformant le village en magnifique jardin parfumé. Mais ne partez pas sans admirer l'ancienne porte de ville (XIIe siècle) transformée en beffroi au XVIIe siècle, et l'église du XVIe siècle dans laquelle se trouve le tombeau de madame de Sévigné.

♦ 1304 habitants, 197 m d'altitude ♦ **Accès :** (carte 33) à 20 km S-E de Montélimar par N 7, D 133 et D 541 ♦ **À voir :** le musée Faure-Cabrol, au château (mobilier du XVIIe au XIXe s., tapisseries d'Aubusson) ; le Centre d'art contemporain (collection de photographies) ♦ **Foires, festivités :** marché le mardi matin ; Festival de musique de chambre, de février à mai ; Salon cartes postales le 1er dimanche de mars ; foire le 2e dimanche de mai ; fête du village le dernier week-end de juillet ; « Foulée de la Marquise » (course pédestre) et brocante le dernier dimanche de juillet ; fêtes nocturnes au château de juillet à septembre ♦ **Hôtel :** *Manoir de La Roseraie* (tél. 04.75.46.58.15), hôtel de charme, 13 chambres 690-1100 F, 2 suites 1580-1680 F, restaurant ♦ **Restaurant :** *L'Eau à la Bouche* (tél. 04.75.46.57.37) ♦ **O. T.** (tél. 04.75.46.56.75).

MIRMANDE
26270 (Drôme)

Village médiéval d'une unité parfaite, Mirmande coiffe une colline dominant des vergers. Lorsqu'on s'approche du bourg, le regard s'arrête sur les imposants remparts construits au Ve siècle. Mirmande a subi pillages et incendies durant les guerres de Religion puis a prospéré au XVIIe siècle avec le développement de la fabrication de tissus de chanvre et de soie. L'avènement des techniques modernes entraîne l'abandon des industries artisanales et le village décline doucement jusqu'en 1930. C'est alors que le peintre André Lhote le découvre et en tombe amoureux. Il fait classer l'église monument historique et le village « site pittoresque ». Avec la guerre, nouvel oubli jusqu'en 1960. Depuis, le village a heureusement retrouvé vie et beauté. Les maisons, admirablement rénovées, offrent de belles façades de pierre, de vieilles portes, des fenêtres Renaissance. On se promène le long des remparts et des ruelles dallées de pierre, on entrevoit des jardinets plantés d'iris et de plantes aromatiques. Des échappées entre les maisons laissent apparaître le magnifique paysage. Enfin, tout en haut du village, l'église romane et son petit cimetière laissent une impression de paix et de sérénité. Si l'on veut prolonger la halte, un hôtel de charme *La Capitelle* permet d'apprécier la douceur de vivre de Mirmande.

♦ 500 habitants, 170 m d'altitude ♦ **Accès :** (carte 26) à 30 km S de Valence par A 7 sortie Loriol, N 7 et D 204 ♦ **Foires, festivités :** exposition de peinture à l'église Sainte-Foy mi-juillet-fin août ; foire aux Plantes rares et de collection le 2e dimanche d'octobre ♦ **Hôtels :** *La Capitelle* (tél. 04.75.63.02.72), hôtel de charme, 9 chambres 355-450 F par personne en demi-pension, restaurant ; à Cliouscat (2 km), *La Treille Muscate* (tél. 04.75.63.13.10), hôtel de charme, 12 chambres 280-500 F, restaurant ♦ **O. T.** (tél. 04.75.63.10.88).

MONTBRUN-LES-BAINS
26570 (Drôme)

Le vieux village médiéval de Montbrun domine une petite plaine semée de lavande, ceinte au loin de montagnes. Tassées les unes contre les autres, les vieilles maisons de pierre ont gagné en hauteur la place qu'elles n'avaient pas au sol. Les rues convergent vers l'église du XIIe siècle, qui est intégrée aux anciens remparts ; à l'intérieur, on admire un très beau retable de Bernus et de remarquables tableaux. Plus haut encore, quatre tours rondes sont les seuls vestiges du château construit au XVIe siècle par Charles Dupuy-Montbrun. Puissamment fortifié, il alliait une élégance Renaissance à l'efficacité militaire. Ce ne sont pas les guerres de Religion qui l'abattirent, mais la Révolution de 1789. La partie haute du village est plus pittoresque ; vous rejoindrez la place de l'Horloge, en terrasses, avec sa tour (XIVe siècle) surmontée d'un campanile ; c'était un ouvrage défensif, l'une des quatre portes de l'ancien bourg. Par sa situation haut perchée, Montbrun offre de multiples points de vue sur la plaine et le mont Ventoux. Ce beau village dynamique a remis en exploitation ses thermes, alimentés par deux sources d'eau sulfureuse.

♦ 472 habitants, 600 m d'altitude ♦ **Accès :** (carte 33) à 55 km N-E de Carpentras par D 938, D 13 et D 72 ♦ **Aux alentours :** les villages d'Aurel et Séderon (16 km N-E) ; Reilhanette, Sault ; le château d'Aulan ; les gorges d'Aulan, de la Nesque et du Toulourenc ♦ **Foires, festivités :** marché samedi matin ; fête de la Saint-Jean en juin ; fête votive le 2e week-end de septembre ♦ **Hôtel :** à Aurel (7 km S), *Richarnau* (tél. 04.90.64.03.62), maison d'hôtes de charme, 3 chambres 300-390 F, 2 suites 350-450 F, table d'hôtes ♦ **Mairie** (tél. 04.75.28.80.42) - **O. T.** (tél. 04.75.28.82.49).

LE POËT-LAVAL
26160 (Drôme)

Le nom latin de Poët-Laval, « Pogetum Vallis », signifie « le mont dans la vallée » : une ravissante vallée où le blé alterne avec la lavande le long de la petite rivière du Jabron. Le village domine fièrement ce paysage provençal ; il a été édifié au XIIe siècle, autour du château et de la chapelle Saint-Jean, et ceint de murailles directement bâties sur le rocher. Le village a abrité jadis une très importante commanderie de Saint-Jean-de-Jérusalem. La plupart des maisons datent de la fin du XVe siècle lorsque, grâce à la puissance grandissante des chevaliers de l'Ordre, Poët-Laval fut reconstruit et prospéra. Les demeures se resserrent le long des ruelles, elles ont souvent de nombreux étages pour gagner de la surface en hauteur et leurs façades s'ornent de médaillons et de linteaux ouvragés. La rue couverte de la « Chalanque » est très pittoresque. De l'ancienne église du village, il ne reste que le clocher et l'abside romane. Au XIXe siècle, le bourg fut peu à peu déserté et pillé. Aujourd'hui, il revit grâce à l'Association des amis du Vieux-Poët-Laval. Les maisons ont été rénovées, les vieux murs écroulés rebâtis et les anciennes échoppes accueillent à nouveau des artisans, tisserands et potiers.

♦ 700 habitants, 400 m d'altitude ♦ **Accès :** (cartes 26-33) à 25 km E de Montélimar par D 540 ♦ **À voir :** le musée du Protestantisme dauphinois ♦ **Aux alentours :** Dieulefit (église St-Pierre, vieux quartier de la Viale) ; Châteauneuf-de-Mazenc ; Comps (église romane) ; Aleyrac (prieuré du XIIe s.) ; La Bégude-de-Mazenc ♦ **Foires, festivités :** fête votive le dernier week-end de juillet ; marché provençal à la Bégude-de-Mazenc (8 km O) le mardi ♦ **Hôtels :** *Les Hospitaliers* (tél. 04.75.46.22.32), restaurant ; à Pont-de-Barret (17 km N), *Les Tuillières* (tél. 04.75.90.43.91), maison d'hôtes de charme, 6 chambres 325-400 F, table d'hôtes le soir (enfants de moins de 12 ans non acceptés) ♦ **Restaurant :** *La Ferme Saint-Hubert* (tél. 04.75.46.80.63) ♦ **Mairie** (tél. 04.75.46.44.12).

SAINT-RESTITUT
26130 (Drôme)

Saint-Restitut est un beau village médiéval installé en promontoire sur le Rhône, au cœur de la Drôme provençale. Ses hautes maisons, abritées sous des toits de tuiles roses, entourent la magnifique église du XIIe siècle de style roman-provençal, dédiée à Saint-Restitut, premier évêque du Tricastin. Elle présente, côté sud, un superbe portail à fronton triangulaire encadré de colonnes à chapiteaux. Tout à côté, à l'ouest, la Tour funéraire (XIe siècle) est surmontée d'un clocher à arcades. Saint-Restitut était autrefois ceint de remparts ; il n'en reste que des vestiges, les Barris, et la « Porto dis Auro » ou Porte des Vents. À l'intérieur du tracé de l'ancienne enceinte médiévale, on admire une belle demeure Renaissance en pierre de taille, ornée de fenêtres à meneaux et de décorations sculptées, et des maisons plus simples mais tout aussi jolies, aux portes anciennes. Il y a des placettes fleuries, une fontaine et même une vieille ruelle moyenâgeuse à rigole centrale avec des pavés de guingois. Le tout a beaucoup de charme, le village est resté vraiment homogène, restauré simplement et avec goût.

♦ 1078 habitants, 198 m d'altitude ♦ **Accès** : (carte 33) à 9 km N de Bollène par D 160 ♦ **Aux alentours :** la chapelle du Saint-Sépulcre (XVIe s.) ; le village médiéval de Barry (3 km S) ; les caves cathédrales du Cellier des Dauphins (visite guidée) et beau panorama du belvédère ; Saint-Paul-Trois-Châteaux ; Suze-la-Rousse ♦ **Foires, festivités :** foire artisanale le 1er mai ; fête votive le 3e dimanche d'août ♦ **Hôtel :** à Solérieux (5 km), *La Ferme Saint-Michel* (tél. 04.75.98.10.66), hôtel de charme, 14 chambres 300-350 F, restaurant ♦ **Restaurant :** *Les Buisses* (tél. 04.75.04.96.50) ♦ **Mairie** (tél. 04.75.04.71.71) - **S. I.** (tél. 04.75.04.71.27).

CRÉMIEU
38460 (Isère)

En position stratégique au bord de la plaine du Lyonnais, Crémieu est, au XIIIe siècle, une place militaire protégée par un château fort ; elle se développe et devient une riche cité de commerçants, du XIVe au XVIe siècle, grâce aux franchises accordées par le dauphin Jean II et à sa situation sur la route vers l'Italie. Plus tard, des couvents s'y installent. Aujourd'hui, le bourg a perdu un peu de son caractère, mais la promenade reste très agréable. Il faut visiter l'hôtel de ville, installé dans l'ancien couvent des Augustins (XVIe siècle), le cloître des Augustins (XVIIe siècle), pavé de pierres tombales, et l'ancienne chapelle qui est maintenant l'église de Crémieu. Les imposantes halles ont été construites au XIVe siècle et témoignent de l'important rôle de la ville à cette époque. Elles ont conservé une magnifique charpente et de vieilles auges en pierre. Dans le vieux Crémieu on peut voir les anciennes portes fortifiées (XIVe et XVIe siècles) et de belles maisons Renaissance aux fenêtres à meneaux et aux toits de lauzes. Par une rue pentue, on gagne le château Delphinal d'où l'on peut admirer l'ensemble des toits du village.

♦ 3000 habitants, 282 m d'altitude ♦ **Accès :** (carte 26) à 30 km E de Lyon par A 43 et D 75 ♦ **Aux alentours :** le circuit de l'île Crémieu (55 km) ♦ **Foires, festivités :** marché le mercredi matin ; foire aux Antiquités à l'Ascension et le 14 juillet ; Festival de l'artisanat à la Pentecôte ; foire aux produits régionaux le 2e week-end d'octobre ; salon des Antiquaires le 1er week-end de décembre ; foire aux Dindes le samedi le plus proche du 15 décembre ♦ **Hôtel :** à Pérouges (25 km N), *Ostellerie du Vieux Pérouges* (tél. 04.74.61.00.88), hôtel de charme, 28 chambres 450-980 F, suites 1050 F, restaurant ♦ **Restaurants :** *Auberge de la Chaite* (tél. 04.74.90.76.63) ; à 2 km S-O route de Génas, *Chez Roby* (tél. 04.74.90.73.90) ♦ **S. I.** (tél. 04.74.90.45.13).

SAINT-ANTOINE-L'ABBAYE
38160 (Isère)

C'est au creux de verdoyantes collines, dans un pays producteur de noix et de fromages (le célèbre saint-marcellin) que se blottit Saint-Antoine. Étonnante vision que ce petit village assoupi au pied de l'immense abbaye qui le protège ! Commençons la visite par l'abbaye, dont l'histoire remonte au XIe siècle, lorsque Jocelyn de Châteauneuf rapporte de Terre Sainte les reliques de saint Antoine l'anachorète. Un premier monastère est élevé, puis l'abbaye actuelle sera construite du XIIIe au XVe siècle. On pénètre sur l'esplanade par une porte du XVIIe siècle. L'abbaye est composée d'une église gothique à portails flamboyants, d'un hôpital et de jardins. L'intérieur est exceptionnel et richement décoré : tapisseries d'Aubusson, autel-mausolée en marbre, bronze et argent et rare Christ en ivoire du XVIe siècle. Mais cette merveille de l'art religieux ne doit pas faire oublier le village, car Saint-Antoine est un petit bijou : demeures de notables des XVe-XVIIe siècles, construites en belle pierre de la région, maisons d'artisans, plus simples, en moellons ou à colombage, placettes pittoresques, fontaines, le tout relié par un entrelacs de ruelles pavées qui descendent jusqu'à la rivière. Le village est patiemment restauré et reprend vie grâce aux boutiques d'artisans et d'antiquaires qui se sont installées (notamment dans l'ancien hôpital).

♦ 900 habitants, 390 m d'altitude ♦ **Accès :** (carte 26) 24 km N-E de Romans par D 123 ♦ **À voir :** le musée Jean-Vinay ♦ **Aux alentours :** la chapelle Saint-Jean-de-Fromental (Xe s.) ; l'église romane de Marnans ; le Palais Idéal du facteur Cheval à Hauterives ♦**Foires, festivités :** marché le jeudi matin ; foire aux Fleurs et Festival renaissance en mai ; foire aux Antiquités en juin et août ; « Nuits Médiévales » en juillet ; marché à l'ancienne en octobre ♦ **Hôtel :** à Saint-Lattier (15 km S), *Le Lièvre Amoureux* (tél. 04.76.64.50.67), hôtel de charme, 14 chambres 320-470 F, restaurant ♦ **Restaurant :** *Auberge de l'Abbaye* ♦ **O. T.** (tél. 04.76.36.44.46).

SAINTE-CROIX-EN-JAREZ
42800 (Loire)

C'est Béatrice de Roussillon qui a fondé la chartreuse de Sainte-Croix en 1280, au creux d'un paysage vallonné. Elle a subi plusieurs remaniements au cours des siècles, notamment au XVIIe siècle. Après le départ des moines – le monastère ayant été vendu comme bien national à la Révolution – des agriculteurs sont venus s'installer dans les bâtiments qui se sont transformés ainsi en habitations villageoises ! Le village a conservé un aspect harmonieux et paisible. Un porche s'ouvre dans le mur d'enceinte à quatre tours rondes et donne sur une première cour, immense, entourée de bâtiments ; puis on arrive par un passage dallé longeant l'ancien cimetière des chartreux (en cours de reconstruction) et l'église, à la deuxième cour (l'emplacement du cloître détruit en 1840) bordée par les anciennes cellules des moines. Ce qui était autrefois la cuisine du monastère a été restaurée par l'Association de sauvegarde de la chartreuse. L'église (XVIIe s.) contient des stalles (XVe s.) et des boiseries (XVIe-XVIIe s.). De l'église primitive, il ne reste que quelques vestiges, peintures murales, Crucifixion, groupe de chartreux en prière (visite sur demande). Les corps de bâtiments et les deux cours s'étendent sur une superficie de deux hectares et sont entourés de jardins. Un village étonnant empreint de sérénité.

♦ 330 habitants, 420 m d'altitude ♦ **Accès :** (carte 26) à 9 km S de Rive-de-Gier par D 30 ♦ **Aux alentours :** le parc naturel régional du Pilat ; le village de Malleval ♦ **Foires, festivités :** foire à la Pentecôte ♦ **Hôtel :** à Chonas-l'Amballan (20 km E), *Domaine de Clairefontaine* (tél. 04.74.58.81.52), hôtel de charme, 14 chambres 200-400 F, restaurant ♦ **Restaurant :** *Le Prieuré* (tél. 04.77.20.20.09) avec chambres ♦ **Mairie** (tél. 04.77.20.20.01).

OINGT
69620 (Rhône)

Au cœur du pays des « pierres dorées », le village d'Oingt est perché sur un rocher entouré des vignes du Beaujolais. Pour pénétrer dans le village, il faut emprunter la porte Nord, dite porte de Nizy : on découvre alors l'ensemble harmonieux des maisons construites avec la même roche calcaire ocre-jaune. Elles sont bâties sur voûtes ; les pièces d'habitations, au-dessus des caves, sont desservies par un escalier extérieur. Il faut absolument voir, dans la rue Causeret, la Maison commune, du XVe siècle. On peut ensuite monter jusqu'à l'ancienne chapelle du château, devenue église paroissiale en 1660. À gauche, un sentier caillouteux la contourne et mène à l'emplacement des bâtiments effondrés de l'ancien château. De là, le point de vue sur la vallée d'Azergues est superbe. Autre promontoire, la tour du XVe siècle ; on peut grimper à son sommet par un escalier à vis et découvrir au loin, par temps clair, la chaîne des Alpes. Le village garde toujours très présent le souvenir de Marguerite d'Oingt, premier écrivain lyonnais de langue franco-provençale, au XIVe siècle. Au pied du bourg, le château de Prony contient des souvenirs du botaniste et explorateur Claude Riche.

♦ 446 habitants, 500 m d'altitude ♦ **Accès :** (carte 26) à 35 km N-O de Lyon par N 6, D 485 et D 1 ♦ **Aux alentours :** les villages de Chessy, Chatillon-d'Azergues et Ternand ♦ **Foires, festivités :** marché le vendredi matin ; Festival d'orgues de Barbarie le 1er week-end de septembre ♦ **Hôtel :** à Jarnioux (7 km N-E), *Château de Bois-Franc* (tél. 04.74.68.20.91), maison d'hôtes de charme, 2 suites 400-900 F ♦ **Restaurants :** *Le Donjon* (tél. 04.74.71.20.24) ; *La Tour Dorée* (tél. 04.74.71.20.13) ; *La Vieille Auberge* (tél. 04.74.71.21.14) ♦ **Mairie** (tél. 04.74.71.21.24).

ALBIEZ-LE-VIEUX
73300 (Savoie)

La moyenne vallée de la Maurienne fut très anciennement occupée par les hommes ; près de l'église d'Albiez-le-Vieux se dresse la « Pierre de Ville », bloc erratique en forme de monolithe, transporté par les anciens glaciers, creusé d'une centaine de cupules. Les origines d'Albiez semblent remonter au domaine d'un Gallo-Romain, Albius : Albiciacum est cité dès 739 dans une dotation de Charlemagne à l'abbaye piémontaise de la Novalaise. Au fil des siècles, l'exploitation des forêts, des carrières d'ardoise et de gypse, l'agriculture, le tissage du chanvre, la coutellerie, le façonnage de sabots et d'ustensiles en bois de plane sont venus s'ajouter à l'élevage du bétail. Très touchée par la crise de l'économie traditionnelle, Albiez trouve maintenant un second souffle dans le tourisme d'été et le ski. Les maisons paysannes, avec leur grenier souvent abrité sous un hangar, sont de solides bâtisses, aux façades soulignées par une galerie de bois. Une longue cheminée de pierre émerge du toit à deux pans, couvert jadis de chaume, puis d'ardoise. Simplicité et noblesse des matériaux se conjuguent harmonieusement avec la superbe nature environnante.

♦ 300 habitants, 1550 m d'altitude, station de sports d'hiver ♦ **Accès :** (carte 27) à 15 km S de Saint-Jean-de-Maurienne par D 926 et D 80 ♦ **Aux alentours :** la route de la Toussuire ; le village de Fontcouverte ♦ **Foires, festivités :** marché le jeudi ; Festival des contes et légendes en juillet ; fête du village le 1er week-end d'août (sur un thème traditionnel différent tous les ans) ♦ **Hôtel :** *Hôtel La Rua* (tél. 04.79.59.30.76) ♦ **Restaurant :** *Le Granail* (tél. 04.79.59.31.75) ♦ **O. T.** (tél. 04.79.59.30.48) - **E.S.F.** (École de ski français, tél. 04.79.59.31.80.

ARÊCHES
73270 (Savoie)

Petite cellule montagnarde, le Beaufortain est un monde demeuré longtemps clos. Arêches complète les ressources de l'élevage et de la production du gruyère de Beaufort par le tourisme d'été et le ski. La large vallée, surmontée au midi par la masse du Grand-Mont (2687 mètres) montre les traits typiques du paysage beaufortain, avec des versants verdoyants, fort peu de champs, d'épaisses forêts et, au-dessus, les alpages. Le village regroupe ses maisons autour de son église mais c'est, tout autour, un extraordinaire pullulement de constructions. Dans le bas, la demeure permanente au toit d'ancelles ou de tavaillons, puis, pour chaque propriétaire, plusieurs maisons de remues ; au-dessus, dans les prés de fauche, les granges où le bétail consomme le foin pendant l'hiver, et les chalets d'alpage, échelonnés jusqu'à 2070 mètres. Arêches, paroisse détachée de Beaufort en 1803, a bâti en 1829 une église néo-classique de style sarde.

♦ 800 habitants, 1080 m d'altitude, station de sports d'hiver ♦ **Accès :** (carte 27) à 25 km E d'Albertville par D 925 et D 218 ♦ **À voir :** la Coopérative laitière du Beaufortain (tél. 04.79.38.33.62) ♦ **Aux alentours :** les chapelles rurales ; la vallée du Doron ; le barrage de Saint-Guérin ; nombreux sentiers à thème : arboretum, sentier sylvestre, le col du Pré (sentier botanique) ♦ **Foires, festivités :** marché le dimanche matin ; fête folklorique en août ♦ **Hôtel :** *Auberge du Poncellamont* (tél. 04.79.38.10.23) ♦ **O. T.** (tél. 04.79.38.37.57) - **E.S.F.** (École de ski français, tél. 04.79.38.10.99).

AUSSOIS
73500 (Savoie)

Le plateau ensoleillé d'Aussois est un site privilégié, qui fut occupé dès les temps préhistoriques. La vie agricole et pastorale a échappé au déclin général qui l'a frappée en Maurienne ; la prospérité matérielle s'unit à la foi, en témoignent les croix, les deux chapelles rurales et la splendide église baroque de 1648, au riche mobilier et à la rare « poutre de gloire » de bois sculpté, doré et peint. L'habitat traditionnel d'Aussois est parfaitement adapté au climat. Dans l'ancien village, autour de la place où une façade montre un cadran solaire, les maisons jointives se serrent le long des ruelles animées par les fontaines et le lavoir. Leurs fenêtres sont profondément enfoncées dans les murs, aucune d'ouverture au couchant, ni de balcons. Aussois, porte de la Vanoise, est une station de ski en plein essor et un centre de tourisme historique avec le formidable ensemble des forts de l'Esseillon (1820-1830).

♦ 600 habitants, 1500 m d'altitude, station de sports d'hiver ♦ **Accès :** (carte 27) à 7 km N-E de Modane par D 215 ♦ **À voir :** le musée « La Vie agro-pastorale des Aussoyens autrefois » ♦ **Aux alentours :** le parc national de la Vanoise (tél. 04.79.62.30.54) ; le monolithe de Sardière (2 km N-E) ; le fort de Saint-Gobain (musée de la Traversée des Alpes) ; les grands cols alpins ♦ **Foires, festivités :** marché le mardi matin ; semaine culturelle en juillet ; fête traditionnelle du village le 15 août ♦ **Hôtel :** *Le Soleil* (tél. 04.79.20.32.42) ♦ **O. T. - E.S.F.** (École de ski français, tél. 04.79.20.30.80).

BEAUFORT
73270 (Savoie)

Beaufort se trouve au confluent de trois cours d'eau : le Dorinet, descendu du val d'Hauteluce, le Doron de Roselend et l'Argentine. Cette contrée, dénommée au Moyen Âge « vallée de Luce », était peut-être le vaste domaine – qui sera démembré après les invasions – d'un Gallo-Romain. Le Beaufortain féodal va être tiraillé entre les dynasties qui l'entourent : les sires de Faucigny, les comtes de Genève et de Savoie et le puissant archevêché de Tarentaise. Beaufort, centre administratif et commercial, fait figure de petite capitale. Il garde les vestiges de quatre tours et les ruines des châteaux de La Salle et de Randens, l'actuelle mairie. L'église baroque, avec son clocher de 48 mètres, conserve une chaire de 1722. Le bourg ancien, avec ses ruelles aux maisons serrées, s'élève sur la rive gauche du Doron qu'enjambe un pont de pierre en dos d'âne. Le village a donné son nom à un savoureux fromage : le beaufort. Goûtez aussi le délicieux reblochon et la tomme de Savoie.

♦ 2000 habitants, 750 m d'altitude ♦ **Accès :** (carte 27) à 20 km N-E d'Albertville par D 925 ♦ **À voir :** la Coopérative laitière du Beaufortain (tél. 04.79.38.33.62) ♦ **Aux alentours :** le barrage de Roselend ; le Cormet-de-Roselend (col permettant de rejoindre à ski Bourg-Saint-Maurice) ♦ **Foires, festivités :** marché le mercredi matin ; foires le 25 mai, 2e mercredi de juin, 3 septembre, 2e mercredi d'octobre et 2 novembre ; la « Grovire » (course populaire de ski de fond à travers les villages) début mars ; fête de Beaufort le 14 juillet ; fête nautique à Roselend le 15 août ♦ **Hôtel :** à Arêches (6 km S), *Auberge du Poncellamont* (tél. 04.79.38.10.23) ♦ **Restaurant :** *Refuge du Plan-de-la-Laie* (Club Alpin Français, tél. 04.79.89.07.78, ouvert en été seulement) ♦ **O. T.** (tél. 04.79.38.37.57).

BESSANS
73480 (Savoie)

Au cœur de la Haute-Maurienne, Bessans est une vaste commune qui s'étage de 1670 à 3751 mètres. Adossé au massif de la Vanoise, le village reçut en 1319, de l'abbaye piémontaise de Saint-Michel-de-la-Cluse dont il dépendait, des franchises communales donnant aux habitants une large autonomie pour la gestion de leurs biens. Bessans fut toujours très attaché à son identité locale et à ses traditions. Le costume de ses femmes, que l'on recommence à porter aux jours de fête, était l'un des plus beaux de la Maurienne. Les habitants s'occupent de leurs alpages et, de plus en plus, du tourisme d'été et du ski de fond. Bessans s'enorgueillit d'une ancienne tradition de culture locale. Au XVIe siècle, on y jouait le *Mystère de la Passion*, puis on y représenta des Noëls. À l'âge baroque, la dynastie des Clappier sculpta de magnifiques retables. La commune conserve des croix, des oratoires et douze chapelles rurales. Le joyau en est, à côté de l'église paroissiale, celle de Saint-Antoine, aux murs extérieurs peints et dont l'intérieur renferme quarante-deux panneaux de la fin du XVe siècle, représentant la vie du Christ. En hiver, le village est un centre de ski de fond.

♦ 310 habitants, 1750 m d'altitude ♦ **Accès :** (carte 27) à 136 km S-E de Chambéry par N 6 et D 902 ♦ **À voir :** le musée de l'Habitat ; la chapelle Saint-Antoine (fresques et sculptures des XVIe et XVIIe s.) ♦ **Aux alentours :** le col de la Madeleine ; le Parc national de la Vanoise (tél. 04.79.62.30.54) ♦ **Foires, festivités :** marché le lundi matin ; Marathon international de ski de fond le 2e dimanche de janvier ; festival « Traditions et Nature » fin mars-début avril ; foire aux Fromages le 21 septembre ; crèche vivante à Noël ♦ **Hôtels :** *Mont-Iseran* (tél. 04.79.05.95.97), restaurant ; *Hôtel de la Vanoise* (tél. 04.79.05.96.79), restaurant ♦ **O. T.** (tél. 04.79.05.96.52).

BONNEVAL-SUR-ARC
73480 (Savoie)

Jusqu'à l'arrivée des touristes, liée à l'ouverture de la route de l'Iseran et la création du parc de la Vanoise, Bonneval était au bout du monde, dans le bassin des sources de l'Arc, entouré de hauts sommets glacés. Les habitants vivaient de leurs troupeaux et du maigre produit de l'agriculture. L'habitat – dont le hameau de l'Écot, véritable conservatoire de la maison de la Haute-Maurienne, montre un exemple parfait, plus en altitude – était adapté aux conditions naturelles, particulièrement rigoureuses. Pour maintenir la chaleur en hiver, il fallait cohabiter avec le bétail. La maison se présente donc comme une habitation-étable : à demi-enterrée, elle ne comprend en général qu'une seule pièce et, parfois, une ou deux chambres à l'étage ; la grange voisine, avec son matelas de foin forme une couche isotherme. Entièrement bâtie en pierre, la maison est protégée par un toit de lourdes lauzes de schiste, aux deux pans à faible pente. Un jour rare pénètre par les étroites fenêtres à ras de terre. En hiver, on voit juste émerger le toit pointu de l'église du village au-dessus des toits enneigés. L'été, la vie est plus douce et plus riante et les lauzes des toitures s'harmonisent admirablement avec les tons gris-beige des murs de pierre et le vert des prés. Bonneval est resté authentique et préservé, en harmonie avec la belle nature environnante.

♦ 217 habitants, 1850 m d'altitude, station de sports d'hiver ♦ **Accès :** (carte 27) à 145 km S-E de Chambéry par N 6 et D 902 ♦ **Aux alentours :** le parc national de la Vanoise (tél. 04.79.62.30.54) ; le cirque naturel des Évettes ; le col de l'Iseran ♦ **Foires, festivités :** marché le dimanche matin en juillet-août ; concerts en juillet ; fête des Sports de montagne début août ♦ **Hôtel :** *La Marmotte* (tél. 04.79.05.94.82), restaurant ♦ **Restaurant :** *Auberge Le Pré Catin* (tél. 04.79.05.95.07) ♦ **O. T.** (tél. 04.79.05.95.95) - **E.S.F.** (tél. 04.79.05.95.70).

BOUDIN
73270 Arêches (Savoie)

Boudin est l'un des villages les plus caractéristiques du Beaufortain. Ce massif, demeuré longtemps à l'écart des grandes voies de communication, a gardé des aspects traditionnels, modifiés rapidement par l'installation dans ces sites alpestres de nouvelles stations de sports d'hiver. Tout le massif, très anciennement et fortement peuplé, est une prairie d'alpage d'une richesse exceptionnelle. Le lait de la race tarine sert à la production du beaufort, le plus célèbre des gruyères savoyards. On arrive à Boudin, l'un des vingt « écarts » de la commune de Beaufort, par la route qui, en amont d'Arêches, empile ses lacets en direction du col du Pré (1703 mètres) et du lac de Roselend. Le village est fait de cinq ou six rangées de maisons, étagées en espalier, sur un bel adret, entre 1230 et 1380 mètres d'altitude. Au pied de la pente, la classique chapelle du XVIIe siècle, avec son clocher à deux bulbes et sa flèche aiguë. La dispersion de l'habitat est accentuée par la prolifération des greniers, des « maisons de remue » utilisées lors des déplacements du troupeau, et des granges où l'on amasse le foin pour l'hiver.

♦ 1300 m d'altitude ♦ **Accès :** (carte 27) à 26 km N-E d'Albertville par D 925 et D 918 ♦ **À voir :** la Coopérative laitière du Beaufortain (tél. 04.79.38.33.62) ♦ **Aux alentours :** la vallée du Doron ♦ **Hôtel :** à Arêches (2 km O), *Auberge du Poncellamont* (tél. 04.79.38.10.23).

CONFLANS
73200 Albertville (Savoie)

Au confluent de l'Arly et de l'Isère, perchée sur un éperon défensif, Conflans est, dès l'Antiquité, la plaque tournante des communications savoyardes vers l'Italie. À son apogée, aux XVIIe et XVIIIe siècles, la cité est un important centre commercial et administratif. Puis, délaissée après la Révolution pour son faubourg de l'Hôpital dans la plaine fluviale, Conflans devient une ville-musée et l'un des lieux historiques les plus visités de la Savoie : places et ruelles, fontaines fleuries, portes médiévales de Savoie et Tarine, tour sarrasine du XIIe siècle, château Rouge et maison Rouge du XIVe siècle aux belles façades de brique à l'italienne, château Manuel de Locatel d'époque Renaissance, maison Perrier du XVIIe siècle, église Saint-Grat, avec sa chaire et son retable sculptés, chef-d'œuvre du baroque alpin. La liste est longue de toutes ces merveilles architecturales ! L'ensemble est bien rénové, un magnifique retour dans le passé.

♦ 518 habitants, 412 m d'altitude ♦ **Accès :** (carte 27) à 49 km N-E de Chambéry par N 6 et N 90 ♦ **À voir :** le musée d'Art et d'Histoire (ethnographie régionale, statuaire religieuse des XVIe-XVIIIe siècles) ♦ **Aux alentours :** le fort et l'abbaye de Tamié (15 km) ; l'église romane de Cléry (10 km) ; le château féodal de Miolans (20 km) ; le musée archéologique et fouilles de Viuz-Faverges (20 km) ♦ **Foires, festivités :** expositions d'art toute l'année ; fête du 15 août ; Salon d'automne de peinture en novembre ♦ **Hôtels :** *Hôtel Million* (tél. 04.79.32.25.15), restaurant gastronomique ; à Grésy-sur-Isère (19 km S-O), *La Tour de Pacoret* (tél. 04.79.37.91.59), hôtel de charme, 9 chambres 280-450 F, restaurant ♦ **Restaurants :** *Million* (tél. 04.79.32.25.15) ; *Le Ligismond* (tél. 04.79.32.53.50) ; *Le Bouchon des Adoubes* (tél. 04.79.32.00.50) ♦ **O. T.** (tél. 04.79.32.04.22).

HAUTELUCE
73620 (Savoie)

Dans la vallée du Dorinet, Hauteluce, à 1150 mètres d'altitude, est l'une des plus anciennes paroisses du Beaufortain, signalée dès le XIIe siècle. Hauteluce a vécu, pendant des siècles, de ses forêts, de l'élevage des laitières tarines et des mulets. Entre les deux guerres, c'est la période de la houille blanche, et, après 1965, commence l'ère du ski, autour de la station des Saisies. Le signal de la vallée est le clocher d'Hauteluce, haut de 55 mètres, au carillon de cinq cloches, l'un des plus beaux de la région. L'habitat paysan évoque celui des Préalpes, en moins opulent, avec sa base de maçonnerie, son toit d'ancelles, ses balcons, et son grenier à l'écart. Dans le soubassement, les étables et les caves à fromage ; à l'étage de bois, le logis : cuisine, séjour (le « pèle ») et les chambres, le tout surmonté de la vaste grange à foin. Le séjour dans ce petit village est agréable aussi bien l'été que l'hiver, les pistes enneigées du col des Saisies étant toutes proches.

♦ 824 habitants, 1180 m d'altitude ♦ **Accès :** (carte 27) à 30 km N-E d'Albertville par D 925 et D 218 ♦ **À voir :** l'écomusée d'Hauteluce ♦ **Aux alentours :** la route du Signal de Bisanne (11 km O) ; le château de Beaufort ; la Coopérative laitière du Beaufortain (tél. 04.79.38.33.62) ♦ **Foires, festivités :** foire agricole le dernier dimanche de mai ♦ **Hôtels :** à Arêches (16,5 km S), *Auberge du Poncellamont* (tél. 04.79.38.10.23) ; à Flumet-Val-d'Arly (19 km N-O), *Hostellerie Parc des Cèdres* (tél. 04.79.31.72.37) ♦ **Mairie** (tél. 04.79.38.80.31) - **O. T.** (tél. 04.79.38.81.67).

ABONDANCE
74360 (Haute-Savoie)

Dans toute la vallée de la Dranse, l'organisation sociale et économique fut l'œuvre de l'abbaye d'Abondance, l'une des plus anciennes et vénérables de la Savoie. Filiale de Saint-Maurice d'Agaune, en Bas-Valais, le sanctuaire de la dynastie de Savoie, Abondance apparaît, en 1108, comme un prieuré qui devient rapidement abbaye indépendante de l'ordre des chanoines réguliers de Saint-Augustin. Le village, blotti au pied de l'abbaye, offre aux visiteurs de nombreuses activités : ski de piste, ski de fond et des excursions en été. La haute vallée de la Dranse d'Abondance abrite nombre des plus belles demeures paysannes des Alpes françaises.

♦ 1353 habitants, 954-2438 m d'altitude, station de sports d'hiver ♦ **Accès :** (carte 20) à 27 km S-E de Thonon-les-Bains par D 902 et D 22 ♦ **À voir :** l'abbaye (XIIe-XIVe s.) ; le cloître (XIVe s.) ; le musée d'Art religieux ♦ **Aux alentours :** visite des fermes traditionnelles (tél. 04.50.73.50.01) ; le vallon du Malève ; les plagnes de Charmy (5,5 km S-E) ♦ **Foires, festivités :** marché le dimanche matin ; foire aux Plantons le 27 mai ; fête du village le 15 août ; foire agricole avec concours de fromages et de vaches « Abondance » le 1er dimanche d'octobre ♦ **Hôtels :** *Le Vieux Moulin* (tél. 04.50.73.52.52) ; *Le Chabi* (tél. 04.50.73.50.14) ♦ **Mairie** (tél. 04.50.73.00.16) - **O. T.** (tél. 04.50.73.02.90).

ALBY-SUR-CHÉRAN
74540 (Haute-Savoie)

Alby est l'un des plus anciens bourgs de la province du Genevois. Le village s'étage le long des rives en pente raide du Chéran, enjambé par un pont déjà signalé au Moyen Âge. Marché rural, réputé pour ses artisans cordonniers, Alby, doté de franchises en 1297, était entouré de remparts, percés des portes du Pont, de Chambéry et de Rumilly. Dans l'enceinte et aux environs, on ne dénombrait pas moins de sept châteaux, dont subsiste, au-dessus de la vallée, la belle maison forte de Montpont, édifiée au Moyen Âge et embellie au XVIIIe siècle. Le vieux bourg, en dépit de nombreux incendies, a gardé son cachet très « vieille Savoie », avec sa petite place en pente où coule une fontaine et ses maisons fleuries, à arcades, au sol de menus pavés ronds. Dans cet ensemble, la récente église de Notre-Dame-de-Plainpalais, ornée en 1978 de magnifiques vitraux de Manessier, met une touche de modernisme du meilleur aloi.

♦ 1014 habitants ♦ **Accès :** (carte 27) à 12 km S-O d'Annecy par N 201 ♦ **À voir :** le musée de la Cordonnerie ♦ **Hôtel :** à Annecy, *L'Abbaye* (tél. 04.50.23.61.08), restaurant ♦ **Mairie** (tél. 04.50.68.10.10).

ARGENTIÈRE
74400 (Haute-Savoie)

Serré autour de son église, l'ancien village est dominé par le glacier encaissé qui descendait jadis au cœur de la vallée de l'Arve. Le hameau d'Argentière, appelé aussi « La Dîmerie-dessus-les-Tines », obtint en 1726 son autonomie paroissiale, finalement accordée par la collégiale de Sallanches, à cause de « la difficulté et impraticabilité des chemins occupés par les neiges et glaces dont la hauteur passe quelquefois dix pieds, outre les lavanches (avalanches) et éboulements auxquels ils sont exposés tous les jours ». Les habitants bâtirent de leurs mains, fournissant matériaux et corvées, une église qui est l'un des plus beaux sanctuaires du pays du mont Blanc. Sa flèche élancée, posée sur un bulbe aux écailles de fer-blanc mordoré, s'élève sur une tour aux pans ciselés, ceinturée d'un balcon de bois finement ajouré. L'intérieur éclate des ors d'un retable baroque, apporté d'Italie au XVIIIe siècle, du décor de l'autel latéral de Notre-Dame-du-Rosaire et d'un grand panneau de l'*Adoration des Mages*. Le village est un important centre d'alpinisme et de sports d'hiver.

♦ 1200 habitants, 1250 m d'altitude, station de sports d'hiver ♦ **Accès :** (carte 27) à 8 km N-E de Chamonix par N 506 ♦ **Aux alentours :** à Chamonix, le musée Alpin (histoire de l'alpinisme), la mer de Glace, la vallée Blanche ♦ **Foires, festivités** : marché le dimanche matin en juillet-août ; fête du Glacier le 6 juillet ; Salon de l'artisanat en août ; fête des Guides 14-15 août ; exposition artisanale de Noël mi-décembre ♦ **Hôtels :** à Chamonix, *La Savoyarde* (tél. 04.50.53.00.77), hôtel de charme, 14 chambres 400-580 F, restaurant ; *Hôtel du Jeu de Paume* (tél. 04.50.54.03.76), hôtel de charme, 22 chambres 890-1080 F, suites 1390 F, restaurant ; *Chalet Hôtel Beausoleil* (tél. 04.50.54.00.78), hôtel de charme, 15 chambres 265-580 F, restaurant ♦ **O. T.** (tél. 04.50.54.02.14) - **E.S.F** (École de ski français, tél. 04.50.54.00.12).

CHÂTEL
74390 (Haute-Savoie)

Dans la vallée de la Dranse d'Abondance, Châtel offre l'un des paysages les plus séduisants des Préalpes savoyardes : falaises escarpées, verts alpages, eaux bondissantes et sombres forêts, avec une variété et une originalité qui n'appartiennent qu'au Chablais. Châtel est surplombé par les 2438 mètres de la pointe de Grange et, sur la rive droite de la Dranse, le mont Chauffé culmine à plus de 2000 mètres. Bien que le nom de la commune semble évoquer la présence d'un château, l'existence d'un tel édifice n'est attestée ni par des ruines, ni par des documents anciens. Châtel est, tout d'abord, une partie de la paroisse de La Chapelle-d'Abondance, avec, en 1422, une chapelle. En 1723, les hameaux sont érigés en paroisses autonomes. Châtel s'éveille au tourisme avec l'ouverture d'un premier hôtel, vers 1880. Le grand succès vient après la dernière guerre, avec les sports d'hiver. Châtel est d'un charme tout helvétique, qui justifie parfaitement son slogan : « La plus suisse des stations françaises ».

♦ 1300 habitants, 1200 m d'altitude, station de sports d'hiver ♦ **Accès :** (carte 20) à 40 km S-E de Thonon-les-Bains par D 902 et D 22 ♦ **Aux alentours :** la vallée d'Abondance ; le lac de Vonnes ♦ **Foires, festivités :** marché le mercredi matin ; fête de la Saint-Laurent le 1er dimanche d'août ; « La Belle Dimanche » fête des alpages à Plaine-Dranse le 3e dimanche d'août ; foire d'automne le 12 septembre ♦ **Hôtels :** *Fleur de Neige* (tél. 04.50.73.20.10), restaurant ; *Macchi* (tél. 04.50.73.24.12), restaurant ♦ **S. I.** (tél. 04.50.73.22.44).

LE CHINAILLON
74450 Le Grand-Bornand (Haute-Savoie)

Le territoire du Grand-Bornand s'étend sur les deux vallées du Bouchet et du Chinaillon. Le village du Chinaillon, entouré de tous côtés par les constructions touristiques d'une station de ski, demeure le témoin d'une civilisation alpestre traditionnelle en voie de rapide transformation. Le Chinaillon frappe par l'harmonieuse intégration de son habitat au site. Dans un verdoyant paysage préalpin, il étage ses maisons sur la rive droite du torrent descendant du col de la Colombière. Les vieilles demeures de bois brun entourent la chapelle, au classique clocheton à petit bulbe, que les religieux du lieu fondèrent, le 8 novembre 1677, sous le vocable de Notre-Dame-des-Neiges, Sainte-Barbe, Saint-Just et Saint-François-de-Sales. Parmi les superbes demeures du massif des Bornes, celles du Grand-Bornand, dont le Chinaillon conserve des exemples intacts, se signalent par leur originalité et leur parfaite adaptation au climat.

♦ 344 habitants, 1300 m d'altitude, station de sports d'hiver ♦ **Accès :** (carte 27) à 18 km S de Bonneville par D 12 et D 4 ♦ **À voir :** la Maison du patrimoine au Grand-Bornand ♦ **Aux alentours :** le col de la Colombière ; la chartreuse du Reposoir (12 km N-E par D 4 : couvent du XIIe siècle restauré au XVIIe siècle) ; le village de Romme ; le Grand-Bornand et La Clusaz ♦ **Foires, festivités :** marché le mercredi matin au Grand-Bornand ♦ **Hôtel :** *Hôtel des Cimes* (tél. 04.50.27.00.38), hôtel de charme, 10 chambres 395-650 F ♦ **Restaurants :** *La Bournerie* (tél. 04.50.27.00.28) ; *L'Alpage* (tél. 04.50.27.00.49, ouvert en hiver seulement) ♦ **O. T.** Grand-Bornand (tél. 04.50.02.78.00).

SAMOËNS
74340 (Haute-Savoie)

Les habitants de Samoëns ont adopté, dès le XVIe siècle, des armoiries qui allient au pourpre et à l'or du Faucigny un vert sapin surmontant sept sommets : les sept montagnes qui entourent le bourg. Sa vocation touristique a été facilitée par la rapidité des accès vers une station qui, à 714 mètres d'altitude, dessert un très vaste domaine skiable. La petite cité a gardé son cachet traditionnel et la vie locale anime la place. On y admire la collégiale du XVIe siècle, au clocher carré massif, au porche armorié et au baptistère gothique flamboyant. Tout à côté, le presbytère, dont la façade s'orne d'un savant cadran solaire, les halles de la Grenette et, transformée en mairie, l'ancienne maison forte des seigneurs de Gex. Samoëns s'enorgueillit de son vieux tilleul qui ombrageait déjà la place à la fin du Moyen Âge.

♦ 2156 habitants, 720 m d'altitude, station de sports d'hiver ♦ **Accès :** (carte 27) à 57 km E de Genève par A 40 sortie Cluses, D 902 et D 907 ♦ **À voir :** La Jaysinia (magnifique jardin alpin) ♦ **Aux alentours :** le village de Sixt-Fer-à-Cheval ♦ **Foires, festivités :** marché le mercredi matin ; biathlon des Neiges et Montée du Fer à Cheval (ski de fond) en janvier ; Grand Prix de rafting le dernier dimanche de juin ; Fête des guides le premier dimanche d'août ♦ **Hôtel :** *Neige et Roc* (tél. 04.50.34.40.72) ♦ **S. I.** (tél. 04.50.34.40.28) - **E.S.F** (École de ski français, tél. 04.50.34.43.12).

SIXT-FER-À-CHEVAL
74740 (Haute-Savoie)

Sixt se blottit au cœur d'une nature grandiose : 9200 hectares de réserve naturelle englobant le cirque du Fer-à-Cheval et la cascade du Rouget classés « Grand Site national ». C'est l'abbé Ponce de Faucigny qui défricha cette vallée sauvage au XIIe siècle et qui bâtit l'abbaye. De ces temps anciens, de cette ferveur religieuse il reste aujourd'hui l'église (nef du XIIIe s.) et son trésor, des bâtiments du XVIIe siècle (dont l'un est transformé en hôtel), 7 chapelles et 40 oratoires éparpillés dans la vallée. Les maisons ont de larges toits pentus, des murs recouverts de bois, des soubassements de pierre, certaines sont ornées de linteau gravé. Sur la place, un gros tilleul, une fontaine, c'est toute la douceur de vivre d'un petit village. Sixt est le paradis des sportifs (centre d'alpinisme, station de ski), des randonneurs, de tous les amoureux d'une nature immense, magnifique et préservée, mais aussi des gourmands qui pourront déguster les délicieux fromages, charcuteries et vins de Savoie.

♦ 720 habitants, 760-3100 m d'altitude, station de sports d'hiver ♦ **Accès :** (carte 27) à 28 km E de Cluses par D 902 et D 907 ♦ **À voir :** le musée de la Maison de la Réserve ♦ **Aux alentours :** le cirque du Fer-à-Cheval, le cirque des Fonds, la cascade du Rouget « la Reine des Alpes », les gorges des Tines ♦ **Foires, festivités :** Salon de la carte postale ancienne le 15 août ♦ **Hôtels :** *Le Petit Tétras* (tél. 04.50.34.42.51) ; *Le Choucas* (tél. 04.50.34.47.60) ♦ **Mairie** (tél. 04.50.34.44.25) - **S. I.** (tél. 04.50.34.49.36) - **E. S. F.** (tél. 04.50.34.47.78).

TALLOIRES
74290 (Haute-Savoie)

Tout concourt à faire de Talloires un de ces lieux qui suscitent l'enchantement. L'écrin des montagnes enferme, entre les Préalpes des Bornes et des Bauges, la nappe du lac dont les ondes, les plus pures d'Europe, baignent le rivage de la baie. Au-dessus du village, le massif de la Tournette. Rien d'étonnant que Talloires soit une des terres savoyardes les plus anciennement chargées d'histoire. On y a découvert des objets de l'Âge du fer et des monnaies celtiques. Il ne reste rien de l'abbatiale romaine, sauf quelques chapiteaux, décorant le petit oratoire du Toron, sur le bord de la route qui mène du village au lac. Les bâtiments conventuels, maintenant un hôtel de luxe, ont subsisté. Ils conservent un cloître du XVIe siècle et une galerie, offrant une des plus belles vues sur la baie. À côté, le logis du Prieur et, dans le bourg, près de l'église de 1780, de solides maisons bourgeoises.

♦ 1287 habitants, 447 m d'altitude ♦ **Accès :** (carte 27) à 13 km S-E d'Annecy par D 909 ♦ **Aux alentours :** le château de Duingt ; le Roc de Chère (conservatoire botanique) ♦ **Foires, festivités :** marché le jeudi matin ; Semaine musicale de Talloires la dernière semaine d'août ; Montée de la Tournette (randonnée pédestre) en septembre ♦ **Hôtel :** *Hôtel Beau Site* (tél. 04.50.60.71.04), hôtel de charme, 29 chambres 450-825 F, suites 900-1000 F, restaurant ♦ **Restaurant :** *Auberge du Père Bise* (tél. 04.50.60.72.01), restaurant gastronomique ♦ **Mairie** (tél. 04.50.60.70.42) - **O. T.** (tél. 04.50.60.70.64).

TANINGES

74440 (Haute-Savoie)

L'occupation humaine commence dès le Néolithique, au pied du versant ensoleillé de l'Endroit. C'est là qu'on a trouvé, en 1938, les vestiges d'une chapelle remontant probablement au VIIe ou VIIIe siècle. Taninges est, au Moyen Âge, un bourg prospère, et plusieurs familles nobles y construisent leur demeure. Les rues des Arcades et du Saint-Esprit ont gardé leur visage ancien, avec des maisons des XVe et XVIe siècles bien restaurées ; on peut admirer la chapelle de Sainte-Anne (XVIIe siècle), transformée en maison d'habitation, et la fontaine baroque du XVIIIe siècle. À l'écart de la bourgade, il faut visiter la chartreuse de Mélan, nécropole de la maison de Faucigny (1285), avec son sanctuaire gothique et son cloître de 1528. Taninges est caractérisé par l'attachement aux traditions de ses habitants, les Jacquemarts ; le Jacquemart est aussi le sonneur du prestigieux carillon de vingt et une cloches, orgueil de la cité. Depuis le vieux pont sur le Foron, on peut admirer les maisons anciennes à auvent bordant la rivière.

♦ 2806 habitants, 640 m d'altitude, station de sports d'hiver ♦ **Accès :** (carte 27) à 63 km N-E d'Annecy par A 41, A 40 et D 902 ♦ **Aux alentours :** la chapelle et le lac de Flérier ; les alpages du Praz-de-Lys et de Loex (restés sauvages) avec vue magnifique sur le mont Blanc ♦ **Foires, festivités :** marché le jeudi ; Carnaval Jacquemart en février ; traversée de la Ramaz (ski de fond) en mars ; foire à la Jeep en juin ; fête de la Saint-Jean et baptême Jacquemart fin juin ; montée pédestre au Praz-de-Lys le 1er dimanche d'août ♦ **Hôtel :** à Bonneville (19 km S-O) *Sapeur Hôtel* (tél. 04.50.97.20.68), restaurant gastronomique ♦ **Restaurant :** *La Crémaillère* (tél. 04.50.34.21.98) ♦ **S. I.** (tél. 04.50.34.25.05).

THÔNES
74230 (Haute-Savoie)

Au confluent du Fier et du Nom, Thônes est la capitale du massif des Bornes. Sous la Révolution, son attachement à la foi catholique lui valut l'appellation de « Vendée savoyarde » et elle fut, autour du proche plateau des Glières, un des hauts lieux de la Résistance. Thônes, qui relevait au XIIe siècle de l'abbaye de Talloires, devint l'un des bourgs francs du comté de Genevois et fut érigé, en 1681, en marquisat. Marché traditionnel aux fromages et au bétail, Thônes, actuellement centre touristique et industriel, a belle allure, avec sa place entourée d'arcades et d'anciennes demeures, et sa fontaine. L'édifice le plus prestigieux est l'église Saint-Maurice, construite en 1687 et dotée en 1818, d'un haut clocher à balustrade et à bulbe. Le joyau de la décoration intérieure est un retable baroque qui compte parmi les plus remarquables de toute la Savoie.

♦ 4487 habitants, 650 m d'altitude ♦ **Accès :** (carte 27) à 20 km E d'Annecy par D 909 ♦ **À voir :** le musée du Pays de Thônes ; l'Écomusée du bois et de la forêt ; les musées de la Résistance et de la Déportation ♦ **Aux alentours :** le lac d'Annecy ♦ **Foires, festivités :** marché le samedi matin ; Vieille Fête savoyarde le 2e dimanche de juillet ; Corrida pédestre le dernier samedi de juillet ; Salon d'art et d'artisanat mi-août ; Salon gastronomique le 1er week-end de septembre ; foire de la Saint-Maurice le dernier samedi de septembre ; « Les Picturales » la dernière semaine de décembre ♦ **Hôtel :** à Manigod (6 km S-E), *Hôtel de la Croix Fry* (tél. 04.50.44.90.16), hôtel de charme, 12 chambres et suites 500-1500 F ♦ **Mairie** (tél. 04.50.02.91.72) - **S. I.** (tél. 04.50.02.00.26).

YVOIRE
74140 (Haute-Savoie)

Yvoire est la perle touristique du Léman. Ce gros village fortifié est construit sur le « bec d'Yvoire », promontoire à la limite du Grand et du Petit Lac et lieu très anciennement peuplé. En 1306, le comte Amédée V « le Grand » acquiert Yvoire. C'est lui le créateur du « bourg muré ». Pendant plusieurs années, on travaille à agrandir le château et à entourer le village d'une enceinte. L'église (1308), remaniée à plusieurs reprises, fut dotée, en 1856, de son clocher à bulbe, de style préalpin. L'enceinte extérieure, aux fossés comblés, garde deux tours carrées, percées de portes en ogive : celles de Rovorée, à l'est, et de Nernier, au couchant. Dominant le lac de ses quarante mètres de hauteur, s'élève la puissante masse du château, réduit à l'ancien donjon quadrangulaire. Yvoire était essentiellement, avant de se vouer au tourisme, un port de bateliers et de pêcheurs. Le village a gardé de cette activité un habitat de maisons jointives, à balcons de bois et à escalier extérieur, en pierre. Les façades des ruelles qui descendent vers la petite jetée du port sont couvertes de glycines et de géraniums, exubérance végétale favorisée par la douceur du microclimat lémanique.

♦ 600 habitants, 320 m d'altitude ♦ **Accès :** (carte 20) à 26 km N-E de Genève par N 5, D 20 et D 25 ♦ **À voir :** le Labyrinthe-Jardin des Cinq-Sens (au château, tél. 04.50.72.88.80) ; le Vivarium ; le musée du Vieil-Yvoire ; le musée de la Résistance de Haute-Savoie ♦ **Aux alentours :** le village de Nernier ; la plage de sable d'Excenevex ; le château de Ripaille à Thonon ♦ **Foires, festivités :** traversée à la nage du lac Léman le dernier dimanche de juillet ♦ **Hôtel :** *Le Pré de la Cure* (tél. 04.50.72.83.58), restaurant ♦ **Restaurants :** *Les Flots Bleus* (tél. 04.50.72.80.08), *À la Vieille Porte* (tél. 04.50.72.80.14), *Le Port* (tél. 04.50.72.90.71) ♦ **O. T.** (tél. 04.50.72.80.21).

A

B

M

N

O

P

T

U/V

W/Y/Z

Achevé d'imprimer à Vérone (Italie)
Litho Service
Dépôt légal: janvier 1998